十六世紀明代中國之財政與稅收

*Taxation and Governmental Finance in
Sixteenth-Century Ming China*

黃仁宇 著

（Ray Huang）

阿風 許文繼 倪玉平 徐衛東 譯
阿風、王風 校

序

　　二十年前，當我完成了關於唐代財政管理研究的初稿之後，我對於明代同一問題也產生了興趣，並開始翻閱有關資料，感覺到這個專題可能會提出和回答許多問題，特別是早期時代由於證據缺乏無法明確表述的問題。

　　不久，我有些洩氣，這個問題是太複雜了。不僅大量的原始資料讓人畏縮，而且從那時起許多的明代歷史文獻也逐漸可以利用。此外，這個專題已經證明要比唐代的更爲複雜，其主要問題是儘管早期王朝試圖有系統地強化一個相對簡明、劃一的制度，使之貫徹到整個帝國，並將其納入到一個精心設計的、以中央制定的管理法規爲中心的體系中去。但從八世紀晚期開始，這種統一政府的觀念逐漸被摒棄。到了明代，地方分權延及到具體的政策制定的與執行等方面，各地情況更爲複雜。可以說，在許多領域，已經不可能再簡單地對明帝國作出總體上的概括。最終我不得不放棄我的計劃，轉向其他問題的研究。

　　60年代早期我第一次認識黃教授，並開始討論這本書的主題。很清楚，研究這個問題有相當的難度，甚至要比我原來的估計還要困難。《明史》的〈食貨志〉的記載相對來說比較簡單明瞭，從中我形成了對於這個問題的第一個比較全面的印象，又慢慢轉入了一個十分複雜、模糊不清的馬賽克之中，其中的許多細節性問題常常看起來相互沒有聯繫。

　　在過去的幾十年間，中國和日本的明代財政史研究取得很大成績，出現了一些考證性文章和專題研究。然而，黃教授卻是力圖對明

代財政政策作出全面性說明的第一人，他對許多新發現的細節性材料進行了全面的歷史性透視。

讀者有時可能會發現財政政策的某些方面存在著明顯的異常，甚至是內部的矛盾。然而，這反映了在許多領域，政府的政策和地方的做法有很大的衝突與不一致。明朝政府的制度在許多方面實際上缺乏整齊、劃一，尤以地方政府爲甚。這部著作中有時討論了大量的細節性問題，當然還遠遠不夠徹底。現在是這個專題研究的初始階段，也是細節性歷史探討時期，很有必要列出各方面的證據，而不能急於作出輕率性的概括。這個研究的目的是提出一般性的框架以便更進一步將各個細節聯繫起來，而不是去提供另一個更宏大的歷史模型。

現在，很希望這本著作不僅能夠進一步推動財政史的細節性研究，而且也將爲不斷增多的、研究中華帝國晚期歷史的年輕研究者們從事政府政策諸方面的研究提供一個可依賴的指標。特別是，這本著作將會有助於研究明清時代地方歷史的學者們解釋地方誌及其它資料中出現的大量的複雜性的統計數字以及行政管理的細節性問題。

崔瑞德

（Denis Twitchett）

致謝

　　在過去幾年的準備過程中，許多人在各個方面熱心幫助過我，他們給予鼓勵和指導，提供書目與資料，解釋具體問題，閱讀部分手稿並提出有價值的批評。在此我真誠地希望這本書的出版能夠讓他們有幾分滿足。當然書中如果有錯誤，應該由我個人來負責。

　　我對以下諸位深表謝意：哥倫比亞大學（Columbia University）副校長和教務長狄百瑞（William Theodore de Bary）博士；查塔姆學院（Chatham College）的陳榮捷（Wing-tsit Chan）教授；密歇根大學（University of Michigan）的費維愷（Albert Feuerwerker）教授；芝加哥大學（University of Chicago）的何炳棣（Ping-ti Ho）教授；普林斯頓大學（Princeton University）大學的劉子健（James T. C. Liu）教授；巴納德學院（Barnard College）的 John Meskill 教授；普林斯頓大學（Princeton University）的牟復禮（F. W. Mote）教授；貢維爾和聖卡尤斯（Gonville and Caius College, Cambridge）學院院長李約瑟（Joseph Needham）博士；Case Western Reserve 大學的 Morris Rossabi 教授；可敬的 Henry Serruys；密西根大學東亞圖書館（the East Asian Library at the University of Michigan）的 Wei-ying Wan 先生；哈佛燕京圖書館（Harvard-Yenching library）的吳文津（Eugene Wu）博士和他的同事，他們中間特別是 George C. Potter 先生；國會圖書館東方部（Division of Orientalia of the Library of Congress）的 K. T. Wu 博士，還有楊聯陞（Lien-sheng Yang）教授和余英時（Ying-shih Yü）教授，他們都在哈佛大學。

　　1970年，當我完成初稿時，約翰・K・費正清教授以及他的在哈佛

III

大學東亞研究中心的委員會給予了非常友好的認可。費正清教授對我應該怎樣把握這個問題提出了可貴意見，特此深表謝意。在他看來，一個專題可能達到的深度與廣度與同一領域的其他專題的研究密切相關，而沒有必要包括同樣的細節。最初我的著述計劃是關於整個明代財政管理，但是駕馭這些資料非常困難。在費正清教授的建議下，我最後選擇了現在的這個形式。他的見識使我受益良多。謹記此處，以示謝意，並且希望其他人也能繼續從中受益。

很多年來，房兆楹夫婦對於從事中國問題研究的學者們給予了很多有意義的指導。1967年，我很幸運地因爲〈明人傳記計劃〉（Ming Biographical Project）與他們共事，他們通曉明朝情事，而且也願意與他人共用，因此我受益菲淺。哥倫比亞大學名譽教授、〈明人傳記計劃〉的編者富路德（L. Carrington Goodrich）博士應我的請求仔細地審閱我幾年來所寫的每一個字詞。他的批評總是出自一種善意。密歇根大學歷史學教授 Charles O. Hucker 是一個特別的朋友，十二年前當我還是博士候選人時，我們通過書信相識。從那時開始他就不斷給予幫助，我不勝感激。哥倫比亞大學的崔瑞德（Denis C. Twitchett）幫助我整理稿件進行出版，並欣然爲本書撰寫序言。我對他們虧欠良多。

幾年前，我得到了一筆研究基金，使我能夠有時間從這方面的研究。1966年，由「美國學術團體理事會」（the American Council of Learned Societies）和「社會科學研究理事會」（the Social Science Research Council）聯合提供的一筆研究基金資助我一段時間。密歇根大學的中國研究中心和紐約州立大學的研究基金會也提供給夏季研究基金。我對他們表示感激。但是並不可以因此認爲我的資助者同意本書的觀點。

我也很感激劍橋大學Newnham學院的研究同事 Hilary Beattle 女士的幫助。她爲了改進本書的文字風格作出特殊重要的貢獻。但原稿中固有的不完善的地方概由我本人負責。儘管我在本書中保留了美國式的拼寫方法，但我希望本書能夠同樣爲大西洋兩岸的讀者們所接受。

最後我要對我的妻子 Gayle 表示最深的謝意。七年中，我醉心於歷史研究，是她與我共同分享希望、忍受困苦。她的熱情總是我動力

的源泉。在剛剛完成本書之際，我接觸到全漢昇先生，他最近在*Journal of the Institute of Chinese Studies*上發表的好幾篇文章將會對這本書讀者有莫大的影響。我非常感謝全漢昇博士寄給我他的文章抽印本。但令人遺憾的是我不可能再將這些文章題目包含到我的參考書目中了。

Mulberry Close, Cambridge

1973年7月12日

黃仁宇

目次

插圖目次

圖表目次

度量衡說明

明代試圖統一度量衡標準。儘管工部提到有金屬製造的度量衡具，但還沒有發現這方面的例子。到目前爲止，只發現過一個造於嘉靖時期象牙尺，但它是用於工程，並不是用來作爲財政標準的。

下面的對應值是以明代紙鈔、銅錢和度量衡方面專家的研究結果爲依據的。雖然還不能絕對保證準確無誤，但是其準確程度還是受到公認的。

1. 長度，1尺（foot）約等於12.3英寸。

2. 重量，1斤（catty）約等於1.3磅。1斤分成16兩（taels），每1兩約爲1.3盎司。

3. 容量，固態物量度一般爲「石（shih）」。當然，也有一些學者，如Rieger, Sun以及Francis更喜歡用拉丁字母拼作「石（tan或者dan）」。這裏譯作"picul"，它約等於107.4升。

除了1斤被分成16兩之外，其他財政單位都是十進位。明代的帳目不用小數點，但是以計量單位名列舉出小數部分。每一個基本的小數單位有其專門的術語。例如，百萬分之一爲1微，萬億分之一爲1漠。所有這些麻煩的數字被轉換成基本的計量單位，每當提到的「小數點」和「小數字數」時就是指已經轉換完成的數字。

「十億（billion）」通常意味著百萬的千倍，「萬億（trillion）」（上段話中提及）爲百萬的百萬倍。

通常來說，本文中的數字精確到百位元以上，但是百分比率、貨幣單位和一連串數字時用詳細數字。

明代帝系

廟號	在位時間	年號
太祖	1368-98年	洪武
惠帝	1398-02年	建文
太宗，成祖	1402-24年	永樂
仁宗	1425年	洪熙
宣宗	1426-35年	宣德
英宗	1435-49年	正統
景帝	1449-57年	景泰
英宗(重定)	1457-64年	天順
憲宗	1464-87年	成化
孝宗	1487-1505年	弘治
武宗	1505-21年	正德
世宗	1521-66年	嘉靖
穆宗	1566-72年	隆慶
神宗	1572-1620年	萬曆
光宗	1620(1個月)年	泰昌
熹宗	1620-7年	天啓
莊烈帝	1627-44年	崇禎

圖 1：明代各省

第一章 財政機構和總體實施

　　明代大多數政府機構沿襲唐、宋、元各代之舊，同時也形成了自己的特色。帝國的財政管理也不例外。監察官員審核財政，設立六部，政府發行紙幣，利用大運河作爲南北交流的主幹線，與遊牧部族進行茶馬貿易，實行開中鹽法以充裕邊防，以上這些做法多是效仿前朝。在另外一方面，統治權力更加集中在皇帝手中，高懸在上。國家收入很大程度上依靠土地，嚴格控制海上貿易，閉關鎖國。

　　當然，效仿先朝也不是沒有理由。財政問題是唐以後各代王朝所同樣面臨的基本問題。爲了維繫帝國的持久，皇帝嚴格而全面地控制著整個國家的財政命脈。然而，帝國地域廣大，各地差異性很大，加之前近代時期的交通與交流十分不便，實行中央集權的政策會造成很多問題。財政命脈集中於皇帝，然而達到目標的手段卻又十分有限，這種願望與實際的差距是很難彌合的。因此，在這種情況下，歷代王朝皆傾向於沿用前朝的經驗。

　　明代統治的獨特之處在於其農村經濟觀念，這是十六、十七世紀中國經濟發展的情況所決定的，我們可以稱之爲保守性的，這是一個時代錯誤。然而，這種保守性卻是當時這個龐大帝國政治集中的必然結果。

　　在明朝表現出地區之間巨大的不平衡之前，我們必須注意到當時中國經濟的發展情況。在當時的經濟構成中，手工業和對外貿易很少，而且它們也僅僅在一定地區有影響。明代的統治者考慮到發展這些先進的經濟部門只會擴大經濟發展的不平衡，這反過來會威脅到帝國的

政治統一。因此他們更希望所有各省保持同一發展水平，至於經濟部門是否落後並不重要。明代的財政政策在很大程度上受到這種態度的左右。

這種爲了短期的政治目標而犧牲長期的經濟發展在現代歷史學家看來是荒謬可笑的。然而，明代的統治者缺乏遠見，他們不能預見到工業和商業在現代國家形成中的重要作用。在西歐小國，政府對工商業的鼓勵迅速地推動了經濟資本主義化，而在中國這樣的大國，卻無法實現如此迅速而深遠的變化。而且，不像歐洲正在形成的民族國家，也不像日本實力不斷增長的大名藩屬，明代中國從來沒有把自己的周鄰視爲競爭對手，所以就要付出代價。在明代統治者自己看來，他們沒有必要修改他們的政策。相反，他們有理由繼續推行傳統的方針，不折不扣地以儒家學說爲指導，認爲農業是國家的根本。

這個悲劇在於儘管他們提倡簡明與劃一，但是他們的政策是以國家經濟活動保持最低水平爲基礎的，所以明代統治者從來也沒有完全實現他們的目標。中國內部的多樣性使得任何來自於中央的單一控制都是不切實際的，在財政管理方面尤其如此。從農業方面來講，各地的氣候、土壤、地形各異，勞動力情況不同，農作物更是多種多樣，還有市場、土地佔有與租佃關係的差異以及整個國家度量衡標準的不統一，朝廷在首都制定法律，很難考慮到所有的因素。宣布一條統一的法律是一回事，但它是怎麼貫徹到帝國的每一個角落則是另外一回事，試圖去彌合這種差異是沒有意義的。

按照許多晚明學者的觀點：在王朝早期，帝國的財政政策得到很好的貫徹，而僅僅到了晚期這種管理才變得腐朽。這種看法只說對了一部分。現在有充分的證據表明即使在帝國建立初期，政府的規定就已經被變通執行了，皇帝的詔令打了折扣，官方的資料已經在某種程度上被篡改了。這不一定是官員不誠實造成的。這在很大程度上應歸因於這樣一個事實：在落後的情況下，上層制定的財政方案無法與下層的具體情況相適應。中央集權的願望超出了當時的政府實現這種願望的技術手段，作爲其結果，皇帝的法律必須進行調整，地方上進行

改動與變通是必要的。確實，在王朝後期，這種對規定程序的背離變成了一種普遍性做法，對法律的普遍濫用則在所難免。

由於財政機構缺乏嚴格性，導致了很多的惡果。一個最明顯的例子就是明朝官員在財政上「拆東牆補西牆」，一個項目的資金與物資虧空則從另一個項目收入中去填補。我們所說的明代鹽稅實際上包含了一部分田賦。而中期以後，如果沒有同其他收入來源有明顯的不同，則無法區分田賦。明代政府的收入與支出好像一條注入沼澤的河流，它們有無數的分叉與會合。

這些複雜性不利於我們的研究工作。絕大多數的明代的制度不容易準確地分類與定性。它們是不斷變化的，這種改變更多的是導因於外部情況的變化而不是其自身的發展。它們很大程度上是由於執行者的操縱和變通，而不是其自身的正常發展。在這本書中，最大的困難是把材料限制在一個主題之下而又不會令人眼花眼花繚亂，產生誤解。所以，我們選擇依靠描述性語言而不是資料表格。在這裏，為了適應材料而對闡述問題的順序做了一些改動。在不同的章或者每章的不同部分的主題插入了互見式引文。當然，這不是寫財政史的理想方法，但這是一種更現實的選擇。

同樣的，本章也從多個角度來討論問題。我們可能注意到，有明一代，除洪武朝以外，一般很少進行機構改革。在它的276年中，實物經濟轉換成貨幣經濟，稅收和徭役很大程度上由銀所代替，強制性的世襲軍戶制逐漸被募兵制所代替。然而，令人驚訝的是，即使到了明朝中期，很少建立起新的財政管理部門，而被取消的財政部門則更少。做到這一點是可能的，因為政府機構的職能並不總是被法規所固定住，而是更多地依據習慣性的作法。此外，管理措施很少被新的法律所取代。新舊法令同時存在，有些荒唐的條款完全被漠視，有些保存下來的條款根據情況仍然應用於個別的事例。事實上，所有的政府機關都經歷著一種逐步變化的過程，他們的職能也不時進行調整。有時候變化如此平緩以至於當時的人都無法查覺。關於財政結構這個緒言就考慮到它的構成與變化情況。

第一節 政府機構[*]

明代皇權的特點和它在公共財政中的角色

在明朝的政治體系下，除了皇帝以外，沒有一個中樞機構來管理帝國的財政。宰相在1380年被廢除之後就沒有重新設立。大學士們也僅僅是「票擬批答」，儘管皇帝也向他們諮詢，他們也參與決策，但是大學士從來沒有法定的正式權力。戶部尚書管理日常財政事務，但沒有皇帝的同意，他們無法行事。皇帝是至高無上的，包括給事中、都御史、各部尚書以及侍郎、主事等都要向其上奏。任何一個人，即使沒有財政專長，也非其職責所在，但他都可能對財政事務提出建議和批評。皇帝也與眾多的特使、巡撫、總督直接聯繫，他們的意見能被直接送到戶部討論。一旦有重要的事情，就要「九卿廷議」[1]，但最後總是要奏請皇帝裁決。

事實上，在整個明代，曾有少數的幾個人權勢震主。萬曆朝有內閣首輔張居正，正統、正德和天啓朝的則分別有擅權太監汪直、劉瑾、魏忠賢。張居正和其同僚通過非正規的方式專擅權力，甚至大小事務連經過年幼的萬曆皇帝批准的程序都被忽視了（見第七章第三節）。太監，則在皇帝的縱容下，違法亂紀。所有這些人後來都受到責難或以陰謀坐罪。三個太監沒有一個身免於死，張居正也是禍發身後，蒙受恥辱。顯而易見，皇權是不可侵犯的。好幾個皇帝登基時還是未成年

---

[*] 本書的官員和官銜大體上都是遵循賀凱(Charles O. Hucker)的《明王朝的政府組織》(*Harvard Journal of Asiatic Studies*, 21〔Dec. 1958〕, pp. 1-66)。這篇文章又收入*Studies of Governmental Institutions in Chinese History*, ed. J. L. Bishop (Cambridge, Mass. 1968).但明朝的皇帝多用年號而不是廟號。

[1] 關於九卿廷議，見Hucker, 'Governmental Organization', p. 65.

人，但是從來也沒有爲他們建立過正式的攝政。

在財政領域中，事無巨細都要皇帝處理，有些事情甚至微不足道，諸如變更稅課司局，某縣需要從產地運進多少食鹽，賞賜給朝貢使團多少卷綢緞，都要由皇帝作最後的裁決。所有具體的行政事務都要皇帝參與。這一先例的肇始於開國皇帝朱元璋，據說他曾在八天的時間裏就收到了1,660份奏劄，計3,391件事[2]。

很明顯，開國皇帝感覺到事無大小，事必躬親。在王朝早期，大部分稅收都是徵收實物，政府必須避免稅收積壓在中間層次，以免加重服務事業的負擔。但這又是王朝財政機構中最經不起考驗的一個方面。其方法是每個稅收徵集機構都要直接解運賦稅到指定部門，各項收入與支出相抵就算完成任務。在這種體制下，很少進行大規模的解運，帝國南來北往的物資運送多爲中等規模。安排解運的物品即使很少，但都是財政結構中的一個組成部分，不容忽視。如果對他們放鬆管理，將開創先例，從而導致整個財政系統的崩潰。到了帝國末期，由於地方一級的財政偏離了規章，皇帝對全國財政控制已經相當鬆弛了，但每一件小事都必須由皇帝參與決策的習慣卻仍然保持下來。儘管皇帝的權力變得有限了，但某些選報的事例還是經由皇帝裁奪。

雖然洪武之後的幾個皇帝繼續有效地履行其立法權力，但一直到王朝結束，他們也從來沒有宣布進行徹底的財政改革，這從表面上看是很奇特的事情。當時，實物賦稅和徭役大都已折成銀兩交納，軍方的財政責任已經降到了最低限度，募兵成爲軍隊的主體，軍事衛所的開支來自於朝廷的撥款。同時，在帝國後期，民間商業交易中白銀的廣泛應用已經被普遍接受，這在明初是被禁止的。即使表面看起來很有作爲的皇帝一般都很少對開國皇帝確立的財政法規進行修改，他們突破常規的辦法是認可臨時的特例。這種變化遵循以下的程序：首先由下級官僚提出奏請，然後在其部門內適用。皇帝很可能將其與其他公事一起批准。然後確立必要的先例。遲早同樣的奏請也被提出並得

2　《太祖實錄》2544-5。

到批准，這時最初提出的特殊例外已經成為一種普遍性做法。從那以後，再不必有非正式的上書，要麼通過帝國的法律下達給其他部門，要麼隨後不公開地進行改革。在這種方式下，一次大規模的改革最後完成可能要花費好幾十年時間。例如，均徭法（見第三章第三節）從其最初試驗性推行到被普遍接受用了幾乎五十年的時間。一條鞭法的改革用的時間更長，甚至到王朝滅亡，它還沒有達到一種最終的、明確的形式。

當然，也有一些早期的禁令，特別是得不到貫徹執行的法規，也是用不了多少時間就會作廢。例如，禁用白銀作為民間交易貨幣的禁令的解除就是這樣。禁令的解除始於廣西的一個知府提出的奏請，而這個奏請最初的目的是希望在民間貿易中實現銅錢合法化（見第二章第三節）。很顯然，得到承認的先例的影響很快趕上奏請的批准，不久原來禁用金銀的法令成為具文[3]。這種立法權的運用有時候與西方最高法院宣布的司法裁決有同樣的效果。

在行政管理中另一個自相矛盾的事情是在明朝後期，儘管專制皇權仍在，但許多皇帝發現他們自己相對於官僚處於守勢，這些官僚經常對皇帝的開支習慣提出異議。這是由幾個方面的原因造成的。一個原因是在儒家官僚的眼中，皇帝的個人生活亦是公共事務，只要不是攻擊皇帝，就可以關注並進行討論；另一個原因是十六世紀早期以來的幾個明代皇帝，除了末帝崇禎勤於政務以外，要麼是怠於政事，要麼是庸碌之才。君主與臣下之間很少為國事發行矛盾，他們的爭論常常是與皇帝私人生活有關；第三，理論上，「普天之下，莫非王土」，明朝財政制度並沒有明確區分國家的收入和支出與皇帝的個人收入和支出的關係，所以君主個人的開銷與公共財政密切相關。朝臣不斷地就宮廷用度汰侈問題提出諫議，諸如大規模的採辦，奉派太監借機胡作非為，大量賞賜給皇親、貴戚、寵臣土地。但是因為皇帝擁有最終權力，官員們只能是提出抗議，或以辭職相危脅，或者對執行皇帝命

3　《明史》81/849；《英宗實錄》0224；和田清《明史食貨志譯注》，頁721-2。

令的朝臣進行參劾，或者以誇大上天的徵兆來警示任性妄爲的皇帝。但當這些辦法失效之後，他們就無計可施了。而且他們時常也面臨著君主報復的危險。

除了開國皇帝朱元璋是自學成才以外，其他明朝皇帝都是接受儒家教育[4]。他們被灌輸要恪守祖訓，尊重民意，遠離怨恨和放縱。這些道德教條的實際效果是很難估量的，考慮到明朝皇帝令人討厭的人格，很容易讓我們覺得這些所謂的儒家倫理道德不過是一種謊話。但是考慮到皇帝有至高無上的權力，人們可以想見如果他的權力不受任何道德的限制將會發生什麼樣的事情。

表面上看，閣臣沒有有什麼權力。但由於皇帝的原因使他們有相當大的實際影響力。對於成年的皇帝而言，新任命的閣臣一般更願意奉承迎合皇帝。但是，按照明朝傳統，閣臣的職位任期很長，在正常情況不，閣臣被期望終身在任，他們中的一些人甚至是逮事幾朝的老臣。他們宿德重望，深受信任，在皇帝和各部官員之間起到了調解者的作用，是朝廷的穩定力量。明代前期，有許多這樣的老臣。甚至到明朝中後期，這種傑出人物也不乏其人。張居正例子可能有些複雜，嚴格來說不能列入這類閣臣。但楊廷和（1507-24年在任）在嘉靖皇帝即位過程中在朝廷中實施一項嚴厲的節省計劃。還有泰昌、天啓朝的葉向高（1607-24年在任）曾策劃發內帑白銀7百萬兩以彌補國庫虧空。有理由相信閣臣在實施深得人心的政策和恢復公眾信任方面能夠起到很大作用[5]。

不過，如果皇帝藐視道德、祖制、民意以及有聲望的老臣的意見，執意濫用權力，卻沒有任何辦法能夠對皇帝的行爲起遏制作用。這種情況在萬曆朝確實占了上風。在1590年代，皇帝派遣宦官取代文職官員到各省去徵收商稅（見第七章第三節），許多朝臣在勸諫無效後提出

4　吳晗《朱元璋傳》，頁212。

5　對於閣臣作爲皇帝與官僚之間調解人所處的困境可參見Hucker, 'Governmental Organization', p. 30.

辭呈，皇帝對此十分惱怒，對辭職要求不予理睬。一些官員隨後沒有經過批准就離職。反過來，皇帝並不急於補充空缺的職位，這樣的結果等於使國家陷入了「憲法危機」，這種僵局一直持續到1620年萬曆皇帝去世。

宮廷開支與宦官

要想瞭解明代宮廷開支的複雜性，首先要瞭解明代宮殿規劃布局的複雜性。

整個宮殿是以紫禁城為中心，四周圍以高牆，防衛森嚴。這些雄偉的建築占地約四分之一平方英里，包括皇帝的住所、朝堂、書房以及皇史宬和內閣辦公場所。圍繞著紫禁城的是皇城，亦是壁壘森嚴。北京城區環繞四周。各部辦公場所在皇城城牆之外。在城牆內，還有3平方英里的生活補給區。[6]

皇城中各種設施一應俱全。有銀庫、供應庫以及原材料加工和製造作坊(諸如生產糕點、糖果、藥、酒、皮革的作坊以及針工局、銀作局、經廠、織染局等)，甚至還有製造火藥和輕型火器的工廠等，這些部門大多由宦官單獨操縱，只有少數部門是以文職官員的名義進行管理。其他的宦官衙門從上述的倉庫和店鋪中領取供給，用來維持紫禁城的日常生活。皇城裏文職機構有都察院，它負有監督庫房的職責。還有光祿寺，名義上屬禮部。

所有這些衙署及生活服務設施超過50個。除宦官以外，應役的工匠和他們的幫工成為宮廷人口的一個主要組成部分，即使在十五世紀，就已經超過100,000人。因為明代官員的俸祿微不足道(第二章第一節)，所以由戶部發給官員的俸給很少，無足輕重。但是大量的糧食卻被分配給宮廷工作人員，包括被役使來修築宮殿的士兵。

這些服務性機構主要是為皇室服務的，他們的運作無法同政府的

6　對於宮殿的布局見孫承澤《夢餘錄》6/8-17、56-7。

職能完全分開。大量質地優良的絲綢織物主要供應嬪妃宮女，也賞賜給外國的朝貢使團以及文武官員。皇帝銀作局爲紫禁城生產銀器，也爲重要的文件刻字製版。光祿寺不僅爲皇帝提供美味佳肴，也負有準備國宴的職責，向專職官員分發肉類和美酒，同時也爲祭祀儀式提供祭品。至於軍火生產，與其說它是宮廷消費還不如說是一種國家需要，這一點不用過分強調。所有作坊與倉庫都耗費了大量的原材料[7]。

總之，明代家國一體的政治體制使宮廷與政府密不可分，其內在的原則是國王與官僚共用物質財富。這一點與政教合一有相通之處。明代皇帝的基本職責之一就是在一個豪華的地方中履行無休無止的朝廷典禮，諸如大型宮殿的開工、宮裏宮外的各種盛大典禮（如皇帝登極、大婚和許多類似的活動）等。這些活動耗資巨大。我們很難確切知道哪些是皇帝個人的開銷，哪些是國家支出。

皇室沒有專門的管理部門。紫禁城的實際開支帳目從來也沒有編制過或者公佈過。想瞭解這些開支的數字可以求助於兩類的資料。一類資料是提交給有關部門向皇宮內院供應物資和商品的報告或採辦命令。另一類資料是監察官員審核帳目與倉庫財產清冊的文件。目前沒有特別完整的資料資料。對於明代官員而言，估計宮廷開支的習慣性作法是將其分成幾大類來考慮，諸如棉布、絲織品、茶、黃蠟（用來製作蠟燭）、染料等等。所有這些數量很大，可以毫無疑問地說，宮廷開銷對公共資金的侵吞嚴重地損害了財政管理。

更需要強調的是後勤體系管理軟弱無力。在名義上，宮廷的倉庫分屬於戶部、工部和兵部管理，但實際上，大臣們僅僅是保障供應，他們對於保存在宮中的物資沒有多大的支配權，這是君主的特權。就管理倉庫而言，文官僅是保管帳簿，而宦官卻是掌握著鑰匙。

宮廷之外的白銀由大臣們掌握。在皇城內，「內承運庫」是唯一的接受白銀的機構。每年戶部從田賦中拿出大約一百萬兩白銀供應給

7　對於這些服務性機構的功能見《夢餘錄》6/56-7、《大明會典》30/1-19、何士晉《廠庫須知》各處。

它，這些白銀進入皇帝個人的腰包(見第二章第一節)。皇太后的宮莊子粒銀也由戶部徵收並移交給內承運庫。內承運庫在維持宮廷的日常生活開支方面僅花費很少一部分，實際上它是一個居間機構，它所收到的資金常常花費在禮品和個人的賞賜方面，捐獻給寺廟道觀，購買珠寶和古玩。任何盈餘都被轉移到紫禁城內的東裕庫[8]。

廣惠庫位於皇城內，掌握著少部分現金。所有運送到北京的銅錢和寶鈔收入都要交到這個庫房中。在整個財政體系中它的運作是極不規範的。例如，通常鈔關稅是徵收白銀，收入歸戶部掌管。但是在特殊年份中，廣惠庫的庫存不足，皇帝可能規定第二年要徵收一定比例的硬幣和寶鈔。結果內庫得到補充，但同時戶部的正常稅源卻被侵損。廣惠庫的支出也是不規範的，在慶祝節日時，皇帝下旨賞賜給官員大量的銅錢與寶鈔，而在首都進行採購時，卻很少用其作為零用錢來支用[9]。

從十五世紀前期開始，宦官被分統於二十四個衙門，但是沒有任命首席太監。各種慶典儀式由資格較老的太監帶領。在當時，宦官絕不可能具有財政官員的責任[10]。可以說皇帝是宮中的財務主管。

明代的宦官聲名狼藉。他們被皇帝派到各省去監督軍國政務。在王朝的大多數時間中，儘管宦官們有時濫用權力，但沒有證據顯示他們過分插手政府事務。一些宦官被派駐到海港去接待朝貢使者，一些宦官在南京看管皇陵，還有一些宦官則作為皇帝的個人代表出鎮軍隊[11]。只要政府的正常工作程序沒有因為宦官的存在而發生改變，宦官們就不能被認為替代了官僚。然而在1590年代，萬曆皇帝派駐宦官管

8　《大明會典》30/2、18：《明史》79/835。關於〈內庫〉詳見劉若愚《酌中志》97、149。

9　對於廣惠庫的運作見《大明會典》30/5-6、《大明官制》4/2431。

10　內官監曾經是級別最高的宦官，統領所有宦官。大約在十五世紀前期，他的權力逐漸落入司禮監手中。見孫承澤《夢餘錄》6/56。也參見：《明史》74/78；Hucker, 'Governmental Organization', p. 25.

11　Hucker, 'Governmental Organization', p. 25.

理商稅以及在王朝的最後廿年中崇禎皇帝派遣宦官總監城市防務。這兩個事例至少說明文職部門的完整性受到了威脅。

有明一代，高級太監頻繁被派遣執行採買監造使命。諸如採辦監造宮廷用具、瓷器、緞匹等。宮廷用具在南京生產。要不是由於宦官們在採辦回程中，經常利用運河夾帶私物，加重了額外的政府運輸負擔，這些採辦活動還不會引起太大的爭議。瓷器燒造於江西，需求的項目諸如花瓶、直徑超過十尺的碗、象棋子、瓷屏風、祭祀器皿以及光祿寺的陶瓷用具。絲織品產於浙江與南直隸，品種多樣，顏色與花樣不一，專供內需。其中後兩類產品有時一併購達廿五萬件。生產這些貢品所需的勞動與材料供應都要由地方政府提供，還包括後勤保障。這一問題一直是文官與宦官之間處於緊張狀態的原因。因為物資與力役的需求都會擠佔戶部與工部的收入，同時它也會影響到省級官員對地方事務的管理。其中一個最容易引起爭議的事情是上供物料採辦。內庫的物料供應都有定額，它來自於各省的稅收或者徵求。但是即使是財政吃緊之時，這些額外的採買仍然是政府各部的責任，為供上命，只能那移各部錢糧。一些特供物品可能被折成銀兩交納給各部，各部可以截取銀錢，但有責任供應宮中所需各色用品。官員一直反對宦官貪得無厭的奢侈性要求，但僅有幾次，皇帝會站在官員一邊。這種鬥爭與掌管內庫的宦官的既定利益混在一起，成為晚明稅收無法完全折成白銀的一個原因[12]。在後文中我們將會看到明代一直沒有能夠進行如此徹底地改革，以改變帝國稅收結構。

戶部和戶部尚書

在現代人看來，明代的戶部尚書可被認為是財政部長。但是就其職權而言，把戶部尚書翻譯成西方意義上的財政部長過分誇大了其職能。在明代，戶部尚書從來都沒有成為科恩（Cochrane）或者柯爾貝爾

---

12 倪會鼎《年譜》2/22、4/8。

（Colbert）之類的人物；戶部也從來沒有變成決策部門。自從1368年建立戶部以後，洪武朝就已經多次進行了大規模的重組，1372年只有一個尚書，下設四個辦事機構。然而到了1373年，這個部門被降秩並分成五科，由五個尚書分別管理，他們中沒有一個人能夠負全責。1380年以後才又重新定設尚書一人管理戶部，升秩正二品，取得了部長一樣的身分。[13]

明代皇帝常以殘酷的方式對待戶部尚書，很少顧及他們的尊嚴。1385年，尚書茹太素因為不能以洪武皇帝希望的進度去管理商業而被鐐足於公案。1421年，尚書夏元吉因為試圖勸阻永樂皇帝停止北征蒙古大漠的軍事冒險而被囚禁，一直到1424年皇帝去世他才重獲自由。1441年，尚書劉中敷僅僅因為建議正統皇帝以供御牛馬分牧民間被上枷示眾，1547年，尚書王杲被誣陷接受賄賂，嘉靖皇帝下令當眾責打他，然後遣戍雷州。而他遭難的真正原因是他對皇帝詔買龍涎香一事缺乏熱情，這種龍涎香是崇尚方術的皇帝在其齋醮儀式中特別希望得到的東西[14]。

從1380年以後共任命了八十九個戶部尚書，其中廿五個是退休離職，廿二個是轉任他職，十六個被解職，七個死在任上，七個因為疾病或者服喪而辭職，三個被處死，二個被流放終身不得錄用，一個被放逐，一個未經允許而離職，一個死在戰場上，最後一個尚書倪元璐在王朝滅亡後自縊殉國[15]。剩下的只有三個人由於資料所限無法知道確切的離職原因。即使在後來以退休或其他方式離開職位的人中有三位尚書，即金濂、韓文、畢自嚴，他們分別在1451年、1507年、1633年被囚禁過，當時他們還在任。至少有5位尚書不肯屈從於太監而放棄職務。這些人在與太監的鬥爭失敗後，秦金、馬森、汪應蛟分別於1527

13　對於洪武朝戶部的重組見《明史》74/778；《太祖初錄》0609、1261、1481、1723、2068。

14　見《明史》139/1747、149/1833、157/1904、202/2347；《英宗實錄》1647、1684、1904；《大誥》1/73；嚴從簡《殊域周知錄》17/6。

15　依據《明史》中這七位大臣的列傳，《明史》111/1400-112/1455。

年、1569年、1622年致仕退休。畢鏘於1586年辭職引退，王遴於1585年被調任它職。這些情況說明尚書這個職位是很不安全的，他們在任期內更多受制於專制君主反復無常的性格以及其寵臣近侍的喜好[16]。

在整個明代，可能只有一位戶部尚書能夠有主動地、有權威地管理戶部，他就是有永樂、洪熙、宣德三朝的郭威。據說他拒絕了後兩個皇帝未經他的同意而發佈的蠲免租賦的詔令。作為一個資深官員和皇帝的老師，郭威是能夠違抗君命同時又不會招來麻煩的。不過，他的政策最終還是被否決[17]。

多數時間，戶部尚書扮演著皇帝的財政顧問的角色。在正常情況下，他的職責僅僅是實施一些有限的計劃。在王朝早期，實物稅和徭役都要由納戶親自完成。在北京的軍事設施、宮殿營造和幾個其他的支出性機構都有固定的物資和徭役額度，由指定的徵收機構來完成。到十六世紀，大多數物資和徭役都被折成銀兩。但是這些貨幣收入並不固定。這些支出性機構對折色銀完全維持單獨帳目，而且還是由先前的徵收機構來輸納。唯一的例外是宮廷。由於在皇城中沒有中樞性財政機構，部分替代宮廷供應的白銀由戶部管理。此外，工部以及兵部管理下的太僕寺、禮部管理下的光祿寺，其帳目都是單獨管理，數額很大。軍事裝備與設施的管理亦是如此。戶部只起到解運銀兩的簿記功能，他不能通過預算來控制撥款。所有各項開支的節餘都由各個部門自己控制，流入他們自己的銀庫，戶部無權管理。在南京也有同樣的情況。當兩京制度在1421年開始確立的時候，在南京也有完全一樣的政府機構。按照慣例，南京戶部在南京履行一定的地域性職能，但是這個部門僅對皇帝負責，而不是北京戶部的一個分支機構。南京戶部尚書直接對皇帝負責，他可以擁有自己的額度，並且自己控制銀

16　《明史》160/1929、186/2170、194/2266、214/2488、220/2543、241/2749、256/2897；蔣平階：《畢少保公傳》2。

17　《明史》151/1847；《英宗實錄》1786、2024。

庫、糧倉和庫房[18]。甚至審核各項支出以及編制倉庫財物清冊的職責也是由監察官員負責，而不是北京的戶部。

所有這些收入與撥款的方法都是一種半永久性的，戶部尚書也只能進行很有限度地調整，比如修訂折色比率，建議更多地進行折色，有時改變物資和資金解送的地點。所這些工作都是臨時權宜之計。所以明代的戶部更可以說是一個大型的會計管理部門而不是一個執行部門。到了明代後半期，由於軍費開支不斷擴大，迫使這個部門在政府財政中扮演更加主動的角色，戶部尚書成爲皇帝達到各項目標的首席會計師。

然而，監管整個帝國的供給是一個很棘手的任務。爲了確保所有的稅額，包括物品與白銀都能順利解運，戶部準備了一種稱作「勘合」的憑證。像公共汽車的可分開的運輸聯票一樣，每份勘合可一分爲兩扇符券，也有分三部分或者更多部分的。但是大多數勘合都是兩扇，包括可分開的聯票與存根。這些與存根相連的符券被交到接收部門，在騎縫處加蓋官府紅色印信，同時編寫解運字型大小。這樣，符券的每一半都留下一半封印，邊上還有筆跡。在解運者與接收者交接時，要比對勘合朱墨相同，同時錢糧也別無虧欠，這樣才能避免日後爭執。偶而也有解運由仲介機構攬納的情況，這時，每一份勘合另外的符券用於仲介解運。解運完畢，接收部門上報戶部，任務完成，謂之「通關」[19]。任何短缺或違法情事也要被上報到戶部。

這種方式源於這樣的財政體系，即中央指令、分散管理。上交的賦稅，無論實物還是貨幣，很少進行大規模地轉運。官方文件中的各項數字絕大多數僅僅是爲了統計的目的。實際上，一個接收的倉庫可能同時接受二十個不同的解運部門的供應，同時，一個解運機構也可

18　對於南京戶部的職責，《大明會典》卷42有概述。又見畢自嚴《留計疏草》。日本的學者們引用了一本叫《南京戶部志》的書，我沒有見過。（《南京戶部志》藏於日本前田侯家尊經閣，梁方仲在《明代黃冊考》一文中引用過該書。）

19　《大明會典》41/42-4；《大明官制》4/2431-2、2455。

能要為一打以上的部門服務。運送的數量總是要保持最低程度以避免運輸和貯存的困難。此外，輸納的物品，不僅包括糧食、乾草、棉絮，也包括像靛青、大麻、芝麻籽等。種類如此之多，很難一一記錄。這種控制辦法造成帳簿累積甚多，戶部必須詳細地審閱所有的帳目，常常到縣一級。1385年，戶部審查了2,437個財政部門的帳目[20]。在以後的幾個世紀中，雖然白銀已經被廣泛使用了，但這種情況仍然沒有改善。1572年，據說戶部規範了廿二種帳簿，裁省了另外廿八種，但這次改革後我們不知道還保留下來多少種[21]。到了明末的1632年，戶部尚書畢自嚴上疏給崇禎皇帝，羅列出整個帝國的逋賦情況，其羅列的項目以現代的小字型大小字體印刷排列起來足有四頁半。在這位尚書向皇帝上疏所列的條目中，有南直隸吳縣欠負宮廷的28兩白銀，這是該縣應該上供的蜂蜜價銀[22]。

就戶部的工作任務來說，它的工作人員數量很少，這是很令人驚訝的。1390年，規定戶部的官員有五十一名，外加一百六十名處理具體事務的吏胥。在1570年代晚期也只有七十四名官員和一百六十五名吏胥。除了偶而有一些國子監監生們被分派到戶部來獲得行政經驗外，戶部的規模在王朝的大部時間裏實際上一直未有變化[23]。

戶部尚書沒有執行主管，沒有審計主管，沒有統計主管。因為他必須時刻記得他只是為皇帝服務的，所以這種情況也是可以理解的。戶部尚書也沒有一個編制計劃的班子，即使部裏有「司務」、「文書」等職，但這些官員也僅是執行日常事務管理與文件稽察職責，他們並不是部長的助理。1643年，當戶部尚書倪元璐提升了一個有才幹的但當時還不知名的監生作為戶部司務，並且給他安排了五個辦事人員來協助管理戶部日常事務，這種職責安排被認為是一種新奇的事情[24]。

---

20 《大誥續編》1/181-2。

21 《神宗實錄》1067。

22 《崇禎存實疏抄》1/100。

23 《太祖實錄》1481、1723、2066-7、3054；《大明會典》2/4-10。

24 〈蔣臣〉，見倪會鼎《年譜》4/8-9。

　　在戶部尚書之下有兩名副職（侍郎），但他們在部裏都起不到太大的作用。按習慣，其中一個侍郎專門督管帝國的糧倉，他有單獨的辦公室並且直接對皇帝負責。1442年設立了專以貯銀的戶部太倉庫，亦歸屬其監督管理。有時，侍郎也被提升成爲另外的「戶部尚書」，這樣在級別和頭銜上與戶部尚書平等，儘管在實際工作中他只限於作爲財務主管和倉庫負責人，不能干預部裏其他事務，但這樣也造成了很大的混亂[25]。另外一個侍郎常常被外派執行任務，諸如作爲管理運河的特使，或者去遼東管理軍事補給。所以常常不在戶部。

　　戶部尚書直接通過屬下的十三清吏司完成其職責，這十三司對應帝國的十三個行省。1575年以後，關於北直隸、南直隸、鹽業專賣、鈔關、漕運倉儲和御馬房及芻料等項事務分別由福建、四川、山東、雲南、廣西、貴州諸司兼領。這種安排是隨意的，主要是因爲上述各司管理邊遠省份財政工作，一般來說工作量較小，能夠承擔起額外的工作[26]。

　　在每一個司中有三個或四個有身分的文職人員，但位置並不總是滿的。即使不缺額，他們中的一些人也常常被派遣到邊境省份去管理野外設施。大約1570年之前的一個世紀，這些工作人員甚至不必每天到部裏報到。他們無所事事，目的只是獲取資歷。從1572年到1576年，戶部尚書王國光第一次要求所有登錄在冊的工作人員都必須到官署報到[27]。在1610年後的十年，各司的主事又有很多空缺，戶部尚書李汝華同時兼任好幾個司的主事[28]。以戶部有限的人手能夠勝任這些受到進一步削減的權力，這是很令人驚訝的。要想解釋它，我們必須瞭解戶部的辦事程序，戶部的工作主要是文書與技術方面的，文職官員們對這些工作缺乏興趣，並且很少有人能夠勝任這些工作。這些工作多

25　《明史》75/795；《大明會典》2/4-5；孫承澤《夢餘錄》37/1-2。

26　《明史》75/743、225/2596；《大明會典》14/1。

27　《明史》225/2595。

28　鹿善繼《認眞草》卷1、2。

由吏胥承擔，他們是自學成才，非正式招募而來，常常被文職官員們所輕視。然而，他們有專業知識，熟悉具體辦事程序和習慣性作法，這使他們成為不可或缺的人物。他們終生在這個位置，然後再把這些技能傳給他們的朋友與親戚。顧炎武指出在十七世紀早期戶部所有在任的吏胥都是浙江省紹興府人[29]。官方的文書與部裏的帳目都要接受一個特別任命的監察官員來檢查與審核。孫承澤，曾任崇禎朝刑、戶科給事中等職，在他的一些上疏中提到他曾審核帳目、直接懲辦下層胥算的事情。但沒有提及文職官員[30]。

　　直屬於戶部的服務性機構很少。由於寶鈔日漸廢馳，十五世紀以後，寶鈔的監管以及寶鈔的供應和鈔版已很少提及。鑄錢是戶部的職責所在，但是在北京，鑄錢的工廠由工部負責。僅僅在1622年為了加大貨幣的鑄造，才設立了一個由戶部管理的鑄錢廠（戶部寶泉局），與已有的朝廷鑄廠（寶源局）和在南京和各省管理下的鑄廠同時開鑄[31]。所有這些鑄錢廠，並沒有統一歸屬於帝國的鑄錢工廠。倉庫名義上是在戶部的管理下，但正如上文所云，實際上又是掌握在內官太監手中。

　　戶部在各省沒有分支機構。但是北京之外的鈔關是由戶部各司外派官員管理（第六章第一節）。他們巡視各地以一年為期。習慣上這些官員將他們的駐地作為「戶部分司」，這其實是一種誤解。這些部門嚴格來說只是收稅站，並不履行其他的戶部的職責。而且在十六世紀晚期，鈔關稅逐漸與其他分省管理的商稅合併到一起，鈔關也慢慢變成了戶部官員和地方官員的共同管理部門。一直到王朝結束，戶部侍郎一直管理野戰部隊的服務與供給。他們成為皇帝的專門特使。在履行外派任務時，他們直接向皇帝上報而不是戶部。其他較低級別的官員，諸如各司的郎中和員外郎同樣也被派遣到邊塞去管理軍隊後勤[32]。對

29　《日知錄集釋》13/79。

30　孫承澤《夢餘錄》25/29。

31　同上書，38/1。

32　這些慣例早在1444年就已經開始建立。見《大明會典》21/21、22/32-40。

於他們來說，實際的工作就是從戶部借款提供給邊境上的各個督撫。這些官員絕不是向外擴充其權力，他們不過是確保軍事指揮部與北京的戶部之間聯繫緊密。

其他各部

所有的其他五個部都在某些方面與財政管理有關。他們關心政府財政在於他們與戶部有利益分享。這些事情通常不會引起嚴重的問題。例如，吏部關心的是捐納賣官收入；刑部關心的是刑罰的折贖罰金；禮部關心的是給外國朝貢使團的給賜和僧侶、道士的度牒納銀。只要這些部門不去操作財政機構去管理這些資金，部門之間的矛盾是能夠容易解決的。畢竟，如此重疊的利益關係可能會在任何體制的政府中出現。

然而，在明朝的體制下，兵部、工部都會與戶部在財政管理中產生矛盾。只不過兵部與戶部的矛盾小一些，工部與戶部的矛盾更大一些。這種權力的分配可以追溯到王朝早期稅收還很少徵收貨幣之時。當時，在超過四個省的廣大範圍內，實行納稅人戶養馬，免其田賦一半的政策。但是當這種馬差被廢止的時候，戶部沒有權力去增加賦稅。而改作由民戶轉解變賣馬匹價銀到太僕寺，由其購買戰馬供應給軍隊[33]。儘管沒有飼養馬匹，但這項開支還是按原先的馬群數量來確定，並且指定作為草料費用。這樣就意味著在一些地區有一半的田賦正額由兵部來徵收了（第三章第三節）。

工部不僅在各地徵集木材、載取部分漁課，而且從各省徵用物資與資金。工部的職責包括宮殿、陵寢、公共建築和城郭的建設，治水與屯墾，開發水利與森林資源，製造軍需裝備與戰船。而且，在王朝建立之初，當時沒有資金用來從事這些工作，所以工部在整個帝國實

---

[33]　《明史》92/968；《太祖實錄》1441、1526；《大明會典》150/1-18；孫承澤，《夢餘錄》53/5。

行強制勞役、強制徵集，不需要技巧的勞動力從一般民眾中徵發，需要技巧的勞動力則從那些匠戶中徵發。南直隸的織工和江西的瓷器工人就要在皇城內的生活供應區中從事各種手藝工作。物資的徵用則更多。弓和箭分派給大多數的府。木材徵用於產地，魚膠來源於漁課。皮毛則由登記在冊的獵戶供應。染料和明礬由產地供應。當爲治水而強迫徵發勞役時，被徵發者不僅要準備勞動工具，而且還要從家鄉帶來一些用具，包括木棍、釘子和繩子。這些物資的徵用與勞役徵發有的是計劃內的，有的則是臨時派徵。前者被分配到帝國的每一個府，再由各府分派給屬下各縣，這些徵派有的是一年一次，有的是兩年一次或者三年一次[34]。

在明代，所有這些強制性的義務逐漸被折納爲銀兩，工部慢慢的開始從省接納銀兩，這個收入有相當大的數目，它直接源於稅收收入，足以使工部自給自足。這事實上意味著工部逐漸變成了一個稅收機構，與戶部展開競爭。

帝國人口統計的惡化也加重了對利益的爭奪。在早期，田賦和徭役(見下文第二節)是分開徵派，工匠與一般民戶分開登記。從十五世紀中期開始，這些人口登記漸成具文，登記在冊的勞動力已經逃亡。許多雜色徵收，諸如對獵戶與漁民稅課已經無法徵收了。大多數縣爲了解決這個問題，將各種徭役和上供攤入到土地中，甚至附加到正賦之中。因此，徭役折色銀也成爲戶部與工部都來爭奪的稅收收入。

對於北京需要的額外供應，採用「坐辦」的方法。例如，當一個主要的建築工程計劃啓動時，需要的木材價值可能超過一百萬兩白銀，很顯然，正常的徵用不能滿足這種要求。坐辦由各部直接要求木材產地的各省官員來提供這些需要。這項花費由各省稅收收入來彌補，換句話說就是或者木材以應交納中央政府的稅收收入來支付，或者由納戶提供這些原材料來代替正稅。工部的貨幣收入源於各種役的

34　對於工部的職責見：《明史》72/749-51；《大明會典》卷181-207；孫承澤《夢餘錄》46/1-3；何士晉《廠庫須知》各處。

折收，且分散於全國，並被限制在一定數量範圍內。工部常常發現其
所支配的財力不足以支付開銷，這時候，工部就會奏請皇帝要求戶部
用其管理下的地方稅收來滿足這種需要。而最合適的大宗稅收就是田
賦。工部的派徵隨後就滲透到這一稅收範圍內[35]。

　　似乎工部在王朝早期階段是具體辦事機構，但很明顯隨著時間的
推移，它變得越來越關心財政管理。在十五世紀晚期和十六世紀分別
由劉大夏、潘季馴主持的大規模的治水工程中，工部都是很少主動去
參與，它僅僅分配原料、資金和民工給項目主管。同樣的，土地屯墾
也由地方官員管理。對於宮殿營造，要麼是由工部官員來管理，要麼
是由宦官來管理。但是由於維修工具與技術工人都在宦官的管理之
下，宦官能夠獨立地完成這項工作。甚至一個工部官員被委派作項目
主管，但他也不能如設想的那樣全面地主持工作、管理資金[36]，儘管
為工廠和宮內的倉庫供應物資與勞動力並非工部專職，但也主要是由
工部負責，這就是說工部要為宦官的各種派徵編制預算。所有這些削
弱了工部的管理地位，並且使它淪為一個後勤分支機構或者朝廷的服
務保障機構。明代有很多宮殿設施，卻沒有一個專門的皇室部門去協
調管理它們。只有工部，在其不斷變換的角色中，接近填補這個空白。
這個沒有預料到的角色有時給各部官員帶來困惑並引起他們之間的矛
盾。如果宦官要求額外採辦緞匹，工部的官員按一般原則來說會與他
的文官同僚們一起反對宦官的過分要求。但是當採辦開支是由戶部來
承擔並且戶部反對支出其稅額來達到目的時，這件事就會變成兩個部
門之間的矛盾。在這時候工部的官員們將會改變他們的立場，認為這
項採購是有理由的[37]。

　　然而，財政分權造成了嚴重的後果。整個明代從來沒有建立起中

35　〈坐辦〉的例子可以在《徽州府志》中被發現，見該書8/4。這些特殊的
　　貢納是可以從永豐倉中扣除，它是徽州府府庫。

36　賀仲軾《鼎建記》；項夢原《冬宮紀事》各處。

37　1575年，工部為採購辯護。見《神宗實錄》0951-2、0956。

央國庫，戶部的太倉庫僅僅是在北京的銀庫之一，它無權管理太僕寺的常盈庫和工部的節慎庫，也同樣無權控制光祿寺的銀庫，無權過問宮廷內的內承運庫、廣惠庫、東裕庫。南京戶部也有它自己的銀庫。除非有皇帝的命令，庫銀是不能在各庫之間劃撥的。萬曆朝，甚至皇帝下令進行劃撥，也沒有哪個部門欣然拿出其庫銀，大家都明白這種旨意一般都是相關部門向皇帝提出的建議，而不是皇帝本人首先有這種想法。在這種情況下，通常有關部門都會向君主上書要求重新審議、延期執行，進行討價還價以避免庫銀流入其他部門。只是到了所有反對的手段都無效之後，才不得不忍痛割愛[38]。

分駐於各省的中央財政機構

整個明代，中央政府一直沒有在各省建立起地區性的銀庫。由於大一統的國家結構，所有地方政府的財政職能都是服務於中央政府。沒有必要在省裏設立地區性的辦公部門。以現在的分類來看，只有很少的幾個財政機構是例外，他們專門負責省際之間的服務性事業或者某些特殊的收入。他們是皇帝派遣管理大運河的特使（第二章第一節）、他們是食鹽專賣（第五章第一節）、茶馬貿易、番舶抽分、鈔關稅以及竹木抽分（第六章第一節、第四節）的管理機構。我們可能注意到，在理論上這些辦事部門多是由省級政府監管。但是當監察御史被派去監督鹽業專賣與茶馬貿易時，他們確實變成了在各省的執行皇權使命的財政官員。他們降低管理機構級別，名義上由省一級政府來領導，其地位是省級政府的直接下屬。爲了避免重覆，對於這些辦事機構後文還將論及。

然而，可以看到，這些辦事機構的效率通常都很低下，他們管理的收入始終沒有達到唐朝與宋朝時的稅收收入水平。造成這種結果的部分原因是由於在王朝建立之初，忽視了商業是國家收入的主要來源

38　《神宗實錄》10764-5、10768-9有這方面的說明。

這一事實。儘管明代的實物供給是可以理解的,更強調實物徵收確實是國家的需要,而這些實物的內在價值則被放到了第二位。而且前述的管理部門散佈於全國各地,在他們背後缺乏一系列有效的管理。在接下來的章節中,我們將看到由於缺乏組織支援,在王朝的晚期,一些辦事部門事實上是由中央與地方官員共同管理。

地方政府

　　這裏主要是探討地方政府的財政管理組織。1373年的法律分天下各府爲上、中、下三等。第一類包括那些年均稅糧達到或超過200,000石[39]的府,知府秩從三品。第二類包括那些年均稅糧100,000石以上、200,000石以下的府,知府爲正四品;其他的府爲下府,知府爲從四品。很明顯,王朝建立之初希望各地的稅收額度依據人口和土地不時進行調整。每一個區域的地位連同其長官品級也相應地進行調整。這個制度是太麻煩而無法充分推行。在1371年,帝國已經有12個行省、120個府、108個州、887個縣[40](在後期其數目分別上升爲13、140、193、1138)。各地的稅收額度從未認真作過定期性調整,大多數地區還保持一個永久性或半永久性的定額,甚至到十六世紀還有這樣零星的事例:縣已經升格爲州,或者州已經降格爲縣,但很少進行過稅糧調整。當時除南京與北京的知府高出一個級別外,其他官員按照其行政級別而獲得相同的品級[41]。

　　地方政府分爲三級或四級。四級政府依次爲省、府、州和縣。三級政府中的州直接隸屬於省(中間沒有府),或者縣直接隸屬於府(中間

39　詳見本書「度量衡制」。

40　對於1373年的體制,見《太祖實錄》1503。對1393年的重組,可見《大明官制》4/2361-2;《明史》71/734、75/803。對於行政區的數目,見《太祖實錄》1149。

41　Hucker, 'Governmental Organization', pp. 44-5.

沒有州)[42]。也有一些州,隸屬於府,其下沒有屬縣。兩京地區,也就是北直隸和南直隸,其管轄區域與省相當,但沒有省級管理部門,他們的府尹、知府或知州直接對中央政府負責。因此,在國家的帳目上北直隸的八個府和南直隸的十五個府、三個直隸州是從來沒有分別按南北二京管理,這廿六個行政單位的財政資料與十三個行省並列。

這些不同的模式又一次反映出對財政管理的關注。財政管理的指導方針爲:縣是一個基本的稅糧徵收單位,府是一個基本會計單位,省是一個運輸單位。縣衙所在地與其周邊距離盡可能的以一天的旅程爲限,所以縣的面積或多或少被事先確定了。其上一級政府也應該位於其屬縣的中心地帶,有利於開展各項工作。而且,所有的政府衙門都位於人口較多、周圍有城牆的城市中,這有利於軍事行動、生活供給以及水陸運輸。在特殊情形下,明代朝廷也能夠爲了行政管理的目的而新建一個有一定規模城市。當然,地方機構的設立不能完全忽視地理的、歷史的因素。特別是在選擇一個府城時,他們必須權衡組織建置的統一性和當地自身的優勢。當這些要求無法平衡時,就採用設立一個州的辦法來解決。其結果很可能是把一些大的府分解成爲一些易於行政管理的單位,其他地區則接納一個中等稅收、但在地理上管理不方便的地區。爲了達到調解不平衡的目的,州政府並沒有自己的特點。當州是隸屬於府的時候,它只是扮演府的分支機構的角色。如果州直屬於省,它就是一個小定制的府。後者的財政帳目與府處在同一級別上[43]。

當某一級別的政府在行政管理系統中變得不必要時,它就會被取消。在財政上,省級政府主要是作爲收入的中轉站,所以在南北直隸地區沒有必要設立省,該地區的府與州靠近南北二京。

按照其組織原則,中央政府與地方政府沒有太大的差別。所有地方官員,下至知縣都是由君主任命。所有的收入,在某種意義上都是

---

42 《明史》75/803。

43 對於州的職能,見《明史》75/803。

皇帝的收入。中央政府的支出都是來源於地方官員的輸納。這種單一
的情況在王朝晚期有了些許折衷，特別是十六世紀中期以後的南方一
些省份尤爲明顯。不過，即使在那時，這些資金的分配也不清楚、明
確、全面。大多數的情況下都是由中央與地方共同分享各項收入。在
特定地區也考慮過相對的財政自治，至少在理論上，允許官員們爲了
君主的利益越權即時支配一些資金，而不必頻繁地進行事先請示。這
樣支配的資金並沒有固定成爲一種地方收入[44]。

　　大多數的地方官員按照確定的程序將他們的稅收收入解運給不同
的接收倉庫。這些倉庫有的位於北部邊境，有的在北京或南京，有的
就在稅源附近。還有一些解運是被固定在府和省一級。稅糧解運到財
政官員管區之外要建立「起運」項目，從字面意義上來講是「結算後
運走的項目」。實現解運之後，起運項目便與地方行政官員無關。保存
在本地的餘額爲「存留」，字面字義來講是「留存的項目」。在各地，
任何稅收都同時包含爲「起運」和「存留」兩個部分。存留收入用於
地方官員的俸給、生員廩米以及宗藩祿廩，同樣也用於皇帝許可的地
方社會賑恤開支。任何剩餘都由地方官員爲皇帝保管，沒有皇帝的允
許，他們無權處理。有時候中央政府直接要求地方政府或上供（坐辦），
或建造船隻，或爲藩王營造宮殿，或者不時的輸納，所有這些費用也
是從存留收入中支取。這實際上意味著包括知縣在內的大多數地方官
員，同時也是帝國政府在各地的財務主管。各項存留收入即不是盈餘，
也不是地方收入，而是相當於將這些收入帳戶交由地方官員管理，這
些地方官員扮演著帝國的地方財務主管的角色。

　　各地方都被期望能夠自給自足。只有在少數情況下，通過中央政
府的命令對相鄰地區進行資金調撥。在1580年代和90年代，在雲南與
緬甸首領瑞體（Nanda Bayin）發生了邊境戰爭，巡撫不斷上書北京請求
援助，皇帝一度下令四川協濟。然而，到了1594年，巡撫被要求用本

44　例如，在1590年，戶部要求雲南將原來被允許存留的資金解運到北京。
　　見《神宗實錄》4177。

省的財力自已解決問題，不能再得到援助[45]。這更加證明了各省之間不易協濟這一原則。

在中央集權控制之下的分散管理意味著在所有各級官員中，縣級官員的財政責任總是最重的。基於這樣的原因，在討論所有各類官員的職能時，從縣級向上考察比從省級向下考察要容易的多。

除番舶抽分與鈔關稅以外，竹木抽分、鹽課以及管理收入都是由特定的機構和更高的部門來收集與管理。事實上所有國家收入都要經由縣級官員，田賦的徵收，包括額外派徵都是縣一級完成。絕大多數的縣級官員也管理商稅、房契稅、鹽課、門攤稅、執照費、酒醋稅、罰贖、戶口食鹽鈔以及部分漁課(關於這些雜項收入，見第六章)。知縣管理其境內的官田，完成物資徵用，爲各個政府機構徵發徭役，當徭役折色時，還要替他們徵收役銀。無論是墾荒、民戶養馬還是軍屯收入的管理都是知縣職責所在。此外，知縣要主持定期的人口登記，編制黃冊，編審鄉村社會中的里甲體系，指定解運稅收的糧長(見第一章第二節)，上報自然災害以便蠲免稅收和救濟饑荒。同時，各省還有一些中央的派駐部門，在縣裏還有少數省裏和府裏的財政派出部門。這些較高級別的部門大都設在城中，碰巧也會設在省城或府城中。還有少數的部門設在毗鄰城市如稅課司局這類財政辦事機構中。另外，在一個縣裏，由知縣統一管理，沒有分權[46]。

這些部門的歲用之費，除了俸給以外，都不是來源於一般正稅收入，而是來源於鄉村里甲中派徵的物資與人役。這些物資與人役不僅用來維持縣衙自身的開銷，而且還要分配一部分給上級部門。因爲除了從里甲徵用以外，別無其他渠道爲其提供辦公費用。這些辦法甚至當實物與徭役徵收已經被折合成白銀交納之後仍然沒有改變。諸如「知府轎夫費銀二十兩」，「布政使司筆箋銀十八兩」，這樣的話在晚明出版的地方誌中經常出現。地方徵收的費用還要有一部分交納到首都。十

45 《天下郡國利病書》32/46。
46 《明史》75/803，略述了知縣的財政職責。至於其細節有必要參考地方誌。

六世紀晚期，北京的兩個縣的官員要爲每三年一次的會試提供食物、金錢和筆墨。這本來是帝國政府的職責所在。

中央政府在地方的派出機構，儘管爲數不多，但其辦公費用也是源於地方徵集。例如，清江浦的竹木抽分局是工部的派出機構，但其信使、看門人、巡欄總是由該局所在的山陽縣來提供[47]。這種做法也使中央政府在地方建立太多的分支機搆受到抑制，因爲其公費不可避免的成爲地方民衆額外的負擔。與此相聯繫的辦法就是由管理專門工作的官員同時也得到省裏的任命。例如，管理運河的總督(巡撫)同時也兼治淮安，以便他能夠用地方財力來建立其後勤保障。

在地方，包括維持治安、自衛、運輸部門和驛站以及境內的河渠管理等項開支也是縣級官員職責所在。因爲大多數縣都被期望能夠用自己的力量來解決這些開支，所以水陸交通沿線之地的里甲徵收就十分沈重。有時知縣會要求得到鄰近地區的協濟。當然，正如已經提到的那樣，此類事情能夠得到批准，只能算是一種例外，而不會成爲一種習慣。

地方政府也與中央政府一樣存在工作人員配置不足的問題。一個縣管理500到1,000平方英里區域，人口從30,000到250,000不等，知縣的屬員中只有三個是有身分的正官：縣丞、主簿和典史。一些管理縣倉、治安、商稅、驛站、漁課的官員可能也有文官身分，但這些位置並不是各縣都有[48]，縣衙中多爲地位低下的吏胥。有時知縣會指定正式的管理職責給當地的儒學教諭。在農村則沒有任何官員，洪武時期甚至不允許縣級官員離開縣城。

府處在中間位置，其財政職責主要是監督各項事務。知府要保證所有計劃徵收的錢糧正常解運，保存得當。他也要管理許多稅收和服務性機構，諸如府倉管理、治安、驛傳、稅課司與河泊所等，當然也

47　席書、朱家相《漕船志》5/12。

48　《明史》75/803；Hucker, 'Governmental Organiztion', pp. 45-6.

不是所有的府都設立這些機構。在一些地區運河、水道的大型水閘，國家的礦山與草場，以及印染、織造以及各類製造工廠，這些也要由府來管理監督。

在王朝建立之初，每一個府都有一個固定的稅收額度。十四世紀晚期，府的稅收定額還是相對固定的（見第二章第一節），有時會有一些很小的內部調整。知府有權力調整屬縣的稅糧額度，但這種權力很不明確。稅額調整可能被認可，也可能無效。這一切要看是否能夠得到得省級部門或君主的批准，同時也要取決於監察官員是否合作，要視具體情況而定。通常情況下，沒有知府能夠直接地提高或者降低一個縣的稅收定額。但是他能夠建議改變稅糧的解運，調整加派，或者改變折色比率，因而實際上能夠一定程度地調整屬縣的稅收負擔。一些有能力的知府、知縣確實重新修訂了內部的稅收方法，調整了單個納戶的稅額，甚至在當地進行了土地清丈[49]。但是所有這些依靠的是府州縣官個人的性格、聲望和智謀。地方官員便宜行使權力要冒一定的風險，而且也不可能指望他的上級明確認可他的行為。對他來說，唯一能夠保護他的是普遍的理解，因為他有責任完成本地的稅糧額度，他應該有利用各種辦法的自由。在他修訂的稅收徵收辦法實施一段時間之後，這種新方法可能會被普遍接受並且成為一種習慣性作法。在另一方面他也不得不考慮到如果實施太過，可能會引起地方的抵制和監察官員的彈劾。

大多數的府僅僅管理少數的州和縣，常常不會超過十個。但是也有特殊的例子，例如，河南開封府轄四個州、卅個縣，山東濟南府有四個州、廿六個縣。府衙的規模也是大小不一。一個知府可能佐以有一個或七個副職[50]。其他屬員的數量也同樣不一致。府衙和縣衙都雇

---

49 蘇州知府王儀是最早開始這項工作的地方官員之一，他在1538年進行了土地清丈。對於王儀採用的方法，見清水泰次《土地制度史》，頁556-61。

50 Hucker認為「知府的副職數目不定」，見 'Governmental Organization'，p. 44；順天府有七個副職，名稱不一。見《大明會典》2/28-29。

備著許多吏胥，他們被分成六個部門以對應中央的六部。

　　知州的職責如一般認爲的那樣，類似於管理一個較小區域的知府，或者是一個管理大縣的知縣。

　　省一級的行政機構也缺乏統一性。布政使司分管財政，但是按察使司也有權檢查治水計劃、漕糧、墾荒、鹽務、驛遞，有時還要檢查軍事防衛。按察使司有監察職能，但在實際執行過程中常常超出其最初規定的許可權[51]。事實上，每一個按察使司都有自己的銀庫，其收入一部分來自於罰贖，還有一部分是其監管之下的各種項目與計劃所要求的各種徭役和供給的折色。按察使司的一個職責就是檢察和矯正在稅收管理過程中各種權力濫用。作爲其職權的延伸，一些按察使爲徵收徭役折色銀建立起一套原則，這樣使他們實際上成爲稅收立法者。十六世紀有兩個著名的按察使[52]就是這樣做的，他們是潘季馴（1521-95年）在廣東（見第三章第一節）和龐尙鵬（進士，1553年）在浙江（見第三章第三節），他們都爲一條鞭法的創行作出貢獻。

　　省級行政部門有二位長官，即左、右布政使，前者地位略高一些。布政使司掌管著重要的統計資料，配合各部制定預算、徵稅和坐辦，並要管理省內的銀庫、糧儲和倉庫。在王朝早期，布政使司的影響力很小，一般不設有直轄的收入機構。在十五世紀前期，當軍隊的倉庫被接管之後，所有內陸省份的倉庫都由知府或知縣管理，僅僅在邊境地區還保存省倉[53]。但是在各省的原材料加工與製造的工廠、倉庫以及軍械庫等，其維護與運輸職責都由布政使司來承擔。此外，大多數的省還有鑄幣的寶泉局，由布政使司統領。

51　Hucker, *Censorial System*, p.73. 一般而言，所有的地方政府部門由六個部分組成。對府衙的說明可以見《大明會典》9/15-16。

52　譯者註：當時二人應爲巡按御史，作者用英文"surveillance commissioner"（按察使）來說明二人官職，恐不妥。第三章第一節稱潘季訓爲provincial surveillance commissioner. 亦恐不妥。

53　各地倉庫一覽見《大明會典》21/14-21、22/1-27。

　　明朝中期，由於白銀的使用不斷上升，使得財力在一定程度上集中於省一級成爲可能，省級財政職能日益增強。同時，明代的軍事衛所制日漸廢馳，迫使省級官員組織自己的防務，這也有助於加強省級部門的財政權力。然而，這種發展也不平衡，許多省級官員，特別是在南方各省，他們有相當大的權力來管理「兵餉」，而其他的許多事務仍然遵循一般性作法。

　　巡撫的任命開始於1430年，其設立的動機很不明確。起初巡撫一職並非常設，也非地區行政長官。他是代表中央來巡視各省或二京各府的。但是實際上巡撫鞏固了他們的地位，成爲一種固定的任命。他們加強了其在各省辦事機構的地位，把布政使看成其下屬。雖是這樣，布政使司的財政職能卻從來也沒有完全轉到巡撫手中。通常情況下，巡撫是直接上疏給皇帝，而布政使卻是同各部保持常規的工作往來，前者是上報特殊事情，後者則是例行公事。一直到王朝結束，各部還是要求布政使而不是巡撫來對諸如稅收拖欠等財政失職行爲負責，

　　財政管理分屬一百多個行政單位，任務十分艱巨。如果省級行政部門的行動局限於省府，就會引起很多困難。永樂朝，各省布、按的高級屬員開始被授權在省內建立分支機構，起初是非正式的安排，後來成爲一種正式的任命，包括布政使和按察使都在省內重要地方設置「道」，一些分司道官在較大的範圍內執行特殊的使命，另外一些官員則在一定地域內監督一般的行政工作，情況不一。甚至兩京地區的一些府也受鄰省布、按司官的節制[54]。建立各道的最初目的是能夠迅速管理並且直接監督地方。但是權力一旦開始下放，就會形成一種衝力。從十六世紀開始，許多司道官員對財政事務當場就作出決定，他們有時也核准由知府提出的地方稅收立法。甚至北京的朝廷也開始分配給這些獨立的巡迴官員以特定的責任。總而言之，司道官員，履行著非

54　Hucker, 'Governmental Organization', pp. 43-4. 按察使司下設分巡道可以追溯到洪武時代，見《太祖實錄》3231-2。布、按二司所分諸道可見《明史》75/799-801。

常重要的職責。他們的出現,是對中央集權的政府結構的適度分權。
有一點應該注意,在財政統計上,道不是一個正規的財政單位。僅在
特殊時候道官才管理財政,他們沒有財政官員的正式職責。

軍隊的財政管理

王朝建立之初,軍隊的指揮官在國家財政上扮演著積極的角色,
這一點與王朝後期不同。絕大多數倉庫都是在軍隊控制之下,在最低
層的衛和所都設有自己的管理機構,首都設有五軍都督府。在軍事官
僚機構中最低品級的官是從六品,軍官總是比對應的文官級別高。

不過,從十五世紀的第一個廿五年以後,軍事官僚集團的影響迅
速縮小。第一次受到打擊是在1425年,當時洪熙皇帝派遣許多文官去
幫助疏於文墨的武官整理行政文書。以此為先例,逐漸發展成為以後
的兵備道。其後,作為按察使司的分支機構,兵備道的副使、僉事等
都是文職官員,他們幾乎取代了地區軍事指揮官的行政職能[55]。1435
年,正統皇帝下旨將當時還屬軍隊管理的所有倉庫都由文官接管,只
有遼東(滿洲)、甘肅[56]、寧夏[57]、萬全和一些沿海衛所除外,這些地方
由於沒有設置府州縣,仍沿其舊[58]。這次調整更大地削弱了武官的財
政權力,進一步統一了來自於軍、民雙方的土地收入。從地方誌中可
以看出,在明朝末期,省級官員管理軍事衛所的生產,交納本色和折
色,這與田賦管理的方式是一樣的。兩種稅收合而為一(見第七章第二
節),這就反過來意味著軍隊在糧食生產上要對文官政府負責。

然而,所有這些手段仍然不能減少都指揮使名義上的財政職責,
也不能減少軍事官員的省級行政職責。1554年,皇帝的詔書還要求他

---

55 對於軍事長官的設立,參見《明史》75/810;《英宗實錄》0298、0301;
　　Hucker, *Censorial system*, pp.71,78.

56 明代的這些邊境軍鎮不要與現代的同名各省相混淆。

57 同前註。

58 《明史》79/834;《英宗實錄》0135;《大明會典》22/29。

們提交每年的糧食收過數目和其管區支用總數的詳細清單，並且按季度將城垣修補和軍器成造等情況造冊上報給在北京的五軍都督府之一，然後根據事情的性質分別轉行戶部或工部[59]。然而，這些報告除去一般參考目的以外，是否有實際價值是值得懷疑的。因為在那時，都指揮使已不再像早期那樣被當作是財政官員。

都指揮使司自身的開支是專門從當地的軍戶中徵用，類似文官從里甲中徵集。1609年，北方的一部地方誌顯示到那個時候這種方法還在使用[60]。這種徵集是由文官政府來監理，但是收入要被送交到都指揮使司。

在北方邊境地區，一直到十五世紀中葉，都指揮使還保持著自主管理。但從那時以後，文職官員幾乎完全取代接管了這些地區。巡撫和總督被任命管理邊境軍鎮和軍區，巡按御史及副職則作為其助手。他們設置一系列新的機構，使都指揮使淪為其副手或下屬。事實上，從那以後，很少有官員被任命為都指揮使。在邊境地區的高級軍官通常都是被任命為都指揮同知或者都指揮僉事。這些頭銜著意味他們有這個級別而不是職務。這項職務被稱做「總兵」，這是一個與地區行政官員完全不同的位置。十六世紀後期，甚至下層軍隊的供給也都歸屬於文官。他們中的許多人，掛名為戶部的主事、郎中以及內地府縣的通判和縣丞等，被派到邊境地帶。他們中的一些人接管軍隊的行政職權，一直到「所」一級[61]。

貴族階層

在明代，貴族階層干涉政府工作是非法行為。僅僅少數的幾個著

59　《大明會典》227/13-15。

60　《汾州府志》5/5、55-6。

61　《大明會典》21/21-6、22/29-41。又見張學顏《萬曆會計錄》卷23〈宣府〉；張雨《邊政考》卷4〈甘肅〉；魏煥《九邊考》卷2〈遼東〉。

名軍隊將領像皇帝的一些姻親一樣被授予公、侯、伯等貴族頭銜。但他們沒有封地、沒有個人的軍隊。儘管可以把封號傳給後代，但他們中的大多數人從軍隊中領取俸給。甚至他們中最有勢力者，像雲南的沐氏家族，其成員在整個明代都一直把握當地高級軍官的位置，而且佔有大片的土地，卻沒有將該省變爲其私人領地。

包括皇帝的伯叔父、弟弟和兒子等稱爲藩王。除了當然的皇帝繼承人外，其他人成年以後都要離開首都。他們按地域授予封號，但是事實上所謂的封國僅僅是寫在紙上，這在某種程度上讓人聯想起現在英國的貴族[62]。另一方面，國家爲這些藩王們建造了豪華的宅第，這些宅第通常都建在邊遠各省，但也不靠近沿海地區。另外，他每年有祿米收入，通常有10,000石糧食。他們有很少的屬員，而且也是由國家任命並發給俸祿。府內僕役則由地方提供。大約有3,000人左右的特別部隊被分配給每一個一等的藩王作爲他的親軍，這些軍隊也屬於帝國軍隊的一部分。這些頭等藩王的職責是其治下所有按宗室成員的道德領袖。藩王的封號和其特權由其長子繼承。其他子孫則封給更小的頭銜，得到更少的祿廩。所有的宗室成員，也就是開國君主的所有後代，都由國家來負擔其生活。他們的封號由禮部確定，並登記到「玉牒」中。包括藩王在內，沒有皇帝的正式批准，他們都不能離開他們居住的城市。他們被禁止供職文武，他們沒有資格參加科舉考試，不允許從事商業貿易。到十五世紀末，眾多宗室成員成爲一個十分棘手的問題。到了十六世紀晚期，由於政府一直拖欠他們的祿米，最後對他們的那些限制被廢止了[63]。

62　Hukcer, 'Governmental Organization', p. 9.

63　對於宗室成員控制的鬆弛，可參見《神宗實錄》0609、0637-9。1590年，他們被允許參加科舉考試(見《神宗實錄》4162-8)，大概這一許可在1595年開始生效，參見Ping-ti Ho(何炳棣)，*ladder of Success*, p. 22. 在十七世紀早期，一些宗室成員被任命作爲商稅官。見祁彪佳《日記》，原文的分頁是不充分的，但這一條被發現在在第5冊，日期是1643年陰曆九月二日。

佔有大量土地的貴族地主的出現是十五世紀晚期的一個新情況。與此同時，皇室姻親和宦官一起，開始操縱國家的鹽業專賣，這給帝國的財政管理造成了很大的混亂。但是即使在當時，皇帝是否縱容這些弄權也還是值得懷疑的，而且繼任的皇帝常常加以糾正。貴族的特權從來沒有制度化。

第二節　農村組織和稅收基礎

黃冊

明朝建立前十年，洪武皇帝已經頒布法令要求準確登記其控制地區的全部人戶。1370年，他親自指導戶口登記，每戶給以戶帖[64]。1381年開始攢造黃冊，並以此編定里甲制度。此後規定每十年進行一次人口普查。最後一次人口普查是在1641年至1642年，兩年後，王朝滅亡了。

人口登記冊被製成四套，分別存留縣、府及布政使司，第四本則上呈中央政府，南京城牆外建有其存放場所(見第二章第二節)。最後的冊子封面為黃色，所以稱之為「黃冊」。

大多數人戶被分成四種，即：民戶、軍戶、匠戶和竈戶[65]。最複雜的可能是匠戶，按照其行業不同分為泥瓦匠、木匠、織工、印刷工等等。很明顯，明朝初期要求人戶不得隨意離開原籍。居民個人的旅行，雖沒有直接禁止，但卻不予鼓勵，而且出行必須取得路引[66]。那些滯

64　《太祖實錄》0070。

65　韋慶遠將人戶大別為三類：軍戶、民戶和匠戶，參見《黃冊制度》，頁20-21。還有一類為竈戶，出現在《大明會典》20/5。八種分類，則除以上四種外，還包括醫戶、儒戶、僧戶、道戶，參見《大明會典》9/25。

66　《大誥續編》1/150-1。

留本籍之外時間長的人必須向當地官員報告。不誠實的商人和不提出
申請的人要受到懲罰。十五世紀中期以後，這些限制已不再能夠強制
執行，慢慢地也就變得不嚴格了。但是也有一些例子表明即使在十六
世紀，地方官員有時候也還頒發路引。

職業分類，按戶而不是按人，這就意味著一個家庭所從事的行業
世代繼承。子侄們要繼承他們父輩的職業。然而國家從不強調嚴格的
社會分層，也從不制定導致等級隔離的法律。沒有禁止不同社會集團
之間通婚的法律。按戶類職業登記的辦法目的是充分保證軍隊補給和
政府差役的完成。國家僅僅要求每一類戶提供專門的服務。實際上，
只要在國家工程營造中能夠無償地徵發到足夠的木匠來工作，政府並
不會關心這個木匠戶的兒子是否對其他行業而不是木工工作有興趣。
即使在明代早期，代役也是可以被接受的。世襲軍戶家庭要有人來填
補軍隊的空缺，但其他的家庭成員可以自由地選擇他們的職業，並可
以像民戶一樣參加科舉考試。事實上明朝的許多高級官員就是出身於
世襲軍戶家庭[67]。

這個制度的另一個特點是商人沒有專籍，儘管一些城市居民被當
作一般民眾進行登記時，被標註為「殷實富戶」或者「鋪戶」。這些人
常常要應付官方的各種商品採購與特供，不時還被強迫貢納。

人口登記的範圍相當廣泛，很少有人能夠逃脫差役負擔。只有那
些貴族、官員及有身分的學生及其他們的家庭成員可以部分或全部得
到優免。作為對和尚和道士的優待，他們可以交納一些費用後得到特
許度牒。按照洪武時期頒布的一項法令，已給度牒的僧道也要承當差
役[68]。但實際上他們也得到優免。除去以上特例外，其他各類戶都要
對國家有所貢納。例如獵戶必須每年向國家上交一定數量的動物毛皮

---

67 例如，馮琦的祖上為軍籍。這個家族連續四代為進士，馮最後成為吏部
　　尚書和禮部尚書。參見《馮宗伯集》，也見《明史》216/2506。

68 《大明會典》20/4、104/2-6。

69。同樣的，竈戶為了換來一點點糧食而艱辛地勞作，完成國家要求的生產額度。甚至樂戶也有義務無償地演出[70]。這些人戶並沒有歸類成為一種主要的戶類，而是被統一稱之為「雜戶」。

由於無償差役要求不斷上升，在明朝末期雜戶數量成倍增加。管理藩王榮園的戶被稱作「蔬菜戶」，管理貴族陵墓的稱作「陵戶」。宮女則從「女戶」中檢派，這是一個同她男性家人不太協調的稱呼，但是因為他們已經送一個女兒或姐妹進宮服役，他們就可以免除作為一般戶所承擔的差役。

里甲制度與徭役

最基本的徭役都要由農村來負擔。在鄉村中，人戶被編成里甲。每110戶為1里。每里分成10甲，每甲有10戶。還有十戶為里中最富裕的大戶，每年輪流充當里長。同樣，每年「現年里長」帶領十甲中的一甲應役，催徵交納錢糧，管攝一里之物資與差役徵用。其他各甲則要完納錢糧，但不承應排年職役。所以，在十年時間裏，所有各戶都要輪應一年職役。十年一周期之後，要進行新的人口登記，依照十年間發生的變化重新編制里甲。城市也以同樣的方式編成坊、廂。

由里甲承擔的各種強制性義務在當時被稱之為「役」，然而它超出了一般的勞役，它也包括物資的供納和管理，還包括一小部分現金。作為一種基本的稅收形式，本書中稱之為 "service levy"。

在徵納實物稅收時，地方的收稅人要負責物品的計算、分類、打包、臨時存放和最後的解運，有時也要承擔長途輸納。在明代，強迫勞役遠遠超出其最初的規定，通常情況下他們要承擔地方修路和水利工程的維護，後者的要求事實上是超出了里甲輪流應役的範圍。里甲正役包括力役，諸如為各級部門提供僕役，從縣一直到朝廷。除去先

69　每一個獵戶被要求每年上交虎皮一張和雜皮九張，參見《徽州府志》7/47。

70　《大明會典》104/19。

前提到的門子、衛兵、信使、轎夫外，還有膳夫、吹喇叭手、挽船的洪夫、巡邏兵、獄卒、馬夫、庫子、閘夫以及書算手等，無論什麼地方需要，都要從民眾中檢派。

從里甲中徵集的用品也十分廣泛。首先，每一里都分擔地方政府分費，諸如筆墨、紙、油、木炭、蠟。而軍需用品也要從民眾徵集，諸如劍、弓、箭、棉服等。每個里甲都有其份額，很少有例外。同時，各地也要爲太醫院提供最好的藥材，各里甲都必須完成定額。地方的美味佳肴要供奉光祿寺，同樣還有欽天監曆紙。宮廷的上供物料，特別是茶葉、蠟、顏料、漆等一般由出產處供應。例如，南直隸甯國府就將應該解送宮廷用的筆管額度分攤到屬縣的所有里甲之中[71]。上面所提到的所有物品都有定額，一年一供，地方誌中稱之爲「歲辦」。還有其他項目，數量不固定，幾年一交納，例如彩紙是每三年一次，工部所需的硫磺和硝石則是每十年一次[72]，地方誌將其歸類爲「雜辦」。

各種各樣的中央採購都要由地方政府來完成。就像已經說明過的，它們被稱爲「坐辦」，其開支從地方存留中扣除。十六世紀中葉以後，一部分「坐辦」變成無償供給或者僅僅部分支付貨款，它們轉化成「歲辦」，由鄉村完納，這些問題後文還將論及（見第三章第三節）。歲辦、雜辦、坐辦成爲基層社會三種特殊的負擔。儘管在縣誌的「食貨」部分中其名色略有不同，但是它們是廣泛存在的[73]。

至少在理論上，所有的上供物料都可能由出產之處的民眾完成。然而徭役中也包含著許多項目，不可避免要採用現錢支付。我們必須注意到除了從里甲徵用外，地方政府沒有專項資金用來宴饗巡視的高級官員，甚至也沒有押送和處決囚犯的費用。官員出差費用，建造、修繕官廨的費用，新年或皇帝生日的朝覲賀禮，樹立牌坊，還有資助生員赴考盤纏等都出自里甲。里甲是經常的、唯一的供應來源。

71　何士晉《廠庫須知》9/62-3；《天下郡國利病書》9/46。

72　《天下郡國利病書》6/4、5、38、39-40、72、94-6。

73　梁方仲《一條鞭法》，頁37；山根幸夫《明代徭役制度　展開》，頁43-47。

　　各縣百姓的役並不一致。最基本的財政單位是丁,即一個成年男姓,但是派徵物資與力役不是直接到個人,而是戶。原則上,分派各種負擔要考慮一戶的丁數和擁有的產業。這與田賦對所有納戶稅率一致不同,徭役的徵收具有一種累進稅制的意義。在王朝之初,所有的戶都被分成上、中、下三等,因賦定役[74]。役即不是人頭稅也不是財產稅,而是兩者的結合。在明朝後期,一般的趨向是更強調財產而不是人戶。力役逐漸被折成銀錢,徭役部分合併到田賦中,這種變化在各地引起了很多問題(見第三章第三節)。最主要的困難是兩種稅收是依據不同的原則來徵收的。而且各地情況不一,要求適應地方情況進行調整,這就會同盡可能保持帝國劃一的要求發生矛盾。

　　很明顯,里甲制度和徭役力圖適應農村經濟。大規模的徭役徵發為在鄉村的閒散勞動力提供了出路。而且物資徵收也使地方的產品直接作為稅收上交而不需要投放到市場之上。當政府徭役保持固定不變時,這個制度是合理的。雖然它類似於從深井中汲水,不僅僅是一桶一桶地,也是一滴一滴的,農村的物資輸納與勞役供應應該是有規律的、自動調整的。這樣解決了政府許多後勤問題,並且減少了行政管理費用。然而到了明朝中期,政府職責日趨複雜,役的負擔日漸沈重,同經濟的變化日益相左。里甲體制與徭役的徵用已經不合時宜了。儘管採用「均徭法」和「一條鞭法」作為補救,但整個明代這些農村基層組織並沒有被廢除,政府各項工作開支直接攤派到農村的財政體制也沒有被廢止。結果是田賦變得日益複雜。因為役是部分地、間接地依據土地財產,這使得後者的稅收負擔不僅調整困難而且也難以計算。

民戶的其他差役

　　明朝初期,解運是一項額外的義務。糧長作為一種職役,初創於

74　《大明會典》20/10-11。

1371年。一般而言，它設立於中部和東部人口稠密的各個行省，這些地區大土地所有者很多，可以保證糧長制度的正常運作。地方官員劃分稅糧區，「以萬石爲率」，每一區域最大的稅戶成爲糧長。糧長的職責是對所屬糧區的田賦進行催徵、經收和解運。1373年的法令更詳細地規定了每一糧長之下各設知數一人，鬥級廿人，送糧夫千人，都從納稅人口中挑選[75]。里甲制度與糧長制度互相補充。一里有110戶，差不多相當於一個普通的村莊。而糧長，在一個中等的縣中有卅至四十個，類似於鎮長。一個糧長可能監管十個、廿個或卅個里。里長徵收本里稅糧，彙解糧長，並提供必要的人力。糧長點看現數，制定計劃，實施解運。所有的管理細節包括稅糧的包裝、行程安排、臨時保管，揀選和徵用運輸工具，由糧長組織護送並確保後勤供應。運費按比例由納戶提交，但是在其監管的過程中任何物品的虧空與損壞都要由其賠付。

糧長沒有任何報酬，他由地方官委派，必須親赴南京戶部關領「勘合」，然後負責經收其糧區的欠稅。另外一方面，糧長在農村地區還有不特定的權力。洪武時代，糧長常常被皇帝召見。1381年，據說皇帝一天曾召見浙江、江西兩省糧長1,325人[76]。當時，糧長和其家庭成員也利用他們的位置作爲臺階入仕爲官。當他們犯了輕罪時，處罰會大大減輕。如果犯了死罪，也可以折成杖刑或納鈔贖罪[77]。

最早對「糧長」進行研究的是梁方仲。梁通過對地方誌的研究，揭示出糧長制度在南直隸、浙江、江西、湖廣和福建比較健全，而山東、山西、河南也很可能設立過糧長。在邊遠的省份，例如四川，雖然沒有糧長名稱，但亦設有督管稅糧的「大戶」[78]。

運河上的運軍組織的建立（見第二章第一節）最終削弱了糧長制

75　《太祖實錄》1279、1507、1724、2653；《明史》78/825；《大明會典》29/2-3。

76　《太祖實錄》2144。

77　《太祖實錄》1724-5；梁方仲《糧長制度》，頁42。

78　同上，頁6、48、54。

度。從十五世紀中期開始，每一糧長的管區開始縮小，同時糧長改由幾戶共同朋充，這就意味著朝廷不再能夠徵募大戶紳士服役，小戶也要被簽選為糧長，而這些人從未像初期的糧長那樣能夠有效地催徵稅糧[79]。在農村地區，擁有10,000畝土地的人(見頁下文)更容易對擁有500畝土地的人發號施令，反過來就不是這樣了，這是很清楚的事情。可以推測，糧長作為政府和民戶仲介地位的衰落也影響到里甲制度的運作。對於農村地區不能有效控制後來變成了整個財政制度致命的弱點之一。

當然，糧長一職與王朝相始終。一直到明王朝崩潰，每年宮廷所需大約214,000石白米都是由「解戶」來完成的，解戶即是糧長的變化形式。這項解運，同其他一些雜項物資解運，從來沒有由運軍接管(見第四章第一節)[80]。

帝國的驛遞體系由1,030個驛站構成[81]。它名義上隸屬於兵部，但其後勤支援是分散的、多渠道的。在洪武朝，驛站維護的職責分派到里甲體系之外的殷實稅戶，或者分派給政治犯，以此用來抵償對其的懲罰。到明代中期，這項負擔逐漸落到民戶身上。同時驛站開始發現他們最主要的職能不在是傳遞信件，而是為出行的官員和外國的朝貢使團提供交通和食宿服務。這些要求諸如轎椅、馬、船、食物和飲水，與此相連的各種力役徵用也急劇增大。地方的里甲，甚至有時還要得到鄰近地區的幫助，才能完成各種需索。儘管負擔都是來自於同樣的納稅人，而驛站額外的役差，即驛傳同里甲正役的帳目是相分離的。造成這種情況的部分原因是因為役差與供應是通過不同的渠道解送，同時也是由於驛傳的帳目是不固定的，有一個不斷增加的趨勢。

79　同上，頁62-3、70-2。

80　《天下郡國利病書》6/47、83-4。

81　《大明會典》卷145-6列舉了各地水馬驛站。另外《大明會典》卷147還列

　　一般看來，有明一代，里甲制度下的徭役持續穩定地增加。十五世紀晚期，均徭和民壯開始推行，同時爲保衛地方，兵餉也增加了。這些將在以後的章節中論述(見第三章第三節和第四節)。

田賦徵收的主要特點

　　田賦是國家最主要的財政收入。即使排除附加的稅費，它平均每年有2,700萬石糧食(husked grain)的收入。鹽課是第二大項收入，但就貨幣可比價值而言，它僅僅相當於田賦收入的10%左右。然而，田賦徵收是一個相當複雜的事情，探討其複雜性是本書的一個主要目的，下面將會用一大章的篇幅來探討這個問題。在這裏先概括說明其突出的特點。

　　明朝的田賦徵收沿襲前代的「兩稅法」，其徵收根據實際生產情況而定。「夏稅」以麥爲主，徵收不能超過陰曆八月。「秋糧」以米(husked rice)[82]爲主，其徵收不能超過明年二月。一年兩熟的土地要負擔兩次的稅收[83]。前朝夏稅中包括的棉花、絲綢、茶等稅目，明朝也大都繼承下來。

　　稅糧最基本的計量單位是穀物「石」。或者是米，或者是麥，依地方情況而定。一石麥子被認爲與一石米等值，儘管前者實值要低很多。但是這種等值是爲了統計上的方便，沒有納稅人能夠從這種價格差中得利。當這些物品折銀時，米的折換比率一般比麥子的折換比率要高。

　　早在洪武朝就已經可以代納稅糧。在雲南，田賦是通常可以以貴

　　舉了140個遞運所。詳情可參見蘇同炳《驛遞制度》。

82　譯者註：“husked rice”意爲去皮米。但據《中國經濟通史‧明代卷》(經濟日報出版社，2000年8月，頁242)所言：「秋糧都是以『米(皮穀)』爲主」。正好相反。

83　一年兩熟的土地納稅兩次的例子可參見韋慶遠《黃冊制度》附圖Ⅱ-Ⅳ。然而，在明代後期，許多地區對所有的土地擁有者徵收包括夏稅與秋糧，每一片土地納稅兩次。

金屬、水銀，甚至貝殼代替[84]。在其他地區，高粱、小米、豆類也按一定比率代納。先於地方稅額結算的代納不要同以後的折色相混淆。這一法令有相當大的混亂，計算折色物要以大宗稅糧爲標準，以便使這些數字併入國家帳目之中。這樣的代納無論如何也不能成爲主要的稅收收入。

王朝早期也有折色，但至十六世紀才成爲定例。這一過程可以分成兩個階段。例如，一石米首先被折成一卷棉布，然後棉布再被折成0.3兩白銀。這兩個階段的分離長達一個多世紀。當然也有例子顯示其中一個階段是持久的，另一個階段是暫時的。折色比率也不一定完全依照市場價格，有時候，折算率可能有意降低，以此作爲減免稅收的辦法。所以某些特別的折算率僅僅適用於特殊的稅收項目。因此很難說哪些折算是持久的，哪種折算是暫時的。一般說來，一種折算持續有效二十年，就可以被認爲是一種定例。當然，這也不可能絕對保證其不會被廢除或者修改。在十六世紀，朝廷的命令變得更加直接明瞭，常常直接宣布哪些是固定性的折納，哪些是種臨時性的折納[85]。而折算率相應地更接近於市場價格。儘管整個一代，多數折色還是以米、麥爲基本的稅收標準。甚至一個縣的田賦稅收以銀折收的比例達到90%，但銀還是以糧食爲標準進行折收。

稅戶被要求將這些稅糧解運到遠方的倉庫。起初，國家對於運輸費用缺乏明確的規定。地方官員規定的比率僅僅是用來阻止糧長額外勒索。但是在稅糧運輸改由政府接管後，開始將運輸費用作爲經常性收入的一部分來計算，例如漕運就是如此。即使主要的徵收已經折成銀，運費還是依據駁船運送的距離進行折算。在一些特殊情況下，這些加耗甚至超過稅糧的價值。

84　《明史》78/823。

85　1584年，漕糧的臨時折納首先開始於南直隸嘉定縣。此後折算命令每三年重新來一次。大約在1596年，這項折納成爲常例。見《天下郡國利病書》6/25。

當時的「稅糧一石」的實際負擔並不一致，這取決於稅收是否以銀、糧食、或者任何其他物品來交納，各種運輸費用也要包括進來，還要包括「稅糧一石」的折納比例。納戶負擔最重的「石」要比負擔最低的「石」高七倍。

附加稅同加耗不同，它們包括乾草、麻、絲絹，他們在產地與稅糧一起徵收。同時，這些附加稅也不能同里甲歲辦相混淆。儘管也有特殊的事例，同一種物品，如絲絹，可能同時包括在附加稅和里甲歲辦中。有時候，一個縣可能已經交納一定數量的緞匹以替代絲絹，不料朝廷卻又另外坐辦緞匹，並明確這些緞匹要有更好的質地。

稅額由耕地面積決定。只有西南各省部族是一次性交納，其上交的總額是通過談判而不是土地丈量來確定。在其他農業地區田土計量單位是畝，5尺為1步，240平方步為1畝。一個標準畝，大約有6,000平方尺，相當於兩個網球場那麼大。在中國南方，通常情況下一畝農田估計每年能夠產米2石[86]。

標準地畝更是一個概念而不能算得上一個實際的財政單位。當時的資料顯示，在土質最肥沃的長江三角洲，一畝田能夠產米3石米，也有畝產4石米的記載[87]。而在乾旱的西北部地區，畝產只有半石。而且低產乾旱土地上種植的穀類市場價格很低。在土質肥沃地區，由於水

---

86 記載每畝地生產2石糧食的有以下地區：南直隸常熟縣，浙江上虞縣、義烏縣，福建漳州府，廣東順德縣。除了浙江上虞縣外，所有資料來源都是1600年前。見《常熟縣誌》4/13，《漳州府志》5/53，順德縣誌3/1，《天下郡國利病書》22/118，倪會鼎《年譜》3/13。

87 葉盛(1435-94年)記述了在南直隸崑山縣的大多數土地畝產4石米或麥，見《日記》31/12。根據王鏊1506年的記載，宋代肥沃的土地每畝納稅糧1.5石，而當時的稅率是30%。這兩人的記載表明大約1500年左右，高產的土地能夠每年畝產達5石。儘管沒有說明穀物的性質。一般認為宋代的稅糧為米(宋代的計量單位可能略小)，參見《姑蘇志》15/1。在明朝早期蘇州府土地確實每畝稅糧達2石去皮米。同上，15/6。

源的特殊性，有時候在同一地區也變化多樣。這種多樣性由於勞力
供給的不同而加強。一般來說，最肥沃的土地需要最少的勞動力。與
此相反，貧瘠的土地要求投入更多的勞動力進行灌溉，所以人均產值
最小。例如，十六世紀，何良俊（1506-73年）記載了他的故鄉南直隸華
亭縣，夫妻終歲勤勤，極力耕種，止可五畝[88]。很明顯，統一以「標
準畝」爲標準來徵收稅糧是不公平的，因此選用了「稅畝」來代替它。

何炳棣在對中國人口進行研究的同時，也從地方誌中收集了大量
的有關稅畝折算的資料。一般看來，產量正常或較好的土地，每1標準
畝作爲1稅畝。產量較低的土地則以1畝半、2畝、3畝，甚至8畝作爲1
稅畝。這種折換沒有中央規定的統一標準，各地制定自己的標準。在
一些特殊的事例中，240平方步的標準被完全被忽視、取代，地方便宜
制定自己的計量標準[89]。因此折算方法也有很大不同。他們中的一些
方法無疑是依據當地的習慣，而且有歷史淵源。然而折算基本上是合
理的。在仔細分析地方誌之後，我們有一個印象就是所有的各種方法
的一個目的是確保1稅畝的耕地每年最少能夠生產米1石，或者同樣價
值的其他作物。雖然材料不充分，但可以推斷，在南方的許多地區，
畝產量一般是2石。現有的資料似乎表明甚至稅畝的折算也沒有得到中
央政府的正式認可。

所有些情況證明了本書一開始就提出的觀點，就是在這個龐大的
帝國強制實行統一的田賦徵收，這種中央集權超出了當時的技術能
力。儘管洪武皇帝將統一稅率確定到每一個府，但是這個目標是根本
達不到的。這種統一的稅率在《大明會典》中提到，即是民田每畝0.0335
石，官田每畝0.0535石，但這只是確定稅額的一般性方針[90]。這一方針
也僅僅在北部新設立的幾個縣發生作用，而且這一方針還被要求進行
修改和內部調整。在南方，納稅土地常常包括山丘、池塘、沼澤地等，

88　何良俊《四友齋》3/179。產量也從每畝到3石米到1.5石米不等。

89　Ping-ti, Ho（何炳棣），*Studies on the Population*, pp. 102-23.

90　《明史》78/824；《大明會典》17/13；清水泰次《社會經濟史》第17頁起。

通常在同一片土地中就有各種地貌。根本不可能實行統一的稅收科則。上述這些田產超出的正常產量也應按較高的稅率徵納。另外，前朝遺留下來的官田，新王朝的籍沒田，無法確定產權的土地，所有這些田地都面臨重新調整，因爲明政府並不想將官田的租米收益與一般民田稅收相區分。因此，每一個縣在稅畝折換後還要按照不同等級的土地區分不同的稅率。在此後的時間裏，在北方，一個縣可能分爲5、6個等級，這就被認爲是較典型的情況。在南方，稅則不會少於20種。在1543年，浙江省湖州府上報其稅則達599種。鄭曉(1499-1566年)在其記述中描述了同一個省的7個縣，稅則被分成了八百個等級。如果包括了附加稅和加耗，稅則將膨脹到上千種[91]。一些複雜性無疑是王朝後期積累下來的，但其基礎在一確立時就已經存在著危機了。

複雜、多變的地形也是擺在稅收部門面前一個嚴重的障礙。沒有證據表明明朝克服了這個障礙。《明史》簡單的記述造成了一個印象，即洪武時代進行了全國性的土地丈量，並編制了魚鱗圖冊。由於所繪製的土地冊的地界邊線，狀若魚鱗，因而名之爲魚鱗圖冊[92]。然而，最近的研究認爲這其實是一種誤解。實際上，1386年在浙江與南直隸開始進行的土地丈量，第二年初便丈量完畢[93]。但這並不是一次全國性的土地清丈[94]。在其他地區，魚鱗圖冊只是偶然提及，沒有證據顯示土地清丈是依據一個普遍的標準，在中央的統一指導下進行的。實際上，魚鱗圖冊並不是明朝的發明，它的起源可以至少追溯到宋朝。蒙古人也曾準備在南方的幾個省實施了這一政策[95]。另一方面，在北方一些地區，像河南杞縣、北直隸大名府，一直到十六世紀也沒有編

91　同前，頁17。

92　《明史》77/819。

93　《太祖實錄》2726。可參照《金華府志》6/2。

94　Ping-ti Ho(何炳棣)，*Studies on the Population*, p. 48；藤井宏《田土統計》，頁104-5。

95　和田清《食貨志譯注》，頁48。韋慶遠《黃冊制度》，頁74。

制魚鱗圖冊,這是眾所周知的事情[96]。稅畝折算的多重標準也更進一步證明了明初並沒有大規模地整理編制土地資料。毫無疑問,對於十四、十五世紀的明朝統治者來說,要克服自身固有的各種技術困難企圖建立起一個土地分類的統一標準,藉以將整個中國所有的耕地簡單地分成幾類,這是相當困難的,而且也是根本不可能達到的事情。即使在現代,制定這樣的方案也是很難有效果的。然而,明代的統治者過高地估計了自己,企圖實現中央的統一管理,使得這些基本的問題一直保留下來得不到解決。

96　《天下郡國利病書》2/28;藤井宏《田土統計》,頁105;清水泰次《土地制度史》,頁462。

第二章　十六世紀的現實與主要
的財政問題

　　這一章所要討論的問題的根源必須追溯到王朝建立之初。1386
年，朱元璋登基稱帝，年號洪武。在中國歷史上，很少有幾個開國之
君能夠像洪武皇帝那樣任意行事。他推翻了一個可憎的、臭名昭著的
外族統治，對於現存的法令，甚至習慣性做法，除非服務於他的目的，
否則就被廢止。對於這個深受內戰之苦，已經殘破不堪的國家，急切
需要建立起法律與秩序。在洪武皇帝加強皇權的過程中，他最關心的
事情是如何確保自己的權力，使其臣下只是執行皇帝的旨意，而不要
求他們發揮其主動性。地方官員甚至不許親自下鄉[1]。鄉村建立起自治
組織，選擇「耆老」承擔起鄉村民眾的教化[2]。在財政管理方面，重視
帳目管理卻忽視具體的運作。皇帝的儉省政策使得政府的預算與管理
費用降到了最低程度[3]。因為把財政供給的重點放在較低水平的橫向交
易（lateral transactions）上，沒有必要建立起中間一層的後勤供應。
　　這種方法回避了建立合理有效的行政機構以提高行政效率的可能

1　1384年，福建布政司右布政使因為違反這個規定被斬首處決。見《大誥
　　續編》1/117-18、119-21。雖然以後沒有再強調這條法令，但其還是被記
　　錄在《大明會典》中，見《大明會典》173/3。

2　《太祖實錄》3396，《太宗實錄》0654-5，《宣宗實錄》1991。

3　在1371年，所有的省級和地方官員數量是5,488人。參見《太祖實錄》1176；
　　Hucker, 'Governmental Organization', p. 70.

性，而是過分依賴於君主自己不斷地調整與監督。儘管稅收總水平很低，但稅收法律由皇帝在首都發佈，很少關注各地的實際情況。在皇帝自己寫的文字中就顯示出財政立法受到許多技術困難的困擾[4]。一旦發生稅收拖欠，就不能在最後期限內完成任務，一旦變通執行皇帝的法令或者地方財政帳目不符時，君主則拒絕做任何讓步。皇帝採取恐怖統治，對於沒有很好執行其命令的官員處以死刑。在他看來，技術的困難可以通過暴力來克服。在1382年和1385年他進行了血腥迫害，兩次財政帳目不符的事件，牽涉了成千上萬的人[5]。撇開這些極端殘酷措施的必要性不談，這種不切實際的做法的主要後果使得明朝的財政結構從一開始就沒有建立在一個合理的原則基礎之上。

如上一章所言，物資和產品是在低水平上的橫向運輸，其目的是節省運力。但是洪武皇帝的本意卻是節省資金，他無限地擴大了這種方式的應用範圍。1388年，他甚至想出了一種補給方法，要求每個縣對數撥給鄰近衛所官軍俸糧。稅糧的交納根本不通過正常的官方途徑，而是由納稅戶直接解送給軍隊。起初是命令南直隸應天府試行這種方法一年，金吾衛服役的5,000名士兵不再由專門的人員發給配給與薪餉，而是由5,000多民戶完成這一職能，由他們將稅糧解送至軍事駐地。1390年，這一方法被宣布是可行的並被要求推廣到整個帝國[6]。儘管後來這個荒謬的想法被廢止了，但是不首先確保稅額的情況下而去預先支配稅收收入的原則卻一直保留下來了，清代繼續沿用這種方法，一直到十九世紀才發生改變(參見第八章)。

洪武皇帝是以簡單的財政方案來實現他的目標的。王朝的建立者

4　《大誥續編》和《三編》有許多這方面的記載。

5　對於1382年的事件見《明史》94/987-8；吳晗《朱元璋》，頁166-168。孟森認為這一事件實際發生在1376年，見《明代史》，頁57。對於1385年的事件，見《太祖實錄》2490、2581、2631；《大誥》1/26、29-31、54-5、77；《續編》1/143-5、147-9。吳晗推測這兩個事件牽連被殺的人有70,000到80,000，見《朱元璋》，頁159。

6　《太祖實錄》2871、2998。

無意向外擴張其勢力範圍[7]。在國內,他滿足於農村簡單樸素精神的統治[8]。然而,在1402年永樂皇帝繼位之後,這些限制就完成被摒棄了。新皇帝不喜歡瑣碎的細節性問題,也很少顧及內部組織結構。只要民眾能夠保證軍隊和建築工程的供給(見本節後文),他就從來不去認真考慮實施財政的手段。

當明朝進入十五世紀第二個廿五年之際,帝國的體制已經逐步發生了變化。新的王朝建立時所具有的威力已經成為過去。陸軍已經受到削弱,水軍也所剩無幾。皇帝也只能支配官僚而不再能夠直接統治整個國家。官僚們對君主的絕對服從支撐著君主專制體制。文職官員中意識形態的凝聚作用要比國家的軍隊和財政力量更為重要。在北京,大家採取的一般態度就是保持現狀。官僚們,代表貴族階層,仍然試圖保持著傳統的儒教的政治經濟觀念,而把任何大的改革看成是一種異端,有所疑慮。

當時,已經不可能對財政體制進行全面的重建。即使現實已經要求政府進行制度上的改革,但結果也只是進行修修補補。管理部門最大的問題是國家的財政收入零散不一,名義上是集中管理,實際上根本不可能完整劃一。十五世紀下半期是明朝歷史上一個死氣沈沈的時代,對於公共事務,皇帝很少有大的舉措,國家的各種機構設施已經殘破衰敗,而宮廷開支卻不斷上升。

到了十六世紀,危機不斷擴大,矛盾日益顯露,問題已經無法回避。當時,軍事力量與貨幣制度的惡化是最為緊迫的問題,財政管理者所進行的各種調整主要目的都是為了解決這兩個問題。

7　洪武皇帝列舉了十五個國家為不徵之國,要求子孫們永遠不要無故興兵冒險。見《皇明祖訓》3/1589-91;吳晗《朱元璋》,頁154。

8　皇帝並不期望稅收增加,他公開譴責以前歷朝善於理財的財政專家,認為他們是人民的敵人。見《太祖實錄》2141、2681-2。

第一節 國家的收入水平與調整動因

定額制度

十六世紀學者們的描述常常會使人形成這樣一種印象：當時國家的支出與稅收急速攀升到很高的程度。這種觀點其實是一種誤解。與此正相反，當時最主要的問題是國家計劃性收入太少，而且從不調整。1502年，戶部向弘治皇帝提交了一份長長的報告，列舉了國家所有的主要收入項目。其中最重要的是田賦正稅，它大約占全部收入的75%。每年的收入總量，折合成糧食達26,799,341石[9]。

在宋代，國家的收入和支出已經以銅錢貫作爲標準的財政計量單位。在明代，每貫銅錢與1石糧食相抵。宋代的帳目顯示，到十一世紀中期每年國家的預算已經達到1億2千6百萬貫到1億5千萬貫之間[10]。儘管這些數字要充分地考慮到通貨膨脹的影響，但毫無疑問，明代的財力要比四個世紀前的宋朝差了很多。而且1050年代，宋王朝每年要生產3,500噸（short tons）銅和5,000噸的鐵。在1159年，其海關收入達到200萬貫銅錢[11]。而十六世紀時代，明朝的記錄根本無法與之相比。

造成十六世紀稅收基數有限的原因是洪武皇帝的財政政策，在其統治期間，確定了稅收定額制度[12]。1377年，皇帝分遣各部官員、國子監生和宦官巡視一百七十八個稅課司局，固定他們的稅收額度[13]。

9　參見《孝宗實錄》3548-55。《校勘志》648-50修正了錯誤。

10　王志瑞《經濟史》，頁135。

11　同上，頁31、62。十七世紀的一位學者也注意到明代的稅收收入低於宋代，見沈德符《野獲編補遺》2/27。

12　《大明官志》指出各項課程已有定額，見該書4/2430、2452。在1387年，規定河泊所課程不在定額之列，見《太祖實錄》2779。

13　《太祖實錄》1848。

1385年，他命令將各省和各府稅糧課程一歲收用之數刊刻於石板上，並樹立在戶部廳堂內[14]。1393年，田賦收入達到3,789,900石[15]。洪武皇帝對此很滿意，隨後宣布北方各省新墾田地永不起科[16]。自此各地定額稅收作為不成文的法律固定下來，後來也偶爾進行過調整，但基本的支付原則從來沒有被摒棄。

1412年，在永樂皇帝統治時期，源於農業土地的稅糧收入據說達到創紀錄的34,612,692石[17]。這種上升的原因並不清楚，很可能是安南作為一個新歸附的省份，其額度也包括進來的緣故[18]。而當發現在那一地區完全無法徵稅時，帝國的田賦收入又重新調整到接近3千萬石[19]。

1430年，開始更進一步地調整了稅收上限。在十年中，北京一直關注安南問題。而長江三角洲地區的土地所有者們，對附加在他們田賦之上過高的額外費用已十分不滿，他們有意拖欠稅糧，以至於逋賦總額已經超過了三年的全部稅收。為此，宣德皇帝做了讓步，下令全面減免這些地區的稅糧，蠲免額達三百萬石。長江下游地區受益很多[20]。然而，這一缺額並沒有加徵於其他地區。此後，每年的計劃收入一直保持在二千七百萬石左右，但對於可耕地和人口的上升卻不做考慮。實際上，絕大多數地方官員在給帝國政府的上疏中都只是想恢復地畝舊額作為現在的統計資料（見第二章第二節）。新增地畝很少上

14　同上，2647。

15　同上，3370。初期的田賦收入是保持上升的勢頭。1381年，田賦歲入是26,105,251石，1385年是20,889,617石，1390年是31,607,600石，到1391年則達到了32,278,800石。同上書，2218、2673-4、3078-9、3166-7。

16　同上，3532；《大明會典》17/16-17；《日知錄集釋》4/46。

17　《太宗實錄》1652。

18　1408年，尚書黃福被授權確定安南地區的稅額。同上，1043。

19　從1425年到1428年，田賦歲入總是保持接近3千萬石。在以後年份中，這個數字達到30,249,936石。見《宣宗實錄》1196。

20　《明史》153/1863-5；《宣宗實錄》1448、1639-40。

報，一般的原則是以此進行稅額內部調整，而不是作爲增加稅收的依據。這樣做的結果是使稅收與耕地面積相脫離。1502年戶部上報的情況就是最好的明證。應該指出，稅收定額制度是明代基本的政策，唐、宋時代從來沒有像明代這樣僵硬地執行這一政策。

除了田賦之外，明朝對勞役和基本用品的徵用也有很大的依賴，也採用了定額制度，這與洪武皇帝的財政政策一脈相承，其惡果將會在稍後的章節中進行討論。

預算不足

深受儒家思想影響的官員們普遍認爲低稅收必然對納稅人有好處，其實這種看法是錯誤的。明代的例子就顯示出情況並非總是如此。稅收收入的不足意味著政府不能最充分地管理帝國的資源，這樣實際上會對納稅人不利。十六世紀資金不足導致了許多政府功能的喪失。其中表現最顯著的方面是金屬貨幣（見第二章第四節）和戶口鹽鈔制度（見第五章第四節），這給人民帶來很大的災難。

此外，由於正常的稅收收入不能彌補支出，必要的項目開支就要通過其他各種方式來解決。這些私下的派徵則缺乏有效的審核，容易造成資金的浪費。

預算不足的另外一個結果就是明朝官員十分狷獗的腐敗行爲。很明顯，許多部門的管理費用甚至連最低水平的開支都不能保證（見第四章第五節），政府官員的俸祿的評定是荒謬可笑的。明代的文官很少，1371年地方官員總數僅有5,488名[21]。1455年，北京在任的文官有1,520名[22]。即使在十六世紀早期，各個部門的規模已經很明顯地擴大了，但整個帝國也還僅僅有20,400名文官。而地位較低的吏大約有51,000

21　《太祖實錄》1176。
22　《英宗實錄》5417。

名，即包括供職於文官政府的吏，又包括供職於軍隊的吏[23]。行政機構規模雖然不很龐大，但國家卻不能為其提供合理的薪俸。

　　明朝的官俸制度確定於1392年，這一制度名義上延續於整個明代。明代官吏薪俸低薄，正一品每年祿米1,044石，依次遞減，到最低品級的從九品官員歲祿米是60石[24]。然而，從十四世紀晚期開始，祿米部分地折成寶鈔支付[25]。到十五世紀，折支的物品還包括絲絹、棉布、胡椒、蘇木。對支物比率也作了規定，四品以上官員支鈔比率達到或超過一半，四品以下官員則支鈔比率較低，甚至全部支米。據估計，1434年確定的折支比率使薪俸時估僅相當於最初價值的4%[26]。在1432年,甚至將查抄的衣服及回收利用的物資也部分地折成俸祿支給一些官員[27]。1472年，倉料豆也作為俸祿支給，後來在南京發現倉料豆僅僅適合於餵馬[28]，這樣從1475到1477年的三年中開始回收這些折支物[29]。官員們為了彌補其有名無實的薪俸，甚至採取放賣政府提供的勤雜人員（皂隸）的方式以換取資費，這一習慣開始於十五世紀早期，官員在經過請求之後，遣出這些勤雜人員回家，每個人可折得白銀12兩。1429年以後，這一習慣得到普遍認可。檢派皂隸，本為地方強制差役之一，兵部放棄按例檢派，取而代之的是收集這些額費分配給官員[30]。戶部尚書，品級為正二品，他以這種方式每年可額外得銀

23　《西園聞見錄》34/2。

24　對於洪武皇帝確立的薪俸制度見《明史》82/864；《太祖實錄》1182、1598、
　　2061-2、2101、2778、3249。

25　祿米部分折鈔開始於1377年。折支比率及後來所進行的調整參見：《太祖
　　實錄》1784，《太宗實錄》0270-1，《仁宗實錄》0136，《宣宗實錄》2254-5，
　　《英宗實錄》0414。

26　《大明會典》39/8-10。

27　《英宗實錄》2033、2160。

28　《憲宗實錄》2136、2218。

29　同上，3583。

30　放賣皂隸，獲取工食銀，參見：《明史》158/1910-11；《大明會典》157/10；
　　《憲宗實錄》3940、4917，《孝宗實錄》3945。對於其起源，見Hucker,

144兩。這不是從其戶部的銀庫中支取,而是來自於兵部。這些收入足以供養其全家。

在十五世紀晚期,官員薪俸的一部分已由穀物折成白銀,但折支白銀部分很少,以致於由北京的中央政府支付的所有薪俸銀兩在整個帳目上變得無關緊要(見第七章第一節)。因而政府官員的廉潔具有相對性。

整個十五世紀,有許多例子顯示出一些高級官員捲入腐敗。暴露出來的醜聞涉及到了諸如都察院左都御史劉觀(1415-28年在任)、吏部尚書尹旻(1473-86年在任)、禮部尚書周洪謨(1481-8年在任)等高級官員[31]。而其他中小官員違法亂紀事件更是不可勝數。即使像吏部尚書倪岳(1500-1年在任)這樣受人尊崇、素稱廉平正直的官員,也被懷疑有違規章辦事[32]。1470年,吏部尚書姚夔上報說有些放債者專門探聽吏部內部消息,以此有選擇地對在京的官員放債,一旦這些官員赴任地方,他們就會隨之而去,其中一些官員就將永遠無法擺脫這些債主的控制[33]。在十六世紀,情況顯然更加惡化。登記在案的彈劾事件顯示出官員們道德水準已經十分低下,在明初被認為是十分嚴重的違法行為現在已變得無足輕重。在京官員,當他們被外放到各省時,沒有旅行資費與津貼。顧炎武早在十七世紀就已經指出那些官員除了舉債以外,根本無法到達新的任職地方[34]。

可伸縮的財政單位

儘管源於田賦的預算收入的最高額被確定為糧食2千7百萬石左

Censorial System, pp. 260-2. 山根幸夫《徭役制度》,頁110。

31 《宣宗實錄》1342-4,《憲宗實錄》4686,《孝宗實錄》0452;Hucker, *Censorial System*, pp. 260-2.

32 《明史》183/2148-9;參見何良俊《四友齋》2/99。

33 《憲宗實錄》1499。

34 《日知錄集釋》3/85。

右，但政府開支無法限定在這個指定的水平內。而最容易創造額外收入的方法之一就是擴張財政單位。國家對民眾徵派的物資與徭役，名義上是通過地方交納的稅糧來支付，這被稱作為「坐辦」（見第一章第二節）。實際上，勾銷的稅款僅僅是象徵性的，根本抵不上徵派的徭役與物資的實際價值。永樂皇帝就曾大規模地採用這種方法。根據他的軍事行動、宮殿營造以及六次海上探險的記錄，可以看出其實際消耗要遠遠超出國家正常的財政收入水平，據推測可達到歲入的2到3倍[35]。1422年，根據戶部尚書郭資的上報，從1419年到1421年的財政年度中，收入帝國糧倉中的田賦實徵額不到2,300萬石糧食[36]，在這三年中，平均每年少於八百萬石。有理由相信大量的稅收用於支付物資與服務。除了與土木工程、造船、木材和其他物品的採辦有關的記錄外，還沒有可以利用的帳目。而且這些記錄提供的證據並不能清楚地顯示出政府採購和直接徵用之間的差別[37]。官方支付的款項，即使進行估算，也從來不會包括全部的花費。在這種情況下，所有涉及國家預算、稅率、地方額度以及會計制度等方面的細微差異都無足輕重。

永樂以後，沒有明朝皇帝敢於向納戶加重負擔到如此程度。在十五世紀早期，幾個有作為的皇帝曾作出一定的讓步（包括1430年宣德皇帝做出的減稅行為），但其本意是消除永樂時代過度徵斂所引起怨憤[38]，但是這種節制是相對的，這部分是導因於技術性困難。當時的基

---

35 這些支出的一部分是通過發行寶鈔來解決。據估計，按照兩個寶鈔監管機構的發行能力，永樂朝每年寶鈔的發行量約在5千萬到1億貫之間，這些錢鈔的購買力不會超過300萬石米。

36 《太宗實錄》2341-2。

37 同上，0686、0835-6、0936、0988、1128、1435、1482、1545、2267；《四園聞見錄》92/1；孫承澤《夢餘錄》46/63；焦竑《獻徵錄》59/112；陳文石《海禁政策》，頁85。

38 這從皇帝的法令中就可能看出這一點，見《宣宗實錄》1639-40。這個法令是1424年由洪熙皇帝簽署的，實際上是對原來橫徵暴斂表示出歉意，見《仁宗實錄》0015-17。

本財政單位——石，還沒有被賦予貨幣的價值，有時候，政府為了彌補財政赤字，就可能擴大它的折算率。例如，在山西的稅戶被要求解運一部分稅糧到北邊軍鎮，在1443年，稅糧每石被折成0.25兩白銀，而在十四年後的1457年，這個比率就變成每石稅糧白銀1兩。這樣使得實際稅納是原來的四倍[39]。這種做法不僅加重了納稅人的負擔，而且也給會計工作造成了很多問題。

因為定額制度和稅收收入的不足，上級政府通常都將財政責任推給下一級政府，下一級政府為了彌補赤字不得不盡其所能，常常將這些負擔轉給那些被檢派的民間稅收代理人。這沒有任何補貼，對個人而言十分不公平。這種做法，儘管歷史上也有，但在明代應用的最為廣泛，因為政府的計劃性收入低得可憐。

與可擴大的財政單位相關連是加耗的徵收。最受影響的是「漕糧」——大約四百萬石米，其作為五個行省和南直隸田賦的一部分，由運軍通過大運河運到北京[40]。這種做法是在洪武與永樂時期確立的，人們要將稅糧運到任何一個政府指定的地方，解運費用也要由自己承擔。而由運軍接管長距離運輸之後，運費還是要由納糧地方或者這一地區專門的納戶負責，即使到十五世紀也是如此。這些加耗不被記入他們的稅額之中，而是作為一種附加的義務。如果這些加耗很少，到不會成為一個問題，然而這些費用常常數額很大。例如從湖廣行省（這是漕糧解運最遠的省）發運糧食，其路費耗米就已占基本稅收的80％[41]。

徵收這些沈重的耗米也並非完全不合道理。遠距離稅糧運輸在到達目的地之前牽涉到多次中轉。在通過運河水閘時需要搬運工和馬車轉運，當運河和河流變淺時則需要駁船轉運，這些中轉都造成了大量的損耗。米受潮也容易發黴。每次中轉之後，都要曬乾，這些過程都

39　張學顏《萬曆會計錄》24/22。

40　Hoshi, *The Ming Tribute Grain System,* 各處。

41　《宣宗實錄》1949；《大明會典》27/30。

造成了糧食數額急劇減少，例如曬米在五個小時內可以減少重量8.5%[42]（這是官方實驗的結果）。

如果政府考慮到這些損耗是不可避免的，並且將其預算在管理費用之中，問題可能很簡單。但是在定額稅收制度下，爲了保持與明政府的會計方法相一致，每一種收納項目都必須計算到很小值，無法包括這些加耗，只能從納戶另外徵收。實際上，這些額外加耗也不固定爲一種，而是分成六種或者更多的名目，包括正常的耗米、蓋席費、過湖米、過江米等等[43]。到十六世紀的時候，漕糧被折納成白銀，各色名目也不得計算進去。此後的原則就是當政府需要額外的現金收入時，納戶和稅區已經習慣於按此方式用這些耗銀來支付。事實上，當以實物形式納稅時，加耗就已經被看成是一種盈餘，列入預算項目之中，不可能被排除在外。

到了1471年，問題變得更爲複雜，當時運軍接管了大宗的糧食運輸，在此之前，它們還是由納戶自己直接交納給運河沿岸的臨時倉庫。這些運送的糧食甚至來自於同一地區，但也沒有同十五世紀前期由運軍接管的漕糧運輸合併爲一。他們被稱爲「改兌」，同「正兌」相區別[44]。

支運改兌後，加耗標準要低於正兌的加耗。在十六世紀中期，南直隸揚州的納戶正兌加耗爲米1石，而實際上要納米1.73石，而改兌納戶則僅僅納米1.27石。當漕糧開始折銀時，規定正兌每石米納銀1.2兩，改兌每石米納銀則在0.5兩至0.7兩之間[45]。這樣的結果所導致的混亂是顯而易見的，在官方帳目中應收稅額與納稅戶的實際財政負擔並不一致。有時即使以石作爲評估標準，也無法確切知道一個地區的田賦稅

42　《憲宗實錄》0556。

43　《大明會典》27/27-9；《江西賦役全書》〈省總〉，6-7。

44　《憲宗實錄》2315、2378；吳輯華《海運及運河》，頁127；星斌夫《漕運の研究》，頁64-68；又參見Ch'T'ung-tsu（瞿同祖），*Local Government*, p. 140.

45　《天下郡國利病書》12/95。

則。換句話來說就是財政單位是相對的，而不是一個絕對的指標。它部分是抽象的，部分是真實的。

糧食「石」也能低於實值。一個顯著的例子就是所謂的「金花銀」，它在1436年成爲爲一項制度。從表面上看，實行這項制度方便了稅收解運。可以想見，總額達405萬石的稅糧從南方各地解運，並非易事。而金花折銀按每石0.25兩白銀的統一比例進行折納，又無加耗[46]，自然有利。然而，這種額度總是爲最富有的府所獨佔，在這些地方，稅糧解運並不是一個很大的問題。金花銀的出現其實是朝廷對這些地區土地所有者的讓步，因爲這些地區的重賦已引起了他們強烈的不滿。這一建議的發起人，戶部尚書胡濙（1431-6年在任）、南京戶部尚書黃福（1432-40年在任）和江南巡撫周忱（1430-50年在任），都是減免賦稅的擁護者。正統皇帝批准了他們的建議。雖然當時皇帝才9歲，還不能理解這一步驟的全部意義。這樣交納的折糧稅銀，低於糧食價格和管理費用，通過這種方法，在沒有公開變更以石計算的定額稅糧的前提下而減輕了這些地區的負擔。這項略超出1百萬兩白銀的收入被稱爲「金花銀」，從此成爲王朝定制。按照傳統，這部分銀兩要被上繳到內承運庫，除了發給在北京的武臣俸祿外，餘下皆爲御用，戶部無權監管。

金花銀的出現具有深遠的意義。它從田賦收入中永久地分出了15％的定額，使得國家名義上的收入與實際收入之間又產生了另外一個差異。

缺乏服務保障

橫向交易的制度是適應地方定額稅收制度，包括強調在低水平之上的運作以及半永久性基礎之上的共存。但是這種管理模式不可避免的要落後於服務性事業的發展。財政機構首先關注於稅收的徵集與解

46　《明史》78/824；《英宗實錄》0293、0414-15、0966；《大明會典》30/1；
　　堀井一宏《金花銀の展開》，頁64-68。

運，忽視了在中間層次上建立起的後勤保障。由低到高的各級部門要
為各種基本的服務提供補償，而高級部門對此又缺乏維護和補助，最
終使各項運作耗費巨大。在這一過程中存在著大量的、無謂的重覆性
勞動，物資與勞動力要麼被浪費，要麼是解釋不清其用途。

缺乏服務保障可以從大運河的管理上得到明證。明朝之前的三個
王朝，僅僅在元朝曾經致力於海運，包括唐朝與宋朝都是依靠內陸水
路運輸來調配全國的財政資源。在這兩個朝代，運河是由一個或多個
「轉運使」親自來管理。這些官員轉運地方節餘，常常還控制鹽的專
賣。保證稅糧供應僅僅是他們職責的一個方面。許多轉運使能夠根據
情況自由來處理政府的財物。他們也被期望在水路起始之間進行商品
買賣來獲取利潤，獲得的周轉資金被用來推進轉運工作。他們的許可
權包括服務船隻的修造、人員的組織、運河體系的維護。挽句話說，
他們綜合地區司庫、運輸官員、採購代理和商業管理者於一身[47]。

明朝的輕商政策限制政府機構參與商業貿易活動。而且整個漕糧
制度和運河管理不能從中央財政獲得支援，水路是由地方無償徵發徭
役來維持的，根本不能從中央政府得到任何補助[48]。在十五世紀中期
運糧官軍有121,500名，管理著11,775只糧船。這些人員的薪俸與配給
來自於124個軍衛[49]。甚至每十年對服役的船隻進行修造的資金也部分
地從運糧軍士的薪俸中扣除，另一部分則由輸納漕糧的地方承擔[50]。
運輸費用，如上所言，是從納糧戶按比例加徵。耗銀的剩餘都要上交
到政府金庫，解運到北京（見第六章第三節「輕齎銀」）。運輸費用的
籌集是如此的分散，而帝國政府不但不對其承擔財政責任，反而樂於

47　唐宋時代轉運使的職能見：《舊唐書》卷49；《新唐書》卷53；《宋史》卷
　　186、327。最為成功的轉運使當為劉晏（715-80年），見Twitchett, *Financial
　　Administration*, pp. 90-6.

48　作為地方勞役的一部分，共有47,004名專職的人員在運河服役。山東一省
　　歲出役夫14,150餘人，見《天下郡國利病書》15/9。

49　《大明會典》27/11-15；席書、朱家相《漕船志》3/2-3。

50　同上，1/2，4/11-15。

從中收取額外的管理費用。一位監察官員被任命爲總河御史，一位軍官被任命爲漕運總兵，但他們都不去爲其下屬部門建立起後勤保障。下級官員，甚至旗甲等官，都要對其保管的稅糧負財政責任，這些稅糧必須被運送到通州倉後才算完成任務。

糧船數量不斷減少是令人驚訝的事情。十五世紀晚期，就不斷有人上報運糧軍士的薪俸與配給被拖欠，軍士缺員嚴重，一些軍士已經積債達幾千兩白銀[51]。在十六世紀早期，有的軍官因爲沒有完成解運任務而自縊身死，還有人則削髮出家爲僧[52]。爲了維持運軍的生存，朝廷也開始放鬆管理，允許運軍量帶私物，從中取利，以資用度，這在十五世紀早期就已經被官方所認可[53]。到了十五世紀晚期，士兵們的收入更低，不得不主要依靠這種私人夾運來維持生計。在1480年，有人報告南行的漕船裝載著很沈重的貨物，而開往南方的民船則是空歸[54]。國家因此損失了大量的稅關收入[55]。

大運河的管理是政府對服務設施管理不當的一個例子。由洪武皇帝建立起來的後勤保障體系從來也沒有進行過任何改革，造成這種情況的部分原因是國家收入的低下。在十六世紀，政府收入的每一小部分都已經被編入預算項目之中，收入已經在徵集之前進行了分配。收入機構也不允許利用其內部資金來改進他們的服務。這種投資的缺乏導致了政府管理的 工廠無法得到發展。一個顯著的例子是國家管理下的礦山(見第六章第一節)。

政府控制下的工廠的規模和由國家調動的大量原材料、物資及人力容易讓研究者產生誤解。實際上，資金的積累是無序、紊亂的。它們所屬的上級部門既沒有權力也沒有能力統一他們下屬單位的管理。

51　《憲宗實錄》2178。

52　《皇明經世文編》108/1-5；黃訓《名臣經濟錄》22/22。

53　《大明會典》27/40-1。

54　《憲宗實錄》3578。

55　周之龍《漕河一覷》卷8。

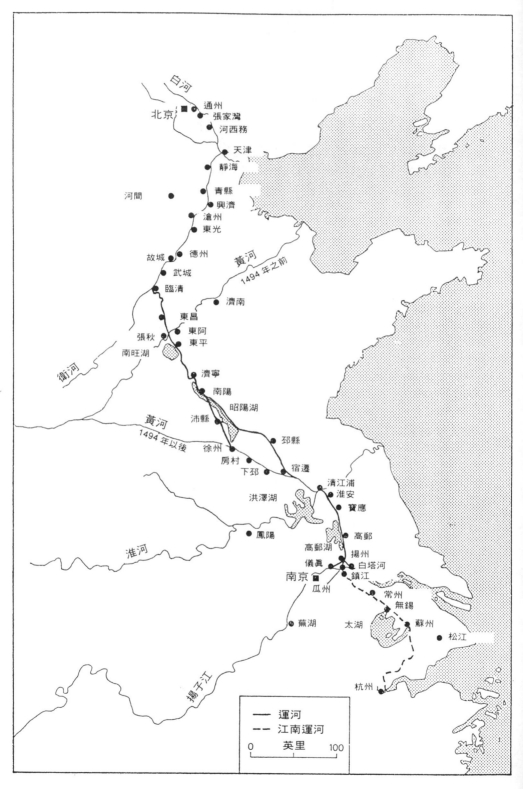

圖2：大運河（漕河）1610年左右

　　每一個部門的預算收入實際上僅僅是一種計劃性最大收入，只有在最理想的情況下資金才能完全到位，因爲分散的供給方法不可避免地導致解運部門會有疏忽過失。同時，也沒有機構願意超額完成稅收。位於淮安附近的國家造船廠就是一個很好的例子。

　　清江浦造船廠是帝國建立的最大的國家工廠之一，它承擔一半左右的漕船修造工作。其全盛時期每年能夠造船764艘。到1464年，它每年還能造船550艘。依據前近代的標準，這是相當大的數字[56]。從十五世紀晚期開始，船廠所需要的原料與勞動力都已經用銀來支付，然而早期確立的由運糧軍士承擔30％運船料價的方法還是保留了下來[57]。這個船廠依次被分成82個分廠，每一廠被分派到淮河岸邊30碼寬的狹長地帶，形成了自己的區域。各個分廠鱗次以居，長達2.5英里[58]。這82個廠的管理者要對各廠負有暫時性責任，要爲造船計劃籌措船料費用。中央部門僅僅從其帳目上分派給他們原材料與勞動力，地方府州縣提供的資金很少。在十六世紀，許多廠官因爲沈重的管理任務而虧累負欠甚多[59]。

宮廷開支

　　儘管十五世紀國家收入匱乏，但宮廷開支還是不斷地上升。宮廷人員的規模有一定的標準。在1369年，洪武皇帝限定宮廷內宦官的數量爲60名[60]。對於這一數字，賀凱（Hucker）已經指出它要大大低於實際

56　席書、朱家相《漕船志》3/12-14。

57　《孝宗實錄》0254；《大明會典》27/51；席書、朱家相《漕船志》3/20-1、4/2-5、6/44-8。

58　同上，1/5-9。

59　同上，7/15、25。

60　孫承澤《夢餘錄》6/58。按照規定，宮中每一個部門只有2到5名宦官，見《孝宗實錄》0152。

情況[61]。最大的可能是這一數字僅僅包括了那些文職服務的宦官，而沒有把生活服務人員和輔助人員包括在內。

但似乎可以認為王朝剛建立時宮廷人員數量並不太多，也不臃腫。1420年以後，宦官開始接管了原來由宮女承擔的職責，他們的部門也增加到24個衙門。據1443年戶部的報告，宦官們要消耗掉120,000石白熟米，如果這個數字的確是一年的消耗量，可以據此推測宮內人員數量有30,000人[62]。嘉靖朝曾經努力削減宮廷人員的數量，但到十六世紀中期他們的數量還接近10,000人[63]。據一位現代學者的估計，到明朝結束時，供職的宦官還有70,000人[64]。

洪武時代光祿寺廚役定額800人。永樂早期在南北兩京都有廚役，他們的數量增大到3,000人。在永樂朝後期更是擴大到9,000人。宣德朝廚役有9,462人。1435年，由於一個厲行節儉的計劃使他們的數量降到5,000人，但到1487年他們又上升到7,884人，創造了又一個新高[65]。

宮廷供給的增長也是如此。王朝之初，南直隸常州府歲進宮廷茶葉100斤。到1431年，數量增至290,000斤，約為200噸[66]。用做蠟燭的黃蠟在十五世紀晚期也增長得相當快。1430年歲計30,000斤，而到了1488年就達到了85,000斤，1503年則超過了200,000斤[67]。

為了保證柴炭供應，宣德皇帝在北京西100英里左右的易州建立了一個專門的山廠。按規定，採燒人夫從山東、山西及北直隸的三個府中徵派，其數量超過30,000人，他們每年要服役3個月。工廠的重要性不斷上升，以至於它的監管者的身分或是特使，或是工部尚書[68]。在

61　Hucker, *Traditional Chinese State*, p. 11, and *Censorial System*, p. 24.

62　《英宗實錄》2067。

63　鄭曉《今言類篇》3/137。

64　丁易《特務政治》，頁22-26。

65　《宣宗實錄》0143，《英宗實錄》0152，《孝宗實錄》0624。

66　《宣宗實錄》1883。

67　《孝宗實錄》3664。

68　《英宗實錄》1947，《憲宗實錄》1909、3934；《大明會典》卷205、206。

初期，該山廠每年大約生產1,000噸木炭和好的引火木柴。到1442年，它的產量已經上升了6倍。向首都運輸柴炭變成了沿途居民一項額外的負擔。這段距離雖然很短，但估計拖運一噸柴炭也要花費5兩白銀。這樣管理很不經濟，因此到十五世紀末，一部分柴炭從北京購買，檢派到易州山廠的勞動力也逐漸由士兵取代。即使在那時，每季還要從民戶中檢派採燒人夫19,900人。據此我們可以估計十五世紀的北京每年消耗的柴炭燃料需要花費500,000兩白限，這些花費朝廷要用現錢來支付[69]。

宮廷的實際生活費用難以估算。其供給倉庫很多，應役者甚眾。宮廷人員消耗的白米是田賦正額的一部分。毛皮是由地方捐獻，緞匹是作爲土地附加稅來徵集，或者坐派地方。一些供給，諸如皇帝想要的瓷器，因爲它們是獨一無二的，所以實際上無法計算其價值。1433年，宣德皇帝題准江西燒造各樣瓷器443,000件，一直到弘治皇帝1505年去世時，瓷器燒造未完者還有300,000件[70]。一些物品甚至有意被列入上供項目之中。所有已知的供應宮廷的各種花費每年可能要超過五百萬兩白銀。

這些項目多通過「徭役」來完成，這抵消了低水平稅收造成的後果。由於此類款項主要爲勞役和運輸費用，這樣做很可能造成稅收負擔更多地落到窮人和本分人身上，他們常常被徵召無償服役。

與宮廷開支密切相關的是公共建築和陵寢的建設費用以及在首都的超編軍事人員的生活費用。在北京的衛戍軍隊變成一支龐大的建築隊伍，而建築材料則從各省徵用。從十五世紀初到十七世紀營造計劃從未間斷，它們可能已經不是政府財政資金中一個重要的因素，後者已經組織的更好。很明顯，考慮到王朝有限的財力，優先安排這些建

69　這是基於1468年每人每月1兩白銀的折換比率計算出來的。其依據是《大明會典》206/3。

70　《明史》82/863；《大明會典》194/4；也見於《英宗實錄》1557，《世宗實錄》2499。

築工程是很不合適的。由於財政資源的劃撥缺乏仔細考慮，使軍隊遭受了巨大的苦難。這除了造成京軍各營缺乏戰鬥操練外，在十五世紀和十六世紀早期的好幾個皇帝還以不合格的編外人員填充官軍數額。

由於它的僵硬的任命標準，使文職官員脫離開這一職位，這是一種陋習。不合格的人員被吸收到軍隊中，皇親、寵臣，甚至寵臣的親戚都不斷地被接納成為軍隊冗員。在1460年代，京軍一衛就有軍官近3,000人，而其定額，包括軍官與募兵才是5,600人[71]。皇帝的母舅、岳父、內兄內弟常常受封為伯侯，他們的子侄也隨後變成同知、千戶等。受寵宦官的家侄，可能會成為指揮、僉事。一個宮女的父兄也可能得到校尉、千戶這樣尊崇的頭銜[72]，以此作為她勤懇服務的賞賜。這種答謝其功勞的方法與歐洲的王室賞賜給廚師勳章十分相似。

明代軍隊為世襲軍役。在首都的軍隊日益超編，逐漸變得無法控制其規模，同樣，居住在各省的藩王宗室也由國家供養。在1371年，就有上報說大小武官有12,980人[73]。在洪武末期其數量已經上升到28,000人[74]。到1455年，在京武職就有31,790名[75]。在1469年，據說軍官的數量已經超過80,000名[76]。到1520年左右，武職增大到100,000餘員，已經失去了控制[77]。其中的大多數人無疑要居住在北京。

這種濫封軍銜的陋習所造成的財政後果有些奇特，因為這些冗員的開支與正式文武官員一樣，都是比較低的，這並不能一下增大國家的預算。向他們支付俸祿實際上是皇帝自己掏腰包，從金花銀中支付。只有一部分的實物(包括糧食與布匹)由戶部來提供。俸祿冊上的人員數量越多，每個人所得的就越少。這也是軍官俸祿低的一個原因。

71　《英宗實錄》6750。

72　《明史》197/2292；《孝宗實錄》0090-1。

73　《太祖實錄》1503。

74　《世宗實錄》2406。

75　《英宗實錄》5417。

76　《世宗實錄》2407。

77　《西園聞見錄》34/2。

漕糧受冗員影響最爲嚴重。運到北京的漕糧數量一度有很大波動。從1472年開始它基本固定爲每年4百萬石。其中有一小部分，通常約爲300,000石被直接送到邊境軍鎭[78]。這樣在北京可用於支配的漕糧約有370萬石。其分配是採用配給制度。一般情況下，所有的文武官員及吏員，不管其職銜高低，每人每月爲1石米，以此作爲其俸給的一部分。服役的士兵與工匠則減半[79]。到十五世紀晚期和十六世紀早期，不會少於300,000人合乎領取祿米的條件[80]。1502年，根據戶部尚書的報告，他們每年共要放支祿米338萬石[81]。每當上納的漕糧不足或者有額外支出時，首都的糧倉就會發生虧空。這樣，花費很多費用解運來的漕糧，卻於帝國的財政無補，它雖然解決了首都的食物供應問題，但接受者大都爲超編人員，他們於國無益。

內閣大學士楊廷和(見第一章第一節)對這種情況進行了局部的調整。1522年，嘉靖皇帝即位不久，這位素來厲行簡樸的政治家立即從俸祿冊上裁汰冗員148,000名，恩幸得官者皆被斥去。這次裁革每年可節約漕糧153.2萬餘石[82]。這些節餘所折成的銀兩成爲明帝國度過十六世紀中期的財政危機的重要因素(見第七章第一節)。

78　《明史》79/831；《大明會典》27/5、62-3；《孝宗實錄》3549。

79　《大明會典》39/1-7，41/9、13、15。

80　在首都，除去文武官員外，還有京軍100,000名。另外還有150,000名爲宮廷各機構服務的輪班工匠。每年春秋兩季，還有從河南和山東抽調40,000名士兵編入京軍。還有好幾千名蒙古人登錄在俸祿冊上。儘管實際上軍銜有許多空缺，糧食一般還是按照額定人數分派，所以許多糧食被總兵和宦官截留。對於這個猜測的證據可參見：《明史》90/951，《大明會典》289/10，《憲宗實錄》2475、4069，《皇明經世文編》36/16。

81　《孝宗實錄》3549。

82　《明史》190/2217；《世宗實錄》0202、0258、1153、3768。還有資料顯示實際上每年可節省漕糧168石，見《西園聞見錄》33/25。

第二節 土地和人口

田土資料

　　1587年刊行的《大明會典》記載了三組田土資料，所有的數字如下：1393年是850,762,368畝；1502年是622,805,881畝；1578年是701,397,628畝[83]。直到最近，這些數字還是被認爲是納稅的田土畝數，具有研究價值。但是經過1940年代幾位日本學者全面徹底的研究之後，這些數字的真實性逐漸暴露出來了。現在看來，1393年的8億5千萬畝的數字不是一個真實的財政紀錄，正如藤井宏所指出的那樣，這一數字要包括荒地和被指定爲需要改造的蕩地[84]。而且這一數字也不是像原來所認爲的那樣是通過全國的土地丈量所得到的數字，各省的數字大多是隨意估計出來的。明代前期納稅田土面積要少於4億畝，這個數字可見於實錄[85]。

　　1502年的數字似乎來自於那年所編制的黃冊。但是實際面積不及2億畝，而記錄在1510年刊行的《大明會典》的是422,805,881畝。清水泰次最早發現了這一差異，指出後來刊行《會典》的編纂者們可能對湖廣布政使司上報的田土總數較少感到有所迷惑，因而隨意地給該省增加了2億畝[86]。

　　按照這兩位學者的看法，1578年田土面積同樣地誇大了湖廣布政使司的面積，多統計了1億9千萬畝。考慮到統計數字的平衡，田土總

83　《大明會典》17/1、4、8。

84　藤井宏《田土統計》，頁108-110；和田清《食貨志譯注》，頁55-56、60-61、68-69。也見於山根幸夫爲清水泰次的《土地制度史》所寫的序言，見該書頁6-7。

85　《太祖實錄》2218、3166-7。

86　清水泰次《土地制度史》，頁6-7、514-6。

數修正之後,應該是接近5億畝。

在和田清的《明史食貨志譯注》中,藤井宏修正了田土總數:1381年是366,771,728畝;1391年是387,474,673畝;1502年是422,805,892畝;1578年是510,612,728畝。儘管這個發現有充足的論據,但所引用的證據還僅是一種啟示,而不能以此得出結論。他的推論是很合乎道理的,但沒有確鑿的證據[87]。此外,這些修正的數字還只是稅畝數,並不代表實際的面積(見第一章第二節「稅畝折換」部分)。

實際上,在十五、十六世紀建立起一個單一的統計標準是很困難的。一旦稅收額度與耕地面積掛勾,人口資料對中央政府就變得相對不重要了,他們不再作為稅收的基礎。高級官員對官方冊籍中的人口資料的肆意篡改就表明他們已經不重視人口統計資料。

根據藤井宏修正的田土數字,十六世紀農業用地是不斷上升的,這一點與我們研究的主題有關係。原來由地方部門提交的資料給研究造成了許多困難,但是我們可以用這些數字作為一個比較的基礎。在下面幾章裏,將依據地方上報的資料進行一定限度的定量分析,至少能夠探知其內部的情況。

人口資料

十六世紀上報的人口數字要比官方的土地資料更容易受到腐敗的影響。人口低報是普遍的趨向。與耕地面積不同,對人口資料進行核對是不可能的,甚至相對的準確的核對都很困難。按明代一般的做法,核查冊籍僅僅是發現上報數字的誤差。當分類細目的數字與總數不符時,冊籍會被駁回要求重造,並對上報錯誤的地區處以高額的罰款[88]。

87　例如,《後湖志》也記載1393年田土總數是880,462,368畝,韋慶遠的《明代黃冊制度》,頁74-77引述了這個數字。能夠支援藤井宏的理論的零散材料是許多晚明的地方誌,其記載洪武時的田土數被指為「墾田之數」,見《天下郡國利病書》7/56,《上海縣誌》3/2。

88　韋慶遠《黃冊制度》,頁142-51。也參見《神宗實錄》5799。

爲了避免被罰款，府縣僅僅對原先返回的冊籍的數字的最後兩三位元數做輕微的改動，然後重新提交。對於這一點，何炳棣已經指出從1522年到1552年這卅年間，總共四次大造黃冊，浙江奉化縣的人戶數保持爲18,865戶不變，既沒有上升，也沒有下降。而象山縣登記的口數甚至一直是17,812人[89]。

然而，十年一次的人口與土地的上報從來沒有被廢止。明朝指定南京城外玄武湖的小島作爲存放這些冊籍的地方。整個地區被宣布爲禁區，上報冊籍被送到之前，已經建有三十間新庫房。島上炊爨有禁，火燭有禁，以此嚴防火災。這些冊籍的裝訂版式有嚴格的規定，紙張也有統一的標準。許多國子監生被選派來負責黃冊的查對，查找新造黃冊有無錯謬[90]。不過，大多數的工作是一種無用勞動。韋慶遠指出，1582年，南直隸興化縣有百歲以上人口的戶達3,700餘戶之多。一直到清初，一位官員還報告說明末有些黃冊所開人戶的姓名及其事產，仍然是明初洪武年間的姓名和數字[91]。

黃冊的弊病已經完全被同時代的學者所認識。王世貞(1526-90年)稱造冊與稽查皆同「兒戲」。1609年，山東汶上縣地方誌的編纂者痛惜黃冊「徒費毫楮耳」[92]。1572年刊行的浙江會稽縣縣誌記載人口數是62,004人，與上報的人口數字一致。但是編纂者同時附上實在數目，則是該數字的4倍[93]。《大明會典》記載的官方人口總數爲：1393年有60,545,812口；1491年有53,281,158口；1578年，60,692,856口[94]。這些數字沒有什麼真正的價值。不過，按照一般的猜測，十六世紀的人口要比明朝建立之初有很大的增長，而這些數字與這種猜測並不矛盾。這3個數字中，1393年的數字無疑最接近於實際情況。洪武時代管理嚴

89　Ping-ti Ho(何炳棣), *Studies on the Population*, p. 18.

90　韋慶遠《黃冊制度》，頁92、115-120。又參見《憲宗實錄》4128。

91　韋慶遠《黃冊制度》，頁224。

92　龍文彬《明會要》下冊2/944；《汶上縣誌》4/1-2。

93　《會稽志》5/2。

94　《大明會典》19/1、6、12。

格，對於財政登記中的弄虛作假行爲實行嚴厲懲處。六千萬左右的人口也與這一時代上報的食鹽產量基本一致[95]。眾所周知，這個世紀末某些個別地區常常上報的戶口數不但沒有增加，相反卻減少了[96]。因此稍後記載的六千萬人口可以被認爲是人口淨增長的標誌。

同時代的一些資料顯示出當時人口增長是很快的，但是這些資料沒有記載具體的戶口數。何炳棣對當時的文獻進行了大量的、深入的研究，認爲1600年的人口數爲一億五千萬左右[97]。這一估計與十六世紀晚期經濟活動的一般描述比較吻合，也與同時代鹽的產量（見第五章第二節）以及明朝以後的人口記錄相一致。

至於人口增長的影響，明代的學者幾乎一致認爲人口多有利於稅收。這個態度是一種意識形態的偏見而非客觀的分析。他們很少顧及由於人口增長而導致的人均收入的下降。當然十六世紀的明帝國還有許多未開發的地區，特別是湖廣和河南，所以人們很少關心人口的壓力。而且，不斷發展的手工業也爲新增加的勞動力提供了出路[98]。然而都無法改變這樣的事實，那就是在一些地區，新增人口的吃飯已經很成問題了。上面所引的會稽縣縣誌就指出該縣的自然資源也就維持一半人口的吃飯問題[99]。在福建，由於糧食的不足促使當地居民無視帝國的海禁政策而從事海上貿易，並且在十六世紀中期以後導致了沿海地區嚴重的海盜行爲，對於這一點明代的學者與現代的學者有同樣的看法[100]。許多歷史研究者關注晚明的城市文化，他們對繁榮的長江

95　根據《明史》80/837-8和《續文獻通考》2955-8可知每年的鹽產量估計為459,316,000斤。《太祖實錄》1433表明從1368年到1372年每年的鹽產量接近6億斤。

96　Ping-ti Ho（何炳棣），*Studies on the Population*, pp. 12-13.

97　同上，頁23、277。

98　小山正明《大土地所有》，頁64。作者著重指出佃農已經部分依靠手工業來維持生活。

99　《會稽志》5/2-3

100　佐久間重男《海外私貿易》，頁1-25。

下游地區土地所有者從事經濟作物與商品生產進行了廣泛的討論[101]。資料缺乏使我們很難去評估明代一般的生活水平。但是，彭信威在他的關於「中國貨幣史」的研究中就提到當時由於人口的增長導致生活水平的不斷下降，這反過來也影響到稅收[102]。

另外一個因素也要被考慮，那就是明代的財政機構是如此地僵化不變，從來不進行有效調整來應付多變複雜的社會。教條的儒家學說認為勞動力越多，稅收收入就越多，實際上這是一種空想。即使這種想法成立，明政府也沒有能力進行有效的管理。有些地方人口減少，有些地方經濟破敗，但定額稅收制度使負擔無法調整。通常的辦法就是增加餘下居民的稅收負擔，這就導致更進一步的逃亡，稅款也無從徵收[103]。與一般看法相反，增長的人口很少直接有助於稅收增加。過剩的人口往往成為流動人口，很難對他們徵稅。即使對過剩的人口能夠進行登記和統計，地方管理者也不願意實數上報，擔心上報人口增加會促使朝廷重新調整地方稅收定額，增加稅收。他們至多重新調整稅負，由於納稅戶的增加，每戶的稅負減少，使稅收相對容易徵集。同時管理者也獲得了仁慈的名聲。

地方在編輯黃冊之初，就已經背離了規定的程序。到十五世紀末，出現了一種叫做「白冊」的冊籍。作為一種固定的程序，地方官員還是解送黃冊到後湖，而他們另造一套實徵冊，習慣稱之為白冊，以便進行實際的稅收管理。據說在1479年左右，時任江南巡撫的王恕（1416-1508年）曾私下默許地方官員編制白冊[104]。這些統計資料開始出現在十六世紀編纂的一些地方誌中[105]。

---

101 例如，人民大學《社會經濟》，頁221-248有這方面的討論。

102 彭信威《貨幣史》，頁464、466-467。

103 《西園聞見錄》32/6、16；韋慶遠《黃冊制度》，頁197-198。

104 《明史》77/817；韋慶遠《黃冊制度》，頁228。

105 提及這種情況的書有：《天下郡國利病書》7/7；《杭州府志》28/6；《上海縣誌》3/25-6。

第三節　軍事供給

軍隊自給神話和面臨的現實

　　一般認為洪武和永樂朝軍隊通過軍屯來實現了糧食自給，這一點一直成為我們正確瞭解明朝財政史的一個障礙。這個神話是晚明的學者吹捧誇大所造成的，這些學者最大可能的受到早期記錄的誤導。這些記錄內容十分豐富，為他們的結論提供了資料。《大明會典》記載軍屯田土總數為八千九百萬畝[106]。《實錄》記載1403年的軍屯子粒總產量超過二千三百萬石，這幾乎與田賦收入相當[107]。明史甚至記載每軍受田五十畝，以米十八石為最低標準，其中十二石聽本軍自支，餘糧上交軍倉。在邊地，三分守城，七分屯種。在內地，二分守城，八分屯種[108]。這些估算顯示出至少有一百萬軍士在從事糧食生產。我們由此可以推測這樣一個大的計劃如果能夠很好地實施，可能會解決軍事供給以及所有的其他問題。

　　然而上面的臆測不僅是不合乎實際情況，而且也是不可能辦到的。十六世紀末期，甚至一些明代的學者也開始對早期報告的真實性提出懷疑。一位學者經過計算，認為1400年左右，四川一省的屯田面積有65,954,526畝，而按屯軍數量進行折算，每人要耕種4,500畝土地[109]。在其他同時代的著述中也很容易發現這種自相矛盾的說法。洪武皇帝自己就曾說過南直隸的兩個指揮領軍屯種二十年了，還不能實現

106　《大明會典》18/1-2；孫承澤《夢餘錄》36/2、42/72。

107　《太祖實錄》0489。

108　《明史》77/820；這些記錄部分地依據於1403年制定的一條規定，見《太宗實錄》0495。

109　孫承澤《夢餘錄》36/3。

屯食自給[110]。通過《實錄》的記載可以看出十四世紀末、十五世紀初軍事衛所的糧食供應主要還是依靠民運,這種記載很多,不再一一列舉[111]。1404年,在永樂皇帝大力推進軍屯之後,一些地區還是不能自供半歲之食[112]。到了1423年,全國的軍屯子粒定額下降到了接近五百萬石[113]。實際產量可能會更低。1429年,戶部尚書郭敦(1427-31年在任)上奏宣德皇帝說許多衛所下屯者或十人,或四、五人,屯收子粒不足百石,而每衛官軍一年所支俸糧協以萬計[114]。

上面的情況顯示出,所謂的軍屯自給被誇大了,全國性的統計數字僅僅代表著一種預計的目標,各個層次都對其做了過高的估計。現在我們還無法確知軍屯計劃前期的實際效果,這部分是因為明朝官僚們對王朝的建立者有所恐懼疑惑而隱瞞了這方面的情況,還因為缺乏來源於武臣方面的資料,武臣們沒有留下什麼記錄。王毓銓在對明代軍屯進行專門研究之後認為,歌頌軍屯的話都「不免誇大」,誇大到甚至「很不符合事實的」的程度[115]。

軍屯水平必須根據屯田計劃組織的情況來加以觀察。實際上,軍屯沒有事先作出計劃,進行周密準備,沒有進行過田野調查,沒有做過試點,也沒有建立起專門管理的部門。僅僅是由皇帝簽署命令,要求軍官進行屯田,至於財力、物力則由其自己去解決。通過現有的材料我們可以看到種子與耕牛分發以及人力與屯田的分配都不是由中央統一管理的[116]。所以這項計劃很難成為一項持久的制度。

---

110 《大誥武臣》1/附錄9。

111 《太祖實錄》0919、1089、1203、1290、1442、2510、2620、2771、2777、2781、2902、2998、3184、3377、3470、3559、3591。

112 《太宗實錄》0500。

113 同上,2421。

114 《宣宗實錄》1224-1225。

115 王毓銓《軍屯》,頁104-105、210-11。

116 在中央政府,軍屯事務由工部屯田清吏司監管。後來這個機構成為一種擺設。見孫承澤《夢餘錄》46/3。整個計劃的缺乏管理可以參見:《大誥

交叉的補給線

　　洪武皇帝將明代的軍隊組織成爲一隻龐大的軍事機器。1392年，估計現役軍人有一百廿萬人[117]。登記的世襲軍戶有一百七十萬到二百萬戶左右[118]。但軍隊缺乏內部的凝聚力。並不是所有登記在冊的軍戶經過了挑選，他們包括許多政治犯、刑事犯、充軍犯人以及西北的少數民族[119]。洪武時代，湖廣、廣東、福建、山西的許多民戶也被臨時徵入軍隊因而被檢派爲軍籍[120]。即使在明朝建立前後軍士逃亡也是很普遍的事情[121]。

　　每一世襲軍戶，除了要出一人應軍役外，還要承應本衛、所的徵召。其中有一項義務是要承擔30％的軍用裝備，其他70％要由鄰縣或鄰府的軍戶來提供。這種方法很可能在洪武朝末期就確立了[122]。

　　士兵沒有現金收入，有時候皇帝會賞賜給現役官兵寶鈔，但這些賞賜是不固定的。軍士固定的供給是月糧每人一石，還發給少量的鹽以供家小之用[123]。冬天服裝的發放依據供給情況，要麼是發給現成的冬衣，要麼是發給棉布和棉絮[124]。洪武皇帝時，一個士兵每年通常得到廿五貫的寶鈔，報酬還很豐厚。然而在永樂中期，大約1410-20年左右，這些賞賜漸漸取消了。此後除了新皇帝繼位之時還可能略有賞賜

　　武臣》1/附錄9；王毓銓《軍屯》，頁114-120、194-199。

117　《太祖實錄》 3529-30。有印刷上的錯誤，參見《校勘志》728。吳晗強調軍隊的數量是國家秘密。見《明代的軍兵》，頁157，也登載於《讀書劄記》，頁101。

118　《太祖實錄》0589，《孝宗實錄》3322。

119　《太宗實錄》1881-2；孫承澤《夢餘錄》42/10。

120　《太祖實錄》1331、2533-4、2735、2788、3192、3225、3264-6。

121　同上，1292、3592；《太宗實錄》2172；韋慶遠《黃冊制度》，頁55。

122　《順德縣誌》3/21；《金華府志》21/6-7。

123　《大明會典》41/4；《大誥武臣》1/附錄20。

124　《大明會典》40/1-2。

外，其他時候則完全沒有[125]。

衛所事實上有兩種類型。在北方邊境、海邊的某些地區以及貴州，衛所的指揮官實際上也承擔著地方政府的職能。在王朝早期，這些地區的全部人口實際上都登記為軍戶，所有的土地都歸政府所有。按照標準，土地都由軍屯，每個士兵分地五十畝[126]。但是這些地區的產量一般都很低，又缺乏安全保障，自然條件又不好，推行屯田無疑有很多不利因素。內地的衛所沒有管理地方的職責。他們與一般民眾雜處，可供軍屯的土地也星散不一[127]。一些零星的資料表明每個士兵一般只能分配給廿畝或者更少的土地[128]。到1402年，又更定科則，每個屯田士兵除了納糧十二石自支外，還要納餘糧十二石，要完全按照這個科則來執行是很困難的事情[129]。很清楚，這個標準必須要求人力與物力發揮到極限程度才能完成。

軍屯計劃在1371年大規模推行以後[130]，本期望衛所能夠自給，以減輕民戶的負擔。儘管這樣，早期的補給方法還在繼續應用。在上一章中我們已經解釋過明朝從來沒有建立起一套完整的後勤保障體系。按照戶部規定，地方官員要解運糧食給鄰近的衛所。低水平的解運遵循這一固定的方法，發展成為遍佈整個帝國的供給網路[131]。根據現有

---

125 作為軍士不定期的收入，最後一次賞賜寶鈔是在1423-1424年的冬天。見《太祖實錄》2426、2475。

126 據說一些士兵擁有300到500畝土地。見《太祖實錄》1203、2782，王毓銓《軍屯》，頁72。這可能是有一些世襲軍戶家庭原來就是土地所有者，也有一些人在軍屯體系之外獲得田產。

127 《太祖實錄》1478；《西園聞見錄》91/2；王毓銓《軍屯》，頁191；清水泰次《軍屯的崩壞》，頁37-8。

128 根據《順德縣誌》3/12可以知道每個士兵受田20畝。其他類似的例子見王毓銓《軍屯》，頁63-7、70、190。

129 《太祖實錄》0495-6；《大明會典》18/12。

130 洪武皇帝在明朝建立之前就已經要求進行軍屯，此後不斷地發佈法令，重覆強調這件事情。見《太祖實錄》1203、2782、2902、2910、3104。

131 這種供應方法見《大明官制》4/2452；《大誥》1/16-18；《太祖實錄》2791、

的記錄，我們還無法確知這樣分配的稅收收入有多少。會計制度的複雜性成爲有明一代主要的問題，這個問題一直沒有解決。這就造成軍官們有可能誇大軍屯的成績，而事實上卻是由文職政府來補貼。在1407年，當永樂皇帝發佈嚴厲的命令要求擴大軍屯時，一個監察官員上奏說軍屯的實際產量是很難知道詳情[132]的。這是很值得注意的問題，它一直存在於其後的幾個世紀中。

軍事力量的衰落

早期軍屯計劃的實際效果還不清楚，但它在十五世紀的頭廿五年裏就已經衰落並不讓人感到不可思議。1425年頒布的法令將每個屯種士兵所納的餘糧定額減少到六石，此後一直沒有改變[133]。這一變化是深思熟慮的結果，也是現實的選擇。然而定額減少，卻沒有新的補給來源。同時也中止賞賜給士兵寶鈔，田賦收入也不斷減少，還有臨時的稅收蠲免，所有這些都更進一步削弱了地方政府對軍事衛所的補給供應能力。

從1435年起，屯軍自己支用的正糧子粒十二石，可以在收穫時直接留存而不必由衛所軍官盤量[134]。在理論上，耕地是從來不會分給各個軍士成爲其個人財產的，軍士只是受領一小塊公地耕種。但實際上不可能永遠如此。這一制度不過是將軍士又變成農民向他們收取稅糧，而且其稅糧額是正常田賦的五到十倍。到十五世紀中期，也可能更早，軍士已經開始典賣自己管理的土地，這類事例在晚明的記載中可以頻繁見到[135]。

2998。對遼東的供給則是一個例外。

132 《太宗實錄》0927。

133 《明史》77/820；《仁宗實錄》0214；孫承澤《夢餘錄》36/3。永樂早期可能暫時地減少產量定額。見《大明會典》18/13。

134 《英宗實錄》0014；《大明會典》18/13。

135 《順德縣誌》3/14；《天下郡國利病書》13/71、26/106-7；孫承澤《夢餘

　　十五世紀中期以後的大約一百年間明朝軍事實力急劇下降，特別是內陸省份的軍隊，其衰落程度在中國歷史上都是罕有的。當時補給短缺，士兵供應減少。他們的部分薪餉與配給也被折成棉布、胡椒和蘇木。折換率依據都司衛所不同而不同，軍士已婚未婚折換也有所不同[136]。月糧一石的配給本來就不充足，而折換事實上取消了報酬。1468年，一些軍士被告知他們的部分折支軍糧自此以後將被減少到每人四兩胡椒和蘇木，而且這些物品還要從遙遠的庫房中才能得到，他們因此完全拒絕接受這種支付[137]。1489年，山西的一個衛的指揮官報告說他的軍士已經二年沒有糧食供應了，棉布和棉絮已經六年沒有發放了[138]。僅僅在1511年，明政府才解決這些拖欠，其中拖欠河南軍士的補給達九年或更長時間。這些遲發的配給當時是按每米一石折銅錢廿文的折換率發放，支付的款項僅相當於原先價值的5%[139]。1528年，皇帝在一個詔令中承認許多衛所的軍士已經很多年沒有領到薪餉了[140]。

　　這樣的結果導致軍士大量逃亡，士兵日益減少。衛所制度已經無法存在下去了。朝廷的「清勾」政策也無力改變這種局面。當一個軍士逃亡後，清軍官要勾取其親戚和鄰居頂充[141]。在這種情形下，許多承擔軍役義務的人同意花錢募人代役，支付代役人結婚和遷移的費用，由代役人頂充空缺[142]。但是所有這些辦法都過於遲緩，一件事情解決了，另外一些逃亡又發生了，直到最後，衛所被架空。

　　洪武朝在廣西的軍衛有120,000人，到1492年有18,000人，僅剩原

　　錄》36/4；魏煥《九邊考》1/25。

136　《大明會典》41/3-18。

137　《憲宗實錄》1166。

138　《孝宗實錄》0579。

139　《大明會典》41/17。

140　《世宗實錄》2066。

141　對「清軍官」，見Hucker, 'Governmental Organization', p. 51和 *Censorial System*, pp. 75-7. 陸容在《菽園雜記》1/11中記述了一個實際的事例。

142　倪會鼎《年譜》4/22；《順德縣誌》3/4；王毓銓《軍屯》，頁244-7。

來的15%[143]。江西南昌左衛按規定有兵力4,735人，到1502年，他們中僅有141名還在兵營服役，不到原來定員的3%[144]。金華衛定員1,225人，在十六世紀僅有34名軍士在營，還有300人服役於運軍[145]。

　　十六世紀早期，內地的軍事衛所僅維持規定員額的10%，這是很有代表性的。北京周邊的七十八個衛所在十五世紀早期有380,000世襲軍戶。但編入衛戍部隊僅50,000到60,000人。他們中許多人從事宮殿建築、軍馬養護、部門隨從，家內僕人等。只有不超過10,000人應役入伍，而且其中一部分人還雇用乞丐頂充。[146]

　　北部邊鎮的情況略好。1487年官方的記錄顯示出大約有300,000人在邊境服役[147]。當衛所軍逐漸被募兵所代替時，這些軍鎮的情況也發生了變化[148]。大約在1500年左右，估計募兵已經占到戰鬥部隊的一半以上[149]，這也就意味著帝國政府不得不增加北方邊鎮士兵的薪餉。而當時京運舊額只有480,000兩白銀[150]，這個數字在世紀交替之際急劇增加。從1500年到1502年的三年間，為了應付來自於蒙古各部的軍事壓力，戶部迅速加撥4,150,200兩白銀的緊急資金給一些軍鎮[151]。這種趨勢一旦確立就根本無法再逆轉。邊軍供給成為戶部一個最大的問題，但卻又是最棘手的任務（見第七章第二節）。

143　《孝宗實錄》1261。

144　同上，3424。有錯誤，可見《校勘志》587。

145　《金華府志》21/5。

146　《憲宗實錄》4069，《孝宗實錄》0809、1899、4058。

147　1487年，弘治皇帝登基，賞賜邊軍每人二兩白銀，這樣分發賞賜的白銀總計有615,320兩。見《孝宗實錄》0095。邊軍的部署見《憲宗實錄》2109、3908-9。

148　對於早期募兵見《孝宗實錄》3418、2447、3682；《皇明經世文編》90/7、99/7。

149　《明史》91/956。也參照吳晗《明代的軍兵》，頁221。

150　《孝宗實錄》3554；孫承澤《夢餘錄》35/14、18。實在定額總數為483,132兩。

151　《孝宗實錄》3554。

儘管相對於帝國的財力而言，以上所引的數字也非過於龐大，但政府並無專項收入用於這種開支，而軍隊自給這種不切實際的神話卻還在繼續。這樣不僅它的財務出現了問題，而且衛所制度本身也成爲十六世紀管理者的一種負擔。雖然這一制度的效率已經降到最低，但它即沒有被廢除，也沒有進行改革。它對於後代的管理者來說雖然是國家的一項基本制度，但已經沒有什麼財力供其支配，甚至也不敢冒風險對其進行改革。僅僅在1643年，明朝滅亡的前一年，戶部尚書倪元璐大膽地建議徹底取消世襲軍戶，但是他的建議被崇禎皇帝拒絕了[152]。

第四節　貨幣問題

寶鈔

明初洪武、永樂兩朝寶鈔的通貨膨脹所造成的害處已經普遍被經濟史研究者所認識到[153]。然而，通貨膨脹政策對政府金融所造的實際損害程度還沒有被全面評估過。粗略地觀察可能會根據一時的後果得出一種錯誤的結論，而實際上通貨膨脹有長期的影響，因爲一個過失會導致另一個過失。紙幣的破產引起了一連串的反應，導致了銅錢以及後來稅收管理中用銀的失敗。明代金融帳目缺乏統一管理，同時稅收定額制度一直延續下來，雖然造成這種結果有許多原因。但無疑缺乏有效的貨幣制度也是其中的一個原因。所有這些都源於明初無限制發行紙幣的政策。

152　倪元璐《全集》〈奏疏〉11/6-7。

153　朱偰《信用貨幣》，頁156-7；彭信威《貨幣史》，頁432-3；李劍農《經濟史稿》，頁102；Lien-sheng Yang,（楊聯陞）*Money and Credit*, p. 67.

　　洪武皇帝對寶鈔的態度是很難解釋的。他對自己制定的法令效力過分自信。他可能認為寶鈔可以任意地賦予其價值，雖然沒有迹像表明他曾經這樣理解。他的通貨膨脹政策實際上成為了一種稅收形式。我們可以預見通過無限制地發行紙幣來支付開支，這些紙幣不久就會飽合。沒有證據顯示他認識到這些背後的關係。

　　我們都知道，洪武皇帝以賞賜的方式流通寶鈔，他把紙幣作為特殊的賞賜授給皇子、高級官員，也把它作為外國朝貢使團的回贈禮物。同時，洪武皇帝也用它來購買糧食，或者分發寶鈔賑災。儘管很難確切知道寶鈔的實際流通量，但其大致範圍還是能夠確定的，其流通量大得驚人。

　　依據《實錄》的記載，在1390年一年間，對於這位開國皇帝在各種場合賞賜寶鈔的記錄就有六十九次[154]。在這六十九個事例中有五十三個事例或者是指定了賞賜的準確數量，或者是清楚地說明了分發的類別可以計算出總數，總計達88,607,315貫。剩下十六次的數量雖然沒有明確說明，但其總數可能準確地估計接近七百萬貫。這樣，僅在那一年，皇帝賞賜的寶鈔就有九千五百萬貫。而那一年政府記錄的收入以按紙幣來折算有20,382,990貫[155]。以前面的數字扣除後面的數字，我們可以知道洪武皇帝僅在1390年就印製了七千五百萬貫新鈔，造成市場上通貨膨脹。按照當時官方的比價，每石米為一貫，流通的新鈔就相當於明代兩年半的田賦收入。即使按照當時的市值每石糧食折鈔四貫來計算[156]，鈔額總數還是相當於半年的田賦收入。

　　這一估計並不與寶鈔提舉司的造鈔能力相矛盾。皇帝自己的話就透露出在1385年一年中，寶鈔提舉司印製的新鈔就在二千七百萬貫到三千四百萬貫之間[157]。這一數字明顯低於1390年的七千五百萬貫這個

154　這69次記錄可見於《太祖實錄》2981-3078。

155　同上，3079。

156　同上，3062。

157　《大誥續編》1/143-5。

數字。不過在1385年，紙幣的市值是每石糧食折鈔2.5貫[158]，當年投入流通的新紙幣的價值還是與半年的田賦收入相差無幾。

到十五世紀早期，寶鈔的通貨膨脹已經失控。1404年，都察院左都御史建言實行統一的戶口食鹽之法，各戶食鹽納鈔。其最初的計劃是希望每年可增收一億貫。戶部則提出反建議，決定將這數額減少一半[159]。但即使這樣，這一政策也從來沒有按照原來的計劃或者戶部的建議實行過。當時的計劃性收入對於市場流通的貨幣總額抱有不切實際的幻想。很顯然，永樂的政策加重了國家的通貨膨脹。儘管將官方制定的折算比率降低到每石米卅貫[160]，而寶鈔的實際購買力則還要低於這個水平。

1425年，宣德皇帝繼位時，寶鈔僅僅相當於其最初價值的1/4到1/7[161]。然而，這樣的比率與現代社會中由於市場的供需關係所產生的波動而形成的價格指數無法進行比較。在十五世紀早期，民間個體商業是被限制在一定範圍內的，在商業交易中大量使用紙幣是很少見的。所謂紙幣的市場價值，部分的是由使用者來決定的，這在很大程度上還要依靠國家的控制力。只要這種控制力一喪失，民間就會拒絕使用紙幣，結果，紙幣或者進一步貶值，或者被廢棄不用。

明朝政府自然不會忽視對私下交易的管理。1426年，又重新強調了早期禁止用金銀進行交易的法律[162]。1429年，對違法者處以高額的罰款，私下交易一兩白銀，就要被罰款10,000貫寶鈔[163]。然而這樣做並不能取得實效，因爲私下商業交易過於分散，而白銀相對來說比較

---

158 以《太祖實錄》2458、2926的記載為依據。

159 《明史》81/849；《太祖實錄》0509、0589-90；也參見和田清《食貨志譯注》，頁608。

160 《大明會典》31/582。通過士兵與勞工不斷上升的支出可以看出寶鈔實值更低。參見《太宗實錄》0623、0691、0836、1657、1681。

161 1425年，購買一石米要花費40到70貫寶鈔。見《宣宗實錄》0175。

162 同上，0493。

163 同上，1171。

充足。宣德皇帝在其即位之時，就賞賜官吏軍民人等963,829兩的貴重金屬，這種做法與其貨幣政策相逆[164]。

保持寶鈔的價值最有效的辦法是為這些在民眾中正在流通的貨幣找到市場。在十五世紀早期，政府允許用鈔交納稅課與贓罰，但是採取謹慎的態度，嚴格限制寶鈔納稅的額度。官員們對寶鈔普遍信心不足，不敢接收大量的寶鈔，這要承擔一定的金融風險。因為政府沒有任何預算盈餘來保證寶鈔不貶值。

下一步是創造新的稅收收入，專門收納寶鈔。1425年，戶部尚書夏元吉向洪熙皇帝上疏要求增加市肆門攤課程。宣德時，擴大了稅收的範圍和比率。1429年，他下令在33個城市中將門攤課鈔增加五倍，每個店舍最高每月要上納五百貫。驢騾車每次進入北京和南京還要交納三百貫的通行費用。對於運河上的船隻，除去一般的稅收外，還要計其載料之多少、路之遠近納鈔，一般來說，一艘船通過整個運河要納鈔五百貫[165]。1431年年終的報告顯示出當年各種雜項課鈔達到二億貫[166]。到1433年，這些雜課鈔達到了二億八千八百萬貫[167]。進行通貨緊縮的努力被宣稱取得了成功。皇帝諭稱「內外鈔法頗通」。他要求統一降低稅率，普遍地降到原有稅收水平的1/3。正統皇帝與景泰皇帝又進一步降低稅率，到1442年，稅率已經相當於最高時的1/10。1452年，車輛在城門的通行費已經分成四種，分別是八、四、二、一貫，四貫僅相當於原來費用的2%[168]。

1429年的計劃明顯是過分的，對商人及公眾會造成很大困難。但是一旦這種激烈的步驟已經實施，在它的目的也已達到的情況下，就不應該輕言廢棄。但是明政府在沒有採取一定的後續措施來鞏固紙鈔

---

164 同上，0095。

165 對於門攤稅和其他用鈔支付的稅收，可參見：《明史》81/849；《大明會典》31/4-6、35/2-6；《仁宗實錄》0219，《宣宗實錄》1324-6。

166 同上，1977。

167 同上，2406。

168 對於1433年的降稅，參見《宣宗實錄》2305-6；《大明會典》31/6-7。

的地位、使其永久制度化的情況下，就宣布廢棄了這種做法，這是不明智的行爲。很明顯，這錯過了一次進行寶鈔改革的好機會。如果僅僅認爲政府缺乏技術知識而沒有能夠抓住這個機會並不令人信服，因爲早在1425年，一位軍士就已經提交了一個鈔法改革計劃，要求以新鈔取代洪武寶鈔[169]。皇帝不僅讀了這個計劃，而且還在群臣中傳閱，皇帝認爲這個建議很有道理，「皆合朕意」[170]。考慮到這些，我們只能得出結論，進行這種改革已非明廷能力所及。

我們應該注意到，由軍士提交的這個計劃並不簡單局限於發行一種不同類別的寶鈔，他也指出需要進一步統一財政管理，必須有可信的財政統計資料，同時保持預算平衡。這一計劃如果完全實施，將會完全背離洪武皇帝的政府財政觀念。而當時的宣德皇帝，正由於逋賦問題與安南的困境而焦頭爛額，無法指望他能進行這樣的冒險。在沒有進行體制改革的情況下而僅僅發行一種新的紙幣是沒有什麼意義的，這只會進一步動搖公眾的信心。作爲其結果，此後發行的寶鈔皆用「洪武」年號[171]。

帝國的主要問題是田賦與軍屯。在1420年代和30年代，朝廷在這種壓力下，僅僅降低一些款項開支，卻沒有想辦法去補充稅收缺失，因而招致了這樣的結果，爲了使寶鈔有出路，就人爲地對城市地區的人口課以重稅。因爲只有在城市中，國家能有足夠的、有效的控制力量。然而，在一個農業占支配地位的社會，流通的基礎是太狹窄了。而且又是一種封閉性流通。二億貫或者更多的寶鈔來自於每年的雜項徵收，其價值不超過500,000兩白銀。同時，也不能保持通行費及闌攤稅長期過分沈重。因此這一政策的失敗是預料之中的事情。

1453年，宣德皇帝去世，幼帝登基。廣西梧州知府奏請在民間貿

169　明代早期，許多飽學之士從軍。這個特殊的人物是一個政治犯。宣德皇帝在讀到他的奏疏之後，取消他的世襲軍籍。

170　《宣宗實錄》0151-3。

171　《明史》81/849；彭信威《貨幣史》，頁422。

易中銅錢合法化(當時已成具文的禁止使用銅錢的法律仍然保留)。這一奏請得到批准,因而給人們提供了一個不再把禁止銅錢流通的法律看成有效的藉口[172]。第二年,朝廷自己確定了以銀徵收田賦(見第二章第一節「金花銀」),寶鈔的法定貨幣命運已定。它的進一步貶值是可以預料的。

1436年,根據報告,鈔1,000貫可兌換銀1兩[173]。但是,到1440年代,明廷又一次制定法律禁止使用銅錢,這也是最後的一次努力,使寶鈔的價值上升到低於500貫鈔可兌換1兩白銀的比率[174]。這一步驟在理論上是行得通的。寶鈔的最大面額是1貫,儘管與白銀不可相比,但是當其貶值時,可以取代銅錢作為小額零錢。1448年,一條禁用硬幣的法律被宣布生效,在北京的治安人員開始抓捕用硬幣進行交易的人員[175]。但是考慮到寶鈔原來的發行歷史,官方發行的寶鈔想重獲信任是很不容易的。小規模的交易很難管理。第二年,明朝的軍隊在土木堡遭到重創,年輕的皇帝被瓦剌首領也先俘獲,緊接著出現的緊急狀態,使得這條強制性法律根本得不到重視。此後,也就再沒有進行任何的努力以便使政府發行的紙幣獲得普遍接受。

然而,寶鈔卻從來也沒有被完全放棄。即使它已經不再流通使用了,但它還是作為一個財政單位而存在下來。洪武朝的一些以寶鈔估定的稅收額度在十六世紀按每貫0.003兩白銀的比率折算,寶鈔已經大大貶值了。同時,在十五世紀早期為了擴大寶鈔的使用而新增的稅收收入也沒有進行全面的重新整理。從原則上來講,這些項目的一部分還應該用寶鈔來支付。1466年,已經有人報告說寶鈔「甚至積之市肆,過者不顧」,但到1580年代,在北京的文職官員還被要求購買寶鈔以便

172　《英宗實錄》0224。《明史》81/849中的記載歪曲了事實,參見和田清《食貨志譯注》,頁1-2。

173　《英宗實錄》0293。

174　同上,2723。

175　同上,3209。這條規定在1435年被景泰皇帝廢除。見《大明會典》31/7。

完成他的納稅義務[176]。

紙幣本身沒有商業價值，除非一些商販在其商業活動中購買它，然後再轉售給那些納戶，這些納戶納稅時必須交納一部分寶鈔。從1488年開始，政府大體上公認每鈔1貫折銀0.003兩[177]。但是以寶鈔核定的稅款額不能由其他來取代。事實上，以寶鈔計算的稅額是很少的[178]。1527年，紙幣不再正式以貫來作為計量單位，這些印刷的寶鈔被賦予的價值依地區不同而不同[179]。

一直到十五世紀中期，明廷還用寶鈔來支付官員部分薪俸，有時也用來支付士兵的薪餉。從那以後，這些習慣大都停止，寶鈔變成了一種了「禮儀性貨幣」，它分發給官員作為有名無實的旅行津貼，有時候有功的大臣與總督也會得到一包寶鈔，一次絕不超過1,000貫，這被看作是君主給予的一種特殊形式的榮譽。在各種慶祝場合，皇帝以寶鈔作為獎勵賞賜給他的朝臣[180]。在1618年，政府還向遼東的一些軍士發放寶鈔[181]。最後一次以賞賜的形式發放寶鈔似乎是在1620年天啓皇帝即位之時。當時已是寶鈔停止廣泛使用之後的一個半世紀了[182]。

銅錢

有明一代，硬幣充當的行政職能被認為要超過其公共服務職能。造幣廠沒有成本預算，勞動力是一種役，沒有報酬。通常情況下，其

176　《憲宗實錄》0533；沈榜《宛署雜記》57。

177　《大明會典》35/44。

178　以寶鈔支付稅收，參見《大明會典》35/8、47；《孝宗實錄》0093、1104、1690。關於商販買賣寶鈔參見《憲宗實錄》2471、2680、2971。

179　到十六世紀中期，鈔1貫被看成1,000「塊」，對徵稅者來說，其價值在白銀4.6兩到10兩之間。見《世宗實錄》1634；彭信威《貨幣史》，頁441。

180　李劍農《經濟史稿》，頁103。

181　彭信威《貨幣史》，頁441。

182　《熹宗實錄》0051。

原材料要麼由工匠提供，要麼按照政府定價由指定商人來採購。完成這些供應成為他們役的一部分。十五世紀中期以後，絕大多數役戶都是以銀雇役，而不是親身服役。實際生產的工人多為受雇應役。然而，許多早期做法卻還保留下來，例如工人和供應者要對造幣廠的運行負有財政責任。一些造幣廠的工頭通常被稱作「爐頭」，他們負責供應必要的木炭。一個十七世紀的手冊顯示溶化金屬要很好地把握火候，過了火候會多耗費原料，而這些多耗費的原料要由供應者來彌補。同時，火候不夠，則硬幣的出產量要比要求的少，爐頭也要對此負有財政責任[183]。

明代的絕大多數硬幣都是以「錢」或「文」為單位。有時，西方的學者將其歸類為銅錢（copper 'cash'）。但是錢（mace）也是重量單位，為1/10兩。在理論上，至少每個1錢硬幣，重量也應當是1錢。換句話說，就是10個硬幣重量為1兩，160個硬幣為1斤[184]。大面值的硬幣是很少鑄造，只是在洪武時期鑄造了一些10錢的硬幣。十七世紀天啟朝也曾鑄造同樣的硬幣但卻完全失敗了[185]。金銀作為貨幣的理論已經確立很久，明代比前代更強化了這種認識。明朝的貨幣政策可能進一步阻礙了人們信任抽象的貨幣符號。

按照原則，銅錢由純銅鑄造。混合一定量的錫也是可以接受的，但這樣會降低其本身的價值[186]。1505年，有人奏請皇帝允許造幣時攙入1/16到1/8的錫。但是這條規則當時僅僅適用於在北京的造幣廠[187]。十四世紀，在禁止私下用貴金屬交易之前，就已經規定了1,000個標準銅幣值1兩白銀。1500年以後，部分地由於銅價的上升，這一比率被改為700比1，有時是800比1。民間私下交易的實際兌換比率與這一標準

183　何士晉《廠庫須知》1/19。

184　《大明會典》31/8。

185　《熹宗實錄》2342、3142、3355。

186　《皇明經世文編》244/16。

187　《武宗實錄》0081。

則有很大不同，這要視當地的銅價與銅錢的質量而定[188]。

硬幣的鑄造不是衝壓而是以模子壓鑄。《天工開物》一書對此有說明，按照該書的描述，兩個半分的空模具類似於立放的公事包，它包含著12個硬幣印模，熔化金屬從其頂端的孔道灌入[189]。硬幣被澆鑄後，還有許多工作要做，包括銼邊和磨光。有資料顯示為了鑄出高質量的硬幣，最多銼磨掉1/3金屬[190]。對這一銼邊磨光過程還不十分清楚，但看來是採用了類似於車床之類的鏇車，將硬幣固定於一個位置進行修磨銼治，這要用一個方形的棍將它們直貫，兩端用夾子固定。在十六世紀早期，有人建議革去車鏇以使「工費輕省」[191]，於是鑄工競相雜以錫、鉛以便銼治。這就造成了政府鼓鑄之錢質量下降，反過來又引起盜鑄日滋。這些細節問題非常重要，這顯示出與其說是缺乏技術，不如說是資金不足造成了生產標準的下降。

由於提倡用鈔的政策，使銅錢鑄造從一開始就發展遲緩。政府不願意鑄造銅錢，以避免同其推行法定貨幣相競爭。甚至寶鈔貶值之後更是如此，讓寶鈔與銅錢差不多同值[192]。我們已經說過，一直到十五世紀中期，明朝不時地禁止硬幣流通。但這些命令沒有什麼效果，人們多用前朝所鑄舊錢進行交易。

儘管銅錢在洪武、永樂、宣德年間鑄造不多，但是在1433年後有七十年根本沒有鑄錢[193]。早期生產的記錄是不完整的，但是一些零散數字顯示出鑄錢數量不是很多。洪武朝鑄造數量最多，例如1372年鑄造222,401,956文銅錢，1374年鑄造了199,849,832文銅錢，兩下合計價

---

188 官定比率在1481年是800：1，1527年是700：1，1567年是800：1。見《大明會典》31/10、12、13。

189 鑄幣過程參見《明史》81/850；《武宗實錄》0080-2；孫承澤《夢餘錄》38/12；和田清《食貨志譯注》，頁748-9；宋應星《天工開物》158-9、166-8。

190 《西園聞見錄》92/18。

191 《明史》81/850；《皇明經世文編》244/16。

192 彭信威《貨幣史》，頁425、437。

193 同上，頁425。

值接近200,000兩白銀[194]。官方的記錄顯示出即使在產量最高的十四世紀國家每年也僅能鑄錢190,667,800文[195]。根據北宋的經驗，我們可以知道要想保證貨幣供應充足，國家必須保證每年要鑄造20億到30億文銅錢，也就是每人每年大約要有50文新錢[196]。而明代鑄錢數量不斷波動，從來也沒有接近這一水平。同時，明初鑄造的許多銅錢又流失到海外。鄭和的遠洋探險行動輸出的銅錢還無法確知其總數[197]。同時銅錢也被賞賜給外國的使者。1453年，僅僅日本的朝貢使團就運走了50,118,000文銅錢[198]。然而，當時的明朝政府對於國內市場銅錢的流通政策還很不明確。

大約到1450年，取消了禁用白銀、銅錢的禁令。由於對銅錢的強烈需求導致了「銅荒」，然而在整個世紀的所有其他時間裏，政府沒有採取任何實際行動來解決這種短缺。與此同時，市場上出現了許多私鑄偽錢，這些私鑄者們，以某一種正在通行的古代錢幣為標準，摻雜以鉛、鐵以及沙子進行鼓鑄私造[199]。

當朝廷在1503年最終採取行動時，卻沒有資金去鑄造銅錢。當時在北京的造幣廠生產能力是很有限的[200]。解決的辦法是按照十四世紀

---

194 《太祖實錄》1419、1617。

195 根據《諸司職掌》〈工虞部〉可以計算出錢幣的生產能力。各省每年的鑄錢能力是177,867,800文，南京的鑄額是1,280萬文。彭信威估計每年的鑄造能力為166,090,400文，見彭信威《貨幣史》，頁438-9。

196 從981年到1080年，宋朝平均每年鑄造新錢有20億到30億之間，產量最低是981年，產量是50萬貫，產量最高是1080年，為506萬貫。見王志瑞《經濟史》，頁158，彭信威《貨幣史》，頁281。

197 皇帝頒佈的法令提及了與這些與航海活動有關的銅錢鑄造。見《太宗實錄》2267和《仁宗實錄》0015-17。梁方仲在《國際貿易》，頁281-2中提到鄭和的遠航造成了銅錢流失。彭信威和陳文石都證實了這一點，見《貨幣史》，頁442-3和《海禁政策》，頁84、86。

198 《英宗實錄》5141；陳文石《海禁政策》，頁60。

199 《憲宗實錄》3663、3689。

200 按照《孝宗實錄》3622和《諸司職掌》〈工虞部〉24-5的記載，北京造幣

的先例將鑄造配額分派給各省，要求各省按照中央的統一標準鑄造一定數量的銅錢。一般來說，鑄造銅錢是一項有利可圖的事情。甚至到十六世紀晚期，鑄造銅錢還可獲得40%的利潤（第六章第二節）。然而在這些事例中，中央政府並沒有授權地方長官鑄造他們自己的貨幣。正如一位監察官員所指出的那樣，要求地方長官鑄造一定數量的銅錢實際上成爲一種新形式的稅收[201]。按規定，南京要鑄造2,560萬文錢。許多在南方的官員聯合起來上奏皇帝說地方災傷，如果定額太高會加重平民的負擔。皇帝隨後將其定額減少到原來的2/3[202]。然而這一定額，即使能夠全部完成，也僅相當於36,657兩白銀，這一數量根本無助於解決銅錢短缺問題。

　　1505年，甚至官員們都公認政府的工匠無法同私鑄工匠的技術水平相比。一些官員在參觀了北京的造幣廠之後，奏報說政府的工匠「亂加錘鑿」，鑄出的錢「斜仄拙劣，殆不成文」[203]。1503年，鼓鑄銅錢的命令發佈之時，設想能夠鑄錢2億文[204]，到1505年夏天，戶部報告說所鑄之錢還不到定額的20%[205]。甚至到1509年，這一計劃也沒有全部完成，整個計劃一拖再拖[206]。

　　嘉靖皇帝是最後一個力圖維持銅錢制度的君主。1527年，他下令重新開始鑄錢[207]。儘管努力改進鑄造工藝，增加每文錢的重量，但在其統治期間貨幣的混亂卻更加惡化。到1550年代，市場上充溢劣質私

　　廠每年的生產能力是僅僅是12,830,400文。

201　《孝宗實錄》3622、3644-7。儘管皇帝命令地方可以存留一部分收入以為鑄錢之費（同上，3657），然而看起來這條命令根本沒有得到執行。

202　同上，4005。

203　《武宗實錄》0081。

204　這一估計根據《孝宗實錄》3622。

205　同上，4241。

206　《武宗實錄》1130。彭信威認為1505年以年，這一計劃被延遲了，見《貨幣史》，頁425。

207　《世宗實錄》1855；《大明會典》31/11。

錢，私錢對白銀兌價跌至6,000文1兩。一些光棍無賴脅迫商民接受官定的每700文銅錢兌換1兩白銀的比率，迫使民間閉門罷市。1554年，有人上奏皇帝說許多流民死於京師街頭，是錢法不通造成的結果[208]。雖然這其中的因果關係並不清楚，但我們有理由推斷這可能是食品價格急劇上漲以及失業人數大量增加造成的後果。

經濟史學家李劍農注意到按照格雷欣法則（Gresham's Law），劣幣要驅逐良幣。他因此斷言因為嘉靖錢相對於其面值過重，私鑄者為了得到金屬而將其熔化。此外，一些高質量的錢幣又大量被人們儲藏起來[209]。用這一理論作為解釋有一定道理，但完全這樣解釋卻不能令人滿意。他忽視了十六世紀政府鑄幣的數量因素和其質量管理。

嘉靖年間的鑄錢不幸地成為一個最容易引起爭議的話題。《明史》宣稱1553年政府的造幣廠鑄錢總數達950億文，這條材料來源於《大明會典》[210]。著名的中國貨幣史研究者彭信威指出這種不切實際的數字「在事實上不可能」。他本身作為一個收藏家，認為沒有什麼證據顯示鑄造了如此多的錢，這種事情至多是一種擬議，並沒有真正實施過[211]。另外在十六世紀中期950億錢的價值粗略等於明朝政府20年間全部的現金收入。要想鑄造如此多的錢，政府造幣廠的規模必須擴大100倍。

所有的證據顯示出鑄錢總額很少。1527年，南京和北京的寶源局僅僅鑄錢41,491,200文。1540年，由於無利可圖，鑄錢再被推遲[212]。在整個明代，對於大量鑄錢最大膽的建議是給事中殷正茂（後來任戶部尚書，1576-78年在任）在1555年建議利用雲南銅鼓鑄，每年費工本銀39萬兩，可得錢6億5千萬文[213]。但當這計劃實施時，工本銀被大量削減，

208　《明史》81/850；《世宗實錄》7119-21；葛守禮《葛端肅公集》2/3。

209　李劍農《經濟史稿》，頁103。

210　《明史》81/849；《大明會典》194/9。這條內容可以追溯到《世宗實錄》7063，但是從中還無法清楚究竟鑄造了多少錢幣。

211　彭信威《貨幣史》，頁426、444。

212　《大明會典》31/11，194/9。

213　《明史》81/850；《世宗實錄》7297-8。

僅投入白銀2萬兩，每年鑄錢不超過3,300萬文，其價值不到白銀5萬兩。儘管這個計劃名義上有150%的獲利，但必須要求當地人將錢運到中部各省才能夠實現。因此雲南的地方官員不斷地上奏負擔太重，難以承擔。到1565年，終罷雲南鑄錢[214]。

南京和北京的鑄錢一直推遲到1540年以後才重新開始，當然具體的時間還無法確知。但在1564年內閣大學士徐階（1552-68年在任）在給皇帝的一篇奏疏中透露北京的寶源局投入的工本費僅僅為28,000兩白銀[215]。總之，沒有證據表明嘉靖朝的哪一年中鑄錢數量曾經創紀錄地超過1億文的水平。在一些年份中，鑄錢完全被推遲了。即使嘉靖皇帝企圖建立一套銀錢雙本位制的貨幣體系，銅錢供應不必與宋代人均比率一致，新錢低於一人一文的比率，但考慮到明代經濟活動已經到了很高的水平，他的這種做法不可能適應時代的普遍要求。

嘉靖鑄錢缺乏質量管理，在徐階的文中已經得到證實。政府寶源局生產的銅錢種類很多，徐階將各種製錢並私鑄之錢每項各五文封進聖覽，讓皇帝裁察。其中有的錢是用像機床一樣的裝置車鏇而成，民間稱之為「鏇邊」；有的以金漆背，謂之「金背」，還有一種，表面黑色、粗糙，稱之為「一條棍」。而劣質錢幣眾多，無法歸類。徐階認為這些問題並非一般民眾梗法造成的，而是政府機構管理不如法的結果。在他的建議上，北京的寶源局暫停鑄錢，第二年雲南也停止鑄錢[216]。

對於這些問題，明朝前期的皇帝也要承擔一部分責任。首先，鑄錢從一開始就沒有按步就班。本來起步較晚，先天不足，而在十六世紀，官方又過分低估了這一問題的嚴重性。在應該傾其財力、物力去鑄造新錢的時候，卻又只關注眼前的利益，損害了長遠的計劃。由於

---

214 例如，1558年，鑄錢為6175萬文。同上，7789、8819。

215 《皇明經世文編》244/17。對於南京寶源局的延遲鑄錢一事，參見傅衣凌《市民經濟》，頁28。

216 《明史》81/850。這篇上奏也收入於《皇明經世文編》244/16-18，日期是1564年。也參見和田清《食貨志譯注》，頁748。

鑄造新錢數量很少，又不合標準，所以很難推行下去。明朝的銅錢也沿襲傳統的設計，無法取代前朝鑄造的銅錢。朝廷也僅僅是頒布法令宣布前朝舊錢廢止使用，卻沒有任何實效，相反只會使民眾產生困惑[217]。

在1560年代的努力失敗之後，再沒有進一步的努力去約束管理私下交易的折換比率。皇帝連續發佈命令通告民眾「行錢但從民便」[218]。一直到明朝滅亡，以銅錢納稅也僅限於城市的商業稅和一定比例的鈔關稅。官方收稅時偏愛銅錢[219]，但這並不意味著明代的銅錢是一種法定貨幣。1571年以後，官方的寶源局也偶爾開工鑄錢[220]。1576年，又發佈了鑄錢的命令，甚至還期望人民能夠用銅錢來支付田賦，這是一個永遠也不能實現的目標[221]。政府的態度通常是謹慎的[222]，他們接受銅錢本身的市場價值，有時候還利用市場的波動鑄錢獲利（見第六章第二節）。

在十六世紀晚期，無論是稅收支付還是民間交易，白銀的交易量都逐漸上升。貴金屬總是以錠、餅、小銀塊的形式進行交易。現在還沒有證據顯示當時有任何鑄造銀元的提議與想法。一直到近代十九世紀，中國才開始第一次鑄造銀元[223]。在明代，推行銅錢的慘痛經歷所形成的長久慣性是很難消除的。

---

217 皇帝的命令常常是不一致的。見《大明會典》31/10；《武宗實錄》1585，《世宗實錄》7059、7119。

218 《穆宗實錄》1113-4，《神宗實錄》1141、1802-3。

219 沈榜《宛署雜記》56-8。

220 例如，明朝分別於1571年和1574年又鑄造了少量銅錢。見《穆宗實錄》1519、《神宗實錄》1293。

221 《大明會典》31/14；《神宗實錄》1130-1。這項工作一直拖到1580年。同上，1802-3。

222 彭信威《貨幣史》，頁445。

223 楊端六《貨幣金融》，頁71-2。正式的銀幣實際上最早是在西藏鑄造。又見彭信威《貨幣史》，頁508。1197年，女真族建立的金朝就已經開始鑄造銀錠了。同上，頁364。

白銀用於稅收管理和作為普遍的交換媒介

近代開始之際，在一個大國還沒有銀幣來進行財政管理是一種很奇特的情形。明朝政府沒有能夠從銀的開採中獲利很多（見第六章第一節），也完全失去了對貨幣和信用的控制。這就意味著明朝的財政管理者在履行其職責時沒有任何可以憑藉的手段。這也就妨礙了稅收的徵集與解運，同時還會有其他更深遠的影響。

在十六世紀晚期，貨幣的供應還是公開進行投機。據梁方仲的估計，從1390年1486年，國內的白銀產量總計達3千萬兩以上。在明朝滅亡前的七十二年間，海外輸入中國的銀元至少在1億元以上[224]。據彭信威論述，元代中國白銀就已經持續地流入中亞。到了明代，進行官方交易時，白銀供應不足。他根據十七世紀的一份資料認為一直到明朝結束，民眾手中僅有2億5千萬兩白銀，這一數字包括能夠隨時換成貨幣的銀器和銀首飾[225]。如此臆測需要許多證據。但是似乎存在這樣一個事實，在十六世紀晚期流通中銀的數量並不很多。有證據表明，當稅收折銀以後，收割後的農產品價格有急速下降的趨向。這一問題還將在後文中與田賦管理一起討論（見第四章第三節）。價格的變動在任何情況下都可以發生，但是變化的劇烈程度表明不充足的貨幣供給可能是一個關鍵因素。

在稅收管理中使用白銀完全沒有計劃，甚至也沒有選擇的餘地。其缺點是無法預料也不能進行修正。十六世紀賦役的折銀是一個曠日持久的、相當無規則的過程。流通中白銀的不充足無疑是一些徭役從來沒有折銀的原因。顧炎武在考察了十七世紀中期的情況之後，還認為賦稅折銀是一個錯誤，贊成恢復到實物納稅狀態[226]。

在十六世紀晚期，稅收的解運基本上是向北方解運白銀。中部和

224　梁方仲《國際貿易》，頁267-324，《糧長制度》，頁127。

225　彭信威《貨幣史》，頁461、471。

226　顧炎武《文集》1/13-14。

南方各省要將稅額解運到北京，同時，北方各省除了向北京解運外，還要將稅額解運到更北的北邊軍鎮。十六世紀中期以後，北京向這些軍鎮供應的兵餉逐步增加。從食鹽專賣中獲得的收入也是遵循著同樣的運輸路線。我們可以估計這些例行的解運至少從東南向西北運送了大約5百萬兩白銀[227]。無庸置疑，大多數的白銀又回到了它最初的起運地。對於白銀，北方邊境是一絕對的障礙。沒有它的流回，向北的運動不可能不間斷地超過一個世紀。儘管資料還不充分，但好幾位現代學者在其著作中通過對棉花和棉製品貿易、瓷器以及同時代邊境記錄的研究，認為白銀大概也是通過其解運過來的路線流回南方，因為物資注定要從南方，特別是東南各省採購[228]。

這一來回流通的過程斜放在明代的地圖上，就像一個巨大的回形針，不斷促進著貨幣的流動，而且也可以相信這一過程加劇整個帝國地區間經濟的不平衡。它促使這一過程的一端通過工業生產獲得白銀，而在另一端則通過政府的服務性事業來獲得白銀。顧炎武在廣泛地周遊、考察之後，指出當時在山東登州和萊州、陝西鄠縣白銀十分短缺，這兩個地區不在白銀流通範圍之內[229]。同時，由於稅收徵集和解運過程的緩慢而滯留的白銀在整個貨幣供應中占很大的比例，它們有好幾個月不參與正常的市場流通。

對此更詳細的研究是一般經濟史學家的任務。但是站在財政史的立場上，可以認為十六世紀稅收管理中白銀的利用由於沒有堅挺的銅錢為依託，產生了很多問題。提高白銀(未鑄成銀幣)的地位實際上會阻礙投資。很清楚，一個擁有十億文銅錢財產的人不可能持有這麼多銅錢。但另一方面，明朝末年一個大財主可能會在其家裏儲藏有一百

227　基本的估計是：鹽課100萬兩；金花銀100萬兩；由北方各省解運到邊境的有250萬兩；雜色收入50萬兩。見表14、23和26。

228　佐久間重男《景德鎮窯業》，頁483；西島定生《支那初期棉業市場の考察》，頁74；傅衣凌《市民經濟》，頁6-17。也參見顧炎武《餘集》13；王士琦《三雲籌俎考》卷2。

229　顧炎武《文集》1/13。

萬兩白銀。1580年的一份上奏透露出在長江以南的許多家庭確實貯藏有成千上萬兩白銀[230]。通常為了安全，都是將這些銀條、銀錠埋入地下[231]。可以理解，白銀廣泛用於製作珠寶、首飾、器皿，它們在理論上可以看成是一種現金，實際上卻減少了流通中貨幣的數量。

不過，這一體系也有一個好處，它減輕了通貨膨脹的壓力。十六世紀以白銀來計算的長期價格結構是相當穩定的。除了由於地區差異、季節變動以及自然災害的影響外，在這一百年中主要商品的價格沒有多大變化[232]。唯一的例外是，1570年到1580年間農田價格的全面下降，這可能是張居正財政緊縮政策的結果(見第七章第三節)。眾所周知，張居正在任時，國庫白銀充溢。到這個世紀末，價格開始回升，但還是比較緩慢的。只是到十七世紀早期，由於軍事開支不斷加大，擾亂了正常的經濟，造成了物價急劇上揚。此外，這一時期我們還要考慮到白銀不斷輸入的影響，這一趨勢又持續二百年。

---

230 《西園聞見錄》92/21。

231 周玄暐《涇林續紀》2、5。

232 彭信威《貨幣史》，頁459-60。

第三章　田賦(一)：稅收結構

　　無可否認，明代後期的田賦,即使不比美國二十世紀個人所得稅更加複雜，至少也旗鼓相當。當今的所得稅之所以複雜，是因爲明細表必須處理很多種特別的事例，在這其中，最複雜的要數上層集團的納稅情況。然而，明朝體制的複雜性，卻適用於所有的納稅人，從擁有5畝土地的小土地所有者，到擁有5,000畝土地的大地主都是如此。這就使得稅收結構難以描述。此外，儘管明朝的地方稅收規章遵循著總的模式，但在各府之間，有時甚至在一縣之內，也存在著許多內部的變化。

　　檢查財政制度的傳統方法是以一個大致的描述開頭，然後解釋術語並給出圖表。我並沒有完全拋棄這種方式(田賦體系的主要特徵已經進行了說明，可見第一章第二節及圖3，在那裏，那是概略性的介紹)。但在處理明代稅收體制時，這種方式卻有它的局限性。一個對此問題更詳細的研究將會很快表明，沒有辦法列舉所有的情況並包含那些發生過的例外。在這種情況下，概括就很容易令人產生誤解。

　　因此，此章將按這樣的順序進行：首先，選擇一縣的稅收法規進行論述，並探索它們複雜的淵源。這也應該爲相同體制下的其他事例提供有價值的視角。其次，略述主要的地區性差異。第三節的主題是正賦和徭役的合併，它是一個導致情況複雜的根本性原因，並且還是明代財政史上最重要的事件之一。隨後是對剩餘普通稅收名目進行解釋。當列舉所需要的數字時，對賦稅徵收總水平的討論，將留待下一章〈稅收管理〉中進行。

圖3：十六世紀晚期的田賦結構

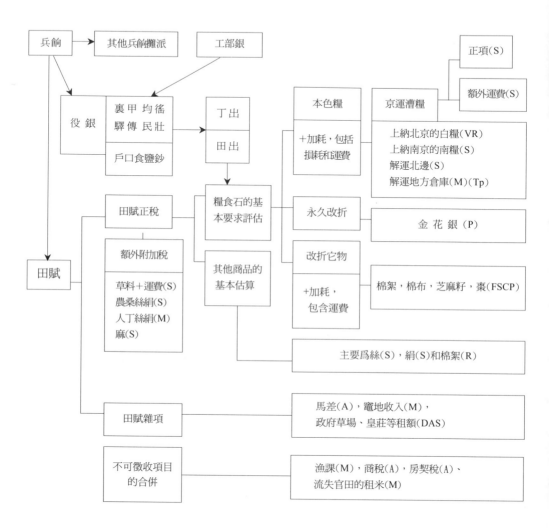

符號略語：

A=全部折銀　　　　　　　　　DAS=直接納銀
FCSP=有可能進一步折銀　　　M=絕大部分改折
R=很少改折　　　　　　　　　P=永久改折
S=部分改折，亦可用於加耗　　TP=可用於坐辦
VR=幾乎不改折

　　換言之，對特殊個案的局部精確評估將會先於全局總括，某些結論的給出將會早於對大量資料的梳理。對體制進行的動態分析，也將早於詳盡的術語解釋。

　　這種順序調整，是因主旨而定的。明代田賦絕非完全靜態，而是受到控制與非控制增長的制約。可以經常從矛盾中看到這種變化的基本原理。如果能確知何外在控制這種增長過程起作用，以及何外又缺乏控制，那麼理解田賦的結構和功能也就不會那麼困難了。

第一節　稅收結構的複雜性

複雜的程度：以順德縣為例

　　1585年版的《順德縣誌》中的〈食貨志〉部分講到，該地佃農通常是每畝土地向地主交2石稻穀(unhusked rice)，相當於0.9石的稻米(husked rice)。由於基本稅率估計為每畝0.03石米，則徵收部分只占地主收入的1/30。由於佃農與地主五五分成，實際上徵稅額水平也就占農作物總收成的1/60。縣誌提出這樣一個問題：為什麼還會有稅收過重的抱怨呢[1]？當代史家也許會問同樣的問題。然而，在回答此問題之前，有必要描述一下稅收估算的地方背景。

　　順德屬於廣州府，位於現在西江東南岸的廣州附近。這裏的氣候和土壤都適合種植水稻。丘陵土地只占本區徵稅面積的8%[2]。1581年，為了重新分配稅收，進行了一次土地清丈（張居正的土地清丈，見第七章第三節）。像其他地方的情況一樣，直到那時，縣裏的稅額還表現出相當多的矛盾。雖然官方統顯示，有48,313畝土地是官田，但實際上，

1　《順德縣誌》3/1。

2　《明史》45/507；《順德縣誌》3/6-8。

這種公共財產無法確知。納稅人被分爲較高和較低的等級，然而，納稅大戶到底佔有多少最初曾是官田的土地，這是無法確定的。同樣，納稅小戶對他們的土地是否擁有清晰的產權，也是不能確定的。換句話說，土地的使用和佔有變得混亂，官租很難與民田的正賦區分開來。賦稅額的區別與地力也沒有多大關係。土地清丈結束後，縣衙最終承認官田已經喪失，這一點顯然得到了在北京的中央政府的認可。隨後，所有登記的土地面積都被視爲民田。缺失的官租就由所有新註冊的民田田主共同分攤。充分利用土地清丈的成果，使得正賦在全部地主中進行了重新分配。因此，帝國政府分配給縣裏的稅額就更加平均地分攤到納稅人頭上了。

重新分配無疑有重大進步意義。由新田主共同擔負政府財產損失的決定，不可避免地受到了批評，但儘管如此，分到每個單獨納稅人頭上的數量卻是微不足道的。

稅收評估的新規則既公平又簡單。它包含以下主要三項：[3]

(a)根據地力，把縣裏所有應納稅的土地分爲上、中、下三等。山地被列爲下等。上田的基本稅額爲每畝0.0404石米；中田每畝0.0273石米；下田每畝0.0172石米。

(b)不管應徵稅土地的分類情況如何，對它們每畝全部統一徵收0.0094石糧食，用以補償勾銷的官租損失。

(c)將7%的加耗添加到田賦中以彌補管理損耗。這適用於正稅和餘租。縣誌中的正賦是指民米(civilian rice)和官米(official rice)。爲避免混淆，在以下的段落將採用這兩個術語。

列出這三個主要規定後，縣誌修纂者沒有進一陳述從各類土地中可以徵收的官米、民米和加耗的總數。很奇怪，他們本應該避免如此簡單的數學計算：他們只需要算出精確的民米稅率和官米稅率，再加上兩者和的7%。據此可以算出上田的稅率爲每畝0.053286石，中田爲每畝0.039269石，下田的爲每畝0.028462石，這個比例接近於5:4:3。

3　同上，3/9。

　　事實上，這種計算幾乎沒有什麼實際意義，因為到1585年，這個縣的所有賦稅都用白銀來交付。民米與官米之間的改折比例有一些差異。前者按每石米0.6028兩白銀進行折算，這接近於十六世紀晚期的市場價格；後者則按0.2653兩白銀折算，對納稅人而言，是相當有利的[4]。這使得收稅手續相當麻煩，但並沒有妨礙對全部稅額的計算。唯一的不同是，此次7%的加耗被分開追加。當分別加耗後的官米和民米款項合在一起，就構成了全部的稅額。這種計算顯示，上等田的稅額估計為每畝0.0287262258兩白銀，中等田為每畝0.0202767782兩白銀，下等田為每畝0.0137623186兩白銀，三者的比例接近於 4:3:2。

　　可能會產生這樣的疑問：為什麼如此重要的數字竟被縣誌忽略了呢？同樣令人不解的是，為什麼當官田被勾銷後，民米與官米兩種稅名仍被保留，並有與之相適的不同的改折比例？第一個問題在這裏可以得到完整的答案；第二個問題將在下一個節的〈複雜的原因〉中進行討論。

　　應該牢記，在明代，任何時候白銀都沒有被宣布為官方標準。國家仍然以糧食的石數來作為基本的財政單位，為了保持帝國財政體制的同一性，地方官府也只能如法炮製。即使糧食和銀兩之間的稅收改折比例已被廣泛採用，在理論上卻不能保證，當中央政府遇到突發事件時，不會命令州縣官員把一定石數的糧食運送到另一個地方。出現這種情況時，改折比率就會被丟開，而加耗百分比也會被修正。在縣誌中被大略描述了的稅糧，迄今為止，在事實上都包括永外性規則和臨時變通做法；它們都遵從中央統計制度和地方慣例。在當時的情況下，以糧食石數分配到州縣的全部稅額，都可以被視為定稅。民米和官米的基本分配比例，實際上與整個國家的標準一致。然而，本色折銀，7%的加耗，以及詳細的折率，都屬於後來的調整。

　　而且，上面用銀計算的稅額在小數點後都包括十個數字，但並不是單個納稅人實際上交的錢數，而僅僅是一個大致的標準。稅收結構

4　《順德縣誌》3/15。

還必須與個別徵收的役銀相適應。1585年，順德縣有七項主要的徭役（每項又可以分爲兩種或更多的部分），都全部或部分地按土地來徵收。與其他地區額外費用多達二十項相比較，這裏算是簡單的。這部分是由於廣東省按察使（譯按：應爲巡按御史。）潘季馴努力，他們積極地推動稅收的簡化（第一章第一節）。1559年，潘要求他手下的所有轄區都推行均平銀，這與一條鞭法改革並非絕然不同[5]。

縣誌顯示，順德通過三條渠道徵收均平銀。其一，由全體壯年男子組成的納稅人構成，即「丁」。其二，以每田五十畝加一「丁」的均平方式進行收稅，形成抽象的「丁」。這個稅額添加到所有的「丁」的頭上。其三，額外的「永平錄」稅，被添加到每石民米正稅的徵收中[6]。

此規則中最引人注意的是，它包含了人頭稅與財產稅，前者以第一條渠道爲它的收稅來源，後者則以第二條和第三條爲其來源。但第二條和第三條卻不能合併起來，因爲它們體現的是不同的稅收原則。以五十畝納稅土地爲徵稅單位只涉及了面積，而不管地力如何，它的目的在於使稅收具有廣泛的基礎，確保每位田主都爲他的田畝數付出他的那一份。少於五十畝的田主同樣也要付抽象「丁」的相應部分。另一方面，增加到民米上的總數，既反映了土地面積，也反映了糧食產量，並以後者爲其重點。一個要交納大量民米正稅的人，可能是因爲擁有很好的土地，並具有很穩定的糧食來源，而未必就是因爲他佔有大量的下等田。既然均平銀意味著這個人既要按他的田產，又要按他的糧食收成來兩次上稅，這個體制就暗示了一些進步性的稅制措施，在理論上，即使富有的田主將他的財產分成很多的小塊土地，或者以不同的名字來登記，也能有效地實施這種體制。

均平銀用於支付知縣每年的辦公管理開支，並部分取代了對里甲的徵收。與此相似，用於取代各種勞役而徵收的均徭（第三章第二節）

5　《明史》223/2574；張萱《西園聞見錄》32/9；焦竑《獻徵錄》59/95；《世宗實錄》8181-2；《順德縣誌》3/23-4。

6　同上，3/24。

的徵收，也同樣由知縣掌握。在縣誌出版的時候，還沒有跡象表明，這兩種役會合併，因為均徭徵收剛由五年一徵改為每年都徵，而且方法也沒有固定下來[7]。均徭也吸收了人頭稅和財產稅的特點，然而它是由兩部分，而不是三部分演化而來的。它基於丁的徵收和對民米另外一項附加稅的加派，但省掉了每五十畝納稅土地轉為一個抽象「丁」的部分。理所當然，它的比例與均平銀就不同了。

另外，在工部的監管下，該縣還辦納上供物料。這些物資的一部分以實物的形式，由知縣輸送，一部分折銀支納。由於會計體制是基於預先分配而不是徵收後分配，這種估算仍然包括各自分開的三項（宮廷上供，實物；工部物料，實物；工部物料，銀錢），每項都涉及了對官米和民米的附加稅。在每一種情況下，官米的比例都要比民米少得多。因為按以前的原則，官田佃戶要向官府交納了更多的糧食收入，因而徭役負擔要比民田田主少。但由於現在每位納稅人的基本稅額都同樣包括官米和民米，這三種徭役的估價也就導致了對他財產的六種不同附加稅[8]。知縣也被要求為附近的驛站提供銀錢，它是由民米的一項單獨附加稅發展而來的[9]。與其他縣的情況相似，順德也不得不維持它的民壯額，這通常由兵備道監管。大約所需費用的2/3由民米的一項附加稅徵收，剩餘的1/3則按「丁」抽收[10]。

上面的項目顯示，官米有三項附加稅，民米有七項，這些稅收多合併於田土之中，其中有還有三種按丁計稅。另外，還有其他的較小的幾種役銀，例如為附近衛所軍需而徵收軍器料的銀錢[11]。它們數目很小，在此被視為小額稅而不列入討論範圍。

很明顯，最初的、似乎是單一的稅收方案，能夠演生出大量的複雜加耗和附加稅。我們已經有了幾個類比的稅收個案研究，不同的納

7　同上，3/26-7。

8　同上，3/19-21。

9　同上，3/31-2。

10　同上，3/30-1。

11　同上，3/21。

稅人的田則不同，每戶丁數亦不同。如果按照通常的寫法，至少還得花一個半小時去解釋最簡單的個案。因為財政單位中的十進位元小數點，在理論上可以無限延伸，然而，另一方面，儘管有十四種附加稅，實際上的稅收標準仍是低的。對那些少於30畝土地但主要是下等地的，以及家裏不多於兩個成年男子的小田主來說，稅收負擔通常要小於他們大致糧食收成的5%。稅收方案的進步性也能得到證實，對一個擁有三百畝主要是上等田，以及戶中有五、六個成年人的中等田主而言，他的稅收負擔接近於他大致糧食收成的10%。

稅收的低標準可以進一步從縣誌中彙集起來的數字得到證實。1585年，民米、官米再加上7%的加耗，總計爲34,689石糧食，此數實際上是折成17,952兩白銀交納的[12]。依據縣誌詳細記載的關於賦稅徵收方法的描述，我們把攤入田中額外稅收負擔算成一種徭役的再分配，它一共有七項，但不包括人頭稅估算份額，通過計算，合計爲11,324兩白銀。因而稅田的負擔爲29,276兩白銀。以此數除以登記的田地883,706畝[13]，可以知道每畝土地的平均稅收負擔爲0.0332兩白銀。由於在順德的全部納稅土地中，僅有8%的田畝爲山地，它的低產不應該很明顯地影響當地的糧食平均產量。縣誌的卷首提到，每畝土地的平均產量爲1.8石米，而當地的糧價大致爲每石米0.5-0.6兩白銀（第四章第二節），即使不考慮正常季節會混種各種不同的作物，平均每畝土地的年均收入也應當在1兩白銀左右。因而大致的稅額，接近於土地收入的3.5%左右。一個非官方的資料顯示，可能是受1570年—1580年間通貨緊縮的影響（第二章第四節，第七章第三節），在十六世紀晚期，廣州府的糧價可以跌至每石0.3兩白銀[14]。如果是那樣的話，就會使估計的收入下降至每畝0.54兩白銀，但即便如此，稅收依然不會超過土地收入的6.12%。

12　同上，3/15。

13　同上，3/19。

14　周玄暐《涇林續紀》47。周也發現，此地區的糧價可能是最低的。

然而，我們卻不難想像，當這個複雜的稅收結構在十六世紀的農業社會中，被人員不足的地方官府管理時的真實情形。明人留下了大量的關於鄉村收稅人、吏胥以及殷實大戶的腐敗和濫用職權記載，他們對這些行為他們深惡痛絕。這些不法行為有各種形式，並採取了不同的手法，這也是可以想像得到的。

稅收體制的根本問題，不是因為徵稅水平過高，也不是因為稅收立法缺乏平等性的條款，恰恰相反，這些容易受到反對的特徵很少存在。這個體制的缺陷在於稅收明細表的複雜性，即使縣誌也不能將它們全部列舉出來。稅率可以多達小數點12—14位元數字，是很荒唐的事，而且在明代以前，從來沒有出現過。大約在同時代，面對同樣的荒唐，隸屬於直隸的松江府府志修纂官說：「銀至厘而止，米至合而止，其下悉宜抹除之，不然墮入奸人雲霧中」[15]。然而，類似的根本性改革在明代沒有發生過。第一個取消小數點後5位元數字的帝國法令是在1685年，由清朝的康熙皇帝簽署的[16]。即便如此，複雜的數字依然在清朝的賬目上保留了另外五十年。正如所觀察到的那樣，順德縣也開始採用小數點後不多於4位數的稅率。小數點數字的增加，既不能因縣誌編纂者的呼籲而停止，也不可能因皇帝的法令而消失。因為，它是基本稅收結構多樣複雜性的直接後果。

複雜性的原因

在十六世紀晚期那些正施行的方法中，順德縣的稅收方法決不是最複雜的，儘管它也不是最簡單的。因為每個地區都有自己稅制方面的特殊問題，所以不可能引用一個典型的個案。但絕大多數複雜性的方法，都有一個共同的起源。後果可能不同，但起因卻都是相似的。順德縣的稅收管理，已經被描述得相當清晰，因為它的縣誌已經通過

---

15 《天下郡國利病書》6/65。

16 張其昀等《清史》II，頁1464。

更多的解釋性方式，逐步演繹出了徵稅的比例。

　　在導致稅收結構許多複雜性因素中，農耕方式是不應該被忽視的。種植水稻，尤其是涉及到梯田種植時，它對地主有決定性的影響，因爲它導致耕地的分割。對不同坡度的水稻進行的灌漑，因地貌而顯得更加複雜，並致使大規模的灌漑在事實上是不可能的。何良俊認爲，在他的家鄉，屬於南直隸的華亭縣，一對夫婦只能也就耕田五畝至廿五畝之間，這種情況在許多南方省份中肯定也適用[17]。這導致了將耕地分成許多小塊，有時甚至不管所有權如何。何還進一步證實，一個民戶可能擁有二十塊分散於各處的小塊土地，而這些小塊土地的總稅額，則在0.1—0.2兩白銀之間變動[18]。

　　大約在1525年，浙江省嘉善縣的每個里的納稅面積，被記載爲「不下3,000畝」[19]。當它在110個納稅戶之中相除時，意味著平均每戶擁有的土地，包括山地和池塘，必須接近於卅畝，或者說略少於五英畝。當時，一些小塊的土地被進一步分成更小部分的做法，是很普遍的。有時，爲了出售或抵押，甚至於有將一畝土地分成很多塊的情況。傅衣凌最有揭示性的研究成果，提供了許多實際的例子，在福建省永安縣的小村莊裏，發現了這種自十六世紀以來，小塊土地因出售、抵押協定及家庭契約而產權變動的情況[20]。傅的例子很小，因爲他所用材料的類型，肯定是非常少的，而且從來沒有被傳統史家視爲可信的資料來源。韋慶遠引用的1644年南直隸祁門縣一戶的清冊供單，也有相似的意味。這個納戶，總共有不少於卅二畝的土地，其中包括分散於四個不同村莊的八塊土地[21]。事實上，此類記載能不時被發現，它們表明了在晚明時期，地主在各地擁有小範圍的田產，絕不是很罕見的，對耕地的分割，還可以從1566年版的南直隸《徽州府志》及1572年版

17　何良俊《四友齋叢說摘抄》3/179。

18　同上，3/190。

19　《西園聞見錄》32/24。

20　傅衣凌《農村社會》，發生於清初的例子也包括在其中。

21　韋慶遠《明代黃冊制度》，清冊供單圖見該書附圖二(計四幅)。

的浙江省《會稽縣誌》得到進一步證實[22]。

這種局面對賦稅管理形成了一個雙重問題。稅法必須同時應付眾多的小土地所有者、少量的中等地主和大地主。為適應小的納戶，稅率不得不固定在一個很小的範圍內；迴旋餘地受到限制，且增加附加稅也必須非常謹慎。原則上，大土所有者承應重役，但田土產權分佈的零星性，又使得富戶很容易以不同名字分開登記不同土地，以此方式來逃避過重的支出。順德縣的稅收方法顯示出突破此兩難局面的嘗試，它拋開了分等級的「丁」並讓所有的壯年男子按統一的標準納稅，通過採用抽象的「丁」和將十餘項附加稅附在基本稅額之上的方式進行徵收，力圖在一定程度上平均稅收負擔。如果中等地主和大地主的所有地產合併到一起，絕大多數複雜性無疑會被消除。如果那樣的話，較重的稅率就能直接加徵到這些富戶頭上。

土地的納稅單位(畝)很小，但支付單位卻過於大了些。與唐宋以銅錢為財政單位不同，明代從來沒有發展起一套有效的貨幣體系(第二章第四節)。問題在於，當稅制中使用未經鑄造的白銀時，即使是這種貴重金屬的最小重量，對於一般納稅人而言，也是太重了些。在十六世紀中國的南方和中原地區，0.6兩白銀差不多是一石稻米的正常價格。即使是基本稅額被簡化到每畝0.03石糧食，計算成白銀也要到千分之一兩，而對基本支付的附加稅也不能固定一個總的比率。相反，每項都有一個單獨的比例；例如在順德，均徭比例是每石民米按照0.1403兩白銀徵收[23]。實際上，沒有哪位納戶以整石交納民米，而多為1石的1/100或1/1000，折銀更小。就技術角度而言，如果一開始就將多項附加稅比率固定，那麼將這些附加稅合併為一個較大的部分是很容易的。而附加稅的隨後合併也是自然而然的事情了。

如順德的例子所顯示的那樣，幾項役銀都代表著不同的開支。稅收中橫向往來的存在，使得合併這些收入變得極度困難。帝國中央政

---

22 《徽州府志》7/19-45；《會稽志》5/8-9。

23 《順德縣誌》3/27。

府沒有建立起區域性的國庫，省級地方政府也沒有建立起中央金庫，即使白銀已經廣泛地應用於賦稅徵收，由於沒有通過銀行業方法以處理公共基金，現金的流動就不得不遵循以前的程序，從一個省到另一個省或者從帝國一邊到另一邊的許多商品交付，只不過是被等價的白銀交付所取代罷了。認為使用白銀是財政管理上的一個重大改進的想法，沒有什麼實質的理論意義，它不過是類似於在不同的樂器上演奏同一種曲調罷了。

只要中央政府不修改總的財政方法，它就不會放鬆對地方行政管理的控制。地方的稅收不斷地為各級政府提供經費，不僅每項帳目都有各自的份額，並且還必須足額徵收，即不能超額，也不能短缺。此外，它還經常由不同的機構和按不同的日期來交納。按何良俊的說法，一直到十六世紀中期，鄉村各種不同款項的徵收也是由不同的人經手。由於收稅是如此的缺乏整體性，以致於村民每隔幾天就會碰到徵租索錢之吏[24]。因此，地方官員感到不管有無上級政府的法令許可，也有必要進行一些基本的改革。

實際上，各種各樣的徭役不僅僅分別攤入田賦之中。他們也源於其他稅收，依照同樣的稅收計算原則部分或全部地進行徵收。順德縣徵收均平銀是為了取代對一定數量的里甲物資徵索，以及原則上取代里甲正役。均徭銀取代了力役；民壯也起初也地方里甲組織提供。因此，這三種徭役銀不得不加徵於「丁」。如果從該縣稅收水平很低，或許有人認為它不會造成什麼大的危害。如果所說的徭役義務已經取消，而整個財政負擔也合併到田賦之，過分簡化的益處也是可以取得的。然而，這是不可能的。原則上，必須堅持所有的丁都有為國家服役的義務，不管他們有無財產。廢除這項原則就將會損害帝國的同一性。將丁作為稅收單位的好處是，如果納稅人不付錢，他們也可以被召集起來親自服役。這就是為什麼上面只提到了三種徵收辦法，並具

---

24 最壞時，每個月有12個納稅截止日期，儘管不是所有的截止日期都適用於所有的納稅人。見何良俊《四友齋叢說摘抄》3/167、173。

備了一些的人頭稅特徵。然而，沒有其中的任何一種可以僅僅作爲一項人頭稅，大部分負擔都是攤於田土之中。稅收結構不能取得所期待的簡化，是因爲它在爲多種原則和目的服務。

　　將官米保留爲一項財政名目，是傳統的強烈影響的又一個例子。十六世紀很多省的官田已經完全喪失(第三章第二節)。這能從包括順德等在內的一系列轄區看出來[25]。但也仍然有一些州縣宣稱在轄區內仍然保有這項地產[26]。由於無法進行有效的查詢，只要地方官府根據確定的份額繼續上交官米，帝國政府就只好不追問細節。儘管如此，它還沒有決定把取銷官田作爲一項基本政策。結果是絕大多數縣，都將官米保留爲一項獨立的統計款項。江西省的官田可能在十六世紀中期以前就沒有了[27]，但在1610年的全省統計上，仍然保留了此項收入，即徵收官米657,274石和民米1,871,519石糧食[28]。因此，並不僅僅是在順德，其他地區也有假想的官租的存在。

　　然而實際上，通過地方官員的機智，那些不存在的財政項目，仍能被利用起來服務於特定的目的，觀察這一點是很有意思的。其目的是將其金花銀徵收聯繫起來。從1436年起，大約四百萬石糧食的田賦，已經按照每石0.25兩白銀的比例，永久地折納白銀。這項收入落入了皇帝的私人腰包(第二章第一節)。順德分擔這項金花銀的數量大約爲4,000兩白銀。從1585年起，徵收的官米送往北京，以支付這項專門收入[29]。當這項收入被證明是不夠的時候，一小部分民米的收入也被挪用，以維持平衡。官米的改折，由地方官員確定爲每石0.2653兩白銀，實際上代表了基本的金花銀比例並加上接近於6%的一小部分加耗。讓轄區內的所有納戶負擔官米的損失是不合理的，但通過這種分配，命

25　常熟縣在1462年取消了官田和民田區別，杭州府是在1572年，參見《常
　　熟縣誌》2/33；《杭州府志》29/19。

26　《安化縣誌》2/8；《金華府志》6/29；《漳州府志》27/15。

27　《順德縣誌》3/9。縣誌顯示出該地區是效仿江西的先例。

28　《江西賦役全書》,〈省總〉, 1-2。

29　《順德縣誌》3/15。

令的強制性被有利的改折比例緩和了。地方官員可以宣稱，一定數量的糧食仍然作爲官米來徵收；同時，通過將其作爲一項單獨的項目來徵收，以確保有足夠的收入來完成金花銀。金花銀運抵京師後，是被單獨處理的。對每個納戶而言，他們都被同時指派了不同的官米和民米額，對於將來額外加耗也很方便。因爲正如已經指出的那樣，官米是基於田土面積而民米是基於糧食收入而徵收的。

順德縣的稅收結構看上去顯得比其他地方更爲複雜，其原因是縣誌在列出稅率後，又給出了精確的計算方法。這種細節通常要被其他地方的官方出版物省略掉。

然而，省略這類計算方法決不意味著要暗示它是一個更簡單的稅收結構。正如一個現代會計在計算顧客的所得稅收益時，是由自己處理技術細節以簡化稅收程序，同樣的，其他州縣沒有出版稅收計算方法，也可以從它們稅率中的小數點中覺察得出來。

交叉供應線對帝國形成了一個奇怪的網狀，代表了另一個稅收改革的實質性障礙。他們不僅難於梳理也難於瞭解。對京師上貢的地方特產，就很明顯地使很多地方的稅收項目複雜化。因爲原則上，要從公共稅額中使出一定數額度用以補償這項費用。1590年，南直隸的上海縣要求爲太醫院上交12兩白銀以替代應交的當地藥材。在理論上，這項支出與其他幾項一樣，依然是分配到每個納稅人以及該地區的每畝納稅土地之上[30]。

通過對比可知，順德的情況還稍好一些。因爲相較湖廣、浙江和南直隸的其他縣，它要向北京交納更少的款項。它沒有被要求去長途解運它的稅糧，也沒有被要求像北方的州縣那樣，提供官馬的馬役(第三章第二節)。除開喪失的官田，順德的土地佔有與使用情況較爲簡單，從來沒有產生像福建和江西的那樣複雜的土地租佃關係(第四章第二節)。

這些複雜性是隨後一些章節的議題。這裏首先進行一個大致的觀

30　《上海縣誌》3/12。

察，即絕大多數的複雜性都有一個長期形成的歷史淵源。馬役是由洪武帝下令創設的。大運河缺乏中央財政的支援，導致了對稅糧運輸不同的和額外的加耗，這是起源於永樂時期。第一個永久性的稅糧改折方案發生於1436年，起初它只是想解決一個臨時性問題而把比例固定，並沒有考慮到它會對將來的管理產生什麼影響。稅收收入的橫向來往，是明王朝締造者的基本政策。一個似乎不可能發生的事實是，到十六世紀晚期，明王朝的基本田賦結構變得過於複雜，已經無法再進行徹底的簡化。任何深層次的改革都會不可避免地會引發管理的完全崩潰。

然而，賦稅體系是一個整體，如果白銀能正式被宣布為國家財政標準，而剩餘實物稅收能夠被一併改折為白銀，那它就仍會有一些合理性。1572年，浙江會稽縣的田賦以銀徵收的部分，占全部財政收入的82%[31]。1591年，山西臨汾縣，95%的田賦用白銀來支付[32]。1585年，廣東順德縣的田賦及其加耗，已經百分之百的徹底用銀徵收了。即使是在十六世紀晚期，運送到北京的漕糧，也只有大約250萬石糧食，不到帝國總田賦額的10%(第七章第一節)。然而，沒有採取任何措施，來消除以糧食石數作為基本財政單位的方式。

沒有採取以白銀作為標準和完全改折，是有許多原因的。改革會損害掌管皇宮供應庫太監的利益。如果以白銀來作預算，朝廷自身也將會受到更多的限制。在現存體制下，它依靠以糧食定額為單位的，在一些地區內可以隨意伸縮。它可以按照喜好，確定更低或更高的折換比例，並且強制要求地方坐辦各種物資，而不考慮它和當地物價的關係。此外，全國各個地區的糧食價格和白銀供應量也有很大不同，這也會產生一些問題。

---

31 這個估計以在縣誌中未經編輯的數字為基礎。很明顯，在45,213石稅額中，只有9,780石納本色實物。見《會稽志》5/1-6。

32 我計算出在全部的57,213石稅額中，只有2,780石由實物支付。見《臨汾縣誌》4/2-5。

　　即使絕大多數困難能夠被即時解決，對體制任何有意義的重建，都需要有一個不同的國家管理觀念，因為它將不可避免地影響整個帝國的結構。宣布以白銀來作為國家標準是很容易的事，但是戶部在各省建立地方性的國庫將會導致中央收入與地方收入相分離。加強省一級後勤能力將會要求增加工作人員和行政預算。完全取消實物稅和強制性徭役，必將會要求提高正稅徵收水平，要求用可調節的預算來替代定額稅收體制，以及對鄉村地區實施更有效的控制。不用說，晚明政府既然無能力亦無雄心去進行這樣一項根本性的變革。即使是到十九世紀晚期，清代改革家也無法完成這一變革。

　　因此，十六世紀的稅收結構包括許多因素，它的一些基本原理源於更早的先例。早期皇帝的特殊決定，被恭敬地奉為習慣法。隨著時間的流逝，將會愈加難以進行一些細微的調整。王朝建立之初，當帝國政府還妄稱擁有廣泛權力的時候還不實施有效的控制。到了十六世紀，明政府是既不能增強權力，又不願意放棄控制範圍。

　　因為中央政府不能推進所需要的改革，簡化賦稅徵收的努力，就只有落到地方官員，通常是知府和知縣的頭上。他們改革的範圍必然很狹窄，他們的努力也不能互相協調一致。十六世紀晚期，這些官員的絕大多數只有三年的任期。由於「回避法」[33]，他們通常被派駐到很遠的地方。用顧炎武的話來說，即「風土不諳，語音不曉」[34]。當一個官員熟悉他自己轄區內的具體事務時，他的任期也就快要結束了。

　　在進行地方稅收改革方面，官員已經取得了一定程度的成功。但他們之中的許多人都要忍受長期的打擊和斥責。1547年，浙江會稽縣知縣試圖將該地區六十四種稅則合併為三大類。他的建議被送到了他

33　也就是說，一個官員不允許在自己的家鄉任職。除了少數情況外，也不許官員任職於本省。在雲南和甘肅的有一些特例，見《大明會典》5/14-15；又見Parsons, 'The Ming Bureaucracy: Aspects of Background forces', pp. 175-213.

34　《日知錄集釋》3/85。

的頂頭上司紹興知府那裏。知府徵詢自己的佐貳——管糧通判的意見，討論推行這種新方法的可行性，以及它對本府管理及公共輿論可能的影響。考慮到這一點，知府特別指出，任何重新將稅收歸類的行爲，都只能局限於附加稅和額外費用，由於基本稅額實際上是一種「成法」，因而要被排除在討論範圍之外。這個計劃又被送到代表布政使的分守道長官那裏。在他的指示下，一紙公告送到了府縣衙門，要求「各鄉耆舊」發表自己的意見。該地區有影響的人被單獨召見並徵詢意見。由於會稽也是一個鹽場，從登記的竈戶那裏徵收的田糧，已經成爲當地鹽政收入的一部分，故爾也需要徵得帝國巡鹽御史的許可。新的稅收法令上呈後，經由省級行政機關和巡撫獲得最後的支援。當地的稅率後來確實被分成了三個主要類別，但每一類都有如此多的例外，例外之外還有例外，因此很難說還存在多少種類[35]。結果，這個最初的建議受到極大的削弱。

地方改革的絕大部分阻力，可能都來自於當地鄉紳。他們是致仕的官員或有功名的人士，享有一定的賦役優免。在理論上，這種特權只適用於他們自身及其家人，並且要依據複雜的明細文冊。通常，他們利用現存稅收方法的漏洞來拓展自己的利益。因而，任何稅收改革都會影響到他們的利益。一旦不滿，他們就會故意拖欠不交，或者通過有影響的人物向地方官員施加壓力。有時，他們向上級官府尋求仲裁。這些手段可以是正式的，也可以是非正式的。向上級官府呼籲的正式合法手段，被稱爲「籲請」，但實際上是以民事訴訟方式來反對地方官。會稽縣知縣楊節，在1572年記錄了該地區的五個案例（其中之一可以回溯到上個世紀）中，有一個是當地有影響的地主向上級官府籲請，以否定知縣的稅收法令。楊只是簡單地把這些例子稱爲「爭訟」。至少在一個例子中，知縣的決定被推翻，另一個例子則引起了北京的關注[36]。

35　《會稽志》5/13-18。

36　《會稽志》5/17-18。

　　知縣的賦稅立法遭到地方強烈反對的最有名例子是白棟，1574年，他在山東東阿任職。白在他的轄區內推行一條鞭法，每畝徵銀0.011兩白銀，外加役銀每畝0.0092兩。該縣的每丁也都按0.13兩的樣子來徵稅。這個比例，在中國北方並不能算太低，但手續相當簡單。「行之一年，逃移自首歸業者一萬一千餘家」，白的成績甚至得到了張居正的認可，但由於「地方不滿」，他被一位監察御史彈劾，而且是在直到張居正親自的過問後，案子才得以了結[37]。

　　明代後期，絕大多數地方官員在推行稅收改革之前都會獲得一些他們轄區內精英集團的認可與贊同，這樣的改革將較爲穩妥的。大約在1609年，山東汶上縣知縣在縣誌中說，通過觀察，他解釋了當地賦稅文冊的不合理性，「乃薦紳先生各執所見，弗思潤澤，紛紛之議，幾聚訟矣」[38]。當然，盡責的地方官員並沒有向豪紳屈服，而是實際上進行頑強的反擊。然而，這種英雄主義行爲很少會受到獎勵，反而常常是要求這樣一些盡責的地方官員有相當大的自我犧牲精神。民眾心目中的理想官員，是他能在沒有反對意見的情況下，進行他的管理。因而可以理解，許多地方官員沒有讓自己去進行革新，放任自流成了保護自已和官運亨通的最好策略[39]。

　　因此，稅收結構的複雜性是多種不同原因的產物。他們依賴於水稻耕種的方式；貨幣體系的特性；稅制原則的差異；地方政府制定法律必須符合中央法規；沒有運用銀行手段來管理公共資金；某些臨時性調整卻成爲定例；中央政府不能進行普遍性的改革；地方政府權力有限，地方官員不能自由採取行動。明代的田賦，在經歷過如此多的衝突折衷後，已經不再是一個簡單的財政體制問題，它必須同時也被

37　《神宗實錄》2953-2954；《西園聞見錄》32/27；張居正《張江陵書牘》
　　4/1。

38　《汶上縣誌》4/4。

39　地方官缺乏進取心，受到了顧炎武的批判，他認爲這是政治體制不可避免的後果。顧的文章已由 de Bary 在 Sources of Chinese Tradition 一書中進行了翻譯並作出了概括性説明，見該書 II，頁611-612。

視爲一個政治的和社會的制度問題。

第二節 區域性差異

長江三角洲

傳統上，長江三角洲包括南直隸的蘇州、松江、常州和鎮江府，以及浙江嘉興和湖州府。對帝國管理者而言，它不僅是收入的源泉，也是問題的頻發地帶。由於土地肥沃，以及太湖周邊較高的地下水位元，這一地區農業產量甲於天下。由於水道運輸發達，它的多餘糧食能夠外運。在此三角洲地區，手工業也相當發達。因此充分利用這一富庶地區的財富，會使王朝能夠解決它的絕大部分財政問題。但是，從該地區獲取更多的收入，卻不是一件簡單的事情。

自然力無疑加深了這種難度。當時的著者揭示，在長江三角洲地區，大片的土地會被洪水沖走，而洪水過後又出現了新的沖積土地[40]。由於人爲的錯誤，這種境況更加惡化。正如清水泰次所指出的那樣，傳統的灌溉方式是不停地與自然力作鬥爭。修堤壩而不考慮到地下水的基礎，開挖河道以改變河水的自然流向，在獲得了短期的收益後，水利工程自身既增加了洪澇災害的頻率，又加劇了它的強度，這反過來周期性地改變當地的地形[41]。通常以爲，一旦魚鱗圖冊(第一章第二節)編纂完成，所有的田產便固定於冊籍之中。然而，實際情況並非如此，因爲土地清丈不能頻繁地進行，而地形特點也不可能固定不變。

由於當地地形經常發生變化，地方官員不得不採用一種臨時性的局部補救措施，但它並不是依據精確的土地資料。當納稅土地被沖掉

40　《明史》78/824；《西園聞見錄》33/7。

41　清水泰次《明代土地制度史研究》，頁460-462。

後，損失的收入就只能由餘下的田主來彌補。任何新的沖積土地都難於被發現，並能很容易地逃稅，即使是最警覺和最盡職的地方官員也只能是對稅收結構進行修修補補。對於這些問題並沒有發現合適的解決辦法。

在此地區，地權因法律的模糊而更加複雜。這可以追溯到南宋，當時爲了減輕財政困難，政府強行從三角洲地區的地主那裏，收購已經開墾的土地。從顧炎武的描述中我們可以知道，這個政策是極端不受歡迎的，不但沒有解決財政問題，而且還產生了更多的難題。即使是在宋王朝滅亡後，按售價分期付款的許諾，仍然沒有兌現。元朝可能繼續將此種財產作爲官田，並擴大了它的面積[42]。當洪武帝用武力佔領該地區，他設法回避這個法律難題。他僅僅是說，此地區的百姓，尤其是蘇州府的，支援過他的政敵，因而他們的財產被沒收充公了。但他沒有建立起一套機構來管理這些籍沒的財產。這些官田的租米也被合併到正賦之中[43]。這種模棱兩可性，再加上變化的地形，使得登記田產完全沒有實效。在順德也存在同樣的問題，但是根據1581年以前進行的土地清丈可以看出當地官田只占全部耕地面積的5%。而長江三角洲地區，在王朝建立之初，籍沒的土地及其他官田就已經占到當地土地的絕大部分，以致於民田所剩無幾。例如，常熟縣在1391年登記的官田有93,3763畝，相比之下，民田只有308,737畝[44]。官田占到全部土地面積的70%以上。

沒有跡象表明，最初官府已經默許了私人出售官田。然而，土地所有權即不能通過實地確認也無法利用清丈冊籍進行核實，所以十五世紀前期已經出現官田私售現象。從歷史上，分割土地以進行典賣會加劇混亂性。顧炎武說，有時買主根本不知他們所購買財產的性質[45]。

42　《日知錄集釋》4/53-56；《上海縣誌》3/1。強行購買似乎開始於1263年。

43　《明史》71/818、78/824；《日知錄集釋》8/53。

44　《常熟縣誌》2/31。

45　《天下郡國利病書》6/74、7/4、8/32。《日知錄集釋》4/53。參見周良霄

在一個多世紀的時間裏，明政府從不努力消除這種模糊性。只有當更多的納稅大戶不斷地拖欠稅糧時，省級官員才會竄改稅收冊籍，私不降低稅糧折算(見下文)。

到十六世紀中期，土地佔有與使用已經異常混亂，根本不可能再無視這些十分棘手的問題了。同時，登記的官田沒有為國家帶來任何實際的財政收益。1547年，嘉興知府趙瀛建議，所有的納稅土地都被被確認為民田。由於找不到官方的正式批准文件，目前還無法知道這個建議是如何最終得到官方認可。地方誌顯示，流失官田的殘餘租米，如順德的方法一樣，許多年以後，在所有的田主之間進行了分攤[46]。於是長江三角洲地區的許多府抓住這一機遇，進行了同樣的奏請[47]。此項龐大官田的取銷，無疑是明代財政史上最重要的里程碑之一。詳情顯示，此三角洲地區創設官田時，沒有得到任何正式的立法就而開始了，差不多兩個世紀後，又是在沒有任何一般公告的情況下被廢除了。

然而，官田與民田的合併，產生了一個特殊的現象。由於牽涉了大量的被勾銷土地，它顯著地增加了所有納戶的平均稅額。在蘇州府嘉定縣1547年的再分配中，導致了平均每畝土地的基本稅額為0.3石米[48]。鄰近的常州縣是平均每畝收0.37石，而接壤的太倉州是每畝收0.29石[49]。這個整體平均數，差不多是此三角洲地區之外通行稅率的十倍。考慮到此地區各府獲得的高產，這個比率卻絕不意味著是完全不合理的。而且由於稅收已經部分地折成金花銀以及其他隱蔽的好處，實際的支付進一步減少。但有時，當帝國以公平當成第一稅收原則時，這種偏見性的稅率，就會給了當地的田主一個不滿的口實。

長途輸送賦稅的費用及其特定的折納，並非三角洲地區所獨有，

《蘇松地區》，頁65-66。

46　《日知錄集釋》4/53；和田清《食貨志譯注》，頁187。

47　《日知錄集釋》4/53。

48　《天下郡國利病書》6/13。

49　《日知錄集釋》4/53。

但其結果卻更爲麻煩。南直隸的四個府被指派了把總共1,206,950石漕糧運往北京的任務；也就是說，占全部帝國年均額度的1/3。通常的加耗額要達漕糧55%[50]。隨著1471年創造出來的「正兌」和「改兌」，漕糧更進一步分爲兩類，改兌只付加耗比例的一半(第二章第一節)。此外，還有214,000石的白糧的運輸之役。白糧是多指宮廷歲用的白熟粳、糯米，部分會直達皇帝的餐桌，部分則作爲祭品。白糧主要是從長江三角洲地區徵收，並且強加以嚴格的標準。運輸概由民解，而不交由運軍解納。在運河運輸途中，解運糧長不得不甘受洪、閘官吏勒索。而交納白糧時，監收內官更是科索無厭[51]。「南糧」也是徵自長江三角洲地區，總額共64,391石，要由納戶解送到南京。但解運距離短，加耗不多[52]。其他解運本地糧倉，加耗更少。因爲這樣才有可能由納戶解運大部分稅糧。因此，該地區總共有五種稅糧解運方式，每種方式又都有不同的解運役費。只有稅糧收入中央政府指定的倉庫時，稅糧才算完成。所以實際上，五種運輸方式爲地方創造出了五種不同的稅收支付形式。

另外，這四個府也要求按4石稅糧折成1兩白銀的比例，支付365,135兩金花銀。這種支付均遠遠低於當地的糧價。有一部分稅糧也被折成棉布，總計322,774匹，根據質地以每匹1石或2石的比例折納。這種折納算是對納戶的一種補償[53]。通過當地縣誌關於十六世紀晚期的物價、加耗和解運費用的記載，我計算了每一個納戶每石稅糧折銀後的實際財政負擔，如表1所示[54]。

很明顯，此時細表既不富於邏輯性，也不適合於按照它所顯示的

50　《大明會典》27/25-6、28。

51　《大明會典》27/61-2；《天下郡國利病書》12/13。

52　《大明會典》40/40-4；《天下郡國利病書》6/47。

53　《大明會典》26/13-5；《天下郡國利病書》6/47。

54　當地糧價估計爲每石米0.6兩白銀。其他的參考資料有：《天下郡國利病書》6/12、41、67-9、83-4，7/32-3，12/95；《明臣奏議》34/656；《皇明經世文編》438/18-9。西島定生《明代棉業市場》，頁274。

那樣進行實施；很有必要在不違背帝國法令的前提可以進行一些小的調整。這一調整實際上是被周忱（1430年至1450年任南直隸巡撫）推行。

表1：1585年左右南直隸四個府納戶稅糧解運或折銀的財政負擔

（單位：兩）

每石糧食的稅收支付形式	折銀後費用估算
白糧	1.91
漕糧正兌	1.30
漕糧改兌	0.90
南糧	0.75
地方解運的稅糧	0.63
折布	0.44
金花銀	0.26

他想用加耗和折收比例中的不平等，來平衡基本稅額。必須記得在十五世紀，官田制度還沒有被取消，而且經過幾次換手之後，大部分田產的稅率要麼過高，要麼過低。有些稅率高得驚人，多至每畝納糧2石，甚至地方官員也承認他們也不知其起源[55]。為了不完全打破這一切，周枕引進一種他稱之為「平米」的新方法到稅收結構中來。

　　首先，他命令所有的基本稅額，不管能否確定土地使用權，也不管稅率是高還是低，都要保持原樣。但他取代直接根據稅額加增耗米，也沒有將它們改折，而是向所有納戶均增加耗。在實施的頭一年，他實際上將加耗比例增加到90%。它是基本稅額平均加增90%的耗米，稱為「平米」。儘管如此，它卻不是完全用糧食來支付的。凡是科則較輕的田土（每畝0.4石或更少）的納戶要納本色實物。科則較重田土的納戶則納棉布、金花銀等，這些折色實際負擔較輕，納戶可以從中得到了

55　《姑蘇志》15/6。

好處。通常的加耗和解運負擔被取消後，90%的耗米成爲當地政府的
節餘，讓它能夠應付各種各樣的解運費用。換句話說，納稅人通過交
納平米，在他們家鄉就解除了他們的稅收義務，而地方官員在徵收後
則進行再分配。這在縣級及其更上一級，形成了更爲集中的管理。90%
的耗羨，形成第一年的盈餘，這些耗羨會被留用到第二年，以便於減
少每二年的比例。因此這一徵收並不完成受制於定額制度，而且也顯
示出年度預算的特點。然而，縱觀他的巡撫任期，周枕每年調整的解
運費用，卻從來沒有低於過50%[56]。

　　1450年，周忱在大量的批評聲和彈劾的威脅下辭職，其罪名首先
是因爲專擅徵科，其次是由於對耗羨的管理不善[57]。耗羨體系被永久
廢除了。沒有哪一位地方官員被允許去徵來均加耗以創造耗羨。但平
米卻作爲一個制度而幸存下來，並被推行到此三角洲地區的所有府，
且直到明王朝滅亡，仍還有影響。與周忱的平米體系不同，十六世紀
合併的役費，被計算出來固定到一個最低的水平，實際上是與定額制
度相符合。隨著1547年，因官田的喪失而引發的賦稅再分配時，平米
不再從基本稅額中算出，而是根據田畝計算。在1581年的土地清丈之
後，松江府的上海縣報告說，它有登記的納稅土地有1,494,775畝。因
此，該地區的稅收義務，估計爲應徵平米391,307石[58]。與此相似，蘇
州府吳縣登記納稅田土有714,129畝，估計1589年應徵平米157,193石
[59]。但平米仍然與國家帳目上的稅收定額不同，因爲它合併了地方的
多種加派和改折，然後均平地攤到所納稅人身上。國家帳目仍然是指
特定倉庫實際收到的款項，折色項也仍然以糧食，而不是以折納後的
價值來計算。

56　《明史》153/1863-4；焦竑《獻徵錄》60/5-10；《天下郡國利病書》6/41、
　　69，7/53；《上海縣誌》3/5-6；《昆山縣誌》2/21-2。

57　《英宗實錄》2349-2350、2727、4220、4453、4478。參見陸容《菽園雜
　　記》5/54。

58　《上海縣誌》3/18。

59　《吳縣誌》8/1、3。

　　表面上，平米的徵收，尤其是當它取代了基本稅收估算後，已經代表了一種最大可能的稅收結構簡化。但更進一步的觀察卻顯示，改革並沒有走得那麼遠。平米仍然是一個抽象的賦稅單位，它的大部分，仍然在十六世紀晚期改折爲白銀。從此，每位元納稅人不得不部分用糧、部分用銀納稅。後者的一部分要用來支付上供棉布的開銷。而且，由於平米已經被永久地固定爲盡可能的最小幅度，已沒有進一步調整的餘地。這就限制了地方官府在處理各項事務中負有財政責任。它的職責只是從里甲中檢派民間代理人進行物資和資金的解運，因而又恢復了糧長。當缺額不可避免地出現時，就解運者本人賠付。地方誌中有很多的例子表明，地方政府徵收的耗米與運費只是用於彌補日常開支，許多解戶因而破家[60]。而且解運是里甲之役，因而沒有辦法阻止這些官方檢派的解運人向老百姓勒索物資、勞力和資金，以濟解運。這方面的細節，將會在「稅收管理」一章中進一步討論(第四章第一節)。但在此必須指出，稅收結構沒有足夠廣泛，以至於能包括各項費用。

　　由周忱在十五世紀開始徵收的平米，體現了與一條鞭法改革相同的原則(第三章第三節)。平米適當地合併了田賦，而一條鞭法將這種合併擴大到徭役。兩者都在徵收之先合併了各種名色稅收，並在徵收後分配收入，而且兩者都要受同樣的限制。即使地方稅收實現了合併，上層仍然缺乏整體性。各色收入，包括金花銀、官布、白糧、南糧和漕糧，已經在國家帳目中作爲開支款項而永久地被分配了。橫向往來及交叉補給線仍然在繼續。地方官員從來沒有被授權去獲得足夠的運作費用，以執行擴大後的管理職能，這一點可以從耗羨的取消中看得出來。分離的運輸體系意味著，這些數目繁多的項目仍然是稅收結構中不可缺少的組成部分。

60　《皇明經世文編》438/18-19。《天下郡國利病書》6/50、79，12/13。《西園聞見錄》32/18。

北部中國

在北直隸以及山東、河南的部分地區，稅收結構的複雜是多種原因。在北方，以馬差替代了田賦。而在十五世紀又建立起了皇莊和貴族莊田。此外，官田和政府草場仍然保持。

馬政開始於王朝建立之初。洪武及永樂都堅決努力在中國以外的地區獲得馬匹。在十四世紀晚期和十五世紀早期，馬匹是通過購買或以物易物的方式，從北邊的朝鮮、滿洲，甚至中亞的浩罕（Kokonor）、撒馬爾罕（Samarkand）獲得。官方記載顯示，到1424年，明政府已經擁有1,736,618匹馬，而且馬的數量以10-15%的年增長率擴張[61]。儘管這兩個數字似乎都明顯地被誇大，但很清楚，馬匹太多的話，對政府機構而言，是難以維持的，其中的一部分馬匹不得不改由民牧。洪武帝通過將官馬寄牧給長江以北的幾個府，開始了這一進程。當選定北京做為首都後，北部中國成為養馬的重點地區。固定的馬差，由北直隸的七府、山東的三府及河南的三府一縣的百姓來提供[62]。

直到1568年，所有的馬匹都是分配給民戶飼養。根據不同的報導，在十五世紀，它們的總數量在100,000至120,000匹之間[63]。盡可能地以5戶為一組，養馬5匹（譯按：依《明史》卷92：「江南十一戶，江北五戶養馬一」）。這些馬戶的田賦及其他徭役負擔可以進行減免，但飼養、看護馬匹的開支要由馬戶自支。每一組馬戶每年都要為北京上交一匹軍馬。另外，馬戶還被希望養出一定數量的馬駒。由馬戶飼養，直到被徵用。從十五世紀晚期開始，一個通行的原則是認為，種馬一匹每

---

61 《仁宗實錄》0194。這一比率的依據《代宗實錄》的記載計算出來。見該書2182、2245、2301、2364、2421。錯誤已經以《校勘志》為基礎進行了修正。

62 《大明會典》151/6-13。

63 《憲宗實錄》0655；《孝宗實錄》1498。楊時喬《馬政記》8/2。

三年產馬駒兩匹。種馬死，或者是孳生及數，都由馬戶賠補[64]。

　　從1466年起，軍馬之役逐漸折銀[65]。1468年，帝國太僕寺始設常盈庫，貯備管理這些折銀[66]。到十六世紀早期，馬匹上交很少。例如，1528年，本來應該有25,000匹馬上供，結果卻只送來了3,000匹，其餘部分由折銀取代[67]。根據改折的時間及行政區域的不同，折銀比例變化很大，從每匹馬折銀12兩到30兩不等[68]。同時，地方牧馬仍在繼續。帝國分派郡監到各府，為新馬打製烙印、處理多餘的馬駒，以及監督馬匹損失的賠補[69]。為了簡化稅管理，絕大多數縣將他們的納稅土地分為兩類，並冠之以「納糧地」和「養馬地」的名稱。這種劃分很有必要，因為馬政運作每三年一循環[70]。除了歲納外，馬頭還必須保證能達到規定的多產(每3年產2匹馬駒)。只有群監官做出決定，否則這一帳目將無法了結。用於養馬的土地面積相當大，例如，大約在1500年，北直隸宛平縣有登記的納稅土地355,999畝，其中有1,421,143畝，約42%的土地留作養馬[71]。這個局面在十六世紀的大部分時間裏都沒有發生變化。

　　1568年，朝廷下令進行一個重要的稅收改革，即變賣種馬，總數大約有100,000匹。1581年盡將種馬賣盡[72]。要不是在北京有特殊財政程序，馬政將會正式結束。帝國太僕寺負責為軍隊提供戰馬，要求有自己的收入預算並因而繼續維持帳目。年度開支還是來源於地方，依

64　《明史》92/968；《大明會典》152/7；孫承澤《夢餘錄》53/1-3；陸容《菽園雜記》4/41。

65　《孝宗實錄》0092；孫承澤《夢餘錄》53/5。

66　楊時喬《馬政記》8/1；孫承澤《夢餘錄》53/5。

67　《大明會典》152/4。

68　《大明會典》152/4-5；孫承澤《夢餘錄》53/4。

69　陸容《菽園雜記》4/41。

70　《憲宗實錄》1070。

71　沈榜《宛署雜記》44、68。

72　《明史》92/970；楊時喬《馬政記》8/4；孫承澤《夢餘錄》53/4。

然以先前馬匹的配額爲依據，繼續送到常盈庫[73]。現在，平民已經不必養馬，不再爲三年一輪的缺少馬匹有賠付的危險。馬稅在每個地區都被固定在一個年度額上，能夠被再度視爲田賦的一部分。在北部中國的這些地區，納稅土地與馬地合二爲一。每年向帝國太僕寺上交的稅額，在所有的納稅人之中進行平均分配，就如同在南部中國徵收金花銀的方式一樣，這些無疑是一個巨大的進步，在賦稅分類帳目上，馬差開支仍然與田賦正稅分開，這就使得這些特殊地區的基本田賦稅率看起來要大大低於其他地區通行的稅率。

在北直隸的一些縣，馬差一直持續到1581年。然而，不再是讓他們分牧種馬，而是讓他們領養馬匹。馬匹是由太僕寺在北邊購入。領養期限很短，官員根據情況任命一些馬頭。1590年，宛平縣與香河縣都被迫按每馬編地650畝的標準執行。官員給帖付馬頭收執，馬頭在650畝納稅地的範圍內每月向鄰戶收討銀數。1585年，固安縣也有相同的差役，但每馬平均編地爲430畝[74]。

皇莊及莊田基本是從十五世紀發展起來的。大約到1500年，這些地產的擴展達到了頂點。他們的絕大多數集中於北直隸的四個府，即順天、河間、真定和保定。王府莊田也同樣出現於山東和河南[75]。整個十六世紀，政府一直試圖核查他們的擴展，並將其納入控制。直到十七世紀早期，王府莊田才又一度開始增長。當時最受影響的地區是南方的湖廣省。

這些田產也部分起源於土地佔有與使用的複雜性和模糊性。爲了鼓勵北方墾荒，洪武帝於1390年、1393年和1395年，重申了在北方三省，民間田土，盡力開墾，永爲已業，永不起科[76]。在十五世紀的最

73　《大明會典》152/6-7；沈榜《宛署雜記》71。

74　《大明會典》150/15-18；沈榜《宛署雜記》68-71；《香河縣誌》5/2；《固安縣誌》3/15。

75　見清水泰次《土地制度史》頁16-90、91-115。

76　《大明會典》17/16-17；《天下郡國利病書》1/61；《太祖實錄》3532。

初25年，這些早期的法令已經引起了無法控制的混亂。在同一府或同一縣內，有時甚至在同一村子，有些田主需要納稅而另一些則不需要。民眾中的爭執和訴訟非常頻繁，而且一些地方仍有廣闊的土地，此時或彼時因被政府徵用而做過牧場。很難說對這些田產的後來佔有者，是合法佔有者，或者只不過是擅自圈佔者[77]。

皇莊的創立始於1425年[78]。當時，皇室分撥一些北直隸的土地作為皇家財產。宣德將一些拋荒土地，理論上是將無主之地分配給高級將領，於是又出現了最早的貴族莊田的記錄[79]。隨著這兩項先例的出現，於是有了對不納稅土地的大量爭奪。在十五世紀晚期，皇子、公主及受寵太監和皇帝姻戚，開始到處「發現」不納稅的土地，奏討皇帝賜予，作為他們的私人田產，並通常指明面積和地點[80]。在許多情況下，他們侵犯原主權利，使他們淪為佃農[81]。1489年，戶部尚書李敏（1487-1491年在位）報告說，畿內之地，皇莊有五處，共有地1,200,000畝，勳戚太監等官莊田332處，共地3,310,000餘畝[82]。

1521年，嘉靖登基後，政府更多的精力是用於登記這些田產。貴族莊田數目急劇減少了，而且有一部分從民戶那裏掠奪的財產被退還原主。最臭名昭著的莊田佔有者——壽甯侯張延齡被皇帝處斬[83]。大體來說，沒有哪個貴族能夠長達五代地保持同樣的地產，也不允許他們趕走莊田上的租佃戶，租糧應由州縣收納，給領佔有莊田的貴族[84]。

77　《明史》157/1904；《英宗實錄》5488-9。

78　《明史》77/821。

79　《英宗實錄》1876-7。

80　這些事例見於《英宗實錄》1518，《憲宗實錄》0402、1065、3561、3678、3708；《孝宗實錄》0629、3924。

81　《天下郡國利病書》1/61；《武宗實錄》1531。

82　《孝宗實錄》0629。

83　《明史》300/3366-7；《世宗實錄》2369-70。然而，似乎嘉靖本人也不喜歡張。

84　這些規章見於《大明會典》17/25-6。對於不斷發生的暴力事件的報導，

　　十六世紀晚期，這些財產與先前的草場，可以被分成下列六大類（他們的面積、位置、收入，可見附錄A）：(a)皇莊；(b)王莊；(c)其他貴族莊田；(d)京軍草場，(e)太僕寺草場；(f)皇帝御馬、象房和苑囿土地。

　　所有這田產都從納稅土地分開，它們的收入也與田賦正稅收入相分離。然而實際上，這些土地的租金也產生了一個與田賦相當類似的情況。除了很少的情況，它們都由地方官管理，甚至租金也與田田賦正額相同。北直隸的香河縣，在吸收了一部分役銀後，稅收接近於每畝0.027兩白銀，與通常每畝0.03兩白銀的租米比例相當接近[85]。到十六世紀晚期，絕大多數的牧場和苑囿，都已經被轉化為耕地，租金與耕地相同。由於貴族是土地收益的接受者，除非他們自己耕種，否則是不允許他們以田產為生，因而他們的永久佃農也就是事實上的田主。這些強加於地方官管理的田產租金的徵收變得更為困難，因而又不得不為此檢派另外一夥稅收代理人完成徵收。

　　分配給德王的莊田在山東東昌府境內，占地451,495畝，分佈於六個縣和兩個州。包括遭受黃河洪水之後被開墾的荒地，它的純收入也只有6,552兩白銀。根據府志的記載，到1600年，租金仍然由地方官管理[86]。

　　土地的佔有與使用不明確的問題，到此還沒有結束。1529年，河南杞縣知縣說，在轄區原額外得「不可知者」之無糧地1,174,046畝。為了「不之深究」，於是他通融稅額，平攤於新舊地畝之中[87]。相似的調整也出現於西華縣，其納糧地畝已10倍於洪武時期。永城則是16倍於洪武時期。這種再分配，在允許這些縣降低正賦比例的同時，也擴大了地區間的不平衡性。雖然顧炎武並不總是一個增稅論者，他卻宣

見清水泰次《土地制度史》，頁87-90。

85　《香河縣誌》4/2、13。

86　《東昌府志》11/4、6、8、10、13、15、17、19、26、31、33。又見《武宗實錄》0468；《神宗實錄》4557。

87　《天下郡國利病書》13/51。

稱這些例子是「宜增而未增」[88]。1556年，河南省報告說在轄區內有
14,080,975畝這樣的土地。省志認爲它是「先前未徵，已在掌股」[89]。
在十七世紀早期，山東泗水縣，仍然登記了一些很成問題的土地，它
被稱爲「白地」（或未命名的土地）[90]。這種財產，與湖廣的沖積土地
一樣，都被藩王垂涎爲潛在的莊田。

其他的不規則性

稅收結構還有其他的不規則性。土地測量和分類標準的多樣性論
及。由於地區的特殊性，有時這種差異還能導致非常罕見的情況。在
浙江淳安發現了一個這樣的例子：那裏的林木收益甚至比種植水稻更
有利可圖。然而，由於牽涉到技術難題，還找不到適當的辦法去丈量
這個山區。直到1558年，對這樣一畝土地的傳統規定，即確定爲一個
人喊的聲音能被聽到的範圍[91]。「丁」是爲役銀徵收的財政單位，在大
多數情況下，和正常的稅收沒有什麼關係。但在湖廣永州府，自南宋
以來，丁要上交當地田賦的1/3，每丁估計要交0.3石糧食作爲基本稅。
此種做法是爲了將當地少數民族包括在全府稅收帳目之中。晚至1571
年，這種現象還沒有被完全消除[92]。在浙江杭州城，城市居民要根據
他們居住地房屋的間數，交納一小筆稅金，所有地基面積都被包括在
當地的土地資料中，而且這間架收入也被納入田賦之中[93]。這種做法
的起源，可以上溯到唐朝，到1579年，該城仍然沿用這種做法，但沒
有其他任何地方是這樣做的。在福建省，從王朝建立的早期開始，該
省的大部分寺院財產已獲得免稅。到十六世紀中期，當政府決定對這

88　《日知錄集釋》3/63-64；顧炎武《天下郡國利病書》13/71。

89　《河南通志》12/6。

90　顧炎武《天下郡國利病書》15/164-165。

91　海瑞《海瑞集》73。

92　《永州府志》9/3。

93　《杭州府志》7/35；29/9-10；31/17。

些財產徵稅時，卻發現佛寺方丈從來沒有掌管過這些土地，而僅僅是名義上徵收租金而已。這些財產只是表面上由田主捐獻給寺院，目的是在於逃避賦稅和徭役義務；實際上，這些原主仍然是任意地出售、抵押和出租這些土地。1564年，當譚綸（1520-1577年）任福建巡撫時，他建議沒收所有寺院財產的60%，但這項活動卻不可能真正展開，因為這些土地的每一塊都涉及好幾個派別的利益，而且這一點連其原主也弄不清楚。沒有跡象可以表明該問題得到了解決。按照原則，向這些土地徵稅，在理論上應受到支援，但它的實際執行卻有賴於地方官員能否找到最為可行的方法。現存的資料顯示出，只有無數的解決這一問題的建議和反建議，而沒有任何可行辦法[94]。

第三節　役及其與田賦的部分合併

1500年以前役的分類

　　王朝建立之初，徭役與正賦被很清晰地分開。他們是兩種不同的稅制。前者計丁派役，後者是計田定賦。然而，這種分類不可能絕對，因為它不可能脫離實際地將役施加於每戶，而完全忽略他們承擔徭役的能力。在農業占主導的社會中，評判這種能力的主要標準是擁有的土地。因而很自然，到了十六世紀，這兩種類型的稅收會被逐漸地合併。

　　役建立於里甲的基礎上，但它體現了累進稅原則。這裏沒有對實際分派的固定標準。從《實錄》的記載、地方誌的描述及許多文章和論著來看，人們應該能得出這種印象。在各地的實際管理中，有相當

94　《漳州府志》5/51-3；《天下郡國利病書》16/69、86-8、90-3；《神宗實錄》5269-70。

大的不同。例如，在許多府，官府對物料的要求，是由排年里甲來輪流承擔的。然而，《實錄》中有一卷卻記載，四川重慶府遇有朝廷徵科，排年里長自出3/10，餘下7/10由本裏所有各戶承擔[95]。在浙江湖州府，一定的勞役被分配到那些很勤勞的田主頭上，因爲他們有足夠的土地去滿足2.5石種子或更多的要求[96]。另一方面，也有很多例子，在很多地方，這個命令由里長臨時決定。《實錄》的另一段記載當時實際上是「貧者出力，富者出財，各隨所有，聽從其便」[97]。

　　然而，這條資料似乎可以這麼來看：在王朝的早期，物料和勞役的需要都較小。同樣清楚的是，對普通百姓的絕大部分需索，在範圍上也很小。沈重的徭役義務，比如驛傳，原則上從當地中的富裕地主那裏直接徵收，是在里甲體系之外進行的。在這種情況下，才有可能讓這種體系以非正式的方式發揮作用。

　　十五世紀，對物料和勞役的需求顯著增加了，並且既然田賦額沒有增加，各級政府的額外開支，也就只能由里甲來支付。已經提及，當政府甚至不能支付官員生活線以下的薪水時，它就允許員從普通百姓徵用皂隸，很快地，這種皂隸差役馬上就轉化爲用白銀來支付。於是可以理解，它需要從同樣里甲中徵用更多的人員從事真正的差役，但是是貫以一個不同名目。在十五世紀，稅收增加就是通過這些名義逐漸取得的。

　　里甲體系是被看成簡單地方政府體系的補充，而地方政府是適應於簡單的農業社會的(第一章第二節)。在一個村子裏，要求10戶農民家庭在里長的指導下，決定應該由誰來提供維持政府的運作費用所應交納的份額，這個做法有些荒唐。很清楚，一旦政府變得複雜，而富裕家族逐漸能夠逃避他們應付的財政負擔時，這個體系就不可能維持不變。很有調整的必要了。

95　《英宗實錄》6032。

96　由山根幸夫引用，見《徭役制度》，頁66。

97　《憲宗實錄》0650。

　　第一個全國範圍內的重大調整，是1443年均徭法的引進，均徭產生的年代已經被山根幸夫和Heinz Friese的各自研究所確認[98]。這種方法並沒有取代里甲體系：事實上，它還依靠里甲來運作。它的主要特徵是把以前徭役的十年一循環，分成兩個五年一循環。在此之前，每戶十年一次承辦物資、承應勞役。在引入此均徭法後，他們要在同樣的十年期間中，應召服兩次役。有一年服勞役，叫做「均徭」；另一年提供物資和解運稅收，被叫做「里甲」。在這裏，里甲變成了一個財政術語。但它不會和里甲組織相混淆，後者仍然管理著兩種徭役。對於納戶而言，先期九年一輪的徭役間期，現在變成了四年一次更短的間歇[99]。

　　原則上，當每個縣推行均徭法時，知縣會編印均徭冊，詳載當地各項差徭，同時根據負擔的輕重，將各項差徭分等。同樣，里甲各戶，也分成三等(上、中、下)，每個等又被分成子一級的三等。這種分等自然會將重點放到財產所有上。那些不能提供差徭之戶，被單獨列為一本，叫「鼠尾冊」(字面意思是「老鼠的尾巴」)，他們被期望提供各種輔助性的徭役。編審均徭，按戶等高下檢派「本等差役」。這樣就有可能檢查出里長長期濫用的權力，避免一些人重覆地應役，而另外一些人卻逃避差役的問題。

　　但以上只是一種總的觀念，其中一些做法首倡於宋朝。通常，只能說均徭法增加了徭役周期的頻率，擴大了平民大眾的參與性，影響了官方差徭項目以及先前對徭役負擔的分類。均徭更看重於財產，加強了政府的監督，削弱了鄉村的自治，其結果方便了徭役折銀。這些特點都是有內在聯繫的。

　　由於在不同的時間裏，它既被明朝廷採納過，也受批評，所以均徭法並沒有完全取得成功。但在很多地方，卻是完全自覺地推行了改

98　山根幸夫《徭役制度》，頁105；Friese, *Dienstleistungs-system*, p. 97.
99　《英宗實錄》2425、4202、2975、6031-2。

革。1488年，朝廷最終命令所有地區，都編審均徭[100]。實際上到那時，許多府已經這麼做了。

「民壯」或者說是軍役是另外一項「役」，它開始於1430年代早期[101]。但要正式地成為全國性的制度，還要到1494年。那一年，朝廷命令每個里都要根據自己的大小，僉民壯2-3名[102]。由於這是一種新的差役，而且只是一種兼職性的任務，所以民壯變成了一項單獨的項目。與此相類似，為驛站提供後勤支援的驛傳(第一章第二節)，根據它自身的獨特性，也沒有與其他徭役合併。

因此到1500年，所有地區都有四種徭役，根據它們在地方誌中出現的慣例，將其排列如下：

(a)里甲：稅收徵納和各種物資徵用，包括涉及解運的短期勞役。

(b)均徭：全職的按年而輪的勞役。

(c)驛傳：維護驛站，提供服務。

(d)民壯：軍役。

從均徭法到一條鞭法改革

世紀之交後，需要進一步的改革。對物資和勞役的需求仍在增加，政府機構在增長，官員數量日益膨脹，驛站忙於提供館舍服務與公文傳遞。宮中人數也在增加。因而朝廷繼續對增加額外的隱蔽性的稅收。只舉一個例子：南直隸徽州府有富庶之區的美譽，因工部總是要求提供固定數量的生漆及桐油。到1493年，這些物資是通過「坐辦」取得，意即他們的費用也從地方的田賦收入中扣除的。然而第二年，知府接到北京的命令，從今以後，相同的供應被要求每歲坐派里甲供應(歲

---

100 《大明會典》20/11。

101 民壯的起源，見梁方仲《明代的民兵》，頁221。參見《明史》91/959。民兵不應與地方均徭之一的弓兵之類相混。

102 《孝宗實錄》1702。

辦），意即此款項必須要由當地民眾提供，而不是由政府出資。總計銀3,777兩，由該府分攤屬下5個縣，而知縣們則又將它分攤給里甲[103]。因此以前專門用於應付命令的糧食定額，現在被用於應付的新的派辦。而各地出現的對物料需求的增加不可避免地導致了對力役需求的增長，因為額外的供應必須要解運，倉庫管理也需要更多役差。即使是採用了均徭的方法在十年內輪值兩次為期一年的官役，但村民們的稅收支付來源是有限的。里甲體系壓力的增加，使鄉村管理又一次地陷入困境。

與此同時，開始於十五世紀早期的以白銀付稅方式，已經逐漸變得普遍起來。到十六世紀，由於海外白銀的湧入，流通中的貴重金屬數量已極大地增加了[104]。可以設想在此情況下，取消徭役，並在一個相對短暫的時間內，將財政負擔轉移到農業耕地中，已經變得簡單了。這一方法實際上已經開始採用了，然而，卻遠比這要複雜。四種徭役負擔代表著不同類型的收入，甚至有更多的分配方式。沒有哪一位明朝官員會想要將它們完全合併，但是用田賦來合併要遵循一定的順序。在隨後的討論中，他們將逐項分別進行討論。

在四項徭役中，驛傳是最快進行轉變的。部分是由於供養驛站的義務問題涉及了特定的財產資格。另外，通常每個縣也只有一個驛站，因而驛傳帳目要比其他的項目簡單些。儘管驛站網是一個全國性的制度，但是每一個驛站的後勤保障的體系則是完全分權的。因此花了幾十年的時間才有一定效果。應該注意到，這些驛站的差役實際上是沒有限制的。只要一個持有兵部勘合的官員途經此地，他就有享受免費的交通、館舍、食物和飲水的權利，而在十六世紀，對此類的通行又沒有什麼限制。對於地方政府而言，其財政預算固定而且有限，地方官不願意在支付折銀後，再肩負此項財政義務，這是可以理解的。對此方面有影響的建議已經被提出來，並於1490年得到了皇帝的許可。

---

103 《徽州府志》8/4。

104 梁方仲《國際貿易》，頁278-9、281-2。

儘管我們還不清楚，這個命令是如何傳達的[105]。在實際簽署改折的一般性命令前的1507年，又引出了兵部的另外一個建議[106]。據記載，福建漳州府的驛傳徭役轉化爲田賦的附加稅，已經於1520年達到了目的。相應的估價是，每石糧食基本上按0.12兩白銀的價格，來提供所需要的資金。這個比例相當高，接近於占基本稅額的25%。由此，這種稅的負擔也就完全轉移到耕地上去了[107]。相似的驛傳折換，1524年出現於北直隸，1528年又出現於廣東的潮州府。費用可能是在所有的田主中進行了分配[108]。在十六世紀的第二個廿五年，儘管改革不徹底，也已經相當廣泛了。直到1550年代，杭州府依然檢派各戶來爲驛站服務，結果導致了很多應役者破產。當此地最終決定將徭役分攤於所有納戶之中時，並不完全計田納銀，其中一部分是根據丁來徵收[109]。

在此應該指出，許多地方改革只是涵蓋了驛傳帳面款項，而不是完全包括了所有驛站運作的費用。許多驛站的實際花費，不能被固定的預算所限定。它們的赤字常常由輪值應役者負擔，尤其是倉庫受者，他們的力役已被包括在均徭帳目之中[110]。

民壯的轉化，也有一個相對簡單帳目，發生得稍遲一些。無疑，它因十六世紀中期抗倭鬥爭而加速。在此次戰鬥中，軍事統帥們發現，志願者比僉兵戰鬥力更強，絕大多數地方因而被命令要爲募兵提供銀兩，而不是繼續檢派軍役。戰爭結束後，這種安排仍在繼續[111]。然而，與驛傳不同，因爲驛傳在大多數情況下，完全喪失了作爲役的特點；而民壯即使在改折後，也仍然保留了人頭稅的一些特色。廣東順德縣就是一個典型的例子，本章開篇就已詳細論及。當然也有一些例外的

105　《孝宗實錄》0795；蘇同炳《驛遞制度》，頁277。

106　《武宗實錄》0700。

107　《漳州府志》5/38。

108　蘇同炳《驛遞制度》，頁287；山根幸夫《徭役制度》，頁169。

109　《杭州府志》31/15。

110　蘇同炳《驛遞制度》，頁320。

111　梁方仲《明代的民兵》，頁227。

情況，如南直隸的甯國府以及湖廣的新化縣，在那裏所有的財政負擔，都被攤入土地中[112]。但中國南方的大部分地區，民壯費用由田、丁共同承擔。

在北方的許多省份，並沒有受到倭寇的影響。民壯沒有作為一個單獨的項目列出。十六世紀中期以後，許多地方開始把它與均徭合併。山東汶上縣報告說，當地和鄰區的民兵僅為一紙空文[113]。河南彰德府為那些只是偶爾召集起來服役的民兵付錢，而資金則是源於其他的途徑，民壯沒有成為永久性款項[114]。

剩下的兩種徭役轉化為田賦，被證明是最困難的。里甲與均徭是基於戶等而存在了許多年，並且無疑是真正的人頭稅。里甲役包括的不僅有物資供應，還有對它們的解運，這儘管也被視為力役，但在明代，卻經常與物料上供不可分割。既然政府從來沒有試圖去發展過它的中層管理能力，縣府和省級官員也就既無權又無錢來接管解運職能。唯一的辦法就是要求民間機構管理這些供應，並為指定倉庫中的物資負責。儘管在十六世紀，明朝廷不停地要求把正賦折成白銀來支付，但宮廷供應卻很少包括在內。明代部級官員做的兩個分別獨立的估計表明，在1600年左右，每年送到宮中府庫的各式供應，價值四至五百萬兩白銀。一部分供應由田賦而來，一部分則來自於對里甲的需索[115]。與文官相似，府庫的太監開支實際上是不由政府提供的，府庫也沒有任何預算來支撐正常的運作費用。通常的辦法是，太監向稅收代理人榨取費用，稱之為「墊錢」和「禮錢」[116]。如果供應被折成白銀，款項將會由尚書們控制，宮中人員的額外收入就會削減。在推遲里甲正役的改革中，太監扮演了一個至關重要的角色。

---

112 《天下郡國利病書》9/48；梁方仲《明代的民兵》，頁227。

113 《汶上縣誌》15/170。

114 《天下郡國利病書》16/59。

115 馮琦《馮宗伯集》51/34；孫承澤《夢餘錄》35/21。

116 1522年，八種私派，每一項都以固定的比率加徵漕糧；他們由運糧軍官使用。見《世宗實錄》0440-1。這些做法在當時相當普遍。

　　均徭包含了一系列對改折不利的分工。如官府倉庫的庫子、鬥級，必須要編寫稅目清冊，任何短少也由其個人賠補，有時甚至是可以解釋的虧空[117]。獄卒也要爲他們的職責承擔財政上的義務，因爲他們看守的絕大部分犯人，都可以在付一定數量的罰金後釋放。巡檢人員也在同類之列。遲至1590年，南直隸上海的沿岸巡鹽應捕，要負責緝拿一定數量的私鹽販。當年是中國的閏年，即這一年比其他的年份多出一個月，這種數額就增加1/12[118]。各級官衙所謂的「門子」，是一些工程的實際監督者，他們必須對建築物進行很好修繕，這就要支付一定的費用。換句話說，這些包含財政負擔的任務是要分攤於納戶。

　　這種供給辦法反映了明代管理體制的真正特性，而不僅僅是腐敗，而且這也是稅收水平低下、官員數量嚴重不足、固定的預算控制以及各級官府的相對自給自足的直接後果。所有這些都有很長的歷史延續性。

　　通觀十六世紀的大部分時間可知，許多省級和地方官員都是在尋找將剩餘的徭役折成白銀支付的辦法，而更直接和更根本性的改革，被證明是不可行的，變化必須保持在很小的範圍和很低層次的管理上進行。

　　在最初對供應程序的改革中，必須擴大地方行政費用預算。例如，廣東的潘季馴發明的均平銀支付(第三章第一節)，能讓知縣徵收到以前里甲項目下所提供白銀的2倍。里甲銀是部分攤入納稅土地，部分按丁計銀。但由於數額很少，即使是進行了這樣100%的增加後，一個富縣至多也不過1,000兩白銀[119]。儘管納戶名義上支出是以前的2倍，但實際上他們一旦從里甲正役中解脫出來，就能從方法的變化中受益。其他省相似的徵收被稱爲「綱銀」或「里甲銀」[120]。

117　梁方仲《一條鞭法》，頁7。

118　《上海縣誌》4/32。

119　《順德縣誌》3/24；《西園聞見錄》32/9。

120　《明史》78/826。王毓銓對梁方仲的《一條鞭法》，頁42所加的註5完全錯了。此文中官銀與鹽課沒有任何關係。

　　所有的這些支付都有如下的共同特徵：十年一次出辦供應由每年支付取代。這些財政負擔的一部分被攤入田土之中，餘下部分則攤派於丁。一個統一的支付比例被宣布，它消除了先前的等級差別以及由里長檢派。以此希望通過徵收爲地方政府提供足夠的現金收入，以支付它的絕大部分辦公開支，並允許它能爲北京採購一些供應物資。但解戶由里甲檢派並未完全取消，而是充分地補助。一定量的小數目供應指派，或是由縣衙解運，或是是合併到府一級，並且任命一些官方代表來配合民間代理人工作[121]。所有的這些都是一個緩慢的過程。進行這種改革的人多爲相當有威望的官員[122]。他們對此體系的修改，順應時代的發展。鎮壓倭寇爲改革提供了一個契機。在當時緊急的情況下，南方幾省的地方官員獲得了一定程度的財政自治，由此在十六世紀中期以後，改革獲得了明確的推動力量。但是，改革從來不是徹底的，例如在長江三角洲，直到王朝結束爲止，大量的物品解運供給仍是一項公共義務。

　　均徭改革也經歷了同樣的耐心和持久的努力。由於抗倭鬥爭負擔成爲許多地區的最大徭役。因此均徭改革代表著全部改革運動中最複雜的任務。它比其他的方法的變化開始得更早，費時更長，結果卻不令人滿意。十六世紀之初，許多地方已經把這些勞役分爲兩類。不連帶任何財政責任的工作分派，被稱爲「銀差」，包括爲知縣擡轎夫，官學膳夫，府衙號手，等等。將此類徭役折銀是很簡單的，只要給了錢，地方官府總是能募招他人充役。另一類則包括獄卒、門子、巡欄等等，被稱爲「力差」。此術語實際暗示應役者與財政義務是不可分的。儘管可以雇請他人，但必須來由應役者自己雇人，以便他們能繼續承擔責任[123]。通常，改革者的方式是將銀差即時折納，並減少力差的分派，

121　梁方仲《一條鞭法》，頁56-60。

122　諸如王恕、龐尚鵬。見《皇明經世文編》357/6-7；《吳江縣誌》10/11-2；
　　　《吳縣誌》7/7-8。

123　參見梁方仲《一條鞭法》，頁6。注意梁方仲的解釋是力差多輸於近地，
　　　銀差則多輸於遠地。當然，十六世紀有一些與此種解釋不相符的例子。

或者有時減少他們的財政責任。另外，此類改革也不能完全執行。即使在地方上將勞役改折是相當有利的，一定數量的力差分派，也仍然存在(第六章第一節)。

　　儘管把驛傳折成白銀來支付，省級官員也沒有呼籲過要取消里甲制度。將財政負擔部分派於土地，部分派於丁，地方管理者依然堅持了這一體系，因而村民有義務去應值每十年一次的徭役。但除了用按丁均派外，一個附加的費用，也被添加到了那些將要在那年服役的田主的納稅土地中。從這項活動中，產生了著名的「十段錦」，它首先是在南直隸的特定地區進行，後來又擴展至浙江和福建[124]。

　　在十段錦施行的早期階段，它與里甲體系沒有什麼不同。每里一年輪派一甲之戶服役，不過是用現金抵付義務。很快，管理者發現每年應差戶的數量是相同的。但有的年份，戶中有更多的丁，因而可以理解，通常會擁有更多的土地，在其他年份，情況正好相反，有更少的丁和更少的土地。既然徭役要求相對穩定，這個方法就意味著用變數來除以定數。當有更多的納稅單位時，每個財政單位的負擔就相對輕一些；但是當納稅單位非常少的時候，每個單位的負擔就會相對增加。於是為避免這種情況的每年波動，官員預先將該地區十年內的全部勞役統一分配，儘管十年一輪的徭役依然保留，但通過徵收統一的比例，銀差項目就會在丁多和地多的年份有盈餘。這種盈餘將會用於補貼丁少、地少的「歉」年。

　　在此應注意到，里甲組織、徭役十年的循環及輪換體系，實際上不是方便而是妨礙了徵稅。接下來的一個邏輯步驟是，從所有的部分中解放均徭項目。按統一比例，將十年的支付分成平均的十等份，並以每年把它們均攤於每甲所有的丁及全部納稅田土，這種做法似乎更

　　見《天下郡國利病書》6/18；海瑞《海瑞集》249。

124　見梁方仲，'The "Ten-Parts" Tax System of Ming'(《明代十段錦法》)，
　　　p. 6。載於Sun and de Francis, *Chinese Social History*, pp. 271-80；也見《天下郡國利病書》7/9-17；《大明會典》20/14；《徽州府志》8/42-3；《杭州府志》31/4。

簡單一些。當稅收管理進入這最後的階段,我們就能說,地方已經為進行一條鞭法改革做了很好的鋪墊。各式各樣的銀差,已經每年按照相同的比例確定,現在對於每個納稅人而言,已經合併為單一的支付。合併的支付能進一步與正賦中改折的部分合併。由於稅糧不能也像這樣改折,因此餘下的力差當然也就從此表單上刪除了。

一條鞭法改革及其局限性

在過去的半個世紀中,中日兩國學者已經就一條鞭法寫出了許多篇論文和專著,對它的起源問題投入了特別的關注。現在絕大多數學者都同意,作為一項全國性的制度,一條鞭法應該起源於1531年。這一年,這一術語出現在一個官員的奏議中,並引起了嘉靖皇帝的注意[125]。

這一研究儘管滿足了我們的好奇,這個調查卻沒有相應地增加我們的知識,因為一條鞭法自身並沒有精確的界定。

在1570年代,于慎行(1545-1607年)在試圖表明一條鞭法這一術語通常並沒有明確定義時,爭辯說它可以用來指以下的任何一項或者幾項:(a)丁不分上下,一體出銀,(b)糧不分倉口,總收分解,(c)差不分戶,則以丁為准,(d)糧差合而為一,皆出於地。因此沒有必要為滿足對一條鞭法的描述,而讓稅收改革方式來符合所有這些條件[126]。于慎行的觀點最近被當代學者所重覆引用。梁方仲認為一條鞭法的內容也有「精粗深淺的不同」[127]。而費正清則聲稱一條鞭法「不過是一種合併的趨勢」[128]。

---

125 和田清《食貨志》,頁217。他是依據《世宗實錄》2971的記載。這個術語在沒有精確定義的情況下,使用了很多次。粟林宣夫認為,一條鞭法到1560年時才較為較備,見《一條鞭法の形成》,頁115-130。

126 《西園聞見錄》32/27。在此所作的說明做了略微調整。

127 梁方仲《一條鞭法》,頁1。

128 J. K. Fairbank(費正清), in *East Asia: The Great Tradition*, 與 Edwin

實際上，界定一條鞭法，用否定的方式遠比用肯定的方式來得簡單，儘管描述一條鞭法運作下限是很困難的，但它的上限卻是可以確定的。因而，基於以上學者們的研究，我冒險地給出了以下的定義：

> 一條鞭法代表了十六世紀明代管理者試圖獲得一種理想狀態的各種努力；徭役的徵收被完全取消，里甲體系，不管在形式上還是實質上，都停止存在；任何殘留的人頭稅，將與田賦結合。而納稅人將通過分期支付單純的、統一的白銀來履行對國家的義務。

很明顯，沒有任何地方能推行一條鞭法改革到如此理想的程度，即使在最先進的形式下，也只能接近達到此目的。非常明顯的困惑是，這種改革運動，在經過如此艱難的準備後，卻從來沒有最終完成。然而，對此問題的解釋，是很簡單的，因為明代財政結構不能適應如此徹底的重組。

在1570年代到90年代，一條鞭法改革達到了它的頂峰，但中央政府卻沒有建立一個區域性的金庫，也沒有一個通常的採辦機構。儘管地方政府的後勤保障能力有一些增加，卻仍然不足，還必須由民眾承應無償的徭役。預算也沒有任何增加。稅收解運仍然是由專門的接收部門對應專門的分配部門，沒有什麼變化。例如1592年北京宛平知縣報告說，他被要求將起運銀兩送到中央政府指定的27個不同的倉庫和機關，但所涉及的總額少於2,000兩白銀[129]。在這種情況下，就依然需要依靠納稅人服役。消除百姓所有的徭役義務，將會創造出現有財政機器所無法跨越的管理鴻溝。

所有的這些都意味著，儘管一條鞭法改革是中國經濟史一個很重要的里程碑，並擁有很多的積極因素，卻注定會在一定範圍內有局限。

O.Reischauer合著（波士頓1958年），頁340。

129 沈榜《宛署雜記》49-50。

它的失敗是可以被預見的。從這一點來看，1950年代一些大陸學者對一條鞭法的描述是很明顯地有誇大、誤導的成分[130]。即使是梁方仲的開拓性研究，以及最新研究成果，其筆調也是過於樂觀了。如果不能從以前文章的錯誤觀念中擺脫出來，我們不可能對徭役併入田賦之後的稅收結構進行很有意義的討論。

首先，北京的宮廷堅決反對走向全面的稅收改折。除了保存下來的稅糧、棉絨、棉布、馬草等項目仍由實物支付外，實際上在王朝滅亡之前，有的地方仍然要上交漆、茶、蠟、金屬、弓、箭等等。倪元潞是明代最後一位戶部尚書，在1635年徒勞地爭辯著要把這些供應物改折。1643年，離王朝滅亡只有一年，此時他用他戶部尚書的職權，舊事重提。他列舉了五十八項挑選出來的項目以便折銀，但由於太監的反對，其中只有八項被相應改折[131]。

第二，力差涉及了納稅人親身服役，雖然已經減少，但並沒有完全取消。即便是一條鞭法中最有力的推動者海瑞(1514-1587年)和龐尚鵬(1550-1575年在任)，在他們的直接監督下，也沒有辦法取消官府倉庫的庫子、鬥級之役[132]。在1570年代，改革在浙江沿海府縣廣泛推行時，常規徵募的弓兵實際上被取消了。他們的緝捕的走私額度就由均徭來彌補，而均徭是分派到所有納稅人身上。但紹興府對這方法是否能適用於鹽務巡察表示懷疑，最終巡鹽應捕成爲一個「例外」[133]。

令人不解的是，有時一些地方誌提到了召募力差任務的工錢。列出門子、算手等役工錢來，稱之爲「榜註」，意即「帖出的標準」，但僅僅是官方的比例，它只是爲雇人應役者以及地方官提供了一種指導性方針，以便在幾個應徵者之間分攤職役的財政負擔[134]。1566年版的

---

130 見Feuerwerker的文章：'From "Feudalism" to "Capitalism"', pp. 107-108。

131 倪會鼎《年譜》4/8。

132 海瑞《海瑞集》269；《杭州府志》31/14。

133 《會稽志》7/5。

134 官方標準見於《順德縣誌》3/27，《天下郡國利病書》27/53。也參見《大明會典》20/15。

《徽州府志》表明，當一個納稅人估計要交1兩白銀的力差任務時，他可能最終會支付5兩或6兩[135]。在廣東肇慶府，納稅人的實際費用，可能要高達榜註所標明的100倍[136]。有些地方從普通百姓中徵收力差錢付給應募者，並要他對所負擔工作承擔財政責任[137]。因此，從所有納稅人中間徵收力差錢，並不能被認爲是徭役義務已經改折的證據。在大多數情況下，它僅僅意味著應募者按照榜註的標準按受公衆的補貼。基本問題是，由於地方政府的行政預算是如此低的可憐，而且僵化不變，以致於在行政運作過程中，很難不讓一些納稅人爲它的虧空負責。

1584年，河南中牟縣採用一條鞭法改革，但直到1626年，該地區仍有127種力差任務。其中的一些勞役由上級官府執行，因而還超出了知縣的控制範圍[138]。1620年，北直隸的香河縣仍然保留了419項力差攤派，而縣誌哀嘆召募人的財政義務是如此的重，以至於導致他們家破人亡[139]。

應該記住的第三點是，在北部中國，這個改革要比南方幾省晚一些。當南方官員將已經在他們家鄉有效的方法推行到北方時，引起了騷動。主要的爭執是「戶銀」。在十六世紀，北方的大部分地區，特別是山東，已經將其附加到「丁」上。戶銀同時也被分爲三個主要的類別及九個子類，最高戶銀每年約爲40兩白銀[140]。很可能戶銀愈高，丁銀就愈低；下丁之銀只是一種象徵性的稅收。推行一條鞭法改革，將會取消戶銀，而許多地方官員爭辯說戶銀是進步性的稅制原則。一條鞭法改革的支持者轉而斷言，這種累進稅制從來不可能真正實現，因爲絕大多數應列入上等之戶，在很多情況下，卻享有賦稅優免[141]。1570

---

135 《徽州府志》8/38。

136 《天下郡國利病書》22/53。

137 1579年，此法在杭州府實行，見《杭州府志》31、14。

138 《中牟縣誌》2/15、17-18。

139 《香河縣誌》4/2-3、19-22。

140 《天下郡國利病書》15/175-176；山根幸夫《役法的特質》，頁221-250。

141 最強烈的反對者是萬守禮，他於1567年任了六個月的戶部尚書，參見萬

年，當爭論帶到北京時，朝廷也無法裁決(第七章第三節)。後來，當一條鞭法改革在此地區的很多地方推廣，戶銀通常被取消了，但不同的丁銀卻被保留下來。1590年，一個折衷的計算方法得到了皇帝的許可[142]。大約到1600年，山西潞城縣，北直隸的懷柔、香河縣，山東曹縣和鄒縣都宣布採納一條鞭法改革。但他們全都保留了分等級的丁銀[143]。個別地方甚至頑固地保留了戶銀。這就暗示出必須在鄉村確定戶等。一條鞭法改革的一個主要特點就是財政方法的標準化與統一化，但維護地方確定的稅收原則就違背了這一根本特點。

第四個局限性是一條鞭法改革只是修改了稅收徵收方法，但絕對沒有簡化基本的稅收結構。相反，它使其更加複雜化了。稅收結構，如順德的個案所顯示的那樣，仍然包含了大量的名目。地方官府所能做到的，只是創造了「條編銀」，即將各種各樣合併的銀兩分成兩大類，一類按土地攤派，另一類按人丁攤派。由於大量的稅收名目仍然被保留，這種做法不可能簡化帳簿，而只會增加官方文書工作，這一點是可以想像得到的。

在一些地方，由於技術困難，甚至不可能取得這些統一的比例[144]。地方政府不過是將每個單獨納稅人的各項支付加起來；儘管它阻止了鄉村管理者們對於稅收法規的歪典濫用。但它只停留於帳面之上。梁方仲在探討一條鞭法時，曾經引用過一張在隆慶(1567-1572年)早期由浙江會稽知縣刻印錢糧條鞭由帖，時間可能是1568年。1572年纂修《會稽志》將其全文過錄，《會稽志》的手抄本現藏於哈佛——燕京圖書館，

守禮《萬端肅公集》2/10；3/19；14/15；15/11；15/18。參見片岡芝子《土地所有》，頁148-9。

142 《穆宗實錄》1200-1；《神宗實錄》1095、1100、1112、1245、1338、4124。

143 《潞城縣誌》3/46；《香河縣誌》4/2；《懷柔縣誌》2/6；《天下郡國利病書》15/175-6。

144 許多地區的徭役是永久固定的，而其他項目可以短期調整。理論上，前者不能與後者相混淆，後者也不能自相混淆。見梁方仲《一條鞭法》，頁32。

十分珍貴。這一由帖顯示此縣一個典型的納戶估計有14種不同的糧差稅銀[145]。

　　儘管在南方，尤其是在沿海省份，改革可能已經停滯不前。但到1590年，合併編派的確已經達到了它的極限。省級官員做了他們權力範圍內能做的，並且已經無法走得更遠。在北部中國，這個運動可能要持續另外15年。例如，山西省直到1588年才宣布推行一條鞭法改革[146]。由於軍費開支和其他政府需要不斷增加，到十七世紀早期，稅收改革實際上已經停止。然而，這並不意味著已被併入田賦中的徭役部分，又回到了先前的體制。而毋寧說，對增加稅目的需求，不可避免地導致了對折銀形式的進一步推動。這意味著體制回避了預算限制，修改了鄉村分配，並讓納稅人享有親身應役的優先權。《明史》總結這種情況為：「條鞭法行十餘年，規制頓紊，不能盡遵」[147]。

徭役與田賦合併的方式

　　將部分徭役合併到田賦，官府通常採用了3種方式。第一種方式廣泛應用於浙江、福建和廣東，是把正賦稅糧的石數作為基本單位，添上一個附加費用，類似於美國現在的對個人所得稅的附加稅。第二種方式，是將役差直接添加到每畝納稅土地中，實際上是創造了一項普遍比例的增加，這個方式在北部中國廣泛應用。第三種方式是將以上兩種合併編派，比如在長江三角洲的蘇州府和松江府，它意味著當地的里甲和均徭攤依據田畝徵收，而驛傳和民壯則是每石平米徵收的附加稅。在此章的第Ⅰ部分，我們發現廣東順德縣採取了一種混合方式，並作輕微調整。

145　《會稽志》7/12-13。梁方仲在《一條鞭法》中提到這一由帖，而該書頁60-1。

146　《神宗實錄》3755。

147　《明史》78/828。

　　「永平錄」或附加稅方式是最直接的。它最大的缺點,如已經在順德的個案中解釋過,是計算必須以無限多的小數點開始。到十六世紀晚期,南直隸的嘉定縣採取了這種方式,它的均徭負擔顯示,每石稅糧要科均徭銀0.0147445814487兩[148]。這小數點後面的13位元數字還只是一個開始,它們還要乘以每個納稅人小數字的平米石數。

　　在北方,直接把估計的徭役添加到畝數上面的方式更加流行,因為北方各個地區的土地等級更為統一。否則,當每類土地,包括水田、旱田、沼澤地和山地,都被分開來估算時,結果將會和以前的基本支付一樣複雜。這些地方選擇直接按固定比例將徭役分攤到田畝之中,一般不考慮土地的產量。只有當徭役負擔款項很小,產生的經濟不平等可以被忽略時,這種做法才會公平。但這種稅收方式仍受到了批評[149]。

　　合併編派方法的優點是難以理解的。或許這種不一致性是過去稅收立法不協調的結果,所以當不同的徭役被逐漸攤入土地之中時,它成為了基本田賦的一種附加稅,以及另外一種直接按田畝估算的附加稅。稅收優免也是一個因素,在一些地方,一種徭役負擔可以被免除,而在另一些地方則不行。

　　稅收優免總是一件巨大而複雜的事情。明朝的制度允許對現任官員和致仕官員優免徭役負擔,同時也優免那些通過科舉或捐納獲得國子監生資格的人的徭役。優免自身非常複雜。優免比例通常根據品級。但對不同的文官和武官,以及在任和致仕的官員而言,京官享受全免,外官半之[150]。優免也包括免丁和免田,土地的優免不按畝數,因為田一畝在不同地區有不同的意義,因免田就不是由面積來估算,而更多是照糧免田。例如,1545年優免則例規定,在京城的正三品或從三品

148　《天下郡國利病書》6/61。

149　《神宗實錄》4214。

150　優免則例可見於《大明會典》20/19;顧炎武《天下郡國利病書》7/20-21;海瑞《海瑞集》141-142。

官員免糧20石，人20丁。但這並不意味著，官員能夠從他的基本稅負中扣除20石糧食；扣除數是地方官府對20石基本田賦稅糧所加徵的徭役。大學士申時行(1578年至1791年在任)估計，這種優免通常值6兩白銀[151]。這一優免則例於1531年公佈，1545年修改，1567年又進行調整。原則上，免丁及免田不是固定不變的，換句話說，沒有人能說由於在家中的丁數比優免允許的要少，因而他可以享有更多的土地優免。但各省官員經常調整當地的優免比例，朝廷題准地方「酌裁優免」，背離了自己的制定的法律。結果是每個地方都用自己的方式來解釋帝國規章。

為使這兩類優免可以互相交換和方便計算，地方將每個單位的丁和田土的徵收比率，都固定到一個簡單的算術比例上。這可以從下面引證的例子中看出來。由於帝國通常的賦稅優免是以糧食的石數作為納稅單位進行估算，對於那些採用徭役附加稅方式的地區沒有困難。但對那些分攤徭役到每畝田土中的地方，調整則不可避免。例如，南直隸的武進縣對正三品官員的徭役優免是准田670畝土地，而不是20石糧食[152]。優免數量在各個地區可以有很大的不同。山東沂州府只優免62,832人中的910丁[153]。由於優免所占的不到全部納稅額的1.5%，優免也就無關緊要。但南直隸的上海縣，優免之丁達12,789人，而是該地區全部登記在冊丁數73,623人的17.8%，因而引起了更大的關注[154]。除了官員及有功名者以外，該縣的還有大量的鹽課竈丁免役[155]。1586年該縣的稅收方式使他們本身免於里甲和均徭，但由於驛傳和民壯額是以全部土地為標準的，所以就沒有任何優免[156]。

151　《西園聞見錄》32/21。

152　《天下郡國利病書》7/20。

153　《沂州志》3/2。

154　《上海縣誌》3/25。

155　此縣有12,084個竈丁享有一定形式的徭役優免，見《上海縣誌》4/8。竈丁也受此規定的影響，見《大明會典》20/18。

156　《上海縣誌》3/24-6。

合併的範圍

現在還不可能出版完整的、前後一致的資料來說明1570年至1590年間稅收的合併範圍。通過第二手的資料以及從珍版書、明代的地方誌和縮微膠片中資料,現在已經調查了175個縣的情況,大約占明朝全部1,138州縣中的16%。然而,這些資料很少提供必要的資訊。在十六世紀,詳細的賦稅帳目按「實徵冊」的形式被搜集起來[157],它是地方官員的手冊,據我所知還沒有公佈過。地方誌只是將那些認為有永久價值的基本資訊進行概述,因而他們給出的賦稅計算方法既不完全,也易於誤。這使得精確的估計不可能進行。但研究也不是完全白費,因為還有少數的例子,能讓我們一瞥稅收合併編派的方式是如何展開的。

在長江三角洲,上海縣能被視為一個例證。1590年,那個地區在去掉稅收優免後,有1,210,007畝納稅土地(包括那些面積已被折成到「稅畝」的次等土地)和60,834個應役之丁。對里甲的徵收比例為每丁0.0042兩白銀,每畝0.0021兩(注意,比例為2:1)。均徭的徵收比例是每畝和每丁均為0.0148兩(比例為1:1)。這個計算方法實際上是把這兩項財政負擔的94.2%攤入土地之中,只留下5.8%攤到丁上。縣誌也揭示,有一種附加稅是要攤入該區的全部農業耕地中的,沒有任何優免,它叫「貼役銀」,共徵收3,128石米及10,010兩白銀,用於支付縣裏對民壯、驛傳及其它雜役[158]。考慮到這一因素,丁出的負擔進一步減少到不到4%,並很可能接近於3%,這要取決於米價。

在長江三角洲,徭役很大程度併入田賦之中,這似乎十分普遍。例如,何炳棣提供了1617年蘇州府7個縣的資料,顯示大量的徭役負擔被田賦合併。比例從吳縣的65.5%到太倉州的92.6%之間變化[159]。他的

---

157 地方誌偶爾提到〈實徵冊〉。例如見《杭州府志》28/6;《上海縣誌》3/25-26。

158 《上海縣誌》3/24-25。

159 Ping-ti Ho(何炳棣), *Studies on the Population*, p. 29.

資料沒有涉及任何「貼役銀」的資訊，但蘇州府從1538年起已經開始這麼徵收了[160]。如果包括這種支付，併入田土負擔比率將會稍高些。

但是，長江三角洲稅收合併的高比例，是個特例。它的大量耕地、高產量和由此導致的過高田賦稅率，產生了一個更大的稅收帳目，恰如被同時代的人所指出的那樣，合併編派到這個程度是簡單的事。上海縣的納稅田土所承擔的全部徭役負擔（包括那些用米支付的）的價值超過30,000兩白銀[161]。但當它被分攤到此區的總共包括155,573石米及111,433兩白銀的田賦正額之中時，額外的支付可能只占基本稅額的15%（假定當地的糧價為每石0.55兩白銀），沒有哪一個長江三角洲地區以外的地區，能享受對稅收合併如此有利的情況。

而且，長江三角洲地區的徭役負擔帳目的大小也容易產生誤導，因為各府的實際徭役義務要多於官方帳目的記載。一個例子是將白糧和棉布運輸到北京的費用，部分仍由解運人支付，而不是由徭役來補貼（第三章第二節）。

長江三角洲地區以外的東南各省，有些地區，那裏的役銀與他們的田賦相比顯得非常大。福建漳州府即是其中之一。1572年，該府十個縣的全部田賦收入，估計只相當於56,262兩白銀[162]，平均每縣的比例小於上海的3%。但此府的役銀總數為71,599兩。

為將役銀轉移到納稅土地上，漳州府採取了附加稅的方式，換名話說，以基本田賦額中的糧食石數作為財政單位。徵收里甲時，丁、糧的比例為2:3，但對均徭和民壯的比例相同。驛傳只依據土地而不依丁來估算。根據這個稅收計算方法可以做出以下推算，如表2所示[163]。

這個賦稅原則通常被描述為「丁四田六」，意即丁出40%的役銀，

160　《吳江縣誌》10/11-2；《皇明經世文編》397/13。

161　葛守禮《葛端肅公集》27。

162　此府部分正賦仍由實物支付，在此是按每石糧食0.5兩白銀折算，這是按此府通常的改折比例。

163　《漳州府志》5/19-50；《天下郡國利病書》26/85。

田出60%的役銀，而實際的分配比例也接近於此。應該注意到，表中作為附加稅徵收的42,504兩白銀，加到56,262兩正賦後，就意味著稅收增加了75.5%。

表2：1572年福建漳州府的役銀徵收

役銀項目	丁出		田出		徵收總額（兩）
	兩	%	兩	%	
里甲	3,004	43.4	3,910	56.6	6,914
均徭	11,786	53.4	10,255	46.5	22,041
驛傳	0	—	15,955	100.0	15,955
民壯	14,335	53.5	12,384	46.5	26,719
役銀總額	29,125	40.6	42,504	59.4	71,629

一個縣的役銀接近或超過正賦，是沒有什麼可奇怪的。儘管這種情況在北部中國很少見，但在東南省份卻有很多這樣的例子。倭寇戰役中民壯帳目的膨脹（它包括軍事供應，見第三章第四節）是其中一個重要的促成因素。另外，由於一個或另一個的原因，特定地區的正賦，已經在王朝早期被固定到很低的水平。但地方官府的運作開支卻不能保持相適應的低比例。

因而，由地方提供給上級官員的花銷，是根據戶數而不是他們的田賦額來索取。表3列舉了6個這樣的縣，那裏的役銀與正賦相比較時，顯得很不協調。

在這六個縣中，順德已經在此章的第一部分中討論過了。漳平縣位於漳州府，前文已有論及。開化縣位於山區，擁有的林地要多於可耕地。而遂安縣專門生產生絲。歙縣和休寧縣位於徽州府，那裏是許多富商的故鄉，經常被要求向北京上貢物料，因而積累了大量的役銀額（第六章第一節）。

表3：1572-1621年東南六縣的役銀分攤[164]

| 年份 | 地區
(省縣) | 役銀 | | | | 役銀總額
(c=a+b)
(兩) | 正賦價
值估算
(d)(兩) | 徭役合併
後田賦的
增長幅度
(e=b/d)(%) |
| | | 丁出 | | 田出 | | | | |
		兩	%	總額	%			
1572	福建漳平	2,189	32.4	4,558	67.6	6,747	3,185	143.1
1582	浙江開化	3,457	27.3	9,191	72.7	12,648	9,808	93.7
1585	廣東順德	5,304	31.9	11,324	68.1	16,628	17,952	92.1
1612	浙江遂安	2,218	29.0	5,427	71.0	7,645	9,528	58.6
1621	南直隸歙縣	7,657	32.7	16,012	67.3	23,669	24,940	64.2
1621	南直隸休寧	7,559	26.6	13,785	73.9	21,344	16,010	86.1
全部六縣		28,384	32.0	60,297	68.0	88,681	81,423	74.1

　　很清楚，在那些地區，役銀之多很不協調，將大約70%的款項併入田賦中，導致了後者顯著的增加。在一些情況下，達到或超過了基本額度。這種情況全部發生在東南沿海的各省。儘管這些資料太零碎，不可能進行任何全面的評估。例如，福建福甯州於1578年進行一條鞭法改革後，通常按每石糧食1.37兩白銀的比價進行折算[165]。1570年代早期，同在福建的龍溪、南靖、平和，在合併了徭役之後，每0.963石稅糧差不多折成1.2兩白銀[166]。由於當地糧價不可能超過每石0.6兩白銀，這些地方上的實際支付額就會達到或略超過基本稅額兩倍。

　　當稅率達到這個水平時，可以說吸收徭役到田賦的進程就到達飽和點了。這並不意味著當任何地方實際合併的稅額達到基本額度的兩倍時，耕地的納稅能力已經自動枯竭。畢竟，明代的田賦從來沒有定到一個很高的水平(第四章第三節)，也不統一、精確。由於各府的稅

164　《天下郡國利病書》23/27；《會稽志》3/1-11；《順德縣誌》3/1-27；《遂安縣誌》1/48-65。《徽州賦役全書》，〈歙縣〉1-3，〈休寧〉1-10。

165　《天下郡國利病書》26/63。

166　同上，26/88。

收水平並不相同，這就爲調節提供了相當大的空間[167]。然而實際上地區性的比例，在這些地方存在了許多世紀，並已經成爲地方制度。對它而言，民眾已經把自己與土地的佔有、租佃、地租全部一古腦地揉在一起。因此實際上，明顯的稅收增加是相當困難的。實際操作中對「1石糧食」的稅收上可能要超過1石，而且通常也是這樣。但當它達到2石時，公眾輿論就會認爲這是太多了。將徭役合併到田賦中，其目的只不過是把一種稅制轉化爲另一種。但對一些田主而言，它卻代表了一種不合理的稅收增加。值得注意的是，在稅收改革的高潮時期，儘管已盡很大的努力去限制丁的數量，並縮小它們的重要性（見下文），卻沒有提出任何完全取消丁銀的建議。役銀基本上是人頭稅的原則，總是受到歡迎的。

在地方，要是田賦定額很低，則合併徭役就不會受到批評。在長江三角洲區域之外的南部省份，通常60%的役銀被分攤到土地之中。我們能對1572年浙江杭州府的8個縣進行一個很好的個案研究[168]。在那裏，合併編派導致了正賦的增加，其中四個縣由50%增加到60%，另外的四個縣則由34%增加到38.1%。換句話說，此府的田賦在吸收了60%的役銀後，增長了近40%。這些資料已在表7中列出（見第四章）。

由於可提供的資訊或者是不完全，或者是完全混亂，因而不可能對任何南方內陸各省份進行這樣的調查。即使是在這些省份宣布他們推行一條鞭法的最初階段，他們也沒有像沿海省份那樣完全推行。1566年，湖廣巡撫宣布轄區內的所有地區推行一條鞭法改革，但實質上他的重點也只是均徭項目[169]。1570年，岳州府的帳目仍然顯示，有許多

167　王士性對此變數的範圍做了評論，顧炎武在《日知錄集釋》3/62-3中引述了該評論。

168　《杭州府志》29/1、31/70。

169　《永州府志》9/22。

里甲上交實物稅[170]。1571年，永州府也是採用同樣的方法，那裏的納稅人每五年一次輪流服勞役，儘管事實上，徭役已被大部分地由折銀代替了[171]。

然而，在這些省份，對納稅土地中的役銀進行估算不應該有嚴重的問題。通常這些縣的役銀額與田賦額比較時，明顯會比較小。江西是一個富庶的省份，1610年的田賦正額為2,616,889石糧食，然而據說它的役銀卻達到687,660兩[172]。後者不可能超過前者價值的一半[173]。1582年，江西彭澤縣的帳目顯示，它的徭役負擔為6,502兩白銀，而地方正賦為13,277石糧食[174]。在內陸省份，役銀相當高，但其役銀與基本田賦的比率，卻從來沒有達到過如表3所顯示的水平。

在北部中國，役銀通常都比南部各省少的多，因為北方各縣總體上解運到北京的物資不多。民壯也從來不像受倭寇戰役影響的區域那麼緊迫。可能最主要的原因是，在這些省份尤其是北直隸，仍然由平民完成許多勞役沒有列出[175]。

幾乎不可能詳細再現北方省份將徭役分攤到田賦中的情況。一些縣公佈了丁額總數，但卻忽略了每個丁的丁銀。其他指明了各種等級的丁銀，卻忽略了每一類的總丁數。為了方便起見，每個縣都採用了以一組數字作為基本而長久的稅收立法。任何另外的數字變化都被當成是短期內進行的必要調整。許多地方誌只印出了永久資料而忽略其變動。然而，在以下的3個例子中，它們都是十七世紀早期的資料，所

170　《嶽州府志》各處。

171　《永州府志》9/11。

172　《江西賦稅全書》〈省總〉，1-55。

173　這只是一個大致的估計。通常田賦在徵收程序中有不同的交納形式，一些由實物支付。加耗及折銀因納項的不同而有差異。

174　《彭澤縣誌》3/10、11、12。

175　例如，為了一些宮廷禮儀活動，宛平縣被要求提供1,000名女轎夫，見沈榜《宛署雜記》125。

有的丁數及每個單位的稅銀，都被清楚地列舉出來了。田賦正額，包括加耗在內，都已折銀。這種役銀分攤的計算見表4[176]。

　　在北方省份，通常可以估計役銀的45%-50%併入田賦之中。以上這些例子雖然不多，但役銀在北方各省可能很少，因此降低合併後田賦總額估算錯誤的風險。山西的33個州縣、山東的21個、河南3個和北直隸3個州縣的稅收帳目已經清楚地顯示出它們的役銀和正賦相比較時，比例是很小的。在大多數情況下，前者的價值占後者的25%-40%。

表4：1608-1620年北方三縣的役銀分攤

年份	地區	徭役				役銀總額 (c=a+b) (兩)	正賦價值 估算 (d)(兩)	徭役合併 後田賦的 增長幅度 (c=b/d)(%)
		(a)丁出		(b)田出				
		兩	%	總額	%			
1608	山東費縣	3,296	55.3	2,657	44.7	5,953	16,074	16.5
1608	山東郯城	3,046	56.6	2,336	43.4	5,382	14,162	16.5
1620	北直隸香河	1,387	58.7	975	41.3	2,362	8,990	10.8
全部三個縣		7,729	56.4	5,968	43.6	13,697	39,226	15.2

　　只有5個縣的役銀略高於正賦的50%。能夠肯定役銀收入要高於正賦收入的地方，只有山東汶上縣、山西河曲縣和保德州。根據表8，可以估計出山西汾州的7縣1州，50%的役銀作爲田賦的附加稅徵收。由徭役合併而來的稅收增長幅度很小，浮動在在13%（平遙縣）和22%（靈石縣）之間[177]。即使估計合併的範圍錯誤達20%（即意味著徭役的30%至70%能被併入土地中），最後稅額估算的失誤的範圍也就7%左右。這被視爲是可以接受的。表8將在下一章中給出，因爲它同時也涉及了每畝的最終費用(第四章)。

176　《沂州志》3/1-32；《香河縣誌》4/1-3。

177　這些資料見於《汾州府志》5/3-46。

稅收合併的後果

對一條鞭法改革進行概括是很困難的事情。它包含著大量複雜的和不協調一致的稅收立法。1950年代，中國大陸的一些歷史學家毫無保留地堅持認爲改革對窮人有利而損害了富人的利益，任何批評改革的人，「集中地反映了腐朽的地主階級的這種反動願望」[178]。這種教條言論只是感情用事，而非是理性思考。無可否認，一條鞭法改革有許多積極意義。在鄉村公佈統一的比率，以代替簽署的非正式稅收分派，這是一個很大的進步。取消實物稅和由納稅人親身應役，雖然限制很多，也確實向現代化的稅收結構邁進了一大步。改革至少澄清了地方稅收帳目，但即便如此，也難於毫無疑問地有資格說，它算得上是一個經濟公平的法令。

前面提到的歷史學家的結論是建立在過於簡單化的觀念之上，即改革前的徭役銀已經完全落到「丁」上，而一條鞭法將此稅收的主要負擔轉移到地主頭上。他們沒有認識到，「丁」從來不是一個簡單計算「人頭」數，而是涉及了許多對財產資格的考慮。累進稅制的原則，恰如D. C. Twitchett已經指出的那樣，可以追溯到唐朝中期，而正是一條鞭法中止了這一原則[179]。

到十六世紀中期，累進稅制已不能維持下去。大地主或是把他們的財產分成更小的部分而分開登記，或是通過宣稱優免而逃避徭役義務，因此沈重的徭役義務就通常會落到財產較少的人身上。在同時代的著者那裏，這個術語是指中戶，意即擁有大約100畝或更多的土地之戶，他們不屬於最低的收入階層。沈重的徭役義務通常連帶有相當的財政責任。如果官員將這些義務施加到低於此標準的應徵者身上，將會是不明智的，因而他們根本不能完成履行這些義務。

因此，由於它減輕了田少之戶的困難和不確定性，改革是一個好

178　引自人民大學《明清社會經濟形態研究》，頁170。

179　Twitchett, *Financial Adminisation*, p. 24.

的改革。從管理者的角度而言，它也是對問題的一個可行性的解決辦法。然而應當指出，改革並沒有將絕大部分的役銀的財政負擔轉移到大地主身上，而毋寧說，反而是將其擴展到了納稅人的大多數，包括那些可能只有5畝地的小所有者身上。改革的目的是將役銀分派到絕大多數納稅人頭上，這所形成的統一稅率很低，以至於富戶發現它不值得逃避，而真正的窮人也不會受到太大的損害。山東地方誌的編纂者擁護改革，他說每年的稅費是「貧者日之庸金可具也」[180]，甚至改革者也沒有引用通常的經濟公平作為一條鞭法最主要的優點。

事實上，改革的影響因地區不同而有所差異，它依賴於地方的條件和每個縣的立法情況。有些縣不願意完全地拋棄累進稅制原則，而是修改了統一的比例。順德縣創造出抽象的「丁」（第三章第一節），就是其中的一個例子。而在北方地區的許多地方保留了有等級的「丁」，則是另外一個例子。1607年，山東費縣從全縣23,775個丁中，每人徵收了0.13兩白銀，但剩下的4,320位沒有土地的丁，而被要求按統一比率的1/3納銀[181]。1606年，同在山東省的曹縣知縣堅持維持每四十畝納稅土地派納一丁做法[182]。對地方「丁」額永久層面的凍結，是由比例估算的做法而來，它試圖保留一些關於「丁」的財產資格的考慮。北直隸懷柔縣的財政帳目表明到1604年丁只剩還一小部分，這顯然是經過計算而得出的結果[183]。這些折衷的辦法，都是對一條鞭法改革精神的偏離和違背。一條鞭法改革的目標是普遍和統一，而不是簡單的經濟公平。

改革反對者的動機是的複雜的。為縉紳的利益辯護很可能是其中之一。例如何瑭（1474-1543年）批評改革的基礎，認為它傷害了富人

180　《汶上縣誌》4/14。

181　《沂州志》3/25。

182　《天下郡國利病書》15/180-2；Ping-ti Ho（何炳棣），*Studies on the Population*, p. 31.

183　《懷柔縣誌》2/6。

184。一個非常不同的爭論由葛守禮(1505-1578年，1567年他任了六個月的戶部尚書)提出的，他帶理想主義地認爲爲累進稅制原則進行辯護，認爲他維護了小戶利益，因而爲之進行辯護。應該強調，當一條鞭法改革被引入北部中國時，它沒有局限於改革徭役，而是也涉及了對正賦的再分配。不同等級的田畝的折算比率和加耗徵收，早在一個世紀前已經在南方省份完成。但在北部卻仍然陌生。葛的證據表明，改革是在很少準備或者預先調查的情況下進行的185。因而不難設想，它將對那些擁有瘠田和相當數量成年男子的窮苦納稅農戶而言，會產生多麼大的壓力。試圖去修補此局面而引入的調整，成爲了改革並不總是公平的旁證。

　　整個改革實際上可以被描述爲一個用於修補不滿意局面的調整。它是建立在與強加的財政結構格格不入的稅收觀念基礎之上。當這些潛在的矛盾被允許繼續存在時，就意味著所宣布的爲了平等而制定出來的統一稅率是只能是存在於數字意義之上。儘管表面上，稅收的基礎很廣泛，但實質上它的範圍很狹窄，因爲其後稅收的水平進一步增長要受制於納稅人的支付能力，這些納稅人的支付能力很差。換句話說，鏈條的強有力性被它最弱的一環所損害了。

　　已經提到了改革者缺乏深思熟慮。到十六世紀晚期，即使是根據所提供的不完整的資訊也可以知道，役銀已經佔有相當大的比例，在任何一個縣所列舉出的帳目中，很少有低於3,000兩白銀的。在東南省份，除了少數例外，徭役負擔最少也達7,000兩白銀，達到20,000兩的也並非罕見。即便如此，這些徵收也沒有包括所有實際預計的費用，特別是地方的管理和稅收徵收費用。這將會在下一章中與稅收管理一併討論。

　　帝國劃一的願望與地方自治的需要之間有很大衝突，他們之間的不尋常共存必然導致更一步的立法。儘管事實上是採取了不同的方

184　何瑭的言論見於《天下郡國利病書》13/112。

185　《皇明經世文編》278/8、11。

式,而由之產生的許多稅收原則,已經被官方認可爲法律,但所有的縣仍然精確地保留了標準的賦稅名目。通常適用於所有地區的稅收方案,已由中央政府依照王朝締造者及後來統治者的敕諭而創立。沒有任何稅收收入能被取消。原則上,或者是由來自北京的明確法令,或者是經習慣法確定,每項收入都有固定的份額。地方政府僅僅只能算出徵收的詳細收入。儘管各種項目能在實際徵收中合併,但它們在帳簿中卻必須被單獨列出。稅收法規表面上整齊劃一,而在實踐中卻變化多樣,在北方各縣發現的對待丁錢的方式,就已經證實了這一點。

考慮到與小數點後面數字的鬥爭,就可以瞭解對地方官員集權控制的後果是很嚴重的。不消說,爲了外在的統一,稅收結構通常過於犧牲理性。1590年,上海縣的帳目(見上)顯示,該地區的丁錢從60,834丁中徵收[186]。一個更合理的辦法是將此種支付全部放棄,並將財政負擔轉移到該地區1.2百萬納稅土地中,它所涉及的也不過是增加0.001兩白銀,或者說每畝少於1文錢。然而爲了維持人頭稅的原則,同其他地方一樣,上海縣繼續徵收丁錢,這顯然是以大量的文書卷帙及相當多的行政管理費用爲代價的。

事實是一條鞭法改革要求所有的各項稅收項目有明確規定,並認真地登錄在冊。然而不可否認的是,它在阻止鄉村稅收代理人濫用權力的同時,又爲許多衙門吏胥操縱官府帳目創造了機會。稅收結構已經簡單地積累了太多的複雜性,這一點它本應該避免但沒能避免。

第四節 稅收結構的進一步調整

軍事供應

---

186 丁錢按每人0.019兩白銀的比例徵收,60,834個丁僅有1,155.84兩白銀。見

這一章討論的所有賦稅收入，包括現在的一節，都是永久性項目。一旦它們出現於賦稅分類帳上，就希望被保留在那裏，儘管不時會有一些小的調整，但徵收的總水平卻被認爲是固定的。對此唯一的例外項目是兵餉。

兵餉的出現始於抗倭戰爭。海盜在東南省份搶劫洗掠，暴露了衛所制度的不足（第二章第三節），所以不得不召募自願者補充軍衛，也很有必要組織新的作戰部隊，並爲他們提供裝備，租用或者馬上修造船隻，所有的這些都需要錢。而1550年代北京自己也受到了俺答汗入侵的威脅，京師的國庫沒有多餘的錢。朝廷只是授權南方的軍事長官，盡可能地解決財政問題。

危機爲深思熟慮留下了極少的時間。解決的辦法是兵餉。它採用了對現有賦稅收入的加徵額外的費用，對此的額外徵收變得可行，並且可以迅速做到。在一特殊的例子中，現有收入額也同樣被拿出一部分以應付危機。另外，許多新的收入來源，通常是數額很少，而且徵收很麻煩稅收，也因同樣的目的而產生了。所有的這些都被不分青紅皂白地帖上「兵餉」的標籤。嚴格地講，兵餉不是一個收入款項，而毋寧是一個常常爲了特定開支而來的名稱。它更完全的意義將在以後討論（第七章第二節）。在此只描述它對分裂田賦結構的影響。

有許多把兵餉攤入田賦的方法，例如在浙江會稽的山地，稅收很輕。在戰爭期間，它的稅率被相應提高了[187]。福建省對以前優免的寺院財產徵稅[188]。許多地方的民壯折銀也被劃入兵餉帳目中。對正賦的直接額外徵稅也開始了，通常是對基本稅糧附加稅的形式進行。然而最聰明的增稅策略，卻是所謂的「提編」。

英語中沒有與此術語相對應的詞，在它的兩個字中，「提」意即舉起，「編」意即組織。在1550年代，大部分縣的納稅人仍然按5年至10

《上海縣誌》3/24-5。

187　《會稽志》6/3。

188　《漳州府志》5/51；《天下郡國利病書》26/51。

年爲一期，輪流服里甲和均徭的差役，即使這些徭役義務已經大部分折銀差。通過使用提編的辦法，軍事長官徵召那些按規定下一年服役之戶在當年服役。實際上他們不要求提供物資或勞役，但他們卻需要提供銀錢，上交給戰爭金庫。第二年，需要的徭役就被本應在第三年輪應之戶來完成[189]。它的意義在於，許多地方的丁錢已經部分地被分撥到土地上，因而提編交納相當於一個附加稅的附加稅。

整個程序極端龐雜，而且在農村地區有好幾種所需要的收稅機構，一些是爲當地政府徵收正賦項目，一些是爲軍事當局徵收提編項目，另一些是爲徵收里甲和均徭，並與那些徵收正賦的明顯分開。何良駿以幽默的誇張語氣表示反對：「奔走絡繹於道路，誰復有種田之人哉？」[190]這種荒唐的情況是導致許多地方官進行一條鞭法改革的原因。

沒有人會設想兵餉會長期存在，而是希望一旦戰役結束，即將其取消。但實際上，軍事行動在海盜威脅已經減輕時，仍然緩慢地持續了很多年，直到十六世紀晚期，軍隊復員也只是部分的。由於募兵的無法分攤，所以兵餉只能保留。隨著時間的流逝，它早期的特殊個性逐漸消失，在絕大部分地區，它被合併成單一的附加稅，40%丁出，60%田出。由於這種方式，它幾乎與民壯沒有什麼差別。但在理論上，至少兵餉是爲地方防務而徵收，而民壯一直是後備力量。前者依地方軍隊的實際軍事開支而定，可以調整；而後者則是地方定額稅收的一部分。1572年，當沿海防務減輕後，福建漳平縣的兵餉被消減一半，而民壯帳目仍然如前不變[191]。在帳目上，這兩項通常總是各自列出，因而每個納稅人要繼續分別承擔兵餉和民壯。

然而，在以前的章節中，爲估算徵收的總水平，兵餉數字已經和

---

189 〈提編〉見《明史》78/826。它也在河南、山東和北直隸徵收，見《世宗實錄》7574、7859-60、8703。

190 何良俊《四友齋》3/167、173。

191 《漳州府志》27/28-29。

民壯數字合併，這是爲了簡單起見。在描述徭役徵收的過程中間介紹兵餉，將會產生不必要的複雜。實際上，此項是對正賦的雙層附加稅，正如表3中所顯示的那樣。

附屬附加稅

附屬的附加稅實際上是建立於附加稅上，按納稅面積徵收，並用農產品來支付，這可以回溯到王朝的早期。儘管與基本估計相脫離，他們仍然和其他類型的、由相應的管理原因而來的附加稅不同。在數量上，它是令人驚奇地少。

有一個普遍的錯誤觀念，即明政府徵收大量的棉花、棉布、絲絹和緞匹，作爲田賦的附加稅。這個錯誤理解來自於《明史》和《明實錄》的記載，那裏表明洪武皇帝下令帝國內所有的田主都要拿出他們的一部分土地，用於生產麻、棉花和絲絹，所有的田賦都要包這些物品。如果地主沒有遵命，就必須以懲罰性的比例交納棉花和織物。這條法令的確在明帝國建立之前的1365年簽署了，並於1368年得到重申[192]。但到1385年，政府意識到不能通過強制手段來增加這些經濟作物的產量後，就廢除了以前的命令[193]。至於絲的生產，那些已經按照特殊面積去種桑樹的地主，要根據早期的法令交稅。1385年，每個縣絲絹的份額因之而長期存在。這項徵收被稱爲「農桑絲絹」，無處不在，但由於政府無法強制命令種植，每個縣的數額都不太大，有的還可能相當小。拋開這個小的份額，地主是可以種他想種的任何東西的。棉花甚至都沒有被提到過。

在那些絲絹生產已經專業化的地區，絲和絲織物大量出現在賦稅帳目中，地方誌中將這些項目作爲基本的稅額清楚地列出。這些地區

192　《明史》78/823；《太祖實錄》0231、0541；清水泰次《社會經濟史》，頁53。

193　《大明會典》17/41。

以絲代替糧食來支付稅收，恰如他們在以前王朝所做的那樣。這與「農桑絲絹」沒有任何關係。

浙江遂安縣即其中之一例，它共有367,332畝納稅土地，稅糧定額只有1,685石，而它的絲絹是111,663兩，接近於10,000磅[194]。後者的價值接近於前者的四倍。同省的臨安縣稅糧額有11,362石，而它的絲棉額爲11,046兩。另外，它還要額外提供農桑絲棉的份額，在1572年，這個份額只有2,517兩絲棉。既然每兩絲棉約值0.04兩白銀，可知後者的價值約爲100兩白銀[195]。

在其他地區，農桑絲絹的收入少而且可以被忽略。1608年，山東汶上縣從此項來源中收取了419兩白銀[196]。1620年，河南中牟縣因之也收了1,100兩絲絹，它的33,320棵桑樹，顯然是洪武早期遺留下來的[197]。此縣農桑絲絹的市場價值少於50兩白銀。1562年，南直隸徽州府的農桑絲絹銀只是剛剛超過10兩，平均每縣只交1兩到2兩[198]。

絲的另一個附加稅叫「人丁絲絹」。它只在北直隸、河南和南直隸的徽州府徵收，在前面已經提到，它的起源還搞不清楚。很可能是來源於以前的王朝允許一些地方上交絲絹以部分替代徭役負擔。徽州府志的編纂者爭辯說，在一定程度上，這種徵收實際是王朝建立以前對賦稅原則的誤解。他斷言這是戶部頒布一個不公正的和錯誤的法令，它使該府每年要多花費6,146兩白銀[199]。

棉絨和棉布從來沒有作爲附加稅而徵收過。原棉叫做「提畝棉花絨」，在四川、陝西、山東和北直隸專門種植生產。按基本稅收估算，每10斤棉花相當於1石糧食[200]。然而，令人迷惑的是，稅糧定額在其他

194　《遂安縣誌》1/49-54。

195　《杭州府志》30/17。

196　《汶上縣誌》2/4。

197　《中牟縣誌》2/16。

198　《徽州府志》7/63-4。

199　《徽州府志》7/55。

200　《大明會典》25/3。

地區，有時也能部分地用棉花和棉布代納。例如，山西省沒有這兩種商品的基本徵收，然而它卻不停地上交，以替代糧食支付。這構成了實物改折，並減輕了稅收運輸的問題。

南方的幾個縣還交麻作爲附加稅，但份額不是平攤，而且它們的影響可以被忽略，更多的麻實際上是由漁稅的收入而來(第六章第一節)。

附屬的附加稅中唯一明顯地影響了納稅人是馬草。這種徵收被局限於山東、山西、陝西、河南和南北直隸，按每100畝納稅土地16捆草的比例徵收[201]。十六世紀晚期的官方比例，在中國南方是16捆草大約值1石米[202]。然而，這種附加稅負擔要比它表面上重一些，因爲運輸數量巨大的馬草是很困難的事情。其所占總額的比例是完全可以被感覺到的，因爲基本估價通常很低。有一些縣，這項附加稅實際上又在基本稅額之上額外增加了20%。

這項附屬附加稅對戶部相當重要，因爲即使是不平均地被分配，並以很小的數目進行徵收，他們也仍然構成了持續增長的、不可分割的現金項目(第七章第一節)。實際上，馬草的改折收入要比所有鈔關稅收入還要多。

雜稅和無法徵收項目的併入

所有在此提到的項目，將會在第六章中重點討論。然而，在此卻有必要提到它們，因爲實際上，許多縣將它們合併到田賦中了。一個原因是由於他們與那些已經合併到田賦中的項目，在本質上非常相似。同樣，他們也是如此的少，以至於單獨徵收都是不可能的。

---

201 按照《太祖實錄》1067的記載，這項徵收始於1370年。各地額度《大明會典》25/34-38。

202 通常每捆草折成0.3兩白銀。在中國南方，一石米有時可以賣到這個價錢。見前註14。

他們的併入既不完全，也不統一，但有些地方已經簡單地將這些項目添加到田賦項目中，好像將兩者合併已經得到了恰當的授權[203]。

在這些項目中，有兩種上交工部。一種是「四司料價」，四司是指該部的四個分支機構。直到十六世紀中期，工部的這四個司才偶爾要求縣裏為他們提供銀錢，以幫助應付辦公開支。到1566年，它決定每年都向各縣永久徵收500,000兩白銀，成為這些部門的固定預算，用作行政管理費用[204]。儘管它可能被視為里甲徵收的變異，對它的徵收卻並沒有減輕縣上對各部物資供應的責任。另一種類型的支付，叫做「匠銀」。最初地方登記的工匠，都被要求到首都去服無償徭役。1562年，這種身分勞役被完全改折，工部轉而命令知縣一次性交解納折銀[205]。因而它可能被視為均徭的變異。一些縣和府仍然能從匠戶中收錢，但大多數選擇了將其歸到役銀帳目上。隨著一條鞭法改革的推行，這種支付也構成了一種雙層附加稅，因為當他們歸入徭役時，後者的一部分卻順次地併入田賦之上。

一個相當奇怪的項目是「戶口食鹽鈔」。戶口食鹽鈔最早於1404年徵收。起初它的目的不是鹽的專賣，而是為了確保寶鈔流通。允許每個成年人每個月有1斤鹽的配額，強制納鈔1貫。未成年人的配額和支付是其一半[206]。從最初開始，這個計劃就沒有完全施行過。到十五世紀晚期，在政府主持下實際鹽的分配，只在廣東和山西的一些地區有效，而且這些地方後來也完全停止了。十六世紀早期，一些縣仍然用寶鈔支付，但實質上它們一錢不值。到十六世紀晚期，各地都已折銀支付，成了一種人頭稅，稅率很低。一些縣是每人每年納銀0.018兩，有的縣則為0.0028兩[207]。因為它的徵收範圍不僅僅包括丁，也涵蓋包

---

203 梁方仲《兩稅稅目》，頁57-61。

204 《大明會典》107/3-15；《徽州府志》8/11。

205 《大明會典》289/10。

206 《明史》81/899；《太祖實錄》0589-0590。

207 順德縣是每人0.018兩白銀。而淮安則是每人0.0028兩，見《順德縣誌》3/18-19；《淮安府志》（1627年）12/16-17。

括婦女和不成丁的全部人口，所戶口食鹽鈔還不能被看作是徭役正
項。

例如1548年，廣東順德縣將此項徵收轉變成人頭稅來徵收。此縣
僅登記了26,011個丁，卻是按照41,656口來徵收。而這項收入全年也不
過717兩白銀。這項稅收的另外一個奇怪的特點是，官員姻戚不僅不享
受優免，反而被要求以雙倍的比例交納[208]。其他的許多縣也發現此項
收入實在太少，以致於無法維持此種麻煩的辦法。例如山東聊城縣，
此項稅收僅爲66兩白銀，因而沒有將單列，而是將其併入到田賦之中
[209]。其他與此相似的、被田賦吸收了的稅收，包括門攤稅、酒醋稅、
房地契稅、漁課，甚至是一些商稅(見第六章)。這些項目的絕大部分
都是在南宋時期產生的，有時用來指「經制錢」[210]。明朝恢復了這些
稅收，但從來沒有把它們當回事。在王朝的早期，這些項目的份額已
經被固定到寶鈔「貫」上。當寶鈔失敗後，合乎邏輯的解決辦法將會
是，要麼調整份額，要麼全部取消。由於這兩種方式都沒有被採納，
唯一的辦法就只能是將它們吸收到田賦中去。表5顯示了他們的份額是
如何折銀的[211]。

因爲有幾項收入本應該與田賦相結合，但實際上卻是以其他的名
義徵收，因而有時會採取相反的辦法。「蕩價」的字面意思是「濕地的
支付」，即是其中之一。在王朝早期階段，登記的竈戶共同分攤沿海地
區的土地，稱之做「草場蕩地」，這些保留的土地爲製鹽生產提供燃料。
到十五世紀早期，一些竈戶已經離開海邊，並將這些草地和相鄰的土
地轉化爲稻田，而它們仍然能享受稅收優免。這些土地逐漸地變得肥
沃起來，以至於官府最終決定向其徵收田賦，而不是要求納鹽。但由
於每個縣的田賦額和每個鹽場的收入已經固定下來，這項專門的收入

---

208 《順德縣誌》3/18-19。

209 《東昌府志》11/5。

210 王志瑞《宋元經濟史》，頁141。

211 《永州府志》9/11。

就沒有併入正賦，而是交給了鹽務管理部門，以彌補鹽課的不足[212]。
例如，1566年，南直隸的上海縣，向鹽務管理部門輸送了此項名義帳
目的4,647兩白銀[213]。對此部分田主的徭役估算，是一個長期的行政問
題[214]。作爲鹽政收入，他們被設想爲享有徭役義務優免，但作爲真正
的田主，他們又不得應役。這些複雜性也同樣影響了財產登記和稅率
的調整。在浙江和南直隸明顯地發現，「蕩價」對於田賦而言，是一個
變數。其他的變數還包括馬差（第三章第二節）、官米和葦課（第六章第
二節）。

表5：1571年湖廣永州府漁課及商稅的定額

縣	漁課（兩）	商稅總額（兩）
零陵	32.87	未註明
祁陽	12.83	22.00
東安	5.54	3.09
道州	8.10	2.77
寧遠	4.98	8.00
永明	1.78	19.54
江華	3.57	4.97
總計	69.67	60.37

212　《明史》153/1864；朱廷立《鹽政志》7/69；《天下郡國利病書》6/120。

213　《上海縣誌》4/19。

214　《皇明經世文編》357/1-6。

第四章　田賦（二）：稅收管理

　　明代的稅收制度一經確立，就僵化不變，矛盾重重，極大地阻礙這一體系的運作。上一章已經對此作出說明。儘管事實上十六世紀晚期田賦的徵收範圍很廣，但明初所確立的事無具細的做法卻一直還起作用。各種零散的稅額使得一般稅率十分複雜。在估算每一個納稅人的負擔時，每一項國家的支出都必須分別進行考慮。這種方案即使在現代社會中，充分利用電腦來輔助計算，都很難施行。而在明代，這些事情讓地方政府疲於奔命。

　　而且，即使理論上是不可能保持絕對的平等，但為了確保稅收有一個廣泛的、普遍性基礎，也很有必要保護單個納稅人，使其免受不公平的做法和敲詐勒索的損害。但是，明王朝並沒有進行這方面的努力，結果是稅收管理僵化不變。上層結構還算可以，但在下層卻是搖搖欲墜。因為在權力結構中，財政事務的責任是沿著一種向上的方向，從下級部門到上級部門，從平民到政府。上級部門不對其下屬負責，他們甚至也不必去解決下屬部門的技術問題。這一制度的各種不切實際之處就這樣在下層積累起來，理論與實際嚴重脫節。

　　所有這些情況使得在稅收體系中無法實行連貫的經濟政策。其運作反而取決於通行的社會價值觀、地方紳士的權力以及習慣性做法。田賦的管理反映了傳統中國社會有許多相互矛盾之處。它既不是一個完全的有秩序的、和諧統一的社會，同時也不是完全沒有理性的社會。稅收法律依據情況環境的不同，有時候非常僵化、嚴格，有時候又非常寬鬆。

現代的對於明代管理腐敗進行批評的人們力圖造成這樣一種印象，那就是這些腐敗完全是明朝官僚反人民的一個巨大的陰謀。這既不是事實，也是不公平的。在下文中，我們將會看到許多明代的官員在其施政過程中盡他們自己最大的努力去實現公平與公正，事實上在他們的著述中已經把大多數陋習揭露出來了。但是他們的努力無法彌補基本制度的缺陷。

第一節 地方政府的稅收管理

徵稅準備

從來沒有哪一個國家一次性地徵收全年的土地稅，這樣不僅對納稅人來說是一項難以忍受的財政負擔，而且對於管理物資與資金的地方政府來說也有巨大的壓力。這些稅額包括好幾項，通常來說不會少於4項[1]。

在十六世紀，稅收的最後截止期限依地區不同而不同，要視地方情況而定。但地方官員為了管理上的方便總是進行一些小的變動，以便他們能夠在最後期限內完成稅收解運。賦稅的大宗通常是主要作物收穫後立即徵收，在這時候土地所有者最容易籌集到現錢。南方的大多數縣，徵收開始於農曆十月末，相當於西曆11月或12月初。而在山西的一些地方，徵收開始於農曆年初，但先期交納的兩部分是「徭役銀」，而田賦的大宗卻是在夏秋兩季徵收[2]。在山東，役銀在農曆五月徵收，有時也在六月，這時小麥和大麥已經收穫[3]。

1　梁方仲《一條鞭法》，頁52-3。

2　《天下郡國利病書》17/70。

3　《汶上縣志》8/61。

在長江三角洲，徵收時間比較複雜，每石平米（見第三章第二節）同時包括銀差、官布、糧食，解運有近有遠。例如，在嘉定縣，平米一石，先徵銀0.33兩，秋末起徵。明年農曆正月之初，徵北運米，這包括為北京徵收的漕糧。然後輪流徵收地方解運的本色或折色，數量不大。所有這些都必須在陰曆三月、四月完成，最遲到五月，這樣使得稅收徵納不會拖到農忙季節。棉布或者其替代物，在其收穫後徵集[4]。

為了防止運輸漕糧到北京的船隻由於春天的洪水而耽擱，朝廷分別於1564和1570年兩次下令要求漕糧務要在年底之前終兌完畢[5]。這給地方官員造成了相當大的困難，他們不得不相應地修改稅收徵納時間表。

每個納戶的稅額依據實徵冊來計算。理論上要求算出一個極其精確的比率，以保證同本縣稅額完全相符[6]。從1583年起，所有各省和直隸各府都編輯了《賦役全書》[7]。《賦役全書》羅列了所有徭役、正稅、加耗、加派項目，一直到縣一級。其目的是固定十年內的年度預算，下次編輯再行修改。然而，固定的預算也只是一個指導方針，實際徵收時每年都要調整。

在每一個縣，甚至漕糧、南糧及北邊糧的額度及地方解運都差不多是固定的。任何一項都可以以銀折納。折納的數量與比率由高層部門決定，有時候也必須修改。解運方法與比率的變化不可避免地影響到地方一級的徵收，每一個納戶的數額也要重新計算。

在浙江的一些地區，知縣對納糧地進行分類，下等瘠田的稅納永

4　《天下郡國利病書》6/16。

5　《大明會典》27/35。

6　《天下郡國利病書》7/21；《杭州府志》28/6；《上海縣誌》3/25-6；《穆宗實錄》0355。

7　《賦役全書》的準確纂修時間還不好確定。1628年，畢自嚴在其奏文中認為這些賦役冊書的編纂已有四十年。見孫承澤《夢餘錄》35/24。因此可以推算1583年左右就已經開始編寫《賦役全書》了。

久折銀。僅在縣中心地區的納糧地還部分地收納實物，因此還受折納比率的影響[8]。

地方坐辦和額外的里甲需索也同樣影響到稅收分配。因為在原則上，每一種稅收都必須分攤到每一個納稅人、每一畝納稅的土地上。南直隸徽州府是經常要承擔許多坐辦，數額雖小，但很頻繁。為了減少文移之煩，知府要事先從罰贖金中拿出資金先行動支抵解。這些小的徵需料價積累到一定數量，知府就會把它們合併分派到下屬各縣。同時，府裏還要多徵收額外之費以彌補府庫預先墊付的費用。因為這一做法有違常規，1557年，巡撫下令將其廢除。從那以後，凡坐辦一應錢糧，立即逐項行縣，一般來說，府衙派徵於每個稅戶以二月為期[9]。

徵稅之前，要有大量的文書工作，這主要集中在縣一級。1558年的規定每一納戶事先要從知縣處得到一項錢糧文冊（被稱做「由貼」，有時也稱為「青由」）[10]，其形制標準由戶部確定。但因為各地稅收法規不一，無法對各縣統一標準，因此地方官員有必要制定他們自己的錢糧文冊[11]。另外，各戶發給青由之後，其一時加派，也要一例均派，知縣另給印信小票，解釋加派性質種類、加派的授權部門及折納比率[12]。一個中等的縣大約有20,000納戶，人口多的縣可超過1,000,000戶，但是在一個縣的稅收部門的吏書人員一般不會超過6人（實際上這些文書職役也非正規檢派，可參見第四章第四節）。

知縣的事務性工作很多，包括確定一般稅率，配合上級部門安排稅糧解運，選派民間稅收代理人，分派稅收發送，調整稅收期限，處理稅收爭訟。知縣總是過多地忙於這些事務，很少去關注稅收過程中一些技術細節性問題。錢糧文冊通常是留給書算手一類文書人員去準

8　浙江會稽縣在1560年代推行這種方法。見《會稽志》5/4-1。

9　《徽州府志》8/20-1。

10　關於這些錢糧文冊，見《大明會典》20/13-14；《天下郡國利病書》6/64、66；海瑞《海瑞集》72；《會稽志》7/12-13。

11　《西園聞見錄》33/14。

12　《大明會典》20/14。

備，對其又缺乏監督。這些下層吏書長年操持部門的日常事務，蠹橐其中，作弊錢糧，這是明代行政管理上的一個突出特點，也成爲弊孔多端的重要原因[13]。1582年前後，趙用賢(1535-96年)考察了其故鄉南直隸常熟縣的情況後指出有些小戶土地被洪水沖毀，錢糧應予開除，但如果他不重賄「世主其籍」的猾胥，則要照納無誤[14]。

　　由於地方政府缺少辦事人員，稅收程序又相當複雜，因此缺乏一個有實際有效的方法去檢查賦稅冊籍是否與農村實際情況相符。到了十六世紀晚期，一些州縣官員開始進行改革，同時也力圖保持本地區稅收穩定。他們知道任何對稅收的重新調整，總是爲那些里胥及收兌諸人斂財受賄大開方便之門，從而損害了納稅人的利益。要想避免這種情況，只有進行專門的改革，並且在嚴格的監督管理之下實施。「一條鞭法」的改革實際上就是想永久地固定這此稅收帳目。當稅額被固定爲「一條鞭銀」之後，大多數地方官員是反對任何進一步的對賦稅冊籍的修改，唯恐破壞稅收穩定。同時，一些官員雖然認爲這個改革有很多問題，但他們也感到相對於改革之前，情況有了很大的進步[15]。某些地方宣稱稅收無論「加編」，還是「稍減」都會產生危害[16]。在王朝最後的15年中，許多縣都力圖固定「丁」的數量(見第三章第三節)，這部分反映了求穩的願望，因爲《賦役全書》的刊行以及稅收則例已經被冊勒於石的緣故[17]。

　　然而，正如已經論述的那樣，想像中的穩定只能維持很短的時間。稅收帳目固定不變只可能在行政管理簡單明瞭的地區有效果。但在中國南部和中部發達地區，由於有許多外來因素干擾，賦稅徵收變得相當複雜，稅收固定的想法根本不切合實際。

13　《日知錄集釋》3/79-80；何良俊《四友齋》3/184。

14　《皇明經世文編》397/7。

15　《天下郡國利病書》16/34。

16　同上，8/56。

17　人們常常提到勒冊於石之事，但詳情還不確知。可參見：梁方仲《一條鞭法》，頁64；《開化縣誌》3/6。

稅收代理人

在「一條鞭法」的早期研究中給人們造成了這樣一種印象：在十六世紀晚期，人民依次來到縣衙門前繳納賦稅，自己包封銀兩，親自投入木製的「銀櫃」中，而不受官方監督者的干涉[18]。這種描述當然有一定的依據，包括浙江會稽縣、南直隸淮安府等地的地方誌都有如此的描述[19]。「木櫃」的使用後來又擴展到山東、山西、河南及北直隸。然而，這種有秩序的投納稅銀並不代表全部內容，這些記述都忽視了明代賦稅徵收過程中不可避免出現的各種高壓、殘暴和欺詐行為。

事實上，高壓手段在現代也是一種必不可少的徵稅手段，即使是中等水平的稅收也是如此。一些納稅人要十分艱辛地完成稅收，而許多富戶又採取拖欠的辦法來逃避他們的義務。一般來說，想百分之百的完成稅收是很難實現的事情，在十六世紀後期，即使完納稅收80%也被認為是很大的成績[20]。1570年，僅未收之稅銀總額就超過2百萬兩[21]。當然，由於對小戶的稅收減免政策，可能降低會這一問題的嚴重性，但是這樣的辦法在十六世紀是很不切合實際的。

如果一個普通人拖欠稅糧，他可能被逮捕、鞭打。歸有光(1506-71年)就說過有許多人為此被鞭撲至死[22]。顧炎武記述了山東和陝西許多民眾因為沒有在最後期限完納稅收而自殺的事例[23]。當然，大多數官員避免採用如此極端的辦法。當1570年代張居正掌權之時，逋賦者要被起訴(第七章第三節)，但是張居正的這種做法受到同時代許多人的批評，最為有名的是王士貞[24]。問題嚴重之處在於許多積年逋賦者多

18　梁方仲《一條鞭法》，頁59。

19　《會稽志》7/6-12；《淮安府志》(1573)4/13。

20　《穆宗實錄》1039；《西園聞見錄》32/19；葉夢珠《閱世篇》6/1。

21　《穆宗實錄》1169，《皇明經世文編》278/10。

22　歸有光《全集》218。

23　顧炎武《文集》1/15-16。

24　焦竑《獻徵錄》17/94。

為富戶，他們以錢購買身分以免除縣官的體罰與拘捕，州縣縣只好將他們向上一級政府報告。但這樣的事例上報太多，除了顯示州縣官自己的無能外，不會有什麼效果。比較有效的辦法就是沒收拖欠者的家產。在西方，通常都是採取這種方法，但是在傳統中國仁愛政府的觀念支配下，這種辦法很少採納。而且，這些拖欠者都很狡猾，他們一般也交納部分稅收，並不全額拖欠，同時許諾以後會補交餘額。

在這種情況下，地方官員不得不自己想辦法來解決這些問題。通常的辦法是進行道德上的訓誡，知縣親自勸說本縣紳衿大戶按時交納稅收，期望這一小部分有聲望的人的行動能夠帶動其他人去效仿。在1530年代，南直隸的一位巡撫曾下令如果誰逋欠稅糧超過50石，則由各戶自己進行長途解運[25]。在1568年，松江府曾經試行過一種辦法，就是分立官甲，將有官方身分的納戶分成一組，要求他們作為一組來完成本折錢糧，但這種辦法的結果沒有記錄下來。山西某州的地方誌中記載了多種催科之法，其中有一種方法是「勾牒已具而故稽之」，民戶畏牒之或下，則趕緊輸納，其實抓捕勾牒未必真正使用[26]。

對於賦稅拖欠，會在一段時間進行追徵。但是拖欠二、三年後，就不能再指望拖欠者補交欠稅了。對於逋賦者，拋開人道主義考慮，鞭打、關押他們是很少有用的。這些累積起來的欠稅成為最新賦稅徵收中的一個巨大的障礙，所以只能蠲赦逋賦。這種事情在晚明是很常見的事情[27]。皇帝可能下令免除某年以來的逋賦，這可能由於地方官的申請而適用於某個特定的地區，也可能適用於整個帝國。此外，像皇子出生、立太子及新皇登基等時候按慣例都要蠲免賦稅。

所有這些都鼓勵了逋賦行為。守法者按時納稅，後來卻發現這些賦稅卻被蠲免，但交上去的賦稅既不能退還，也對下一次納稅沒有了

25　《西園聞見錄》33/17。

26　《天下郡國利病書》6/92、17/70。

27　葉夢珠《閱世篇》6/1；龍文彬《明會要》2/1018-20。

任何好處[28]。另一方面納稅人總是希望皇帝能夠蠲免其逋賦，在這種情況下，逋賦行為會蔓延開來。某地曾上報說當地一些納稅人一起請人代杖延挨，不肯納糧[29]。

很顯然，在一條鞭法改革初期，它的推動者們希望將所有納稅人口置於文官政府的直接控制之下，不再經由鄉村中的里長、糧長等中間階層管理。如果這個宏偉計劃能夠實現，很可能有深遠的影響。然而，在實際生活中，每一件事例都反映出這一中間階層要麼是被完整保留下來，要麼是以新的形式出現。因為他們雖然是造成了縣級財政赤字的重要原因，但他們也是賦稅徵收中不可或缺的代理人。在這裏適用的原則是集體責任制。在面對20,000戶潛在的逋賦者時，知縣需要得到幫助，他只能去依靠指派的200個左右的稅收代理人來管理農村的稅收，通過他們來向鄉村催徵稅糧。南直隸武進縣，是試行稅收改革的先進地區，早在1542年就開始實行「自封投櫃」辦法收納賦稅，到1573年，就被認為已經完成了一條鞭法的改革，將均徭與正賦合併。即使這樣，它也沒有全部取消其稅收代理人，到了1603年，一些原來被取消的稅收代理人又重新出現[30]。

稅收代理人的檢派與職能

明代後期，賦稅徵收實際上是一種兩頭管理，地方政府管理文書工作，民間代理人進行實際運作。1584年，上海縣依據如下準則進行組織編派。

這個縣被分成56個區，平均每個區約有12個里。每個稅區設有「總催」一名，他的職責是瞭解其監管下所有納戶的情況，讓他們按時交

28　葛守禮《葛端肅公集》2/18。

29　《天下郡國利病書》6/89。

30　同上，7/10-11、18、34-7。

稅[31]。每10天，他要上報知縣，報告稅收情況，如果延誤拖欠，就會被加之筆楚。在其他時間裏，他要去巡視地方及各個納戶。然而，他很少親自管理賦稅。

在56個區中，有44個區必須負擔運往北京的漕糧。里甲完成初步的徵收後，由各區檢派的「收兌」統一將錢糧遞運到碼頭，交由運軍解運。中轉倉庫和短距離的運輸的船隻則由地方政府管理，但是進行修理的費用和日常生活開支也要由收兌負責，同時他們還要自己出錢雇用簿記人員。平均每一個收兌要負責1,300石到1,400石漕糧的徵收工作，而且也要承擔里甲連賦賠補。收兌只有從運軍處得到收據，他才算完成義務。軍士亦以收據來勒索收兌，一旦其要求得不到滿足，則拒開收據[32]。

此外，還要檢派33個稅收解運人（聽解）從事長距離解運和徵收折色銀。他們中有八人要在縣衙中管理銀櫃，稱之為「櫃頭」或「銀頭」[33]。我們必須強調即使納戶親自到縣衙交納銀錢，也不能認為是「官收」[34]。這種方法只是能夠使縣級行政部門更加嚴格地控制這些收納行為。納戶交納大小不一的白銀都必須重新熔化鑄成橢圓形的銀錠，以便解運，其標準根據支付不同而不同。在更高一級部門，必須要求額外的銀兩來彌補缺額，這稱為「滴補」。知縣也常常榨取「火耗」，這在後文還會論述[35]。當每個納戶包封銀兩投入櫃中，這樣他也就履行了自己對政府的義務。大量銀兩隨後被交由櫃頭保管，進行重鑄，補足短缺。在許多地區，即使銀兩被安全地存入縣庫中，櫃頭也不能算是完成了任務[36]。作為稅收解運人，只有大宗銀兩被解運出去，所各項徵收任務完成之後，他們才算履行了義務。在上海縣，每一個「櫃

31　《上海縣誌》4/4；《天下郡國利病書》6/75-6。

32　《上海縣誌》4/4；《天下郡國利病書》6/87。也參見《皇明經世文編》438/20。

33　《上海縣誌》4/5。

34　這種說法是由梁方仲在《一條鞭法》中提出的。見該書頁59。

35　《皇明經世文編》438/20。

36　《開化縣誌》3/35-8。

頭」在其任內徵收大約一千兩白銀，自已就要費銀四十至五十兩[37]。

除去櫃頭以外，其他的解運人要親自解運「白糧」和「官布」到南京和北京（第三章第二節已有詳述），按慣例，官布由里排按照規定價格從官方指定的機戶領買[38]。

上面提到的職位總共有133個，由知縣檢派。但是檢派的物件都是那些有田產、有決斷力、公正之人。每一職位可能一個納戶獨充，但通常是由四、五戶朋充。服役的時間為一年，但每次都是提前五年指定，這樣這一地區所有的中戶都要輪充。例如，櫃頭這個差使，常常是由一個擁有300到400畝土地的納稅人來充當，或者合起來能夠擁有這些土地的各戶共朋充[39]。

除去上面提及的代理人外，知縣還任命一個全縣的「總書（或縣總）」。上海縣與另外兩縣的總書，輪流作為「府總」。總書，與其他的稅收代理人不同，他不承擔財政責任。他的職責更多的是進行協調，領導總催和收兌，確定從錢櫃解送銀兩的時間表。這個職位的權力能夠使他獲得相當多的例外收入，因而為許多人所熱衷。縣誌的記載顯示出有些人不惜花費幾百兩白銀來謀取「總書」這個職位[40]。

以上介紹了上海縣整個稅收代理人網路，包括了里甲之上的各類輔助人員。這不是什麼獨特的體制，在相鄰的華亭縣與清浦縣也有同樣的網路[41]。這種代理體制在常州府武進縣可能是最為完備，在這裏，要從收兌中選派糧長人役解送白糧到北京[42]。實行民間代理也不局限於南直隸。十六世紀晚期浙江海鹽縣每歲輪161名為糧長[43]。山東省，在進行一條鞭法改革時，曾試圖雇募商人代理稅收職役，但是從曹縣、

37　《天下郡國利病書》6/89-90。

38　同上，6/81。

39　《上海縣誌》4/4-5；《天下郡國利病書》6/74、90。

40　《上海縣誌》4/6。

41　《天下郡國利病書》6/83、85。

42　同上，7/23、34、36-7。

43　同上，22/10-11。

東阿、汶上各縣及青州府的推行過程就可以知道這個計劃最後不光彩
地失敗了[44]。東昌府在1587年推行了一條鞭法，也有民間稅收代理人，
通過1600年出版的地方誌中的記載，我們可以知道這項職役與上海縣
沒有什麼太大的差別[45]。在十七世紀初，汪應蛟(1628年去世，1621-22
年任戶部尚書)曾報告說在北直隸，一個州任命了多達300到400人作爲
銀頭負責徵稅[46]。香河縣在里甲之上大約有50名農村稅收催辦人[47]。儘
管府總、縣總的任命並不是很廣泛，但我們可以知道1581年進行土地
清丈之時，在南直隸武進縣、甯國府和松江府，浙江杭州府，北直隸
香河縣，以及山東省都設有這一職位[48]。

　　在十六世紀晚期，除府總、縣總之外，對其他稅收代理人的指責
與抱怨並不是很多。資料顯示1570年以前賦稅徵收過程中有很多弊
端，但是從這時以後，賦稅徵收已經有了很大的改進。這些新的稅收
代理人多被描寫爲中等土地所有者的代表，他們不是這一體制的幫
兇，而是其受害者。這種情況形成的部分原因是當時推行的地方稅收
改革(見第三章第三節)。各種「力差」的取消使得許多土地所有者擺
脫這類負擔，但他們現在又要被檢派爲稅收輔助人員。

　　當時的許多學者對稅收代理人表現出很大的同情，他們對許多總
催並非自己有錯卻常常受到「血杖之苦」深爲憤慨[49]。一位知縣在1609
年寫道：「敲樸愈多，負課愈多。」[50]勢力之家行爲傲慢，故意將催辦
者拒之門外。許多催辦者被檢派之後四五年還不能脫了干係。同樣，
對於收兌、櫃頭及聽解諸人，學者也有同樣的同情，很明顯，這種無

44　同上，15/152、169、178，16/34。
45　《東昌府志》12/42-3。
46　汪應蛟《奏疏》。
47　《香河縣誌》4/19。
48　《上海縣誌》4/6；《杭州府志》28/6；《香河縣誌》4/19；《皇明經世文編》
　　397/8；《天下郡國利病書》6/76、91，7/34，9/49，16/47。
49　《天下郡國利病書》6/75。
50　同上，6/76。

償檢派差役的結果，導致了他們的破產[51]。

由於強迫中戶賠付短缺，這在很大程度上減少了稅收陋習。然而，很難感覺到普通人戶能夠從中得到什麼好處。一條資料很清楚地顯示出在1570到1590年間，稅收催辦者已經有「奸巧」的名聲，他們被指責私侵納戶錢糧入已[52]。儘管實行「木櫃」制度，但一些納戶投櫃銀兩還是繼續依靠里長、歇家等中間人員，這顯示出徵收賦稅過程中人的因素還是很重要的[53]。許多地區也同上海縣一樣，稅收催辦人有權為地方政府徵收各種雜色款項，諸如為地方水利建設項目量派賦役等[54]。歸根到底，來自於上層的壓力都要下層人士來承擔，越朦朧不清，就越不能進行抵制。張居正在1576年說到：「勢豪積猾，畏縱不問，反責下戶貧民包賠。」[55]很清楚，認為「自封投櫃」能夠保護納稅人的利益是很天真的想法。

稅收支付

每當田賦的一部分被要求用銀來折算時，實際上就繳納白銀。沒有證據顯示清代地方的稅收常以銅錢來代替白銀。顧炎武所說的由於不能在最後期銀到來之前完稅而自殺的事例，本意是為了證明不發達的省份即使在十七世紀也不適合稅收折銀的觀點[56]。他提到山東德州府是唯一的以銅錢代納部分稅收的地方。在十六世紀後期，白銀十分短缺，一些官吏擔心稅糧折銀可能會壓低當地的糧食價格。例如，浙江崇德縣，糧食產量無法滿足本地的需要，當收穫後徵收田賦折色銀時，納戶寧願典當糧食籌集白銀交稅也不願意賣掉糧食。當各戶自產

51　《皇明經世文編》503/1-8。

52　《天下郡國利病書》6/75。

53　同上，7/11。

54　同上，6/76-7。

55　《神宗實錄》1211；《皇明經世文編》325/8。

56　顧炎武《文集》1/15-16。

的絲織品上市他們就可以有錢支付當息贖糧[57]。

眾所周知,實際徵銀的小數字有一個固定的標準。1661年,當清政府清理長江三角洲地區的逋欠錢糧時,官方列出的欠稅額精確到0.001或者0.0007兩白銀[58]。這似乎是表明計算的精確程度達到小數點以後的四位數。這種做法很可能就是開始於明代。

火耗也稱「耗銀」,其起源同樣也不很清楚。十七世紀中期,顧炎武提到火耗蓋不知起於何年[59]。有一點是毫無疑問的,那就是上級政府要求全額完納折銀,因此火耗也就成為必要。金屬熔化後再重新鑄造的總是有耗損,一般為2%。歸有光曾說過在1550年代,蘇州府稅銀「火耗」按3%徵收,這個比率還比較合理[60]。當海瑞在1562年出任浙江淳安知縣時,按地方慣例耗銀為5%,他將其降到2%。這樣做的實際結果是使得一些項目稅收有了節餘,但其他方面則有虧空[61]。

整個十六世紀,這種額外的加耗受到廣泛批評。1594年,一位監察御史說納銀0.1兩,耗銀就達0.05兩,增加了50%[62]。當然,這可能是一較特殊的例子。

熔化和鑄造白銀會有損耗,這由櫃頭負責賠付。地方官員並無正當的理由去徵收正稅以外的耗銀。然而,里甲正役並不足以保證地方政府經費預算。十六世紀中期以前,他們還能夠比較自由地支配罰贖銀錢,此後,這部分費用也逐漸上納給中央政府(見第六章第二節)。官員們只好加徵耗銀。不過,在許多地方,知縣僅僅要求櫃頭支付像額外的公家買辦、承應上司以及他們自己巡視的費用[63]。

57　《皇明經世文編》397/19;《汶上縣誌》8/61;《天下郡國利病書》
　　18/22(？)、22/31。

58　葉夢珠《閱世篇》6/4。

59　顧炎武《文集》1/15。

60　歸有光《全集》217。

61　海瑞《海瑞集》49、179-80。

62　《西園聞見錄》32/26。

63　《天下郡國利病書》6/89;《開化縣誌》3/32。

因此，在十六世紀的最後25年間，「耗銀」不再是一種額外的支出
項目，而是成爲一種收入來源。官吏們開始用這部分錢來增加他們的
俸祿。這部分費用留存於縣的部分被稱作「常例」，供納上一級政府(包
括府衙)的部分被稱作「羨餘」。這既不是合法的收入，也不是絕對的
非法，它既被官場上所接受，也爲一般民眾視爲當然[64]。儘管櫃頭還
要對這些費用承擔總的責任，但這些額外的銀兩是要從納戶中榨取。
他們是作爲一種慣例附加徵收，並不正式地記入他們的帳目之中。

有一些零星的資料顯示甚至在十七世紀早期，地方官員通過這種
方式得到的資金並不很多。一位在浙江布政使司的官員對通行的作法
有如下的描述：銀兩從「銀櫃」中取出後存放在縣庫中，直到要解運
之時，才熔鑄白銀成錠。當管理縣庫的吏員完成任務後，他要按50兩
扣除1兩的習慣將所扣之銀兩交給知縣[65]。顧炎武在十七世紀中期寫道
加徵正賦的火耗達20-30%，加徵雜賦的火耗更是多達的70-80%[66]。

稅收解運

一直到十六世紀中期，除漕糧以外，稅收多爲民運。然而，在1560
年代和1570年代，越來越多的稅糧運輸開始由地方政府承擔，這也是
當時改革的一部分。紹興府在1568年推行一條鞭法改革，宣布今後凡
至白銀500兩以上就要差佐貳、首領官等解運，白銀在300到500兩之間
則由殷實候缺吏員解運[67]。在長江三角洲，官布的解運也曾一度由政
府負責。蘇州府的吳縣爲此還專門置田一塊，指定其收益作爲解運官
布的費用[68]。

當然，並不是所有的改革都能取得成功。因爲地方政府的工作人

64　海瑞《海瑞集》48以後。也參見T'ung-tsu Ch'，*Local Government*, p. 26.

65　《開化縣誌》3/30-7。

66　顧炎武《文集》1/16。

67　《會稽志》7/10。

68　《吳縣誌》9/29。

員常常不足而無法完成解運任務。1573年的一條法律更是禁止知縣派遣諸如蔭醫、武職等的輔助人員作爲解運人[69]。解運的費用也是一個問題。甚至在十七世紀早期，浙江衢州府各縣還沒有資金解運稅銀到省城，而從當地到省城的距離才250英里[70]。而另外一個影響改革的實質性障礙就是普遍存在的腐敗行爲，這在北京十分盛行。

在首都各接收倉庫的所有的工作人員都向地方解運人索取錢財，這是公開的秘密[71]。交納白銀比較簡單，銀的純度由銀匠與解運人共同保證。而實物稅收則要由宮廷宦官進行檢驗，他們可能因爲不滿意其個人所得，藉口質量次而拒絕接受解送來的物品。在倉庫進行交接時，解運人和接收者之間由中間人進行操作。任何承擔此役的解運人都恐怕其貨物被定爲低等，但是拿出一定的費用交給胥徒、牙行就可以確保其順利交納。在十六世紀後期，在稅收解運中聲名狼藉的攬納之人是武清伯李偉，他是萬曆皇帝的外祖父[72]。

在張居正在任的最後幾年中，他試圖設法消除這個最後的障礙，包括李偉的影響(見第七章第三節)。但效果僅是暫時性的，解運人的命運總是不可預測的。在1600年，嘉定縣典史因解送的官布不中額而繫獄於北京[73]。1621年，山東巡撫要求民間解運人由官方解運人代替，但有一個縣對官解比民解好的觀點提出懷疑[74]。一些官員實際上還認爲由精明的民間代理人解運更爲周全。一旦官布在北京被拒絕接收，不僅官方解運人要被拘禁，同時數以千卷的棉布也要被退回起運地，納戶不得不再重新交納新布。如果解運人是檢派而來的，則只由他自己承擔責任。

相比而言，這一改革在山東、河南等北方各省推行較爲成功，因

69　《大明會典》38/7。(譯按：當爲28/7。)

70　《開化縣誌》3/31。

71　《西園聞見錄》32/18；《天下郡國利病書》6/79、82。

72　《明史》330/3367；《神宗實錄》1495。

73　《天下郡國利病書》6/20。

74　同上，15/183。

爲這些地區解運的距離較近[75]。同時，官解稅銀要比解運實物更爲成功。在南直隸松江府，供應北京宮廷的物資一直採用民解。在一些地方，上供棉布改由官解之後，卻行之不繼，不得不又改回民解[76]。

在一些沿海地區，解運者還要履行其他的職責。這些地區要負責海島軍衛的供應補給。海島懸崖峭壁，進入十分困難，而且本地糧食供應匱乏。通常情況下，知縣要以一定數量的銀兩而不是糧食交給解運人，希望他們能夠解決供應問題[77]。

第二節 影響一般管理的因素

稅糧定額和相關因素

在十六世紀晚期，帝國政府只能有限度地修正稅收管理。戶部所面臨的主要問題是缺乏明確完整的土地統計資料。有明一代，從來沒有進行過系統的土地清丈。洪武皇帝所進行地區性的土地清丈（見第二章第二節）以及張居正在1581年所進行的全國性土地清丈（對於其複雜性將在第七章第三節進行全面論述）都沒有依據任何統一的標準爲指導，也沒有確切的結果。這樣獲得的資料似乎從來也沒有彙編成全國性統計資料，戶部也無法依據這些資料進行徵稅。對戶部來說，唯一可利用的統計資料是1587年出版的《大明會典》所記錄的1578年的統計資料。然而這些資料並不準確[78]。

75　汪應蛟《奏疏》9/6。

76　《天下郡國利病書》6/82。

77　同上，6/21；《常州府志》5/18。

78　《大明會典》的資料源自於《萬曆會計錄》，《會計錄》編纂於1582年，隨後立即出版。現在在芝加哥大學和哥倫比亞大學可以通過縮微膠卷看到該書，但是缺失第3卷和第6卷。通過張學顏的序言可以看出，該書的

　　田土面積資料的缺乏很容易造成逃稅行為，當然這也不是最嚴重的問題。據記載，只有湖廣及福建沿海地區有一些成片的土地不交納賦稅[79]，這些地方可以看作是管理的邊緣地區。而在其他地區，發現沒有登記的田土則是一些孤立的事例。盡責的地方官員總是不斷地向逃稅之人催徵稅糧，可是，也有一些欺隱田糧之人因為有官方身分，總是設法挫敗知縣的努力。知縣在催徵無效後，可能將他們的名字連同他們的田產記載在地方誌上，以此顯示法律執行鬆弛決不是普遍存在的[80]。

　　一個更緊要的問題是稅收的重新分配。地方官員總是有一種或另一種冊籍，而中央政府又缺乏進行大規模稅收調整所必需的、全面性統計資料。地方定額稅收從十四世紀晚期開始就很少進行調整，所以這種定額還是當前課稅的基礎。

　　基本田賦的評估以糧食石為標準，但各地不一。南直隸松江府的三個縣的田賦加在一起與整個廣東省持平，而廣東有75個縣、1個州。上一章中我們也注意到上海一縣的稅收定額是福建漳州府的三倍，而漳州府包括10個縣。一個極端的例子是陝西紫陽縣，它是最窮的地區之一，每年的田賦收入是341石糧食，不到上海縣的1/1000[81]。

　　土地數字不包括1581年的土地清丈結果。它主要是依據官方檔案和早期各地的出版物，也包括一些私人著作。雖然這部著作包括了一些有用的內容，但是編者本人都認為其中的土地資料並不充分（該書4/99-100、9/87有這方面的說明）。（譯按：《萬曆會計錄》現在已經由書目文獻出版社出版，列入《北京圖書館珍本叢刊》之51、52。這個版本缺失卷六。）

79　張學顏《萬曆會計錄》4/100；《天下郡國利病書》25/41，26/122。

80　1519年，一位在常熟縣擁有52畝土地的中央翰林院的官員，他的名字被知縣記錄地方誌中，同時知縣將他自己的名字簽於其下。大約在1584年，嘉興知縣在地方誌中記載了這樣一個人，他在兩縣交界地帶擁有1,000畝土地，卻對兩縣都不納稅。見《常熟縣誌》2/42；《天下郡國利病書》12/30。（譯按：《天下郡國利病書》原編第12冊30無此內容。應該載於原編第22冊30，嘉興縣也當為嘉善縣。）

81　張學顏《萬曆會計錄》9/62。

　　到十六世紀，人口密度、農業生產力和經濟發展的地區不平衡不斷地擴大。但地方的稅收定額卻是二百年以前確定下來的，這既不能反映不平衡的情況，也不適應進行重新調整。稅收制度已經太陳舊了，失去了調節經濟的活力，甚至已經不適應經濟的發展。每一縣的田賦固定，類別也不變，同時又因為知縣一般在任時間不長，因此本地的地主總是在稅收管理中處於優勢地位。

　　貨幣制度也是弊竇百出，中央制定的計劃難以進行。在宋代，銅錢被確立為統一的財政標準，即使在元代，最初也是以銅錢來估算田賦。當以實物徵稅時，是按照銅錢來計算稅糧，一些地方誌記載了這樣的情況[82]。這樣就使稅收項目容易合併。明代的制度，主要以糧食為估算標準，這其實是一種倒退。當十六世紀田賦大量地以銀折納時，這種估算標準在帳目上引起了很多混亂。各地糧食價格以銀計算有很大不同，有季節性波動。在十五世紀，當稅收折銀時，為了暫時的方便而沒有考慮糧食的價格，從而造成了一些混亂。在十六世紀，當多種多樣的加耗、加派及徭役部分地併入田賦之中時，我們很難說財政標準是白銀「兩」還是糧食「石」。在1578年，湖廣布政使司應該解運102,400石糧食協濟貴州，該銀30,720兩[83]。1591年，當臨汾縣徵秋糧48,449石，該銀49,769兩[84]。

　　在十六世紀晚期，各級部門要求進一步折納稅糧，固定其比率。一般而言，包括稅收徵收部門和稅收支出部門都有權發佈折收命令。例如，只有中央政府能夠要求折收解運的漕糧，因為漕糧的接收者由其直接監管。但是各省巡撫管理其本省軍衛和諸縣，可以臨時進行內部調整[85]。在十六世紀後期，儘管折銀一般接近地方糧食價格，但是改折比例，有些是永久性的，有些是暫時性的，有些是由中央政府確

82　對元代的稅收評估可見於《徽州府志》7/18。

83　張學顏《萬曆會計錄》14/17。

84　《臨汾縣誌》4/2。

85　例如，在1586年，南直隸巡撫下令上海縣折納稅糧40,000餘石。見《上海縣誌》3/20。

定的，有些是由省級官員確定的。即使是管理者本人也會對此不知所措。有時，同樣的稅納被分成兩部分，每一部分有一個單獨的折納比例。有一些事例顯示地方當局向納稅人徵稅時，准許他們按照指定的比率或者交糧，或者納銀[86]。由於所有這些細節性資料的混亂，財政單位又多達1,200個，因此我們可以理解中央政府為什麼不能保持完整的記錄。企圖發現所有各項銀納合併到一起，即如田賦一樣的全國性的統計帳目是根不可能的。

因此，只要定額稅糧作為唯一的財政標準，並統一到全國性帳目之中，「石」就沒有絕對的價值。銀兩有價值，但沒有總的帳目來保證。同時又缺乏對全國田土數量的準確掌握，所以在北京的朝廷並不掌握各地的實際納稅能力，也不瞭解當前的稅收徵集度量標準。這使得正稅稅率的增加變得十分困難。在這種情況下，增加稅收的辦法通常是重新調整額外的里甲徵求或者重新調加耗。但這些辦法使稅收結構更加複雜，而且增加的收入零星分散，數額不大。

由土地佔有、土地租佃及農產品價格所引起複雜情況

十六世紀後期的土地佔有與使用情況方面的資料十分缺乏。根據當時許多著者的記述以及許多現代學者的研究，長江三角洲地區被看作是晚明土地所有權最集中的地區。然而從十六世紀一直到今天，對於當時確切的情況還是有很大爭議。而其他地區資料更少，所以現在的討論還是主要集中於這一地區。

中國大陸的學者們，根據一些保留下來的當時人筆記中的隨機記載，認為在十六世紀晚期、十七世紀早期的長江下游地區，一個或兩個地主佔有的土地總面積相當於一個縣的土地面積。這樣的情況是令人驚異[87]。這些說法與當時的社會經濟實際情況並不一致，也與世紀

86　1579年，杭州府允許納戶進行選擇。見《杭州府志》29/21、36、56。

87　這些結論主要是依據當時的一些作品的記述。諸如「膏腴萬頃」、「田連郡縣」

交替之際公佈的稅收法規有很多矛盾之處。下面的事實就應該引起充分的注意：

　　(a)在1570年代張居正與南直隸巡撫來往信件中，就提到在長江三角洲地區最大的地主擁有70,000畝土地[88]。擁有如此多財產的人已經引起了巡撫的注意[89]。

　　(b)在常州府，最富有的地主據說有田20,000畝或更多[90]。

　　之類的陳詞濫調，這些話語都一種公式化的古語，不能照字面意義來解釋。按照這些研究，徐階(1503-83年)據說是有田240,000畝(見王方中《明清社會形態的研究》，頁132)，或者是400,000畝土地(吳晗，《海瑞集》序言，頁7)。而董其昌(1556-1637年)則據說有1百萬畝土地(王方中，頁132)。另一個經常引用的材料是張居正寫給南直隸巡撫的信，在信中，張居正認為某些大地主(或他們中的幾個人)在蘇松地區佔有7百萬畝土地，稅糧達20,000石(《皇明經世文編》327/12)。

　　徐階確實是一個大地主。他的絕大多數財產是通過一些「投獻契約」得到的。實際的土地所有者將土地契據交給徐家，並交納名義上的地租，同時依靠徐階在北京的影響，使他們能夠免除官府的差役負擔。上面提到的土地畝數相當於一個中等或小縣的土地數，這一數字源於其對手的描述，數字可能被誇大了。房兆楹，在為〈明代人物傳記計劃〉寫徐階的傳記時，給這一數字加了括弧。在與現代的學者討論這件事時，房教授認為這種投獻行為是非法的，所以不可能確知實際情況。董其昌家族在松江府臭名昭著。他的兒子與下層人士進行不公平的金融交易，從他們身上敲詐錢財。這引起民眾騷動，並燒毀了董家的房子。這一事件在民間廣為流傳。而上文所說的畝數也是源於此種傳說，值得懷疑。謝國楨在《明清之際黨社運動考》(上海，1935)中記述了這個故事，見該書頁270-3。張居正的記述明顯有技術上的錯誤。在蘇州府和松江府，交納20,000石稅糧要有土地是70,000畝，而不是7百萬畝。這似乎是張居正誤會了頃(100畝)和畝。這一錯誤已經被《皇明經世文編》的編者注意，王方中在《明清社會經濟形態研究》一書的頁132也注意到這件事。但傅衣凌卻沒有注意到這一問題，可參見《明清農村社會經濟》，頁82。

88　同前註。

89　《皇明經世文編》327/12；張居正《書牘》3/5、3/21。

90　《天下郡國利病書》7/17。

　　(c)1610年，在華亭縣殷實大戶田餘2000畝[91]。

　　(d)在1611年，清浦縣知縣在當地進行了一次嚴格的清田行動。發現實際上所有的大塊田產原本都已被分割成為小的部分，分別登記，這部分田土達160,088畝。在公佈清丈結果之時，他依據田土面積而進行分等，範圍從250畝到2,500畝之間[92]。

　　(e)1636年，大學士錢士升(1633-6年在任)指出在長江三角洲地區，許多富家只擁田數百畝。有田數千畝之戶不超過富家總數的40%(富家大概包括田200畝以上的戶)。而擁田超過萬畝者則十分罕見[93]。

　　(f)葉夢珠在1660年代寫的著作中指出在十七世紀中期，華亭、上海、青浦三縣中還沒有人擁有土地超過10,000畝。只是此後才出現這樣的大地主[94]。

　　(g)1661年，當清朝以違法拖欠錢糧為由懲處長江三角洲地區紳衿地主時，其所提到的未完錢糧的文武紳衿共13,517人[95]。

　　上面的事實連同許多地方誌的記述，似乎顯示出十六世紀土地集中的程度雖然很顯著，但在最近的研究中被嚴重地誇大了。沒有證據顯示出在南直隸的這四個府中任何單獨一戶能夠佔有土地超過70,000畝。在整個地區，擁有土地超過10,000畝的戶也就一二十個。絕大多數的大地主，他們擁有的土地在500畝到2,000畝之間。擁有500畝或更多的土地的地主其土地面積總和能占到全縣可耕地面積的25%以上。這部分土地所有者只占全縣人口的一小部分，每一縣不太可能超過1,000戶，一般接近500戶。

91　同上，6/79。

92　當時的知縣是王思任，1610-11年在任。他的清丈行動記錄被編纂成一本書。顧炎武曾引述了該書序言，見《天下郡國利病書》6/97-9；《松江府志》38/15。

93　《明史》251/2846。時人認為錢士升誠實公正。

94　葉夢珠《閱世編》6/1-8。

95　《清聖祖實錄》3/3。

　　除了大土地所有者以外，也有相當數量的中等地主，其田產在100
畝到500畝之間。僅在上海縣，被挑選作為農村稅收代理人的中等地主
就不下1,000人（見第四章第一節）。小戶則數量更大，蘇州府登記的納
戶有597,019戶，常州府登記有234,355戶[96]。儘管還無法確知他們之中
有多少戶沒有土地，不過有證據顯示許多租佃農民也有自己的小塊土
地，最近又發現了更多的這類事例。甚至在1660年代，當土地所有權
更加集中的時候，租佃農民也有瘠田3到5畝[97]。

　　從管理的角度來看，富有的大土地所有者相對容易進行確認與單
獨管理。當海瑞在1570年出任南直隸巡撫時，他能夠強制要求在其轄
區內最大的地主徐階退田一半。在兩個人交往的信件中，儘管沒有列
出具體的數字，但顯示出巡撫的目標至少部分地實現了[98]。當王思任
這個無所畏懼的官員在1610年出任清浦縣知縣時，他危脅那些詭寄、
花分土地與他人名下而逃避稅收代理差役之人要沒收他們的土地，這
一威脅有很大成效[99]。

　　官員們發現最難於管理的群體是那些次於巨富的大戶地主們，他
們擁有成千上萬畝土地，勢力很大，足以影響到公正。而且他們數量
很多，難於對付。不僅他們自己逋賦不交，還常常為親友提供保護傘。
按照馮琦（1558-1663年）觀點，少數有勢力的縉紳地主並非稅收管理中
最大的障礙。但是他接著說：「吳中撫台之難，倍於兩浙者，獨以催科
一事耳。催科事難，不在士大夫，亦不在民，難在以民而托之士大夫」
[100]。

96　大量中等地主的存在有其原因。按照潘光旦的研究，在浙江嘉興府有9個
　　望族，每一族有戶數以百計。在明代後期和清代前期，他們的聲望一直
　　保持200餘年。見潘光旦《明清兩代嘉興的望族》。稅納戶的數量見於《南
　　畿志》3/2。

97　葉夢珠《閱世篇》1/18。

98　海瑞《海瑞集》431-2。

99　《天下郡國利病書》6/97-9。

100　《西園聞見錄》33/13。

　　小戶的廣泛存在使得稅率很難進行調整，稅率提高更是如此。儘管當時稅率並不高（見第四章第三節），但任何輕微的變動都可能對依靠稅後收入維持生計的小戶有很大影響。1583年，蘇州府嘉定縣的漕糧被永久折納銀兩，這對於土地所有者而言有很大好處。按照規定，每畝地不到0.05兩白銀，又由於地方負責的稅糧解運費用亦得奏免，因而實際的利益更多一些。這樣一個小的變化引起了當地田價倍增，一些原先賣掉土地的人也趕緊回贖他們的田產，導致了民間訟爭頻繁。一些小戶無疑也捲入訟爭之中，因為一些資料顯示出有些買主不習置對、不能與辨，當為沒有文化之人[101]。因此，我們不難想像出同樣程度的稅率上升亦會導致相當規模的社會後果。

　　對於小戶而言，另一個困難是他們易受農產品價格波動的影響。唐順之（1507-60年）在十六世紀中葉寫的文章中就揭示出每一石米的價格從銀0.7兩上升到0.9兩。很顯然這是與倭寇作戰的影響。他也提出江南「平價」為每石米0.5兩白銀，這同其他資料顯示出來的價格基本相符，在整個十六世紀基本情況也是如此。唐甚至還提出糧食折色應該被限制在0.5兩到0.7兩之間[102]。到十六世紀晚期，絕大多數項目的折銀還是保持了這個標準。然而，這個所謂的「平價」沒有考慮地區性、季節性及年度變動。上文已經提到糧食剛剛收穫之後，其價格通常會下降。根據上報，南直隸1580年左右每石米的價格不超過0.3兩[103]。首輔申時行肯定了這個上報，認為「米價甚賤，率米三石易銀一兩」[104]。土地所有者為了交稅，不得不在低價時賣掉農產品，這樣他最後支付稅收額差不多為其預想的兩倍。當農產品價格嚴重下降之時，國家又加徵稅收，常常會導致農業用地的價格急速下降。小戶便會陷入困境，不得不以低於正常年收入的價格賣掉他們的田產。這些聽起來似乎是

101　《天下郡國利病書》6/14、15、24-6、35、61。

102　唐順之《文集》9/24。也參見《皇明經世文編》261/8-9。彭信威《貨幣史》，頁457-61。

103　《皇明經世文編》397/9。

104　《西園聞見錄》32/22。

不可能的，但葛守禮曾報告說山東發生過此類事情[105]。大約一個世紀後，葉夢初提到長江下游地區也發生過類似的情況。1663年，原來每畝可值5兩白銀的田地當時僅值0.5兩。而這時，每石米最低價格爲銀0.6兩[106]。當然，這些說法可能有誇大的成分，對此要持有謹慎的態度。但是，有一點很清楚，那就是農業缺乏保障，小戶根本無法應付來自農產品價格下降和稅率提高的雙重擠壓。

按一般的觀點，長江三角洲地區租佃比重是很高的，但是其論據還是不充分。持這種觀點的人經常引用顧炎武的記述，顧炎武提到十七世紀的蘇州府「有田者什一，爲人佃作者十九」[107]，這句話的意義相當含糊。在徵收田賦之時，無疑總是考慮田主的收益。《順德縣誌》中明確地指出了這一點（見第三章第一節）。1643年出版的蘇州府吳縣的地方誌記載：「上田歲入不過一石二斗，除納本折糧銀外，民餘不過柒斗有零。」[108]第一個數字提到的石可能是去皮稻米，否則將與通行的徵收比率和一般的稅收慣例不相符。這句話也顯示出每畝的產量是2.4石，這與同一地區觀察到的其他情況相吻合[109]。按照通常的主佃五五比率分成之後，地主的稅前收益是1.2石。大體上，某些地區的田賦在每畝0.4石到0.5石之間。僅僅相當於全部收益的20%。但是從地主的角度來看，就相當於其收益的40%。

那些小戶命運也降臨到了地主身上，這樣的稅率已經很高，任何進一步的上升將會是無法承受的。蘇州被公認爲整個帝國稅率最高的地區。即使是1643年，在明朝滅亡前夕，仍然是田賦最重的地區。但以上的事例也顯示出整個明代當地的田賦並沒有增加很多。

有時候，納稅人也採用一些特別的辦法來阻撓管理。十六世紀，在福建和江西的一些地區，風行一種奇特的土地租佃方式，通常稱之

105　葛守禮《葛端肅公集》13/19、14/15。

106　葉夢珠《閱世篇》1/18-19。

107　顧炎武《日知錄集釋》4/56。

108　《吳縣誌》9/14。

109　《常熟縣誌》4/13。也可參見第一章註81、82。

爲「一田三主」。它起源於外居地主的一種做法，外居地主爲了減輕納稅的義務及附帶的差役，將土地以較低的價格名義上賣給第二個人，但同時他自己還可以從這塊土地上得到一定的地租。這個所謂的買主被看成是實際的土地所有者，它必須承擔所有的政府義務，同時也要向原主提供收益，這部分收益是不納稅的。第二個層次的人也不親自耕種田地，而是將這塊土地永久地租給某個佃戶。這類契約保留了好幾代人仍然有效。每一層次的人都是這一連環中必不可少之人。第一層次的人被稱作「業主」，第二層次的人被稱作是「大租主」。佃戶有時被稱爲「糞主」，因爲他們出力於土，諸如施糞於田地。或者是因爲他向所有者交納了一部分押金，因而他們也宣稱對土地有永久所有權。佃戶除了得到糧食分成以外，如果沒有他們的同意，也不能轉讓土地[110]。

這種定立契約由他人納稅的做法一經出現，就可能會超出這三重關係。在1560年代和70年代，福建的一些「大租主」，儘管自己本身就是一個稅收代理人，但還要爲另外一個稅收代理人作保證。後者接受固定的糧額，僅夠完納稅收及少量的管理費用。因爲他們很少能夠及時、完額納稅，他們就成爲了地方官員一直無法解決的難題。他們被戲稱爲「白兌」，字面的意義就是「空手納戶」[111]。

1572年左右，漳州府制定出一個方案，重新確定分散的土地所有權。其原則是要求一塊納稅田土只有一個業主，那種奇特的契約關係及稅收管理體系必須廢除。要麼是由一個層次的人購買其他層次人的權利，要麼對田產進行分割。然而，這個計劃並沒有推行下去。1581年的土地清丈之後，各省官員們不過是試圖去登記所有有關各主以便分派其稅收。但根據1612年的報告可以知道即使第二個計劃也沒有能

---

110 《天下郡國利病書》26/85、88-9；傅衣凌《農村社會》，頁25、45-6、51-9。也參看清水泰次《明代福建の農家經濟》。

111 《天下郡國利病書》22/88-9。

夠在任何地方推行[112]。在福建，像這種土地佔有與使用形式也存在於政和、南平、沙縣、永安、邵武、龍溪、漳浦、長泰、南靖、平和及澄海諸縣，當然各地形式也有不同。傅衣凌已經公佈了許多發現於延平府永安縣的土地契約，證明了這種土地佔有制度不僅存在於明代，而且至少還延續到十九世紀晚期[113]。

「一田三主」完全暴露出稅收管理上的無能。地方官員三年的任期過短，不足以使他們能夠充分地瞭解地方情況，總結經驗，以應付已經存在了幾個世紀的習慣。實際上，納稅人是與徵納人在玩一場逃避與尋找的遊戲，很難指望稅收水平能夠重新調整到真實反映土地使用者的支付能力上來。支付能力的確定不是取決於土地的生產能力，也不取決於地主的糧食收益，而是取決輔助管理的收入。

納稅人在進行田產轉讓時如何推收稅糧也會影響稅收。一個富有的地主從其田產中拿出一小塊土地出賣，價格可能很低，但條件是買主要承擔賣主絕大部分的稅收負擔。相反，富戶可能高價購買一大片鄰居的土地，但卻只負擔很少部分的稅額。通過這一連串的交易，一個大地主的大片田產的稅收就有名無實了。而眾多的小土地所有者則會稅則過重，納稅能力因此受到削弱，逋賦也就會逐步發生，影響到了稅糧徵收。在整個十六世紀，這種做法的害處已經得到公認，官僚集團爲此經常進行討論[114]。這種做法似乎已經擴展到整個帝國，但很明顯南方要比北方普遍，這是由於稻米產區土地佔有和稅收有很大的複雜性。依據作者本身的個人經歷就能夠證明在田產轉讓過程中發生的稅收與田產分離的習慣一直到第二次世界大戰時還在中國某些地區出現。

---

112 同上，26/89。

113 這些文書的時間分別是1808年、1812年、1863年、1891年，見傅衣凌《農村社會》，頁53-9。

114 《明史》卷78 825；《世宗實錄》2803-6；《皇明經世文編》366/20、397/1；《天下郡國利病書》17/111。

第三節 徵收水平

各省稅糧定額

各省的稅糧定賦可見於《大明會典》，該書同時登記的了稅畝。因此各省稅率可以很容易計算出來。可見表6。

表6：1578年各省稅糧定額（石）

省份	登記的田土數 （畝）	稅收總額 （糧食石）	顯示的平均數 （每畝石）
浙江	46,696,982	2,522,627	0.054
江西	40,115,127	2,616,341	0.065
湖廣	221,619,940	2,162,183	0.009
福建	13,422,500	851,153	0.063
山東	61,749,899	2,850,936	0.046
山西	36,803,927	2,314,802	0.032
河南	74,157,951	2,380,759	0.032
陝西	29,292,385	1,735,690	0.059
四川	13,482,767	1,082,544	0.076
廣東	25,686,513	999,946	0.039
廣西	9,402,074	371,696	0.039
雲南	1,799,358	142,690	0.079
貴州	516,686	50,807	0.096
南直隸	77,394,662	6,011,846	0.078
北直隸	49,256,836	598,622	0.012
總計	701,397,607	26,638,642	0.038

這個表格當然也有其局限性。眾所周知，在某些情況下，其中的

一些土地畝數會有錯誤，作爲評估計算的標準──糧食「石」在實際
支付時也沒有一個精確的標準，這一點已經進行過解釋。雖然如此，
但這個列表也不是完全沒有意義的。在十六世紀晚期和十七世紀前
期，北京的管理者確實依靠這些資料進行財政的重新調整，所以從這
些資料的可靠程度不難讓我們想像出管理的好壞程度。

　　戶部完全意識到這些資料的可靠程度。所以其政策是利用這些數
字作爲一般的參考，而不是完全受這些數字的束縛。1619年進行的稅
收加派就說明了其態度。爲了給遼東戰事籌措經費，戶部尙書李汝華
在萬曆皇帝的同意下，向除貴州省以外全國加派銀兩。因爲依據全國
性帳目，每石糧食的價值各地有很大不同，所以這次加派的標準不再
以額糧爲標準。而是按照各省登記的田畝數進行分派。然而，這些差
不多是50年前統計的土地資料有許多不準確與矛盾之處。戶部依照這
些資料按每畝銀三厘五毫進行加派，數額並不是很大。這些加派並沒
有直接分攤到每個土地所有者身上，而是分配給各省及南北直隸，再
由巡撫進行內部調整分配[115]。

　　眾所周知，上表中的湖廣和南直隸淮安府的田土總數被極端地誇
大了，按一般的分配原則，這兩個地區要特殊對待。作爲一種折衷，
湖廣被加派銀333,420兩，這是按照田土9千萬畝左右進行加派，而不
是按照《會典》上所記的2億2千1百萬畝來確定加派額度的。淮安府同
樣是按照略超過1千萬畝土地來加派，而不是按照全國性統計的
13,082,636畝來確定[116]。對於其他地區則沒有例外。因爲總的稅率上升
不多，不會造成很大的不平均，也不會引起嚴重的關注。這種額外的
稅收是按地畝而是按照稅糧額度加派，它也力圖避免向南直隸等重賦

115　《神宗實錄》10862-5；程開祜《籌遼碩畫》11/13-17、15/41。

116　儘管皇帝的命令中沒有清楚指明情況，但很明顯，這些調整是有一定理
　　由的。我們注意到1581年的土地清丈，湖廣布政使司上報土地爲8千3百
　　萬畝。可見於《神宗實錄》2412，也參見附錄D。根據一些未整理過的資
　　料我們可以估計淮安府1573年的稅田爲9,705,830畝，見《淮安府志》(1573
　　年)4/7-8。

地區再增加過重的負擔。

從表6我們能夠進一步看到，每年的平均的稅糧額為每畝0.038石，與洪武確定的每畝0.0335石（見第一章第二節）並無太大的差異。不過，地區間的差異很大。更為奇怪的是，從列表中我們可以看出稅額最高的地區是貴州和雲南，這是兩個不發達的省份。而稅額核定最低的地區是河南、北直隸和湖廣。

這些令人驚訝的事實按照原來的資料進行解釋有許多矛盾之處。貴州、雲南以及湖廣、江西的某些地區的田賦徵收從來就沒有遵循過常規。從洪武皇帝開始，雲南徵收田賦時就以水銀、丹砂等地方土產代替稅糧[117]。一部分稅款由少數民族部落首領一次性交納，這與一般的稅收不一樣。鄧川州一直到明朝結束還以貝殼支付部分稅收[118]。而貴州從來也沒有編定黃冊[119]。十七世紀，有一份給明朝末帝崇禎皇帝的上疏中概述了如下的情形：

> 黔版圖原屬夷部，所輸賦役聊示羈縻，使知漢法。且田土盡屬土司，自余民產而隸州縣者僅什一耳。[120]

很明顯，上報田土數與額稅並不準確可靠。但因為這兩個省的收入很少，所以雲南與貴州的稅收問題很少會成為一個重要議題。事實上，這兩個地區還要經常接受其他地區的援助協濟。

北直隸的稅率低是不真實的，這是因為地方馬差費用（見第三章第二節）已經直接以銀估算，並不包括稅額表中。北直隸正賦稅則低也是別有深意的，因為其各府縣臨近首都，其民眾要經常被徵召去北京履

---

117 《明史》78/823。

118 《鄧州志》7/15。（譯按：正文中為「鄧川州」，「鄧州」有誤。又雲南有「鄧川州」，而無「鄧州」。）

119 《大明會典》17/5、10。

120 《崇禎存實疏抄》5/1。

行各種徭役[121]。在1623年，因爲遼東危機又大量加稅的時候，在北直隸，除府外，通免其他六府。得到優免的順天府，止徵銀1,227兩。但與此同時，北直隸的民眾要爲過境軍隊服務，承擔軍事供給，這些任務相當沈重[122]。這種放棄正稅而代之以無償徭役的政策與明朝的一貫做法是一致的。因爲這些派徵直接來自於中央政府，因此對北直隸的影響更大。

河南每畝稅糧低有真實成分，也有假象。在十六世紀晚期，河南新增大量的、一直不納稅的土地（見第三章第二節），這樣許多地區重新調整稅收之後，每畝的稅糧就會下降。另一方面，沿黃河各府縣要承擔「河工」費金，這是很重的財政負擔，也要加徵到土地所有者身上[123]。

湖廣的情況由於其地畝數字不可靠而變得更爲複雜。無法知道確切情況。最主要的困難是大湖地區複雜的地形情況造成的。1582年，戶部尚書張學顏（1578-83年在任）注意到雖然這個省的農業生產主要集中在湖泊堤岸，但這些地區也經常被水淹沒[124]。環洞庭湖地區缺乏準確的土地資料一直到廿世紀還是一個難題。

十六世紀晚期和十七世紀早期戶部尚書只能從其公文桌上瞭解到初略的情況，無法知道各種細節性問題。任何額外提供給戶部的情況只能是證實、加強這種十分模糊的描述。財政管理具有一種印象派的、藝術家風格特點。現代的學者如果想確切知道當時的田賦徵集情況不得不從它處收集材料。地方的帳目當然是一個主要來源，但是得做許多考證工作。

從地方帳目看稅收水平

121　沈榜《宛署雜記》125、135記載了這類事例。

122　對於詳細的情況可見陳仁錫《皇明世法錄》34/35-7。

123　《天下郡國利病書》13/45-6、74-5；《世宗實錄》3893。

124　張學顏《萬曆會計錄》4/98-9。

明代的主要財政帳目不能用作統計資料。這些資料很可能是掃視資料之後對正稅作出的大概估計，表面上看是將一些無關的因素聯繫到一起，推測一些缺失的環節。但是按照規則，這些數字很難進行數學處理，對田賦徵收水平進行精確的估計必須充分考慮土地資料的可靠性、改折比例、農產品價格以及會計方法，然而，在所有這些因素中沒有一項是絕對清楚的。

表7是1572年浙江省杭州府的統計帳目[125]，這個府包括九個縣，分佈於府城四周。杭州城的名字一直延續至今。當時，有一些府的土地清丈資料比較接近實際情況，杭州府就是其中之一[126]。杭州府有好幾個縣是位於山區，像於潛縣和昌化縣，其田賦額相對較少。而像仁和縣和海寧縣這些稅額較高地區，丘陵和沼澤地很少。在一條鞭法改革的積極推動者龐尚鵬的直接監督下，杭州府編定了非常詳細的差徭冊。其中役銀的60%由田出，這與浙江一般的習慣相一致(見第三章第三節)。1572年，杭州府將仍徵本色的田賦折成銀兩，比率是糧食每石0.6兩白銀，絲每兩0.04375兩白銀，這也是當時杭州的一般的稅收改折比率。

杭州的農業收入水平並不完全清楚。鄰近金華府的義烏縣1592年曾上報說，中田一畝產量為4石米[127]。差不多同一時期，同屬浙江省的嘉興縣與湖州府上田1畝出產米或其他作物3石[128]。紹興府的上虞縣十七世紀初上報說上田1畝出產5石米[129]。杭州位於這些地區中間，其地力不會比這些地區差。因此有把握推測杭州府中田可畝產米2石。當時，每石米的價格為銀0.6兩，這樣中田每畝每年可得銀1.2兩。杭州也是絲綢產地。按照茅坤(1512-1601年)的說法，在十六世紀初以前，太湖地區的桑地收入高達每畝5兩白銀。甚至次一等的桑地每畝的年收益

125 這個表格的資料來源於《杭州府志》29/1-31/70。

126 Ping-ti Ho(何炳棣)，*Studies on the Population*, pp. 108-9.

127 《天下郡國利病書》22/118。

128 傅衣凌《農村社會》，頁288(譯按：該書無頁228。)

129 倪會鼎《年譜》3/13。

也在銀1兩到2兩之間[130]。儘管這些收入可能估計稍高，但是認爲杭州府其稅田每畝年收益爲白銀1兩的估計則有些保守。

表7：1572年杭州府田賦稅率估計

縣	(a) 田土總數 （畝）	(b) 田賦糧額 †(石)	(c) 田賦的 價值 *（兩）	(d) 田出的 50%役銀 （兩）	(e=d/c) 役銀和田 賦的比率 （%）	(f=c+d) 合併後 的田賦 總收入 （兩）	(g=f/a) 合併後 的每畝 稅額 （兩）
仁和	805,238	104,980	64,948	21,942	34	86,890	0.018
錢塘	592,745	44,770	27,753	12,187	43	39,940	0.067
海寧	932,706	109,243	57,061	19,461	34	76,522	0.082
富陽	686,565	17,231 ·	14,904	7,512	50	22,416	0.033
餘杭	614,898	28,244	19,771	6,430	36	28,201	0.043
臨安	184,806	11,362	7,953	4,015	50	11,968	0.065
新城	127,998	6,709	4,696	2,217	47	6,913	0.054
於潛	147,259	5,099	3,569	2,028	57	5,597	0.038
昌化	90,199	3,680	3,031	1,820	60	4,851	0.054
全府	4,182,414	331,318	203,686	77,612	38.1	281,298	0.067

†田賦糧額包括基本稅收和加耗
*價值包括折色和本色。
註：海寧縣和富陽縣差徭冊原文各有一項缺失，作者進行了估計，並將這兩項補加到各自的統計之中。

在上表中，最後一項的稅率，仁和縣最高，約占全部農業收入的10.8%。富陽最低，爲3.3%。全府稅收收入占該地區全部的糧食和絲綢產值的6.7%。

另外，還有一項重要的因素也要考慮，那就是在1570年代浙江和南直隸地區的糧食價格低於正常水平。1579年，杭州府允許一些納稅

130　轉引傅衣凌《農村社會》，頁37(譯按：當爲傅衣凌《市民經濟》，頁37。)

人以白銀0.4兩折1石糧食的比率折銀來交納稅收，這一比率適用於一些小額實物稅收項目，當然，交銀還是交納實物可以選擇[131]。即使這一政策的實施有一定限制，但折納的銀額可能接近於當地的糧食價格。如果價格普遍低迷，上面的農業收入就可能下降50%；或者是稅率上升50%。這都將使全部稅收占到農業產值的10.05%。

對於西北地區，則很難作出與此相類似的估計。主要是因為缺乏可靠的土地統計資料。何炳棣通過研究後指出山西汾州府關於稅畝折算制度的資料很真實、詳盡。我們可以根據這些資料將這個府的稅收水平製成如下的表8[132]。

汾州府位於省城太原之南。它的地域包括一大片汾河谷地，是這個省最肥沃的地區。米麥是主要的農作物。汾陽縣的帳冊顯示出從王朝建立到1577年，田賦以米麥為主，二者一般的比率是2:1[133]。在汾河支流上灌溉水壩對於當地的農業生產有很大益處，因此在地方誌中對此作了很長的記述。

這個府也包括一些很難進行改造的地區。其治下的永甯州和寧鄉縣就屬於這一類。前者位於該府的西北角，遠離中部沖積盆地，數以英里長的荒山一直綿延到黃河[134]。在寧鄉縣，為了進行徵稅，傳統上將農業用地分成5等。1581年土地清丈之後，取消了這些分等，但是原來屬於最差的兩等土地折成稅畝計算，折算比例是實際面積每4畝折成1稅畝。這個縣全部可耕地面積實際面積有748,137畝，但是折成稅畝之後重定為236,982畝[135]。這個情況是非常重要的，因為它告訴我們，為了達到這種稅畝，占全縣總面積90%的681,540畝的土地已經劃為低產田折成稅畝，只有占總面積10%的66,597畝的土地被劃為上田而沒有折成稅畝。

---

131 《杭州府志》29/31、36、56。

132 這些資料來源於《汾州府志》5/3-46

133 《汾州府志》5/4。

134 《明史》41/453；《汾州府志》6/1。

135 同上，5/40-1。

在永寧州，則採用了一種不同的折算規則。平地旱田標準1畝，相當於4畝斜坡地，或者是7畝山田，這被當成1稅畝。河谷中的稻田則反向折算，實際面積0.8畝折成1稅畝。換句話來說就是每畝相當於1.25稅畝[136]。通過折算比率可以得出這樣的結論：該府1稅畝的糧食產量可以推測爲接近1石小麥，或者等值的1.2石大麥。這也應該是1稅畝的最

表8：1608年汾州府田賦稅率估計

縣	(a) 田土總數 （畝）	(b) 田賦糧額 +（石）	(c) 田賦 的價值* （兩）	(d) 田出的 50%役銀 （兩）	(e=d/c) 役銀和 田賦的 比率 （%）	(f=c+d) 合併後 的田賦 總收入 （兩）	(g=f/a) 合併後 的每畝 稅額 （兩）
汾陽	1,007,172	48,617	42,090	8,661	21	50,751	0.050
平遙	1,014,313	52,493	49,340	6,160	13	55,500	0.055
介休	602,032	27,491	26,289	4,719	18	31,008	0.051
孝義	905,417	26,406	25,795	3,768	15	29,563	0.033
臨縣	316,044	14,491	13,397	2,088	16	15,485	0.049
靈石	223,111	12,920	13,139	2,918	22	16,057	0.072
永寧(州)	469,821	27,075	23,491	4,682	20	28,173	0.060
寧鄉	236,982	10,615	9,072	1,935	21	11,007	0.046
全府	4,774,892	220,108	202,613	34,931	17	237,544	0.050

+田賦額包括基本的稅收和加耗。

* 價值包括折色和本色。

註：全府稅糧總額包括近7,210石的加耗，所占比例低於3.3%，這部分已經折成白銀。其餘部分按每石糧食銀1兩的比率進行折納，考慮到糧食價格和役錢。

低產量，因爲它相當於7畝山田，或者0.8畝河谷地肥田的產量。如果7畝土地還不能有這樣的收益，這塊土地就可能沒有耕種的價值了，或者至少已經沒有必要爲了稅收的目的而將其進行分類。當然，1稅畝的收益也不會超過這一產量，因爲它低於這個縣西北部能夠進行灌溉的

---

136 同上，5/35-6。

土地1個標準畝的收穫量。

　　儘管這個府其他各縣在其上報中沒有說明其土地資料的分類，但似乎他們也用稅畝進行折算。例如，靈石縣，其地畝數也靈活進行調整的結果[137]。

　　按照徐貞明的十六世紀的記載，山西的糧食價格大約比南方各省高出30%，折納比率爲每石米0.8兩白銀，每石小麥0.6兩，這一比率應該比較準確地反映出這些商品的市場價值[138]。根據這些估計，我們可以推測汾州府每一稅畝的產量是小麥1石，平均收入爲白銀0.6兩。這種收益水平可能大大低於汾河沖積盆地的汾陽縣和平遙縣，但是要略高於山區，這些山區運輸費用較高，糧食價格低。

　　我們可以推測出農田收入是每畝0.6兩，通過這些比率，可以知道靈石縣的稅收最高，達到全部產量的12%，孝義縣最低，爲5.5%。全府平均爲8.3%。當時已經出現了通貨膨脹(見第二章第四節)，但糧食價格的上升明顯低於這一比率的上升。

雜項徵收估計

　　當時的一些學者不經意的觀察和地方誌中的概要記述有時可以用來評估十六世紀的稅收水平。不過，還從來沒有人試圖直接地將稅額作爲農田收入的一部分來進行估計。甚至每畝交納的全部稅額記載都很難發現。十六世紀晚期的大部分時間裏是一個稅收重新調整的時代，情況多變，稅收細目瑣碎複雜，甚至一些地方官員也不清楚實際的稅收水平。這類問題只成爲爭議的中心時才會暴露出來。

　　我們從許多地區一百年左右的時間裏提交的報告選出了如下十個

137　同上，5/32。

138　徐貞明《潞水客談》12；《萬曆會計錄》7/79。這一估計的價格低於全漢昇在《北邊米糧價格》，頁61-2中所引資料，他所引述的資料反映了北邊不尋常情況下的糧食價格。

典型事例。按照通常的研究方法是將這些調查的結果列表，但是因爲
這些調查資料少而且分散，所以將他們編成統計表必定會妨礙進一步
的研究，此非明智之舉。當然，更系統地排列這些資料是可能的，但
是這將會削弱和模糊一些背景情況，而這些背景對於理解問題至關重
要。毫無無疑問，明代後期的稅收是更深刻理解中國傳統社會的一個
關鍵問題，但對這個問題的研究現在還很不夠，而且這種不夠還將會
保持很長一段時間。因此盡可能地利用所有的相關調查資料對於初期
研究是很重要的。以下事例就是分別進行討論。

　　(a)1543年，湖廣安化縣，對於民田按每畝0.02675石糧食徵收稅，
這一估算又按每石糧食0.4432658兩白銀進行折納，這一數目足以包括
所有的加耗和附加稅[139]。

　　這裏既沒有提到土地的好壞，也沒有提到「畝」類別。然而在1623
年，當時的湖廣巡按御史對該省所有各個等級的土地進行了估算，得
出平均畝產量爲穀3石的結論[140]。最近，一位日本學者估計明代後期湖
廣的平均畝產量爲米2石[141]。安化縣與稻米的主產區相距不遠，十六世
紀中期其畝產量應該能夠達到米1石。該縣所在長沙府傳統上是糧食價
格比較低的地區[142]。如果糧食價格是每石0.3兩白銀，按照上面的稅收
原則，每畝實際交納爲0.01184兩，這就意味著稅收占到農田收入的
3.9%。在十六世紀初，米的價格進一步下降到每石0.2兩[143]，這一數字
則爲5.9%。

　　(b)1569年，南直隸溧陽縣將田賦分成幾類。其中折銀支付的田
賦，其稅率浮動範圍從每畝納銀0.04兩到0.0065兩之間不等。這包括所
有的耗銀和附加稅，還有攤入田土中的徭役[144]。

139　《安化縣誌》2/8-9。

140　《熹宗實錄》1558。

141　安野省三《揚子江中流域》，頁66。

142　《古今圖書集成‧食貨典》152/5/2。

143　安野省三《揚子江流域》，頁85。

144　《天下郡國利病書》8/73-4。

溧陽位於長江三角洲的邊緣地區，境內有許多湖泊和河流，有理由認為其平均畝產量可達1.5石米[145]。正常的糧食價格是每石0.5兩，最高稅率不到農田收入的5.4%，最低稅率不到1%。這種不正常的低稅率並不是由於土地瘠薄造成的，而是有歷史的原因。稅率的差異也不與這一地區的地力高下有密切關係。所有這些問題，縣誌中對此作了詳細的說明。低於1%的稅率是迄今所見最低的稅率。

(c)1570年左右，葛守禮寫信給山東巡撫，提到為了推進一條鞭法改革，布政使司決定要將所有省級稅糧額固定為條編銀。這些稅收分成三等，即0.9兩、0.8兩、0.6兩，取代了稅糧石[146]。

在山東，按照一般的習慣，要將三畝或更多的標準畝折成一稅畝[147]，最低可產小麥1石。1稅畝基本的稅糧額是0.05石。1576年，按照縣誌的記載，汶上縣小麥價格為每石0.52兩白銀，但剛剛收穫後小麥每石值銀0.37兩[148]。

這樣的價格就意味著省級官員所期望的最高稅額浮動於農作物產量的8.6%至12.2%之間，最低稅額浮動於5.8%到8.1%之間。

(d)1573年左右，福建省漳州府，稅田10畝，歲納本色、折色及驛傳等項，總計為1.2兩白銀[149]。

南靖縣、平和縣的地租率顯示出稅田的平均畝產量是米2石[150]。按照通行的石米0.5兩的價格，合併的稅額占到糧食收益的12%。稅額過高的部分原因是由於同倭寇作戰，增加了附加稅。

(e)1580年左右，山東曹州制定了這樣的稅收規則：由曹州直接管

---

145 對於其灌溉體系可參見歸有光《三吳水利錄》3/39。比較起來，位於長江北岸的鳳陽府田稍瘠薄，但其報告的產量達每畝1石米。見《天下郡國利病書》9/13、24。

146 葛守禮《葛端肅公集》15/18。

147 Ping-ti Ho(何炳棣)，*Studies on the Population*, pp. 105-7.

148 《汶上縣誌》8/61-2。

149 《天下郡國利病書》26/88-9。

150 《漳州府志》5/53。這一產量已經依據當地的辦法進行了折算。

理的地區，每2.7標準畝折成1稅畝，徵收條編銀0.042兩。在曹縣，每一標準畝4.8畝作1稅畝，編銀0.071兩。在定陶縣，3.6標準畝相當1稅畝，編銀0.052兩[151]。

上文假定了糧食價格一致，並且估計了每畝的產量，我們可以知道這些地區的納稅人的稅額分別占到了其收入的9.1%、8.7%、8.5%。當小麥價格爲每石0.37兩白銀時，這一比率將會修改到12.6%、12%、11.7%。

(f)1584年，廣東順德縣的田賦平均占到農業產值的3.5%。當米價下降到每石0.3兩白銀時，這一比率將變成6.1%(見第三章每一節)。

(g)1620年，浙江開化縣爲了稅收的目的,將出產上等稻米的34.428畝土地合併爲一個單獨的面積單位,基本稅額確定爲糧食1石。這一稅額包括除去遼東供應以外其他各色稅收,折銀爲1.614673兩,稅額很高[152]。

開化縣基本上是一個木材產區，其糧食產量與糧食價格無法確知。然而，可以猜測上田1畝，產量收益不會少於0.8兩白銀。因爲有證據顯示同省其他地理條件相似地區的土地收益能夠高達每畝1.5兩白銀。該縣稅額簡化合併爲每畝0.047兩白銀，估計不會超過農田收入的6%，還可能更低。

(h)南直隸蘇州府吳縣稅收較重，上文已經提及(見第四章第二節)。1643年出版的《吳縣誌》中抱怨每畝0.4石左右的稅糧過重，應該被取消。

即使這種記載產生於十七世紀中期，但當時蘇州府的情況與十六世紀晚期沒有很明顯的不同。十七世紀蘇州府的賦稅沒有增加很多，略高於原額，政府已經考慮到其重賦問題。

根據基本的估算，長江三角洲地區的稅糧要是高於其他地區通行稅率的5、6倍。但是由於這一地區折收金花銀和官布，一般民眾的稅

---

151 《天下郡國利病書》15/175。

152 《開化縣誌》3/12。

收負擔實際降低很多。而且，這一地區的徭役銀的徵收並不像田賦正稅那樣重。在整個帝國，三角洲地區被認為是土質最肥沃的地區。它包括南直隸的四個府和浙江的兩個府。其中只有沿海的松江府由於土質較差，但是土地所有者卻享有稅畝折算的優厚好處[153]。

上面《吳縣誌》中的記載似乎意味著稅收要占到土地所有者稅前收入的40%，但實際上不超過農業產出的20%。1584年，上海縣的統計顯示出與此十分類似的情況。稅田平均每畝的稅率約本色糧0.1石，外加銀0.08兩[154]。全部稅額接近產量的15%。1621年，南直隸巡撫指出其治下東南四府賦役獨重，他在列舉了稅收冊中各項賦稅之後，記下了一組複雜的稅率，包括本色和折色賦稅[155]。然而，這一比率明顯不會超過農田產量的20%。

當然，長江三角洲地區的賦稅額雖然不會比其他地區高5、6倍，但還是高了2、3倍。迄今為止還沒有證據顯示長江三角洲以外的任何地區的稅收接近這一水平。

(i)1643年，戶部尚書倪元璐上奏崇禎皇帝說帝國田賦徵收比率各地有很大不同，從每畝0.13兩到0.2兩有零不等。他警告說這些數字必有「私派沿徵者矣」[156]。

倪元璐的記述也不完全清楚。最重要的問題是這些比率是否比較普遍。如果他們僅僅是一些孤立的事例，就沒有理由為此感到擔憂。在此七年以前，福建漳州府就已經按照每畝銀0.12兩的比率進行徵收，同時長江三角洲地區的稅收水平已經接近每畝銀0.2兩。從1619年起，帝國政府七次下令增加稅收，額外加派達到了每畝0.0268兩白銀。

---

153 Ping-ti Ho(何炳棣), *Studies on the Population*, pp. 109-11.

154 田土總數為1,495,070畝。全部稅額為米155,537石，外加銀121,447兩。見《上海縣誌》3/19-21。

155 比率如下：上等之田每畝該納本色米0.182石，仍納折色銀0.1275兩。中等之田每畝本色米0.136石，仍折色銀0.410兩。下等田每畝本色米0.0637石，仍折色銀0.07兩。見《天下郡國利病書》6/47。

156 倪元璐《全集》〈奏疏〉，8/6-7。

此外，各項稅收也增加10%，稅額總計超過了1兩白銀[157]。因此，一些地區的稅率可能已經達到了倪元璐所提到的那種水平，而並不存在他所指的私派費用。

因此，很可能是倪元璐告誡皇帝，在這個混亂時期大多數地區的稅率都增加到了這一水平，這反過來意味著十七世紀之前，經過正式批准的稅收徵納要略微低於每畝0.1兩至0.17兩白銀這個浮動範圍（用倪元璐引用的稅額減去新的加派額）。這與十六世紀晚期大多數的統計和報告一致[158]。除了長江三角洲地區以外，還沒有一個地區的賦稅徵納達到每畝0.17兩，甚至每畝稅納超過0.1兩的也不多見。

（j）1600年左右的陝西平涼府的府志中對過去賦稅的徵收情況進行了回顧。作者提到一夫一婦耕田200畝，可獲糧300石，以十之一納官30石「至足矣」[159]。很明顯，後來的徵收比率超過了這一水平，但是不幸的是作者沒有詳細記載當時的稅費比例。

地方政府新部門的增加，宗藩人口的膨脹，都導致徭役負擔的增加，並使納稅土地的減少，這些因素成為稅收增加的重要原因。值得注意的是，地方誌的作者也認為稅收折銀導致了普通民眾的貧困。為了納銀，納戶不得不在極低價格時賣掉他們的糧食。此外，「火耗」的徵收也使實際稅率高於所看到的稅率。

稅收的全面估計

即使在現在，也很難確知總的稅收水平。這需要花去很多年去積累足夠多新發現的第一手材料，還要充分地利用現有各種資料。

在另一方面，利用現有的記述也還能進行一定程度的全面觀察。

---

157 對於戰時加派，見本人的《財政管理》，頁118。
158 巡撫王象恒在1621年提到江南以外的其他地區的田賦多者每畝在0.09兩，少者0.04兩，最低只有0.02、0.03兩。見《天下郡國利病書》6/47。
159 同上，18/81-2。

全部稅額包括田賦正額、加耗、附加稅以及一部分田出的役銀，還有田出的不可代收折納的項目。通常而言，直到十六世紀之初，按照地方正常的糧食價格估算，稅收不超過產量的10%。在許多地區，徵收額是遠遠低於這一水平。儘管有些地區稅賦較重，像長江三角洲地區，稅額接近農業收入的20%。但是這些估計沒有考慮到無償應役、私派及火耗，也沒有考慮到不同於大宗糧食的其他額外收入。

　　整個帝國的平均徵收水平似乎也不超過農業產量的10%，這個估計不會受到長江三角洲地區特例的影響。儘管名義上這四個府全部稅額約占整個帝國稅收總額的10%，但由於稅收折色和役銀的合併使其大大降低了。

　　對於稅收的貨幣價值只能作出一般的估計。1600年以前，基本稅額中的2億6千6百萬石糧食（見表6），其中折銀部分要超過80%。只有大約4百萬石糧食可以明確知道是按照每石糧食0.25兩白銀的比率折銀交納（金花銀）。其他種類的折納比率則有相當大的差異。然而，在南方，絕大多數的折納比率徘徊於每石0.5兩至0.7兩之間。在北方，公認的正常的折納範圍在每石銀0.8兩到1兩之間。加耗、附加稅以及其他收入的合併能夠提高「石」的價值，但是金花銀、官布折納以及通行於湖廣的每石糧食0.3兩白銀的低折納比率，都將會降低這一平均值。如果無論本色和折色，推測每「石」的平均價值是0.8兩白銀，這樣田賦正額總值將會略高於2,100萬兩白銀[160]。對於役銀，我們根據7個省35個縣的統計數字可以推算出平均每縣徵銀9724.26兩（這些縣可見於表2、3、4、7、8）。整個帝國的役銀額可能約為1千萬兩白銀。即使它僅僅部分地由田賦吸收，整個帝國來源於農業土地的總收也將增加到2千5百萬兩，甚至接近3千萬兩白銀。

---

160 下面的一段事例提供了對比的依據：在1534年，皇帝詔免本年田賦一半，戶部說明將花費國庫6,819,000兩白銀。此外再沒有其他說明，但可以推測其中要麼是不包括金花銀、漕糧以及其他實物稅收，要麼是不包括其他存留收入。考慮到這些情況，就可以推測全部田賦額可能接近2千萬兩。對於1534年的命令可見《世宗實錄》3712。

由於各地價格不一，加耗也不斷調整，我們很難作出更準確的估計。不僅現存的資料不完整，而且其會計方法也無法確知。但有一個非常重要的因素必須充分考慮，那就是實際徵收額很少會超過計劃收入的80%，有時還會更低。

第四節 稅收收入的支出

分配的指導原則

因為大部分管理開支通過徭役來完成，因此來源於田賦正稅的收入則僅用於以下各個方面：軍隊配給與花費，宗藩祿廩、官員俸給以及官學學生的津貼。從皇朝開始，田賦正稅就意味著食物這個觀念就已經形成，收益被期望由個人消費或分發給他們。有時稅收收入也用來從事大規模的公共工程建設，但是拔款基本上用於維持勞動者的生活。地方存儲主要是為了應備災荒及其它的食物需求。漕糧和南糧僅僅是大宗田賦在地理上的重新分配。田賦收入只有用於完成中央坐辦上供物料時才可作為自由支配的現金。

在1578年，南京的國子監還從常州府得到3,500石米，從甯國得到100石小麥，從應天府得到100石綠豆。此外，還要從南直隸以外的從湖廣布政使司得到20,000餘斤乾魚。所有這些項目都取自於各地的稅額[161]。像這樣的安排在很大程度上是基於過去的習慣，而沒有經過仔細地計劃。賦稅折銀消除一些物資供應過程中的複雜性，但是還是不可能根本取消這個舊體制。首先，稅收收入的分配不能重新調整，折色項目中沒有幾項被取消或者減少。而更為麻煩的事情是由於財政單位、地區差價、加耗以及會計方法的多樣化，使統計帳目十分複雜。

---

161 《大明會典》42/37、38、43、46。

戶部登記讓吏書進行詳細的記錄，但總的資訊不能達到政府的最高層。儘管各部官員偶而在其報告中提到全國性的統計數字，但在大多數事例中，這些數字是一般性估計，而不是一種有效的統計數字。有一點值得注意，就是戶部按地區組成各司，這一制度被清朝承襲下來[162]。

　　在十六世紀晚期，戶部也就勉強算得上是一個辦事機構。其直接控制的資金很少，僅僅包括一些來源於田賦中的少量雜色收入。這些收入的絕大多數都用於北邊軍事，對於這一問題將在以後討論帝國的財政管理時還將分析(見第七章第一節)。戶部監督田賦管理，但卻只能安於現狀，很少能夠進行革新。儘管「起運」與「存留」的分類還繼續有效(見第一章第一節)，但政府僅僅公佈與前者有關的詳細帳目，卻很少注意後者。「起運」成為政府的要務有很實際的原因，因為這部分收入主要是用來供應南京、北京以及北邊軍鎮。這些開支項目是由戶部直接負責。至於存留的各項收入，在許多省並不足以維持指定的開支(見下文)。而且，帝國政府又不斷地向地方官員施壓，要求完成「起運」。同時，也由於不可代收項目、稅收拖欠及賦稅蠲免等原因所造成稅收缺額都要從存留收入中扣除。一旦資金出現不足，「存留」缺額卻無從彌補。

　　稅糧的分配多多少少還有一個長久標準，表9說明了這一情況[163]。儘管這個表格是根據1578年的《大明會典》中的詳細統計作出的，這些統計資料與戶部在1502年作出的簡明統計幾乎相一致，也與韓文(戶部尚書，1506-8年在任)作出的統計相差不多[164]。因此可以看出基本的額度，一旦確立起來，是從來不進行修改的。戶部在必要的情況下當

162　這種管理模式的主要特點一直保持到十九世紀而沒有變化。見Sun, 'The board of Revenue', pp. 175-228.

163　這是概要分析了《大明會典》卷25、26、27、28中的所給出資料之後而得出的數字。

164　對於1502年的簡明統計，可見《孝宗實錄》3548-55。同樣的簡明統計見《西園聞見錄》34/1和32/24。

然可以調用一定的資金，但這種調整是暫時性的，不會成為定例。總之，十六世紀作出的絕大多數調整是通過修改折色率和加耗而達到目標的，所以並不會影響到稅糧定額。

表9：1578年左右田賦徵收和支出估計（糧食石）

徵 收		支 出	
夏 稅	4,600,000	稅糧存留	11,700,000
秋 糧	22,000,000	由納戶起運到邊鎮衛所	3,300,000
		起運南京	1,500,000
		起運北京	9,534,000
		京庫倉場	（4,000,000）
		白糧	（214,000）
		棉布和其他供給	（900,000）
		金花銀	（4,050,000）
		其他固定的折色	（370,000）
		雜色和未有說明的項目	566,000
總 計	26,600,000		26,600,000

為了更詳細地討論稅收收入的分配，很有必要考察一些地方的統計。

稅收收入的分配：以臨汾為例

我們已經選擇了山西臨汾縣1591年統計資料來說明中國西北部的稅收收入分配情形。即使在1591年，這個縣還保留夏稅、秋糧項目。就夏稅而言，起運收入要解送到5個不同的接收機構，存留收入要解送到7個接收機構。對於秋糧，起運收入被解運到7個接收機構，存留收入解運到16個機構。然而，全縣95%田賦是被以銀交納和解運的，消除了由於財政單位的多樣化而造成的最大技術性難題。下面的兩個表

格中，本色稅收已經按每石糧食1兩白銀的比率進行了折納，這是該縣通行的比率。地方誌中清楚地記載了每一個接收機構的名稱和地點，這樣就能夠確定解運明細表中每一項支出的性質。地方誌中也列出了根據糧食石所作出的舊的分配情況，這樣可以對全國性的統計及最初的解運原則進行對照。這些統計數字被概括地歸納到表10中[165]。同樣的稅額，折成了銀兩，比率則略有不同，如表11所示。

表10：1591年臨汾縣的田賦收入分配情況（本色糧）

開 支	石	%
起運：邊鎮軍需	21,044	37.1
存留：地方衛所軍需	1,102	1.9
存留：宗藩祿廩	27,551	48.5
存留：官學學生廩食	1,044	1.8
存留：俸給，轉送到府，等等	6,060	10.7
總計	56,801	100.0

表11：1591年臨汾縣田賦收入分配情況（折色銀）

開 支	石	%
起運：邊鎮軍需	20,013	36.2
存留：地方衛所軍需	889	1.6
存留：宗藩祿廩	21,678	39.2
存留：官學學生廩食	835	1.6
存留：俸給，轉送到府，等等	4,646	8.3
雜色和未有說明的項目	7.282	13.1
總計	55,343	100.0

---

165 這一表格根據《臨汾縣誌》4/2-5中未經整理過的資料概編而成。

因為這只是一個初步的解運明細表，而不是實際的分類支出帳目，所以不可能確知更詳細的分配情況。即便這樣，還是可以清楚地看出一定的特點。北方軍鎮無疑接受了最大量的稅收收入。只有很少的一部分留作管理費用，此中緣由可能是因為明代官吏名義上俸給低下及徵收役銀的緣故，這部分收益同田賦正稅分離。在分配各項中，宗藩祿廩成為最大項目，這是最令人吃驚的事情。

然而，這類情況也並非不正常。雖然各個府的供應比例不一，但無疑北方的許多地區，特別是河南和山西，藩王宗室可以從地方存留中單列出許多項目。也就在《臨汾府志》出版的同一時期，鄰省河南的開封府也有幾個縣同樣面臨著這種大量支出項目的問題。一位人士曾估計開封與舊屬歸德四十三個州縣夏秋糧約800,000石，其中起運約300,000石，存留約為500,000石。而存留中要拿出300,000石供給藩府。換句話說就是在這43個州縣中，藩府支給所占比例接近存留的60%，占全部田賦收入的40%。與此相對照，官吏的薪俸和官學師生歲用總計不過50,000石，約占收入的6%[166]。

然而有一點要指出，這些供給包含有虛假的支出預算。在十六世紀後期，沒有地區是全額支付。儘管對於藩王的供應通常能夠足額按時完成，但對一般宗室成員的供給卻被削減、拖欠或者被政府官員挪用。早在1502年，在河南和山西，如果嚴格按照官定明細表全額供應藩王宗室，其數額將超過這兩省的全部的存留收入[167]。事實上從1498年起，政府已經削減了這項支出[168]。但即使比例降低，這項供應還是要消耗掉大量的政府收入。同時，皇室成員的數量不斷地膨脹。在1529年，就報告說「玉牒」中8,203人[169]。四十年後，這一數字達到28,492人[170]。估計到明末，開國皇帝的直系男性後裔接近100,000人[171]。

166　《天下郡國利病書》13/76。

167　《孝宗實錄》3552。

168　《世宗實錄》5169。

169　鄭曉《今言類編》1/36。

170　《穆宗實錄》0843、1424。

對於某一年實際供給宗藩祿廩總額還缺乏充分的估計。1562年，一位御史指出按照規定，祿米總額要超過八百萬石[172]。即令地方官員稅糧全部輸給宗藩，仍不足完額。而且還沒有一個地方官員能夠百分之百地完成稅收[173]。所以一般宗室的祿廩要由地方官員和駐在當地的藩王進行協商，這些藩王對當地的宗室成員有管轄權。在十六世紀晚期就不斷有人上報有些爵位低下的宗室拒絕將其子孫登記在王牒中，因為他們中有的已經淪為乞丐，有的到處搶掠，甚至有的宗室成員同蒙古入侵者相勾結。他們中的一些人已經多年未有領到任何祿廩了[174]。

儘管記錄在地方誌中的宗室祿廩細目也有虛假的成分，但是由於他們而引起的管理問題都是十分實際的。他們截去了很大一部分稅收收入，用盡了縣裏的收入餘額，不利於更好進行稅收調整。藩王宗室無疑也是增加稅收收入的一個障礙，採用鞭打納戶甚至致死的方式榨取收入最終只是為了滿足非生產性的皇族成員的需求，正直的官員恐怕都不會這樣做。

稅收收入的分配：以吳縣為例

我們利用表12，南直隸蘇州府吳縣1575年統計數字來說明南方各縣的收入分配情況，這些地區不駐有藩王宗室。

該縣的稅收收入是解運到四十個不同的接收機構，財政單位是糧食石，其中也有一些項目被折成銀兩。一些項目的價值由於改折比例和加耗不一而受到影響，但是因為所列舉的每一個大的項目中各小項的改折比率也高低不一，所以這種影響可能會相互抵消。表12[175]中對

---

171 Hucker, 'Governmental Organization', p. 9；吳晗《朱元璋傳》，頁216。

172 《世宗實錄》8448/9；《明史》82/864。

173 《穆宗實錄》1039。

174 《世宗實錄》5753-4、5902-6、8191-2，《穆宗實錄》0570、0843、0857。

175 表格中的內容來自於《吳縣誌》中沒有整理編輯過的資料資料。

收入分配的說明應該是較爲準確的。

表12：1575年吳縣的田賦分配情況（以糧食為標準）

起　運	石	存　留	石
額解京師的漕糧和白銀（包括金花銀）	64,238	南直隸軍衛	47,624
駐京藩王	1,404	府倉	4,544
北京各衙門	2,594	蘇州府的儒學倉米	735
南京各衙門	523	本縣儒學倉米	367
起運總額	122,980	存留總額	54,604
總額 177,584石			

吳縣起運部分比例較高，占總額的73.8%，這在長江三角地區也是比較特殊的情況。但是存留收入的支出則在大多數南方縣是比較典型的。存留收入的開支比例如下：

	石	%
軍需	47,624	87.2
府倉	4,544	8.4
儒學倉米	1,102	2.0
俸糧和地方恤孤	1,334	2.4
存留總額	54,604	100.0

從上面的存留分配比例可以看出扣除軍衛開支之後，其他各項已所剩無幾。儘管在其他地區軍衛開支不會總是高達87.2%，但一般都不會低於50%。很顯然，這種情況早在十五世紀晚期就已存在，當時浙江全部存留稅糧爲130萬石，其中軍隊歲用約爲840,000石[176]。這種情況持續到十六世紀，在霍與瑕寫的私人信件中就提到1561年在他任慈

176　《憲宗實錄》3596。

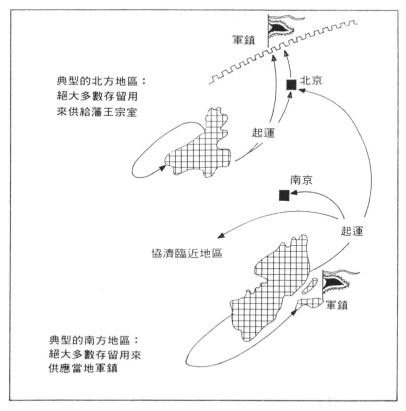

典型的北方地區：
絕大多數存留用
來供給藩王宗室

軍鎮

北京

起運

南京

起運

協濟臨近地區

軍鎮

典型的南方地區：
絕大多數存留用來
供應當地軍鎮

圖4：稅收收入分配圖

溪知縣時，全縣糧額37,000石，其中轉而供軍者有30,000石[177]。1572年，福建漳州府抱怨說運送到府庫的糧食只有7,000石，僅鎮海衛就用去9,000石[178]。1582年前後，翰林院學士趙用賢上疏皇帝說倭難至今已幾十年，而蘇州府還要運送米55,000石、銀18,000兩給三個衛所以供軍需。留存各州縣者不過正米10,040石，而六個州縣「官吏、師生之給，皆取足於此矣」，他接著又說，「以故一遇凶歉，府縣官束手無策」[179]。

早在1480年，浙江的存留糧就已經不能足額供應本省軍衛的需要

177　《皇明經世文編》369/9。

178　《漳州府志》5/18。

179　《皇明經世文編》397/16-17。

180。當時倭難已經開始，而南方各省的軍衛已名存實亡（見第二章第三節），他們不可能消耗掉如地方誌所列的那麼多的供給與經費。眾所周知，南方的稅收拖欠要比北方更為嚴重，而不斷發佈的賦稅蠲免命令必然會造成地方的預算赤字。北京又不斷要求南方各省坐辦物資，各省地方長官也會同各部官員進行討價還價，但坐辦無疑也要耗去存留收入。總而言之，軍需是另外一個開支的無底洞。

從十六世紀中期開始，兵餉（見第三章第四節）的徵收目的就是想消彌差額。在理論上，各地方要定期地從田賦中支出部分額度解送給軍事衛所，而兵餉當時是被解送到省級軍事當局[181]。但是在一些地區，包括上文提到的吳縣，這兩種款項不久被合為一種[182]。

第五節 田賦制度的最後分析

稅率過高了嗎？

在十六世紀，普遍的看法是稅率過高。雖然當時地域情況不同，稅率差異頗大，但當時的學者、請願者和地方誌的編者都有同樣的看法。

當然，一個主要的困難是缺乏硬性的標準去評估稅收水平。稅收水平的評估很大程度上要考慮整個的經濟發展水平、管理目標以及所期望的服務程度，而不是通行的社會價值，例如對保護私人土地所有者利益的關心。當所有這些相關因素被仔細分析之後，我們就很難再

---

180 《憲宗實錄》3596。

181 見何良俊《四友齋》3/196-7。；《金華府志》8/13。

182 這種複合性的預算被稱為「練兵米」（troop-training rice）或「練兵銀」（troop-training funds），見《上海縣誌》3/21；《吳縣誌》7/17。

同意當時人的看法。

　　事實上，一個主要依靠土地收入的龐大帝國，整個的稅收水平僅爲農業產量10%，這看起來是很低的。皇朝的建立者應該首先對這種情況的產生負有責任。洪武皇帝要求軍隊自給自足，鄉村實行自治，這些辦法不需要很高的稅收水平。而且，他也通過大量印製紙鈔的方法來應付各種開支。一些地方誌的作者曾對明初土地稅收水平低下進行過評論[183]。而各地稅收定額一旦成爲定制，就是鐵板一塊，從不調整。可是各種加派和徭役的徵收卻完全沒有計劃，容易暗中操作。中央政府不瞭解地方情況，而各省官員卻無力行使其職權。財政管理上整齊劃一的要求一直延續下來。即使一條鞭法改革也沒有消除累進稅制，而累進稅制的原則卻無法繼續保持。在這種情況下是無力再增加稅收，當時的許多人對於稅收的看法純粹是將其作爲一種生產收入的工具，而不是將其當成一個可以調節的裝置。當它不被如此利用時，各地土地所有、土地租佃以及利率等情況合在一起就會將稅收限制通行範圍之內，稅收的任何增長都會讓最低層的納稅人感到不可忍受。因此稅收水平總是被認爲是很高的。

　　明代財政管理的另一個大的缺陷是皇帝的內庫與公共資金混淆不清。1590年，戶部尙書宋纁(1586年起在任)曾建議其繼任者石星(在任到1591年)不要將地方羨餘解送至首都，否則皇帝知道物力充裕，則又生奢侈之心[184]。在河南和山西，如上文所示，任何稅收的增長最後都可能是流入藩王的府庫。許多官僚堅信向民眾加徵的任何額外的稅收不久都可能被皇帝揮霍浪費殆盡，因此他們對稅收採取消極的態度。「藏富於民」這種儒家的原則走到一個極端，政府財政的任何增加都將被認爲一定導致民困。1537年，工部尙書林庭㭿僅僅因爲建言增加田賦而致仕[185]。很清楚，彈劾他的監察官員沒有認識到稅收不足與稅

183　例如，《姑蘇志》15/1；《金華府志》8/40；《徽州府志》7/1、7/4。

184　《明史》224/2585。

185　《世宗實錄》4208、4215。

收過重一樣對民有害。

地方政府的運作費用：非正式的稅收

低稅收的一個直接結果就是所有的地方政府部門人員不足，收入低下，無法更好地完成各項工作。

一個非官方的統計估計在十六世紀，明朝政府有官20,400名和吏51,000名[186]。但是因爲後者同時供役於軍，所以可以推測他們中只有30%受雇於府縣衙門。這些人員分佈於1,138個縣，意味著即使最大的縣也不會超過30個有薪俸的位置，小縣則更少。

這些有限的人手要負責所有的地方行政事務，包括稅收、審判、治安、交通、教育、公共工程和社會賑濟等，這些事情決非簡單易辦之事。應該知道，明代的官員們除了是要履行許多禮儀性活動之外，而且在十六世紀後期，他們所經手的文牘作按現代標準來說也是很沈重的。

我們已經注意到，還沒有一個縣能夠留存300兩以上白銀以供每年的薪俸。薪俸等級也能夠根據1578年的則例中查對得知[187]。一個知府，作爲超過1百萬人口的民政長官，每年的俸祿是銀62.05兩，這還不夠養活一個小的家庭。一個知縣每年的俸祿是銀27.49兩，這要大大低於皇帝一天36白銀的配給。與此相對照，到十六世紀末期，貧民工人役錢是每日給銀0.03兩[188]，募兵每年得銀18兩[189]。

地方政府的運作費用是來源於徭役銀。全國平均每縣約有3,000兩，南方縣可達7,000兩。有幾個縣這項收入高達30,000兩。儘管這些資金能被認爲足以應付縣裏的工作，但事實上並不是所有收來的錢都

---

186 王鏊《震澤長語》1/23；《西園聞見錄》34/2。

187 《大明會典》39/1-7；孫承澤《春明夢餘錄》27/5。

188 薛尚質《常熟水論》10；《皇明經世文編》375/11。

189 《明史》222/2559；《神宗實錄》1986、3317、5491、6543、11266。

花費到縣裏。例如「驛傳」大部分是用來應付來往官員的開支。蘇同炳在對72個縣的統計帳目進行研究後認為平均每縣這項支出接近2,000兩[190]，當然，比較貧困地區還常常得到其他地區的協濟。「民壯」一般也不用於一般的民政管理。能夠全部用於縣內事務的役銀是「里甲」和「均徭」，但即使這些役銀也要部分上交給中央和省級政府。實際上，在支付官員佐貳的薪俸之後，平均每縣也只能餘銀100到200兩用於辦公費用。南直隸祁門縣公認是一個極端的例子，公費銀僅27.74兩[191]。浙江衢州府甚至沒有足夠的資金維修知府衙署[192]。這些情況只會鼓勵私派，到了十六世紀晚期這種不正式的稅收方式在許多地區實際上已經制度化了。海瑞列出了浙江淳安縣許多稅收「常例」(見第四章第一節)，1561年，他宣布革去這些常例[193]（見附錄B）。地方官員額外加徵的每一項收入都是經由衙門。當商人進出本縣時，甚至還向官鹽加徵一小部分過境稅。知府、知縣的佐貳以及衙門中吏胥的禮錢也都瓜分於此。此外，州縣里的里長要輪流供役於官，他們要支付額外的公費。按照當時通行的慣例每一位里長出役之時，要向州縣官交納拜見銀[194]。同樣，吏書門皂也要為得到這一職位向佐貳交納一定的銀錢。倪元璐和顧炎武在十七世紀初都曾記述當時在每一省中有好幾千名吏胥依賴這種半官方的身分而生活[195]。至於火耗和和稅收代理人盤費的徵收，上文已經論及。因此，所謂稅收水平低只是一虛假表面上的現象。甚至當時的歐洲旅行者也注意到儘管中國人納稅較其他國家為低，但他們要承擔許多「額外的、人身的徭役」[196]。

　　絕大多數的財政負擔無疑都是由各級官員及其隨從向民間徵索。

190　蘇同炳《驛傳制度》，頁439。

191　《徽州府志》8/23。

192　《開化縣誌》3/31-2。

193　海瑞《海瑞集》48-9。

194　《西園聞見錄》32/9。

195　倪元璐《全集》〈奏疏〉9/5；《日知錄集釋》3/80。

196　Lach, *Asia in the Making of Europe*, I, p. 769.

在實際情況下，正常稅收增加的障礙是小戶無力交納。更有那些不定期的非正規的稅收，也大都加之於中小土地所有者身上，他們無力逃避、抵制。這樣使他們的納稅能力進一步受到削弱，陷入了一種惡性循環。

並不是所有的明代官僚沒有意識到這種情況。一位兵備道的官員也認為應該通過增加正常稅收來來彌補開支[197]。北直隸懷柔縣知縣譴責那些力主保持少量地方行政預算之人過過於刻薄，對人民不利[198]。1586年，監察御史張棟在給皇帝的上疏中表示出了同樣的主張[199]。

「藏富於民」的謬誤

因為稅收收入不足，明政府很少能夠造福於民。甚至連治水這種中國政府最應該表現出莫大關心的事情，十六世紀的明政府也做的遠遠不夠（見第七章第一節）。一般說來，大規模的治水計劃都在大水災之後開始實施。這些計劃的主要目的是為了保證大運河的暢通，而不是為了改善水利灌溉。薛尚質就揭示出其故鄉位於長江三角洲地區的常熟縣十年之間不能三稔。他認為只要稍微增加一些稅收作為水利灌溉就可以解決這個問題了[200]。他的這一建議與歸有光的觀點不謀而合。當時歸有光正致力於蘇州府的水利灌溉事業。歸有光很激動地引述了早期懷疑政府的「節制」政策是否明智的學者的觀點，認為不通過增加稅收收入來投資水利建設項目，非養民、富民之道。因此可以認為好的管理者將會停止分發施捨給百姓[201]。

政府也採取一種被動的態度來維持農產品價格，其結果導致了人為地增加了稅收。唐宋時代的轉運使（見第二章第一節）已經利用稅收

197　《開化縣誌》3/33。

198　《懷柔縣誌》2/10。

199　《皇明經世文編》438/3-4。

200　薛尚質《常熟水論》3-4、10-11。

201　歸有光《三吳水利錄》1/5、7。

收入進行貿易，而明代的稅收政策則讓硬通貨撤出流通領域，通貨緊縮的後果極大地加重了小戶的困苦。山東汶上縣1576年就報告說收穫之後，很快就到了稅收期限，這時候的小麥價格從正常的每石0.52兩白銀降到每石0.37兩白銀，大麥則從每石0.4兩降到每石0.25兩。三個月後價格又回到了正常的水平。碰巧這個縣有一部分徭役銀能夠留在庫中要好幾個月。知縣依次進行折色，先按照比市價高10%價格徵收稅糧，這中間的好處給了納稅人。價格恢復正常之後，再支出同樣的費用，用於提前付給疏通運河役夫的工食，又沒有向他們索要貸息。通過這種手段縣裏也剩銀210兩[202]。這種策略並不是什麼新的辦法，事實上宋代就已經廣泛地採用了。該事例說明只要管理者自己能夠控制一些財政節餘的話，這種方法是切實可行的。知縣能夠進行這種冒險是因爲其徭役銀總額達3,400兩，能夠用來備用。由於定額稅收制度和控制貨幣信用的失敗，北京的朝廷很少能夠向公共服務設施投資。因此其政策只能是有利於高利貸者和典當商人。

　　意味更爲深長的是，低稅收的唯一正面的影響是保證了土地所有者的收入，但這種好處並不能惠及直接的勞動者。刑科給事中年富在十五世紀就已經指出了這一點[203]，十七世紀顧炎武也有同樣的看法[204]。現代的學者，在討論晚明的「土地剝削」時，常常指向幾個大地主，忽視了正是稅收制度使得各個層次上的剝削成爲可能。保存下來的土地租佃契約就證明了有些土地所有者僅擁有5畝或更少的土地，但其所徵收的地租相當於農作物產量的50-60%，而他們的經濟和社會地位與其佃客並無很大不同。一些奴僕也能夠投資於土地，逐漸成爲小農[205]。這些人都擁有許多小塊土地。海瑞(在現代學者看來，他是農民利益的維護者)在他的信件中就透露出他自己擁有零散土地93塊，分散

202　《汶上縣誌》8/61-2。

203　《英宗實錄》0110。

204　《日知錄集釋》4/56。

205　傅衣凌《農村社會》，頁11-13、22、24、33；謝國楨《黨社運動考》，頁268-9。

在好幾英里的範圍內，全部稅額為1.28石。按照海南島的一般稅率可以估定其土地數量大約為40畝。這種土地佔有形式，他自己也承認，非常難於進行稅收管理[206]。

儘管十六世紀的學者們總是對小土地所有者有著深深的同情，卻很少有人關注他們的佃戶。明代官僚的傳記顯示出他們中的許多人都是來自於小土地所有者家庭，在某種意義上，這些人的家庭體現著傳統的儒家道德。毋庸置疑，他們常常能夠利用傳統的社會升遷渠道而改變身分，因為低水平的稅收能夠留給他們一定的農業收入剩餘，他們精打細算，不斷壯大實力[207]。當時他們談起稅收時，其公正感常常受制於地主階級的社會價值觀，他們關心的不是現代意義上純粹的經濟公平。

儘管在中國，這些小土地所有者從來沒有因為圈地法令而無家可歸，淪為城市無產者，但他們為此換來的是沈重的經濟負擔。相對於少數大土地所者而言，他們家庭中存在著大量的無用勞動，其經濟喪失更多。小土所有者的大量存在，使田賦稅率不能充分上調。財政管理的障礙不僅不能向大土地所有者徵收累進稅，同樣也要考慮小土地所有者的利益。其實，資金的濫用不必考慮，在傳統中國，稅收收入嚴重不足，政府甚至不能正常運作，更不消說求得任何經濟上的突破。

---

206 海瑞《海瑞集》418、457。

207 Ping-ti Ho(何炳棣)，在 *Ladders of Success* 一文中舉出了許多社會地位流動變遷的例子。傅衣凌也認為一般的大土地所有者的土地經過幾代即告分散。見《農村社會》，頁85。小土地所有者階層可能在這一過程中扮演著重要的角色，他們代表著地位上升的最初階段和地位下降的最後階段。

第五章 鹽的專賣

鹽的專賣管理也許最能表現出明朝政府在商業管理方面的無能。十六世紀的大部分時間和十七世紀早期,專賣制度規模沒有擴大,計劃性收入停滯在一個固定的水平。1535年制定的價格此後基本未變。鹽務官員從來不知道國家收入有多少來自於餘銀,有多少來自於正鹽。

專賣制度最主要的弊病在於其用管理簡單農耕社會的方法和原則適用於宏大的商業性經營管理。由於管理者的無能,專賣制度被分成無數個子系統,其結果就是為了管理的目的,把單一產品劃分為七、八個不同的類別。十六世紀食鹽專賣的周期性危機,在某些方面與現代商業周期非常相似。

然而無能並不能完全歸因於無知。在十六世紀,甚至十五世紀晚期,好幾位明朝的政治家就已經指出專賣制度的不足,並建議了可行的補救辦法。但是這些建議被完全忽視了,因為鹽的管理僅僅是一成不變的財政制度的一個組成部分,這一財政制度也就是梁方仲所稱作的「洪武型」[1]模式。有限的能力和缺乏適應性使得任何徹底的改革在實踐中成為不可能。

1　這個論述參見《明代一條鞭法年表》,最初發表在《嶺南學報》12卷1期。我不曾親見此文章,而是轉引自人民大學《社會經濟》,頁192。

第一節 鹽的專賣機構

國家層面的組織

　　鹽的專賣沒有總的主管官員。其由戶部尚書監管，但從來沒有建立起專門的中央機構來管專門這項工作。僅僅在1575年，戶部尚書王國光要求各地鹽務部門要將所有帳目提交山東清吏司，在此之前各地鹽務帳目還歸屬本地對應的戶部各司[2]。這種程序的改變，僅僅影響到帳簿管理。雖然山東清吏司從那時開始管理了所有的文書工作，但其領導者並沒有成為一個鹽務管理者，仍由戶部尚書對鹽務負有全部的責任。而最終都要取決於皇帝的裁奪。

　　在各省的管理機構包括六個都轉運鹽使司和八個鹽課提舉司（見表13）。每個都轉運鹽使司都控制著一個主要的產區，每個鹽課提舉司則控制著一個小的區域。這些管理機構通常並不跨越省界進行管理；唯一的例外是兩浙都轉運鹽使司，其管轄範圍包括浙江和南直隸一部分地區。廣東則有二個鹽課提舉司，雲南有四個鹽課提舉司[3]。

　　鹽務缺乏綜合管理，這可以部分地由生產技術的多樣以及食鹽質量、地區價格、運輸條件的多樣化來加以解釋。例如，廣東的鹽課提舉司一個在大陸，而另一個則在海南島，兩者之間的距離使他們之間的協調變得十分困難。在兩淮的北部區域，食鹽的生產是通過曬鹽法獲得的，投入資金較少，生產的食鹽廉價質次。在兩淮南部區域，食鹽是通過煎海法獲得，這種方法能夠生產大量優質鹽，但成本較高。在山東的一些地方，鹽鹵首先要通過洗刷鹽飽合的土壤獲得，然後必須運到二十里以外的內地去煎煮，因為在海岸附近沒有燃料，整個過

2　《明史》225/2596；《神宗實錄》0979；《校勘志》309。

3　《明史》80/837。

程非常的不經濟。在山西的河東地區，從一個二十里長、二里半寬的湖中直接撈鹽。因爲這裏的湖水鹽飽合，在夏季幾個月裏可以自然地結晶，工人們直接撈採即可[4]。在四川和雲南，通過鹽井獲取食鹽。建造新的鹽井需要鉅額投入並要冒著很大的財政風險[5]。食鹽作爲大宗商品，其價格很大程度上取決於運輸成本。那些與人口集中地區有水道連接的產地，就較其他地區有很大的優勢。對於明王朝來說，以一個固定的價格結構去適用於整個帝國，並相應地協調食鹽生產，這是很難辦到的。因此，明朝也是仿效前朝的做法，每個產區都有其行鹽疆界，通常都是與省界相一致[6]。犯界行鹽則要治以重罪。這樣鹽的專賣不可避免地被分成幾個區域，缺乏競爭。

理論上所有的鹽政機構隸屬於布政使司。在《大明會典》中，他們被列在布政使司之下[7]。然而，實際上從鹽場獲取利潤的機構通常都會對鹽場進行控制。在十六世紀，中央政府曾經考慮過直接控制兩淮、兩浙、山東和長蘆都轉運鹽使司。河東鹽運司則在中央、省兩級政府共同管理之下。中央政府對其他鹽區的控制則是有名無實的。廣東鹽課提舉司明顯地隸屬於當地的知府[8]，陝西的靈州鹽課司實際上是由軍隊將領管理[9]。

中央政府通過發佈鹽務管理法規實施對鹽務的控制，它可以向所有的鹽務機構發出普遍適用的法令，也可以向某個機構發出特別的指令，中央政府直接任免鹽政機構的官員或者定期地派遣巡鹽御史巡視各個產鹽地區[10]。兩淮地區，爲國家財源之重地，因而始終處於最嚴

4　鹽地區的具體條件，可參見《明史》80/838；《天下郡國利病書》15/133、17/82、84-86、19/93-102；《河東鹽法志》1/1。

5　《皇明經世文編》382/4。

6　關於行鹽疆界，可參見《大明會典》卷32、33。

7　《大明會典》卷15、16。

8　《天下郡國利病書》17/81、28/8；孫承澤《夢餘錄》35/44。

9　《天下郡國利病書》18/27。

10　《明史》73/859、75/802；孫承澤《夢餘錄》35/44、48/43。關於巡鹽御

密的審核之下。巡鹽御史的「駐節地」——揚州，就位於該區域的中
心。雖然巡鹽御史任期一年，但是如果沒有新任命他很少離任[11]。對
於兩浙、河東、長蘆鹽運司，也任命專門的御史巡視，但非定例。在
其他產鹽地區，多由巡茶、清軍或巡海御史代行監督職能。

某個官員被任命去管理幾個都轉運鹽使司則是例外情況。1560
年，副都御史鄢懋卿被任命總理除福建以外的所有都轉運鹽使司事
務；1568年，龐尚鵬總理兩淮、長蘆和山東鹽政[12]。對於他們的職能
將在後文論述，但是應當注意到他們只是在短期內任職。在他們離開
之後，這一官署就被撤消。

儘管這些御史的任命有臨時性質，但他們仍然在食鹽專賣中扮演
著重要的角色，因爲正是他們提出了規範的管理辦法。遇到重大問題，
他們向皇帝提供建議；小的問題，他們在自己的監督許可權內直接向
鹽政機構發號施令。其他控制食鹽的立法經常由北京的監察官員提
議。相比較而言，鹽政執行機構的工作人員則沒有什麼重要性，他們
僅僅例行公事，不會有什麼太大的革新。明朝的官員認爲他們缺乏影
響和聲望，這是鹽務管理的根本弱點之一。此外，巡鹽御史職務任期
過短，他們中又很少有人熟悉具體的鹽務管理[13]，這也是一個問題。

都轉運鹽使司

一個都轉運鹽使司有三個或四個分司，每個都控制一定數量的鹽
場，通常不超過十二個，但一般也不少於五個。在海岸，鹽場佔有一
塊狹長的帶形領域，通常不寬於10里[14]。在兩淮地區，他們因運河和

史，參見Hucker. *Censorial System*, p. 83.

11 朱廷立《鹽政志》9/9-14，書中列出完整的巡鹽御史任職表，一直列到該
　　書出版的時間。

12 《明史》80/842、227/2316；《世宗實錄》8047。

13 《天下郡國利病書》12/42；《皇明經世文編》475/23-9。

14 鹽場具有地域職責是可能的，見《兩浙鹽法志》2/5。

河流與普通百姓分開，形成一個單獨地區。都轉運鹽使司的分司在其領域內維持法律和秩序，保持水道暢通，治理水利，分配救濟物資給困乏的竈戶。換言之，分司實際上扮演了某種形式的地方政府角色。最底層的分支機構，即鹽場鹽課司，從竈戶那裏徵收食鹽並在發送前存儲。都轉運鹽使司還管理著一些批驗所，它們位於產區的水路要衝地帶。然而，山東都轉運鹽使司，僅有一個批驗所[15]。所有從產區運出的鹽都必須在其中一個批驗所卸下並接受官方的稱量和檢查。

按照明朝的標準，都轉運鹽使司算是人員充足的部門。但相對於其高度分散的組織而言，行政管理人員仍然不足。兩淮鹽運司是最大的區域性辦公機構，僚屬場官約為60人，吏書皂快諸役不到100人。分佈在三個分司、三十個鹽場和二個批驗所，結果在每個地方只有一名官員[16]。山東鹽運司在其分司官署中沒有書辦，文書職責轉由吏典[17]。

專賣工作要依靠於對生產者的控制。竈戶，一旦為登記註冊，就永久地保留為竈籍，原則上不允許改變他們的職業和籍貫。在每個竈戶中，身強力壯的男子被定為一個竈丁，在王朝早期，要求每個竈丁每年上繳3,200斤鹽，政府每400斤鹽給付工本米1石[18]。竈戶被免除日常的徭役，允許他們從特別保留的「草蕩地」割取燃料。這樣是希望竈丁將會相應地增加。但這種發展在實際中並沒有發生。在大多數地方，最初竈丁保持在規定的水平之上，後來則減少了。都轉運鹽使司或者鹽課提舉司的生產被固定的定額所束縛。甚至到十六世紀時，一個典型的都轉運鹽使司的內部機構仍然與早期沒有什麼太大的變化。

竈戶每五年登記一次。同時重新審定竈丁的數量。大約100或200個竈戶組成一個團，管理者從這些竈戶任命幾名總催輪年服役。他們更像是鄉村稅收催辦人員(參見第四章第一節)。事實上團與通常的里

15　《大明會典》32/1-2；《皇明經世文編》475/27；朱廷立《鹽法志》7/42。

16　《皇明經世文編》475/25；朱廷立《鹽政志》7/68。

17　《山東鹽法志》11/21。

18　朱廷立《鹽政志》4/28；《明史》80/839；《大明會典》32/4。然而廣東每個竈丁僅繳納1,286斤食鹽，參見《兩廣鹽法志》3/14。

甲制度有著明顯的相似性[19]。有時候帝國的法令宣布竈丁的空額由那些從監獄裏釋放出來的囚徒填充。有人則建議僉補附近民戶爲竈戶[20]。但是卻沒有證據表明勞動力的構成曾在某種程度上受到這些辦法的影響。

分配辦法

儘管鹽政機構有轉運的頭銜，但它們並不從事食鹽運銷。食鹽或是賣給某個批發商，或者是由鹽商輸糧北邊中鹽。無論如何，商人必須去鹽場取得食鹽。這種交易體系，即所謂的開中法，它起源於宋代。戶部授權邊鎮軍官接收商人的糧草，然後開出倉鈔，就是一種「勘合」，商人出示它給鹽運司造驗，以換取食鹽。但是這種倉鈔並不能直接兌換成現金，食鹽也必須有鹽引才能發賣。鹽運司必須等收到邊鎮的倉鈔和大多數商人已經在此之前受到核查無誤時，才可以準備鹽引[21]。

引，也是一種重量的單位。換言之，鹽一引授權運送者可以運輸一引的鹽。引的標準是400斤，但是在洪武統治時期，規定的一引少於200斤。以後每引的重量因地因時有異。因而這也是一個可以伸縮的財政單位。在十六世紀大部分時間裏，兩淮地區，每引規定爲550斤，在1616年則減少到430公斤。在兩浙地區，每引波動於350斤到300斤之間。僅在河東運司管轄區域內，每引一直保持在200斤[22]。官鹽必須有引，否則就被視爲走私。

都轉運鹽使司沒有權利刷印自己的鹽引。所有印刷鹽引的金屬引

19　關於鄉村催辦人，參見《上海縣誌》4/22-3；《天下郡國利病書》31/29；《大明會典》34/38；《皇明經世文編》358/8。

20　《大明會典》34/36、38；陳仁錫《皇明世法錄》29/2。

21　有關倉鈔和倉勘參見《大明會典》 34/4-5。

22　關於鹽引重量的不同，參見：《皇明經世文編》475/19-20；《河東鹽法記》10/8；《山東鹽法志》11/7-8；《兩浙鹽法志》3/81-3。也可見附錄C關於1535年的規則。關於鹽引，參見《大明會典》34/14-15。

版都被南京戶部職掌。每個鹽運司必須委官去南京出示底簿和倉鈔，以便印刷準確的引數[23]。不允許儲備鹽引以備將來使用。大多數運司每年發放一次鹽引。但兩淮運司卻是例外，這是因為兩淮是最大的食鹽產地，印刷的鹽引更加經常。從1568年開始，有好幾次提議提前印刷鹽引[24]。這種方法似乎在1594年對兩浙地區產生影響[25]。即使如此，兩淮地區1616年的記錄顯示出鹽引仍然是在倉鈔到達時才行刷印[26]。

一旦從南京戶部得到鹽引，運司就把持有者的名字填在空白處，商人憑此下場支鹽。所有的鹽場被分成三類，即上、中、下三等。下等鹽場生產少量的優質鹽。離批驗所更遠些，這樣就包括額外的運輸費用[27]。據說山東運司的一個鹽場離唯一的批驗所有600里遠，這對鹽商而言是相當大的困難[28]。原則上沒有鹽商得到全是上等或是下等鹽場的食鹽[29]。

鹽課司按鹽引支鹽，撕下鹽引的一角。然後商人運輸食鹽到批驗所向運司報告。他已經完成支鹽。於是運司撕去鹽引的第二角。這時鹽被暫扣，在官方檢查之前，商人必須等到聚集到批驗所的全部食鹽達到規定的數量。十六世紀在兩淮地區規定積到85,000引為一單，也就是4575萬斤，接近31,200噸[30]。當達到這一水平時，運司要求巡鹽御史批准核查和稱量。稱重是必要的，因為在十六世紀鹽引持有者可以多次使用鹽引直接從竈戶那裏購買大量食鹽（參見第五章第三節）。核查人員通常是當地通判和主簿，臨時由巡鹽御史委任。當每包鹽最終都被稱量過，且付清額外稅費後，鹽引的第三角被撕掉，這時商人能

23　朱廷立《鹽政志》7/49。

24　《穆宗實錄》0730；《兩浙鹽法志》3/84-6。

25　同上，3/84。

26　《皇明經世文編》474/6，475/1、14。

27　同上，474/15、29。

28　《山東鹽法志》11/2。

29　《皇明經世文編》475/15、28-9。

30　同上，475/5、26；《天下郡國利病書》12/43-4。

夠把食鹽裝船運輸到指定碼頭。這些碼頭由鹽運司決定而非商人。全部分配依照一個總的計劃，按照各府的人口精確地規定應該行鹽引數[31]。當運抵指定碼頭，商人要向地方官員報告。在完成出售時，已經被撕去三個角的鹽引，要送到最近的府州縣衙門，由官員撕掉最後一角，上繳給戶部與最初的期號相符[32]。即使是在理想的條件下，一個商人要完成這種交易也需要大約二年的時間，記錄顯示這有可能花費五年、六年、或是更長的時間。

第二節　政府的控制與運作

竈戶

　　在一個具有一定流動性爲特徵的社會中，保持竈戶世代爲鹽的生產者是件非常困難的事情。政府在付給竈戶工本米時欺騙他們，使得這一問題更加嚴重。在採用寶鈔流通的十四世紀，工本變成了政府的寶鈔。當寶鈔貶值時，這種工本鈔會變得一文不值。到十五世紀，政府不再能夠爲鹽業生產提供資金，而是允許鹽業生產者直接把自己生產的餘鹽賣給得引商。同時，竈戶被鼓勵去開墾公共的土地，可以減免稅收。但到那時，許多竈戶已經離開了海邊，而其他人已把官撥草蕩地改爲種植水稻。與對世襲軍戶的態度相反，明朝政府從來沒有試圖強迫這些生活在鹽場外的竈戶返回他們的家園，或者強迫他們重新從事他們已經依法登記的行業。

　　鹽業生產者的移民現象在兩浙都轉運使司表現得非常明顯，那裏肥沃的土地吸引他們去努力開墾。政府接受了這種現實，繼續登記這

31　《皇明經世文編》475/9。

32　參見：《天下郡國利病書》31/29-30；《皇明經世文編》476/4-5。

些戶為食鹽生產者，但是要求每一竈丁上繳6石米穀代替原來的3,200斤食鹽。這些糧食被用來資助那些仍留在海岸竈戶，再由他們來彌補全場定額。然而後來這種措施沒有執行下去。留下竈戶都要自給自足，甚至在十五世紀早期就已經不再普遍發放工本米了，後來逐漸被取消。糧食徵收事實上變成了一種人頭稅，向草蕩場徵收的田賦這時已經指定為「蕩價」（參見第三章第四節），二者的收入都歸入都轉運使司的鹽項收入。一旦這種趨勢被確定下來就永遠都不會改變[33]。在十六世紀，就像將被描述的那樣，兩浙地區僅有一小部分收入實際上是從出售官鹽中產生的。

　　另一個變化是竈丁的減少，這發生在除兩浙以外的所有產鹽區。在1529年，兩淮都轉運使司在冊的竈丁有23,100名，與十四世紀的36,000名竈丁形成了鮮明對比[34]。山東鹽運司在1581年上報大約有竈丁20,000名，而在王朝早期則有45,220個竈丁。竈丁的減少不能用來說明實際勞動力的縮減[35]。有明一代，在鹽業生產中不存在人力短缺現象。上報竈丁不斷減少，僅僅意味著國家控制的食鹽不斷流失。如果時人記載的生產能力不斷穩定地發展確實可信的話，從事生產的勞動者實際上是有很大的增長。好幾位明朝官員猜測在十六世紀晚期和十七世紀早期，兩淮地區食鹽產量是洪武時期的三至四倍[36]。

　　這些在十六世紀仍然還保留下來的竈戶，不僅人數較少而且通常都很貧困。當時的資料記述他們為基本生活條件而勞碌。但是，其中

33　《天下郡國利病書》31/30；《上海縣誌》4/17；《明史》153/1864。朱廷立《鹽政志》7/69；《會稽志》7/16。

34　朱廷立《鹽政志》7/70。另外一部著作記述了兩淮「最初」有35,266個竈丁，參見陳仁錫《世法錄》29/2。

35　《山東鹽法志》14/11。

36　這個估計基於基於以下記載：1528年霍韜的記述，1550年戶部的報告，1551年督御史楊選的奏摺，1616年鹽務官員袁世振的分析，參見《世宗實錄》6420、6575；朱廷立《鹽政志》7/50，《皇明經世文編》475/11。

有少數人變得十分富裕，被稱爲「豪竈」[37]。他們雇請幫工並誘使其他在籍竈戶爲他們工作。自從餘鹽被允許出售之後，這些生產者通過有效地管理，進行各種合法與非法的交易。他們把鹽業生產變成有利可圖的行業，同政府爭利。在十六世紀晚期，一個竈戶登記有30或者更多的竈丁是很常見的事情，很可能還有更多竈丁根本就沒有登記。

我們可以從山東都轉運鹽使司的定期竈丁編審中看到鹽業生產人口的社會變化過程。在明朝前期登記的45,220個竈丁來自13,570個竈戶，平均每戶超過3個竈丁。1581年登記有20,000個竈丁、2,700個竈戶，平均每戶竈丁超過7個[38]。從明王朝建立到1486年，所有的在山東登記的竈戶只有一個人設法通過了鄉試。從那時到明朝滅亡，十七個來自這樣家庭背景的人實現了這種跨越。而且從1496年始，雖然竈戶的數目更少，但是其中有十二個人成功地在會試中考中進士；其中一個人就是高弘圖(1645年)，他曾擔任戶部尚書和南明時的東閣大學士[39]。很清楚，並非所有登記的竈戶都一直是體力勞動者。

因此，有證據表明一些「新貴族」從竈戶群體中升起。社會流動性，雖然本質上好的，但是對於鹽務管理而言卻是一個嚴重的障礙，因爲專賣制度是完全依靠於對強制勞動的直接剝削。竈戶中出現了新的勢力集團，有截斷政府潛在收入趨向。同時他們也對那些獨立的生產者構成了極大的競爭，因爲他們爲了生存而不得不出售餘鹽。政府從竈丁那裏徵收食鹽，不得不依照那些獨立生產者的生產能力固定統一的稅率，但這些獨立的生產者卻處於困頓之中。部分折成白銀的鹽課在十六世紀不斷減少。

雖然各個產區的比率並不相同，甚至各個鹽場的比率也不同，但是各處卻從未接近明初的3,200斤[40]。在1581年，隸屬於兩浙運司的上

37　《皇明經世文編》357/22；《孝宗實錄》0650，《穆宗實錄》0085。

38　《山東鹽法志》14/11。

39　同上，13/2-5。Ping-ti Ho(何炳棣)，*Ladder of Success,* p. 85.

40　十六世紀晚期，在兩淮鹽運司南部地區，竈丁直接出售給引商的食鹽，每3,200斤價值5或6兩白銀。

海鹽場，每個竈丁課稅銀1.6兩[41]。在山東的多數鹽場則是竈課銀0.6兩。包括長蘆和山東的鹽場，竈戶實際上用棉布和豌豆來納課[42]。然而，在官方的記錄中，鹽課被重新記述爲鹽引數目，這樣它們可以被合併總的帳目中。在向現在已經變成土地所有者的原來的竈戶徵收稅糧時也有同樣的做法。在兩浙鹽運司下轄的仁和縣，每丁竈課從最初的6石米[43]減少到1.44兩白銀，最終固定在0.333兩[44]。這樣名義上的竈戶的田賦優免遠遠超過了竈課。這引起了許多地方誌編纂者的不滿，其中一些人宣稱名義上的竈戶從蕩地收取的田租對他們自己而言可以足夠彌補鹽課。這解釋了在兩浙地區竈丁不同尋常地增加的原因，兩浙竈丁由洪武時期的74,446名增加到十六世紀晚期165,574名。比其他各司竈丁總和還多[45]。很大一部分竈丁並非去生產食鹽，他們發現多丁的好處是由於繳納人頭稅而有很多田賦優免[46]。

我們無法確知鹽場中實際生產的每一竈丁交納的食鹽數量，通過1567年的一份文件可以看出在兩淮都轉運司，那裏的竈丁被劃分了等級，他們的課額從600斤到4,600斤之間變化[47]。還有更多證據說明實際上的徵收遠遠低於以上期望的標準。

由於商業利益，商人對鹽業生產者的接管在後期才發展起來。何炳棣論證了清中期兩淮地區「工場商人」的出現[48]。然而，一些證據表明甚至在1600年以前，鹽商就通過向鹽業生產者提供貸款而介入實

---

41 《上海縣誌》4/26-7。

42 《山東鹽法志》14/6、25；《長蘆鹽法志》6/44、79；朱廷立《鹽政志》5/14。

43 十六世紀晚期的浙江，每6石米一般價值3.6兩白銀。

44 《杭州府志》31/18。

45 《天下郡國利病書》21/29、31、36。

46 同上，22/21；《皇明經世文編》357/1-5。

47 《穆宗實錄》0185。通過比較，根據竈戶等級不同，山東每丁納鹽折銀變化於0.2兩至0.9兩之間。參見《皇明經世文編》358/2。

48 Ping-ti Ho（何炳棣）, 'The Salt Merchants of Yangchou', p. 132.

際的生產過程[49]。甚至在山東都轉運鹽使司的官方記錄中顯示出一些商人，在使用竈戶名義之下，實際上卻雇傭外地的生產者從事鹽的生產[50]。

在河東鹽運司，那裏因為從湖水中撈取結晶鹽而需要較少的資金投入，管理者同樣發現對法定勞動力的使用也是缺乏效率。那裏的工作是季節性的。一旦溫暖的天氣過去，開始下雨，鹽就會溶解。無法預測的因素將使得這種情況更加複雜。17,548個竈丁必須從12個不同的州縣徵召而來[51]。為每年一次的「大豐收」把所有人及時聚集在一起是件困難的工作。而且他們工作得非常低效，以致於一位巡鹽御史宣稱「招募之夫，一可以當十百」[52]

食鹽管制

在那些以日光曬鹽的地區，控制生產的唯一辦法就是緝捕海岸。然而，被檢派的弓丁鹽捕等經常與鹽業生產者合謀生產私鹽獲利[53]。在明朝晚期，他們中的大多數人被要求查沒一定額度的私鹽(第三章第三節)，這個荒謬的規定顯示了政府的控制是多麼無能。

在那些煎煮海水成鹽的地區，政府盡力對製鹽所必需的設備進行控制。出於此種目的，盤鐵由官方分發。在兩淮地區使用的這種盤鐵非常巨大，在1529年，據說有的重達3,000斤，每角花費26兩白銀。似乎在明朝前期盤鐵已被廣泛使用，因為1529年的報告顯示到那時有321個盤鐵已經損壞[54]。

49　《天下郡國利病書》22/133。

50　同上，15/130。

51　同上，17/81。

52　《河東鹽法志》10/4-5。

53　《明史》80/842；《皇明經世文編》409/5。

54　關於這些盤鐵的細節參見：朱廷立《鹽政志》7/9、43；《天下郡國利病書》12/44。

這些鐵盤大概有200至400平方英尺，使用起來很不方便，容易破裂且替換昂貴。用這種方法獲取的鹽據說呈青色，質量比用較小的鍋鐝生產的食鹽為差。似乎在1552年以後，少數鐵盤得到了替換，因為竈戶那時已經獲准從江南引進一些鍋鐝，又在臨近鹽的一個小鎮——白塔河開場鼓鑄鍋鐝。龐尚鵬，在1568年總理鹽政時，卻認為在鹽場出現的鍋鐝鼓勵了私鹽的生產，因為這使得每個人都可以獲得食鹽生產的必要設備。他在給皇帝的一份奏疏中，指出有些竈戶竟然擁有10口鍋，每口鍋在一日一夜可得鹽200斤。這樣一個生產者每年具有生產將近400噸的能力，產生了大約1,200兩白銀的收入。龐認為，正是這些富竈成為私鹽的主要來源。隨後他建議關閉製鍋作坊，嚴格控制製鹽設備的生產者，查封所有現存的鍋鐝和登記用來貯存鹽鹵的磚池。私築鹽池將被查封[55]。這個建議即使得到實施，似乎並不會產生多大的影響，正如後來的著作中記述的那樣，鹽場仍舊同龐描述的完全一致。巨大盤鐵的使用從未復興。這段插曲只是表明了官方為了保護鹽的專賣會毫無遲疑地採取限制性手段。

在長蘆地區，政府當局分配竈戶的鍋有幾種不同尺寸，但是他們實際大小卻無據可查。一度曾經制定過這樣的建議，即要求鹽課的評估與鍋的尺寸相適應[56]。但是卻沒有證據表明曾經推行過這種辦法。

這種建議是不切合實際的，這時因為官鹽是政府從單個竈丁那裏徵收的。如果要保持國家稅收在一個必要的水平，最根本的是要支援那些小規模的、獨立的生產者。在十六世紀晚期，這些小生產者蒸煮海水時，使用以紙粘糊的竹製篾盤，以鹵防火，這是一種粗糙的生產方法，說明了他們的貧困程度[57]。然而政府卻不能資助他們，也不能試圖去限制竈戶中大戶的生產。甚至這些生產私鹽的大戶，也經常被編審為一個固定的竈丁數額，並以此向政府交納鹽課。限制他們的生

55　《皇明經世文編》357/21-3。

56　《長蘆鹽法志》6/8。

57　《天下郡國利病書》21/37。

產將會進一步縮小國家收入來源。但是以生產能力爲基礎進行評估是一個非常不同的觀念，需要新的立法和進行結構調整。明代後期的政府，已無力去採取這樣激烈的措施。甚至政府用來保護小生產者利益的官方蕩地，這時也被大戶所壟斷了。他們把一些草蕩地變成了農耕土地，完全地佔有了餘利，不准許其他人進入[58]。鹽的生產基本上是農村工業，而政府對鄉村控制不力，所以不可能利用所有的收入來源。正像地方官員在徵收田賦過程同樣應付大、小田主一樣，都轉運鹽使司在對待大、小竈戶也不會做的更好。

僅是在河東運司似乎對鹽的生產控制比較有效。這裏的鹽湖，自從宋代始，就已經被牆圍起來，在1494年又爲一位巡鹽御史重新修建。牆有13尺高，圍繞起來有13里長，僅在戒備森嚴的城門處可以出入。1476年，另一位御史把牆的高度增加到21尺。清朝接管時，發現城牆仍然完整如初。

鹽商的角色

原則上，鹽業收入一般用軍鎮開支。從內陸到邊鎮地區的運輸需要耗費大量收入，爲了克服這一問題，政府採取了開中制，召商支邊。

明朝政府在處理鹽商事務時，從來沒有宣布過任何一項普遍性政策，鹽務機構也沒有公佈過任何指導性方針。具體適用的方法，是以當時的需要和情況爲基礎，由各個官員單獨制定，這些普遍性做法逐漸成爲定式。

雖然官員要同商人進行各商業事務，但是他們從來不認爲政府同商人之間的關係是一種契約關係。凌駕於這種契約關係之上，他們的觀念認爲國家高高在上，每個國民都有爲其服務的義務。商人們被希望產生利稅，而且希望是自願地參與到政府活動。然而當無利可圖，

58　朱廷立《鹽政志》7/8、10；《皇明經世文編》474/31-2；460/31；《穆宗實錄》2208。

沒有自願者經銷食鹽時，官員覺得徵召商人去完成這項任務是完全公平的，就像他們要求普通百姓服役一樣。某些情況下，商人事實上被期望在同政府進行交易時，要承擔一定損失。他們可能認爲這些損失在某種程度上是特許經商的費用[59]。

　　價格、解運辦法、截止日期、未完成任務的處罰等，全都由政府單方面決定。雖然地方管理者和監察官員常常提出建議，但所有重大事情都要由北京的皇帝批准。有時，這些建議在提交之前，也向鹽商徵求意見，但他們從來沒有機會同官方討價還價。商人們希望以投標的方式購買政府指定價格的官鹽，但這種建議得不到贊同。在1518年和1526年，一些鹽商想出了能被朝廷接受的出價，並進行了兩次努力[60]。雖然看起來他們是同北京緊密聯繫有影響力的富商，他們的建議能夠贏得皇帝的歡心，但卻激怒了官僚。戶部實際上兩次都持反對意見，並要求將這樣的商人逮捕、嚴懲。

　　政府未能兌現其諾言時，也沒有義務對鹽商進行賠償，向遭受巨大損失的鹽商分發少量撫恤金是極爲少見的情況。當交易對商人有利時，鹽政官員隨後會以此爲藉口向他們的利潤徵稅。例如在1527年，一個邊境巡撫認爲由北京決定的開中則例對商人非常有利，對商人額外科罰。在這件特殊的事例中，鹽商（得到戶科給事中的幫助）成功地向朝廷求助，罰金最終被償還[61]。簡而言之，鹽商所受的待遇，依賴於官員們公平對待的意識。雖然鹽商不時受到邊境督撫的打擊，但他們還是被迫同政府進行貿易活動[62]。有些情況下，鹽商仍發現這些合同非常賺錢，需要競爭才能得到機會。當商人們受到不公正待遇時，御史有義務進行保護，但他們更多是出於仁慈政府不應該殘暴地對待其臣民的信念，很少是出於對個人公平的關心。

59　《河東鹽法志》2/1-2，12/38。

60　《武宗實錄》3154-5；《世宗實錄》1400-1。

61　同上，1704。

62　這類事例引自《皇明經世文編》474/2，477/4。

認爲鹽商由於政府的任意妄爲而心灰意冷，這是一種誤解。就像竈戶一樣，鹽的經銷者也有一個廣闊的背景。其中一些人只有少量資本，當然容易破產。但是也有一些人透過不斷的商業活動積蓄了相當大的經濟實力。政府法規的不確定性創造了無數驟然致富的機會。腐敗的官吏通常被賄賂，誠實的競爭實際上成爲一種例外。程序經常變化，必然產生許多漏洞。精明的商人可以從中迅速獲利。然而儒家官僚普遍地對商業利益存在偏見，雖然他們也認識到，完全忽略鹽商的利益並不明智，因爲沒有他們，專賣制度將無法運轉。整個十六世紀，食鹽有供不應求的趨勢，其間一些鹽商以犧牲其他鹽商利益爲代價而獲益。到十六世紀末，這種情況已經十分明顯。1616年，戶部尚書李汝華派遣一個官員前往兩淮鹽運司去調查情況。調查者回覆戶部尚書的報告中指出在每綱鹽商中通常存在「幾個」操縱者，通過操縱政府規定而聚斂了大量財富。他認爲「若以法處之，彼亦何辭」，但他最後認爲如果將這些少數商人除去，那就意味著鹽的專賣制度的崩潰[63]。

1500年以前的支鹽優先權和赤字財政

明朝的著者們留給我們的印象是鹽的管理在明朝早期非常完善，但中期卻開始衰落了。這種提法並非全然不對，但卻未能揭示事情的全部。早期中央政府的管理比較有效，制度的結構性弱點雖然逐步惡化，但仍未完全顯露出來。但是所有鹽的專賣制度的不健全因素從一開始就已經存在了，這主要包括缺乏對鹽業工人的資助，管理部門分散、低效，分配設施不足，要求商人承擔強迫性義務，等等。最根本的是這項工作提供資金不足，且爲政府服務。

在這種開中制商業活動中，對於商人而言，拖欠中鹽很早就出現了。早在1429年,二十七年前頒發的鹽引仍然沒有兌現[64]。此後政府經

63　《皇明經世文編》477/14。

64　《宣宗實錄》1313。

常性地不能如期兌現許諾。在十五世紀的後30年，這種情況更加普遍[65]。1488年一條帝國的法令充許報中支鹽商身故之後，由其親屬代爲支鹽，宣稱：「上納引鹽客商病故無子，父母見在，兄弟同居共爨，不系別籍異財，妻能守志，不願適人，孫非乞養過繼者，保勘明白，俱准代支。妻若改嫁，仍追還官。其伯、叔、妾、侄，並在室出嫁之女，乃遠族異爨之人，不許代支。」[66]這條規定暗示了管理基調。

不斷延遲支鹽導致了食鹽專賣的赤字財政。既然政府沒有常規的方法獲得貸款，那麼官鹽的處置就變成了取得預期回報的合適策略，然而提前出售的事實卻從來沒有明確許諾過。通過推遲既期交付的責任，以更高價格出售當前獲得的食鹽，給這些新的買主優先越次放支的特權，同時推遲較早購買者的兌付日期。這種辦法最早在1440年開始採納。每年的食鹽分爲兩類，80%被登錄爲「常股鹽」，剩下20%作爲「存積鹽」[67]。前者爲了正常的流通，後者表面上是儲存起來爲緊急事件使用，如急迫的軍事需要。但是這種分類一經產生，存積鹽也就可以增價開中，因爲可以隨到隨支，所以存稅鹽對於鹽商來講更有吸引力，可以立即得到收益。1449年，朝廷增加存積鹽到60％，同時減少常股鹽到40％[68]。

在北京的中央政府完全沒有認識到這種行爲在以後不利的影響遠遠超過了當時所得利益。那些資金被佔用的商人，不再把精力投入於正常價格和正常開中則例的常股鹽。而且當存積鹽達到食鹽年產量的很大比例時，買者不久就發現經銷常股鹽沒有什麼利潤。產鹽區仍然推託，因爲鹽運司很少能從生產者那裏徵收到足額的食鹽，竈戶仍然未被付給工本，竈丁的數量不斷減少。而且，理論上官鹽沒有市場價格。只要在專賣制度下生產的食鹽，其管理者就能規定其價格。但是

65　《憲宗實錄》4103、4104；《孝宗實錄》0792。

66　《大明會典》34/9；朱廷立《鹽政志》5/15。

67　同上，4/7；《明史》80/839。

68　朱廷立《鹽政志》4/8。

現實中官價格越高，私鹽量就越大。最終，官員們被迫降低官鹽的價格，這導致了國家收入的減少。

對於鹽商而言，國家不同部門缺乏相互合作進一步增加了不必要的困難。持有常股鹽倉鈔的商人，在鹽區常常被告知只能得到存積鹽。有時情況又恰好相反，雖然鹽商得到了隨到隨支存積鹽的優先權，但是鹽場接到命令僅優先發放低價的常股鹽，而且也不可以進行通融[69]。在1471，一位巡鹽御史視察兩浙地區，報告那裏等待存積鹽守支十餘年[70]。當鹽的經銷商正在等待私販的好處時，存積鹽開始溶解的事情經常發生。

十五世紀大部分時期，理論上所有官鹽從竈戶那裏收集，由運司根據開中規定運去給鹽商。但實際的做法卻有所不同。鹽場很少能掌握他所宣稱的那麼多食鹽。許多鹽商聽到他們的倉鈔不能被兌付時並不惱怒。他們只想得到鹽引。有了鹽引他們就可以直接從生產者那裏購買食鹽。雖然嚴格來講這是一種走私行為，但是這些食鹽由於有鹽引而合法。這種另外兌付的收益仍少於長時期等待得到的利潤[71]。朝廷的鹽運司歡迎商人的這種行動，因為這就意味著他們將可以在官方記錄上有更多的存款。有時他們勸說商人以救濟為名義向竈戶提供一小筆費用，由此獲得一部分官鹽[72]。另外那些經營存積鹽的鹽商為了保持不用鹽引而賄賂官員，這樣他們可以重新使用。朝廷完全意識到這種權利濫用，1488年弘治皇帝頒布詔書詳細地列舉了這些情況[73]。

在十五世紀晚期，官鹽開中僅對於那些有資金、有耐心、有關係並且能為了利益靈活地調整位置的商人才有利可圖。當邊鎮宣布交易時，一些商人更願意付筆費用給中間代理人，通常是政府官員的朋友

69　《天下郡國利病書》21/36。

70　《憲宗實錄》1698。

71　朱廷立《鹽政志》7/5-6。

72　同上，4/22、29，7/7。

73　《孝宗實錄》0403-5。可能的錯誤在《校勘志》中得到核實。

和親戚，由此獲得經營特權[74]。最終所有額外的花費都轉嫁給政府，政府不得不降低食鹽價格。1476年，北部邊鎮鹽引標準每引僅值0.15兩銀[75]。在1474年，河東運司200斤的鹽引僅價值0.05兩，明顯少於生產食鹽的花費[76]。

1489年，政府規定開中制暫時停止，所有食鹽在鹽場以現金形式出售。當鹽運司不能提供規定的數量時，則允許商人直接從生產者那裏購買食鹽。在隨後葉淇(1491-96年在任)擔任戶部尚書時，他沿用了相同的政策[77]。在他管理之下，每200斤的鹽引的價值上漲到0.4兩。由此鹽的管理進入了秩序較好的十六世紀。

第三節 十六世紀的管理的周期性危機

鹽引雍積

十五世紀晚期得到的穩定很大程度上是一種虛假的現象，鹽務管理中的基本問題，包括組織、資金、產品控制，私鹽的整頓，竈戶的編審等都未得到改善。食鹽專賣制度的結構十分脆弱，很容易導致權力濫用，弊端百出。

貫穿十六世紀的這項工作經常陷入周期性危機之中。鹽務沮壞比較嚴重的事例分別發生在1520年代、1560年代和1600年左右，整個制度近乎崩潰[78]。大部分時間裏官鹽在遠方的省份供應不足卻大雍於鹽

74　對於細節，可參見：滕井宏《明代鹽商の一考察》；朱廷立《鹽政志》7/52-4；。

75　《憲宗實錄》2891。

76　同上，2434。

77　《明史》80/840，185/2161。

78　孫承澤《夢餘錄》35/45；《皇明經世文編》474/6。

場，結果國家失去了鹽課收入。當時的學者描述了這種情況，聲稱「鹽引雍積」，將其歸咎於道德敗壞和奸詐之徒的陰謀詭計，只有品行高尚之官員才能補救。從客觀的角度講，雖然可能是不道德的行為引發了危機，但是道德問題的重要性要遠遠次於基本制度弊病。

最主要的弊病是在於專賣制度的資金供給。管理者們普遍認為鹽場中的食鹽事實上遠遠超過了官方定額，多餘部分以走私形式流通。然而把食鹽控制在政府手中的最好的辦法就是直接提供經費給生產者。鹽務官員不時試圖在常規定額之外增加新的食鹽種類，由其他方法提供經費。把官方銷售的食鹽被分成了不同的種類，這必然在專賣制度中產生差異。維持新種類的資金與常規定額競爭更有吸引力的供給和市場，使後者趨於消亡。新種類更大的利潤空間也吸引了勢要之人。所有這些導致了制度內權力濫用越來越大和專賣制度的崩潰。

在十六世紀，定額鹽，即通過鹽引分配的食鹽的市場被認為更加狹窄。在臨近產區的地方，在官鹽無法與其競爭的山區，在隸屬於兩個不同運司行鹽區的邊界地帶，不斷增加的私鹽販賣持續發展。在承認這種情況之下，政府制定了所謂的「票鹽」制度，專門在這些地區流通。這種「票」僅是一種由都轉運鹽使司或鹽課提舉司所發放的非正式的執照，只要付出一筆費用就能繞過所有正常的程序。還不清楚這種制度最早開始於何時，但是在1529年得到朝廷的正式承認[79]。雖然其對私鹽的遏制是有限的，而且只能產生很少的收入，但是票鹽對引鹽產生了更大的競爭力，減少了其銷售市場。

批驗所也成為阻礙這個制度實施的另外一個瓶頸。從管理者的角度看，放開食鹽批發是完全必要的，這樣可以阻止鹽商相互競爭以及由此引起的價格波動。但是試圖加速這一程序來滿足供給卻是無法做到。商人們對其的反映更加清楚地表明瞭這一點。

1496年葉淇辭官，大約二十年後，開中制重新實行。建議者認為

79　關於票鹽，參見朱廷立《鹽政志》4/7；《世宗實錄》3750、4205-6、8714，《穆宗實錄》0897；《皇明經世文編》358/3。

這種制度能夠鼓勵北邊的農業生產。只要鹽商爲了獲取內地的食鹽，就要向邊鎮輸納糧草，他們也可以在遙遠的北方佔有農場，所得產品有助於穩定當地糧價。實際上沒有證據表明這個政策是有效果的，但是這些爭論聽起來有足夠的信服力把開中制保持到帝國滅亡，所以鹽商採取了不同的手段加以適應，最基本的解決辦法是貿易特權[80]。

從十五世紀晚期起，出現了兩種不同的鹽商。邊商提供軍隊糧食，然後出售他的倉鈔給鹽使司的內商。後者申請鹽引並獲得食鹽。這是基於十六世紀的實際情況而作出的必要區分，因爲當政府機構的服務改進時，正常的食鹽等待時間最少也要三年，經常長達八到九年。邊商很難同時報中和守支。內商則承擔起金融家和支鹽代理的雙重職能。最後內商也停止在內地市場的食鹽貿易，他們從批驗所一得到票引就賣給水商[81]。政府試圖規範不同商人之間交易的努力沒有什麼效果。他們之間分享利益的爭論使整個事件處於僵局，這項工作只能由所有有關各個部分通力協作才能正常運作[82]。官方的延期增加了不確定因素，這使得一類商人能夠以其他商人的代價獲得利潤。內商因其資金實力而坐享其成。作爲唯一的購買者，他們能夠向邊商指令倉鈔的價格，作爲唯一的食鹽供應者，他們對於水商有同樣的權柄。

在十六世紀，非常奇怪，商人們不但沒有抱怨政府支鹽延遲，反而有時企圖延遲更久些。特別是水商希望等到零售價格上漲。有報告說他們賄賂主管官員去減慢支鹽過程，有時甚至給內商利息以推遲支鹽，他們期望以更高價格出售食鹽而獲得補償[83]。

80　藤井宏《明代鹽商の一考察》，見《史學雜誌》54: 5，頁62-111、54: 6，頁65-104、54: 7，頁17-59。參見Ch'ung-wu Wang(王崇武)，'The Ming System Of Merchant Colonization'，收錄於Sun和De Francis編輯的 *Chinese Social History*, .pp. 299-308.

81　《明史》80/840。

82　細節參見《皇明經世文編》357/24-5，360/23。

83　《皇明經世文編》360/24，475/9。

1520年代的危機

　　1520年代的危機可以追溯到1489年制定的有關允許生產者私自賣給商人食鹽的決定。表面上這個決定沒有損害鹽的專賣制度，而僅僅是為了補償政府對官鹽支付的拖欠。實際上，這意味著商人必須為同一食鹽而支付雙倍價錢，一部分是給政府，另一部分則是給鹽的生產者。官方僅僅認識到這是一種慣例，但實際上一旦私鹽得到帝國的批准就會大行其道。不久鹽商就在鹽引的允許下夾帶餘鹽。批驗所的官員只對其徵收一定的稱為「餘鹽銀」的稅，這可能源於十五世紀的一種罰款，在十六世紀就變成了一種消費稅[84]。原則上餘鹽是登記的竈戶按照官方要求額外生產的數量，其在交納正課之外餘下之鹽可以出售。而在實際過程中，正如預料的那樣，大量食鹽開始從這個新的渠道流失。以這種方法購得的食鹽比從官方系統得鹽更為方便，官鹽是以人頭稅的名義徵集而來的。

　　因為餘鹽同正鹽競爭，這就意味著1500年制度所得到的穩定性開始鬆動。1503年，皇帝的姻親奏請求允許他們投資於食鹽生產。他們許諾如果得到鹽引，他們將從生產者手中直接購買餘鹽，以彌補官鹽積累下來的拖欠，他們開始從生產者手裏購買餘鹽。他們宣稱這不會成為財政的負擔，因為他們實際上為此特權向政府付款。皇帝也許不知道這個建議的玄妙，欣然批准[85]。他的繼位者，正德皇帝，則經常進行這種授權。皇帝本身認識到出售鹽引可以增加國家收入，並以此來為他個人計劃提供資金，諸如織造皇帝的綢緞，派遣太監去西藏尋找活佛，等等。看起來一旦勢要得到鹽引，他們就可能重覆使用，有時重覆使用多年[86]。因此，官鹽與私鹽之間的區別變得模糊不清。從

84　餘鹽銀起於何時還無法確知。根據《武宗實錄》2878中的記載可知成化時代已經有這一稱謂。王瓊在《戶部奏議》1/16中使用了這一術語 。看起來如果不是更早，最遲在1507年，徵收餘鹽已經變得很普遍。

85　《孝宗實錄》3593-4。

86　《武宗實錄》0153、0506、0599、2584、2805；《明史》80/840；《明臣奏

1508年到1514年，政府通過降低官鹽價格，進行了幾次不成功的嘗試去吸引合法的鹽商[87]。這導致了1520年代的「鹽引雍積」。

在這次危機之後，政府加緊了對鹽引的控制，同時又建立了嚴格的制度去管理餘鹽的購買。每個鹽引登錄了一個固定數量的正鹽和餘鹽。鹽商通過報中或向政府直接購買而獲得正鹽，自己則從生產者那裏獲得餘鹽。沒有人被允許在沒有首先同政府進行交易而進行私購餘鹽。另一方面，同政府交易的那些商人，如果沒有購買餘鹽，也不能運走正鹽。事實上兩種鹽必須裝在同一包中，這是爲了在批驗所進行檢查[88]。包括餘鹽在內，必須強制爲竈戶額外生產提供了合法出路，這也是爲了防止餘鹽落入走私者手中。這一辦法的複雜性在於鹽商必須支付三種稅款。首先商人必須通過報中或購買而獲得倉鈔以便得到鹽引和官鹽，接下來他必須附加購買餘鹽，第三他必須付給批驗所餘鹽銀，這本質上是一種消費稅。這種方法一直持續到到帝國的滅亡。

1560年代和1600年代的危機

通常的看法是，鄢懋卿應對1560年代的危機負責，他是大學士嚴嵩(1542-1562年在任)的同黨，被描述爲奢侈和腐敗[89]。在官方文件中，有關於他對鹽的專賣管理不善的記載，但是沒有提及或缺乏有關他在金錢方面的正直品性[90]。

從1560年到1562年，當鄢懋卿作爲巡鹽御史總理5個都轉運鹽使司鹽法時，明朝需要大量的資金以對抗北邊俺答汗的侵擾和南部海盜問

議》16/278。

87　《武宗實錄》1019、2308、2805。

88　關於解決辦法，見《世宗實錄》3791-5、5630、6575、6655。也可參見附錄C。

89　《明史》308/3489-3490；海瑞《海瑞集》168。

90　《明史》80/842；焦竑《國朝獻徵錄》17/3；《世宗實錄》8255、8276、8299、8464；《穆宗實錄》0895。

題。鄢因此空前強化鹽的專賣制度。竈戶被追討所欠的額鹽，邏卒被限獲一定數量的私鹽，商人被迫去強制性購買。這樣鄢就產生了不同尋常巨大數額的食鹽，也沒有進行價格調整，一年內他在所掌管的五個都轉運鹽使司共攫取了二百萬兩白銀。他離任後，整個專賣制度完全癱瘓了。當龐尚鵬在1568年接管時，他發現兩淮運司等待最後清理的停積引目有500餘萬，需要花費4年時間[91]。

對鄢懋卿的批評也要求他對所謂的「工本鹽」負責，事實上這項措施始於1553年，也就是在他執掌這個職位的七年前。在這個制度下，兩淮鹽運司撥出了82,000兩白銀去購買竈戶餘鹽，平均每引官給銀0.2兩充工本。然後公開出售，餘鹽和餘鹽銀被增加到每引正鹽中，在這一交易中被認為得到300,000兩白銀的總利潤。在鄢離任後，工本鹽被指責為他的另一種暴政，在1565年被取消[92]。

鄢的失敗並不能歸因於任何某種單一原因。過度生產當然也不是唯一原因。在1550年，戶部尚書估計實際上政府僅僅徵收了兩淮產鹽總量的40%，其餘60%的食鹽則落入了販賣私鹽的商人手中。1558年，江西巡撫報告該省中有三個府只能私食廣鹽[93]。甚至龐尚鵬接任後抱怨非法出售是主要問題。如果政府想擴大正鹽的流通，應該為此提供更大的市場。

龐尚鵬在自己的著作中間接地道出了此事的實情。食鹽專賣不是沒有機會擴大，但是管理的特點限制了這種擴大。絕大多數部門都面臨著很大的壓力，早已達到了極限。每一個額外的壓力都從上至下達到專賣制度中最脆弱的環節，即由貧困的竈戶來承擔。在給皇帝的奏則中，龐承認，即使在常股鹽的徵收中，總催也從竈戶那裏額外私索[94]。也沒有證據表明工本完全分配給竈戶。從竈戶那裏購買餘鹽的鹽

91　《皇明經世文編》357/14。

92　《明史》80/841；《世宗實錄》6922、8868。

93　同上，6420、7776。

94　《皇明經世文編》357/23、358/8。

商也對竈戶備極逼辱[95]。另一方面，當商人勢力衰弱時，他們也受到總催的剝削[96]。稅收系統的性質使得合法食鹽無法在農村地區形成固定的市場。

龐尙鵬在一封信中進一步揭露出有些地方官員被委任至批驗所製鹽，卻遷延有逾兩月而後才來就職。他將規定三日內必須起程[97]。爲了加速支鹽，他得到了皇帝的許諾，使一部分食鹽在通過批驗所時可以在船上接受檢查。但是這些方法的作用是有限的。從產區支鹽太多可能會導致其零售價格下降，政府必須對此加以保護。而且，價格的任何下降都將導致進一步的「鹽引壅積」，由此影響到國家收入[98]。

官鹽的價格由開中則例、餘鹽的購買價格和稱爲餘鹽銀的消費稅來決定，特別是最後一項成爲主要的財源。這些都不可以被減少。開中則例和餘鹽銀已經被列爲預算項目，因此被預先支用。餘鹽價款是基層生產者唯一合法收入。將其減少則會迫使竈戶進行私鹽買賣，由此導致合法食鹽的缺乏。雖然龐尙鵬未提及守支正鹽期間利息的損失，但是很明顯這些因素也影響了食鹽的最終價格。正如彭信威所顯示的那樣，明代放款的最低月息至少也達2％[99]。

正鹽根本無望截斷私鹽市場，因爲正鹽的價格毫無競爭力。到十六世紀晚期，私鹽販賣在一些地區已經有固定的市場，分配給巡卒私鹽定額實際上更像是對變化了的餘鹽銀的隨意管理。在這種條件下，鹽務管理機構已無法強迫商人在這些地區內發賣食鹽[100]。

值得注意的是，甚至龐尙鵬在試圖清理壅積之鹽時，食鹽仍然按年度定額從產區支售。消費地區食鹽零售價格在沒有受影響之前，只進行一些小規模的調整。對裝在駁船上的食鹽進行檢查的新制度因此

95　《天下郡國利病書》12/41。

96　《皇明經世文編》474/27、29。

97　同上，360/24-5。

98　同上，357/24、360/22-3。

99　彭信威《貨幣史》，頁374，放款最高月息達5％。

100　《皇明經世文編》357/31。

有必要進行限制，因爲這部分食鹽通過河道越多，在批驗所積壓的食鹽就越多，只能等待被放行。龐擔心引鹽製賣必待八年而不是原來估計的四年[101]。

鹽商以糧食的形式先期付款以獲取官鹽，也就是批驗所存積有五百萬引的鹽，其他的一百萬引鹽正從鹽場到批驗所的路上。在批驗所支售存鹽之前，商人們必須繳付餘鹽銀。一些鹽商可以立即籌措付稅所需的額外資金，而另一些人必須等到一次貿易完成，在下一次食鹽的餘鹽銀付清之前收回資金。可以認爲非常巨大數量的商業資金被批驗所控制的食鹽所佔用[102]。那也表明資金供給有問題。所有稅款必須以現金形式兌付。小商人立即繳付餘鹽銀的命令，將迫使他們以過高的利息率借貸，這會完全毀掉他們。政府從來沒有給食鹽支售提供資金，也從來沒有打算要這麼做。政府不能籌措必需的資金，也就沒有獲得貸款的有效途徑。

一個邊鎮巡撫和一些鹽商建議政府增加支售食鹽的定額，但是龐尚鵬加以拒絕，因爲這將降低食鹽的零售價格[103]。增加定額，這樣就會變成都轉運鹽使司的長期負擔，導致上文所提到的有關生產和徵收的諸多問題經常發生。

簡而言之，專賣制度，由於政府投資不足和接連的管理失誤而受到妨礙，完全不能有效地利用可獲得的全部資源。儘管這些資源十分豐富，可以幻想其有無限的發展潛力，但是專賣制度無力去開發這些資源。管理者不切實際，他們爲被表面上的可能性所誘惑，有時試圖強使專賣制度創造出更多的國家收入，然而這些嘗試僅僅在短時期成功，然而從長遠看來，則會導致專賣制度的完全崩潰。這成爲食鹽專賣管理危機週期性爆發的最根本原因。

同時也有必要把官鹽做爲單一種類加以對待。任何一種把它劃分

101　同上，357/24-5、360/23。

102　同上，357/26、29，360/28。

103　同上，360/29。

爲不同種類的嘗試和在其中建立優先權的嘗試將產生失衡，並將逐步損害整個專賣制度的工作。甚至龐尚鵬，他的許多方面的管理能力令人欽佩，但在這一點上也犯了錯誤。他爲了加速檢驗過程，允許一定的食鹽通過批驗所時，不採用通常的檢驗手續，這在他離任後成爲慣例。這種新的種類的食鹽，被稱爲「河鹽」，隨後對通常「堆鹽」形成了強有力的競爭[104]。到1570年代，經營後者的商人資金窮困，以至於在鹽的管理中爆發了一次小規模危機。形勢非常嚴重，以至於報告到皇帝那裏，最終河鹽於1578年被中止[105]。鹽的管理中的基本原則就是：在利益相同的情況下，專賣制度中更加有效的因素應該讓位於效率較低的因素，事實上，明朝的整個財政管理亦是如此。

在十六世紀晚期，挑戰這一原則的鹽政官員是太監魯保。他在1598年被萬曆皇帝委派管理兩淮都轉運鹽使司。魯保在任職早期非常成功，他通過恢復優先放支的存積鹽，提高正常定額，爲國家增加了數目可觀的收入[106]。然而到1606年，超負荷的機器又一次遇到阻礙，結果導致邊遠省份食鹽零售價格急劇上漲，產鹽區的食鹽大量積壓，國家收入嚴重減少。（參見下一節）

第四節　國家收入、食鹽價格及其對消費的影響

開中則例和消費稅表

---

104 河鹽據說在鄢懋卿時開始。可見於《天下郡國利病書》12/38，《明史》80/842。龐尚鵬停止河鹽的記述是不正確的，見陳錫仁《世法錄》29/45。

105 《神宗實錄》1687。

106 關於魯保參見《明史》80/842、237/2706；《神宗實錄》6072、6095、6392、6543、8307。在《皇明經世文編》470/1-8中有關於其管理後果的討論。

在鹽的管理中一個非常重要的轉捩點於1535年到來。在這一年，規定報中的正鹽和因爲徵收消費稅（餘鹽銀）的餘鹽，應該裝在同一包中，目的是爲了防止後者與前者相互競爭。通過開中獲得的糧食分配給邊鎮衛所，成爲帝國政府向他們支付的開支的一部分。餘鹽銀的收入也輸納給這些軍鎮。但是，戶部希望繼續控制這種彈性收益，又可將之作爲一種應急資金的來源，這筆收入要通過北京。因此這種政策一直被堅持。這種食鹽分配的複雜性可以以兩淮地區爲實例中加以說明[107]。

每個鹽引爲持有者規定如下內容：

正鹽250斤在產區支售給商人。價值0.5兩白銀的糧食已經由商人解運某個軍鎮。在鹽場不需要其他資金。

餘鹽265斤將由商人直接從生產者購得。政府進行授權但不能保證解運。在批驗所徵收餘鹽銀0.65兩。

35斤額外的補貼用於包索。

在批驗所清查時，每包鹽重550斤，政府對此一共徵收了1.15兩白銀，包括正鹽引價和餘鹽銀。

這個基本的程序實行於中央政府直接控制之下的四個都轉運鹽使司，但也有一定變化。各地根據生產和市場條件也作一些調整。每個鹽運司鹽引的總重量、官鹽和餘鹽的比率、正價和餘鹽銀都有所不同。甚至在同一個都轉運鹽使司領域內也存在價格差異。具體情況參見附錄C。

通常情況下比率保持穩定。例如在十六世紀的大部分時間裏，兩淮地區一直強制實行這一比率。在1568年龐尚鵬掌管兩淮運司時，一度將每包鹽的重量減少到485斤。餘鹽銀也相應地減少，以便於那些爲得到扣押的食鹽而一開始就得向政府交稅的商人只須籌措更少的現金

---

107 《明史》80/841；《大明會典》34/12；《世宗實錄》3791-5。

就可以繳付餘鹽銀。這是為清理批驗所壅塞狀況所發明的方法之一[108]。情況一經好轉,又重新恢復原來比率。1616年,每袋重量又增加到570斤,但是開中所繳糧食的估價仍然是0.5兩白銀,餘鹽銀僅僅增加到0.7兩白銀[109]。修改幅度很小。

來自於鹽專賣和分配的計劃性收入

在正常條件之下,鹽的專賣制度有一個固定的收入。鄢懋卿和魯保的額外徵收連同「工本鹽」的收益經常是作為單獨的項目列出。全部現金收入,並不包括開中制下運送到邊境的糧食在內,在表13中加以概要介紹[110]。

表13中一個引人注意的特點就是由中央政府直接控制四個都轉運鹽使司的收入全部用整數表示的約略值記述,也就是說管理者必然完成一個定額。在其他地區,收入和分配的資金很少有規則可循。

在十六世紀晚期,當管理已經開始偏離規定的程序,帳目不再被仔細地核查時,四個都轉運鹽使司都放棄了原有的定額。最大一次背離常規的做法發生在兩浙都轉運鹽使司,那裏可供支售的正鹽很少。一份清朝資料顯示,到1566年,這個產區已經完全停止從竈丁那裏徵收食鹽,而轉為折納白銀[111]。只有極少數的竈戶實際中仍然從事鹽的生產,而且其中很少有人正式在官方登記在冊(第五章第二節)。絕大多數折色鹽課自然來自耕地。在1560年代,三江鹽場有4,530各在冊竈丁,他們擁有總共155,550畝耕地[112]。海鹽縣抱怨當地鹽課負擔超過3,500兩白銀,這實際上應該被認為是田賦[113]。然而,這兩個鹽場的竈

---

108 《皇明經世文編》357/15。

109 同上,474/25、475/7。

110 《大明會典》32/1-33/27。

111 《兩淮鹽法志》4/9。

112 《皇明經世文編》357/5。

113 《天下郡國利病書》22/20-21。

丁僅僅被分配1,250兩鹽課。

表13：1578年食鹽專賣的現金收入

機　　構	歲入(兩)	分　　配
兩淮都轉運鹽使司	600,000	解送戶部
兩浙都轉運鹽使司	140,000	解送戶部
長蘆都轉運鹽使司	120,000	解送戶部
山東都轉運鹽使司	50,000	解送戶部
福建都轉運鹽使司	24,545	存留2,344兩用於地方防衛。 解送戶部22,201兩。
河東都轉運鹽使司	198,565	解送宣府76,778兩；解送其他軍衛74,259兩，但併入山西的田賦之中；解送移駐山西的宗室43,133兩；解送戶部4,395兩。
靈州鹽課提舉司	36,135	解送給三個相鄰的軍衛
廣東兩個鹽課提舉司	15,968	存留4,790兩用於地方防衛；戶部11,178兩。
四川鹽課提舉司	71,464	移送陝西
雲南四個鹽課提舉司	35,547	解送戶部
總計	1,292,224	308,903兩用於地方防衛，直接交給軍鎮，或者用作其他消費；983,321兩上繳戶部。

　　兩浙都轉運鹽使司的食鹽定額是444,969引鹽，全部通過開中獲得。當邊商提呈倉鈔時，都使司僅以每200斤給銀0.2兩付給他正鹽鹽引。然後邊商出售鹽引，並將權力轉給內商，內商到鹽場進行支鹽。都轉運使司官員最終從內商那裏徵收餘鹽銀[114]。結果花費了二、三年的時間才完成了應該每年完成的交易。

　　在兩浙和其他地方，帳目更加複雜，其原因多種多樣，諸如出售鹽票，向商人額外徵收疏浚運河、賑恤的款項，餘鹽銀的預徵，引鹽

114　《兩浙鹽法志》4/10；《天下郡國利病書》21/31；《世宗實錄》6059。

之外夾帶食鹽的充公,由巡卒上繳緝獲私鹽,拖欠竈丁的工本,等等。決不能指望中央政府將這些細枝末節問題處理的井然有序,而是代之以要求每個機構都要完成每年的定額。一直到1600年,這些收入通常要解送北京,稍有短缺,即要奏報皇帝。在1562年,奏報的鹽課銀爲1,323,811兩[115]。1568年爲1,268,435兩[116]。晚至1602年爲1,151,519兩[117]。這非常接近於表13所顯示的總額。當某個都轉運鹽使司不能完成自己定額時,最容易地彌補辦法是強行向鹽商借款,或者加強對他們處罰,使他們服從。(見下文)。

　　中央政府控制之外的其他鹽務機構上納數額不大可信大。在與倭寇作戰期間及其後,一些地區的省級官員開始依賴於鹽的收入來爲他們負擔的軍事開支提供資金。一旦他們取得這項資金,中央政府將很難發現他們是如何管理的。1568年,戶部報告廣東省已經有三年沒有申請鹽引了[118]。在一份十七世紀早期的非正式資料中暗示出一名鹽課提舉司官員在一年任期內可以有30,000兩的個人收入,儘管當初爲取得這項任命而花費了3,000兩白銀[119]。

　　在福建,許多官方鹽場要麼停止了食鹽生產,要麼是在毫無競爭價格之下生產。其實際的生產活動已經脫離了原來鹽的專賣體系而由省級官員的管理[120]。這種區域自治看起來已經擴展到了四川和雲南。在1590年之後,西南各省因忙於鎮壓國內叛亂和同緬甸進行邊境戰爭,這樣就必須把鹽的專賣收入轉爲額外的資金。沒有證據表明他們能同時爲帝國的財政作出貢獻[121]。根據官方記錄,這些機構的收入不

---

115 《世宗實錄》8482。

116 《穆宗實錄》0735。

117 《神宗實錄》7149。

118 《穆宗實錄》0441。

119 周玄暐《漕河一覕》48。(校按:《漕河一覕》應爲周之龍著。)

120 《天下郡國利病書》26/94;也可參見《穆宗實錄》0720-1。

121 1616年,根據報告,雲南已經有二十年沒有向省外解送任何資金。參見《皇明經世文編》474/2。

是很大，這些缺失也不會嚴重影響到國家的計劃性收入。從技術上講，被省截取的收入仍然用於軍事防禦，與一般的做法並不矛盾。因爲這種帳目體系從來不要求中央政府的開支同各省的花費完全區分開來，不需要扣除從鹽的專賣制度中轉移出的這筆開支。雖然是些偶然性的數字，但我們能夠感覺到全部收入的分配是武斷的，沒有總的指導方針。

　　十六世紀晚期和十七世紀早期的鹽的管理者經常要求上繳的總收入達200萬兩白銀。但詳細的帳目可以利用，因爲他們僅僅以估計的整數上繳這種收入。在比較多個奏報之後，在表14中加以概要說明[122]。

表14：食鹽專賣歲入估計，1575-1600左右（單位：兩）

	價值銀
解送戶部	1,000,000
由鹽的管理部門直接解送軍衛	220,000
南方省份存留	280,000
總計	2,000,000

較高的食鹽價格和較低的國家收入

　　根據1578年的生產額度，所有鹽務機構生產的食鹽，包括正鹽和餘鹽，大概超過8億4千6百萬斤，約爲560,000噸[123]。如果國家收入總額爲2,000,000兩，那麼每噸官鹽的收入是3.54兩。這是非常接近於1535年兩淮地區的比率，那裏每515斤食鹽可獲得白銀1.15兩，也就是說每噸收入爲銀3.345兩。

---

122 1575年，户部尚書王國光估計開中制每年總收入為500,000兩白銀。參見《神宗實錄》0792。1616年户部尚書倪元璐估計年收入為240萬兩白銀。見《皇明經世文編》474/2。其他參見《穆宗實錄》0850-1。《神宗實錄》0624。

　　這個比率很高，但不是過高。在明代中國，每人每年食鹽消費通常是以10斤來計算的[124]。這樣每個消費者每年因爲食鹽消費而上納政府白銀0.024兩。這個數額並非全是間接稅，因爲這包括政府轉嫁到消費者身上的生產費用。一些明朝的官員在閱讀史書時，驚奇地發現唐朝僅從兩淮地區每年就可得鹽利六百萬緡銅錢[125]。

　　明朝的食鹽專賣收入不多，卻仍然給百姓造成了很大的痛苦，尤其是在發生周期性危機之時。1527年，南京一些地方的鹽價零售在每噸在25-30兩之間[126]。湖廣在1610年代危機時，一小包僅重8斤的食鹽要賣0.3兩，也就是說，每噸要56兩。在鹽價上漲的同時，糧價卻不斷下跌，每個消費者食鹽的花費相當於其稻米的支出的一半。在一些地區，生活必需品已經完全消失了。「雖有孝子慈孫，少求薄滷以奉其親，不能得也。」[127]食鹽短缺的直接原因是巡撫試圖控制食鹽價格，他規定每包最高價是0.09兩，並豎碑令人們遵守[128]。然而缺乏的最根本原因還是在於專賣行爲本身的性質。

　　絕大多數有關晚期鹽務管理的資訊來自一份奏報。作者是袁世振，曾任戶部郎中。袁在1616、1617年被派往兩淮地區調查並提供解決這一問題的辦法。他隨後報告皇帝，這一奏報分十個部分，現代重印達200頁，其中揭示了許多管理的失誤[129]，對價格過高的原因作了很多解釋。這個報告也認爲當消費者承受過高價格時，國家的收入事實上會減少。

　　雖然袁世振談及當時的情況，但魯保失誤的影響仍然能夠感覺

---

123 這是根據《大明會典》卷32、33中沒有編輯過的資料計算得出。

124 亞東學社《人口問題》，頁299。

125 《皇明經世文編》476/1。Twitchett, *Financial Administration*, p. 58.

126 《香河縣誌》11/11。

127 《皇明經世文編》477/19。

128 同上，477/21。

129 袁世振的文章題目為《附戶部題行十議疏》，收在《皇明經世文編》474/1-477/25。

到，他所描繪的情況可能已經經過很長一段時間的發展。國家收入的
減少首先是邊商運到邊鎮的糧食日減。當倉鈔不再可以立即兌換食鹽
時，他們的交易價值也隨之降低。這發生在龐尚鵬管理時期。龐注意
到在1570年左右，邊商爲得到一引倉鈔，所有各項花費達0.5兩白銀，
而在揚州取得倉鈔僅用0.54兩白銀。這就意味著如果運作費用計算在
內，邊商實際上承受了損失。龐又揭示出邊境將領知道商人的困境，
降低了官方開中則例，按規定每引爲0.5兩白銀，但他們接受價值0.42
兩的糧食。他們被迫做出讓步，否則商人不肯開中納糧[130]。

到1616年，當袁世振進行調查時，開中制已經沮壞，面目全非。
有時候，倉鈔根本就沒有市場價值。許多邊商拿著不售之倉鈔上呈戶
部，哀緩比追新糧[131]。一些邊境督撫，取代召商納糧，僅僅把倉鈔做
爲餉銀分發給士兵。甚至糧劃倉庫都已坍塌。在邊鎮地區，1引的倉鈔
僅賣0.07兩，大約是官方價格的12％。正如袁世振所指出的那樣，「雖
賣價極薄,猶於覆瓿。」[132]

在揚州，有「數百」內商從事鹽的貿易，但僅有「數個」資產雄
厚的大戶投機於倉鈔。倉鈔的價值，更像是發行的公債，當「到期」
時價格猛增。但是並非每個人都能參與這種投機，因爲它容易套住資
金，要承擔很大的風險。袁世振報告這些投機者以每引0.2兩的價格買
入倉鈔，再以1兩價格出售[133]。後者的價格當然是吸引水商的最低價
格，他們再將些轉賣給消費群體。另一方面，前者0.2兩的價格，意味
著邊鎮實際上所得的最大供給。

兩淮地區的實施推遲了3年。但很難說出掌握著哪年的應付食鹽。
在一些事例中，邊鎮疏於發放倉鈔，那些獲得倉鈔並在都使司登記在
冊的商人後來卻拋棄倉鈔，因爲他們無法按照鹽政部門的要求提前繳

---

130 《皇明經世文編》357/24-6、360/22-3、27。

131 同上，474/4、475/15。

132 同上，474/18。

133 同上，474/10，有時有些圈戶以每引0.17兩的價格收購倉鈔，再以每引0.85
兩的價格出售。見《皇明經世文編》475/7。

付餘鹽銀。當開始分配本年食鹽定額時,官員們發明了一種複雜的方法,即發放已經數年的倉鈔在得到支售的同時,那些預先繳納了餘鹽銀的商人也會全部得到食鹽。因而,鹽運司必須繼續吸引發放新的倉鈔,以便使餘銀收入保持在希望達到的水平之上。因為本年餘銀的收入不足以達到應繳付給北京的數額,因此必須向商人預徵更多的餘銀。都轉運鹽使司與現代財政部有相似之處,在發行舊債同時發放新的貸款。但是這種制度以極不規律的方式運作。一些商人繳納了三倍餘銀後仍然得不到食鹽[134]。在袁世振調查期間,兩淮運司欠內商的債務總額高達400餘萬兩[135]。所有這些由商人花費的額外費用,包括為獲得優先支售權而賄賂書辦和官員開支,所有這些都將以提高食鹽價格的方式轉嫁給消費者[136]。

雖然兩淮地區名義上生產1億7千5百萬斤食鹽,事實上僅能從竈戶那裏徵收到一半。鹽場的官員們因此減少鹽商的份額,但是商人們通過額外購買來彌補差額[137]。由於正鹽價格較高,私鹽販賣獲利匪淺,他們餌竈以更高價格而擠掉商人[138]。此外,商人必須要花費更多的額外費用來獲得批驗所結關[139],所有這些更加擡高了食鹽零售價格。

最終按照官方的規定非常仔細完成的鹽包費用昂貴,超重部分的懲罰十分嚴厲。一條資料顯示,即使超重不足5斤,卻要按全部重量罰款而不僅僅是超額部分[140]。當內商在碼頭批賣食鹽給水商時,大袋必須被打開,重新裝入小袋,滿足零售商的要求。

水商將食鹽發送到湖廣、江西等地市場,仍須由設立長江在北岸面向南京的批驗所複製,才能放行。這一機構最初建立可能是為了防

---

134 同上,474/16-7、23-4,477/6。

135 同上,474/22。

136 同上,474/23。

137 同上,474/26-7。

138 同上,476/9。

139 同上,474/26。

140 《天下郡國利病書》12/44。

止一些水商比其他商人更早到達他們的目的地，從而影響當地食鹽的價格，但實際上又是一個瓶頸，食鹽在此常積至數月[141]。

有鹽引的官鹽，在所有鈔關清查時應該是免稅的，但事實上無法保障不再抽稅。掌管鈔關的官員們對他們貨物經常加派關稅，強行要求商人「饋贈」，並徵召其他各類雜役。1561年淳安縣的常例表（「常例」，見第四章第五節和附錄B）顯示地方官對於經過鹽每100引強行徵收0.1兩白銀，對住賣鹽每100引徵收1兩白銀。主簿、六房吏和其他官員也有同樣的常例[142]。雖然被徵收的過路稅總額是很低的，每噸只有0.012兩，但每個縣都要抽稅。在1600年，當太監魯保掌管兩淮運司時，他向皇帝抱怨說在湖廣的太監陳奉向他已經放行的食鹽徵稅[143]。

生產食鹽的花費總是被忽視。在福建，那裏使用曬鹽法，1600年左右每噸食鹽的成本為0.25兩白銀，以每噸0.5兩的價格行賣附近的村鎮[144]。袁世振奏報說兩淮地區竈戶出售餘鹽，每桶重150斤，價格為0.3兩，也就是說每噸鹽達3兩白銀[145]。而內商向水商出售時，每噸售價不低於9兩。在許多內陸城市，每噸價格常常在15兩左右[146]。按照這個水平，一個勞動者每年對食鹽的需求將花費他四天的工錢。當價格上漲此價的三、四倍時，正如發生在1610年的湖廣地區的情況一樣，食鹽是普通百姓可望而不可及的事情。

總之，食鹽專賣使少數奸商和貪官獲得好處，而成千上萬的人卻

---

141 同上，12/44；《皇明經世文編》360/25。

142 海瑞《海瑞集》49-50、55。

143 此事詳見《神宗實錄》6534，又2522記載了另一個私自徵稅的例子。

144 這個比率是根據《天下郡國利病書》26/27中的資料計算而出。

145 《皇明經世文編》474/26。

146 估算的基礎如下：十六世紀中期，價格大約是每噸10兩，十六世紀後期價格大約為每噸9.6兩。一份資料給出每噸11.4兩。當湖廣巡撫實行價格控制時，最高價格為每噸18兩。這些價格所依據以下資料的記載：朱廷立《鹽政志》7/40；《天下郡國利病書》12/48；孫承澤《夢餘錄》35/49；《皇明經世文編》499/21。

備嘗艱辛，國家從中所得收入也爲數不多，甚至實際收入要比官方統
計更少。國家赤字財政主要負擔大都落到普通民眾身上。政府食鹽交
易中佔用大量資金事實，鼓勵了其他領域的高利息率，這又更加造成
資金匱乏。

1617年的解決辦法

1617年，由巡鹽御史龍遇奇奏請，袁世振策化，實施鹽法變革，
以解決困境。這被描述成自從西漢專賣制度創立以來劃時代的變革
[147]。

正如已經指出的那樣，最根本的問題是不可能調整每年的開中則
例、餘鹽銀、鹽引數量和食鹽流通量。由龍和袁提出的解決方案是承
認那些已經預交餘銀鹽商的特權，以便於他們自己可以補償政府所欠
債務的損失[148]。

這時兩淮的南部區域，據說商人已經預先中納餘銀之數，該有
2,600,000餘引。內除「消乏銀者」，運司承認所欠2,000,000引的債務。
那些有信譽的商人被組成10綱，每一綱相當於有200,000引的窩本。此
後，每一年中有九綱被賦予同政府就進行即期食鹽貿易的權利，剩下
一綱則會得到政府拖欠他們本息。這個循環將在10年內清理全部債
務。然而對先前承諾的支付不是通過增加產量，而是從當時分配的食
鹽中每包抽出36斤來實現。支付並不足額。按照最初的想法，每引僅
爲142斤而不是570斤。但通過這種安排，商人獲得了同政府進行食鹽
貿易的獨佔權，每一個綱商都會得到與窩本比例相當的長期定額。登
出的債物因爲特權的原因也許只用付很低的價錢。對於政府而言這意
味著幾乎馬上就能償還欠給商人的債務。甚至10年之內名義上的債務

---

147 這一論述由藤井宏提出，見和田清《食貨志譯注》，頁598-603。

148 解決辦法可見於：《神宗實錄》10607、10687-8；孫承澤《夢餘錄》35/46-8；
《皇明經世文編》475/19-20，477/1-5。

也可以登出。同樣的方法也適用於兩淮運司北部地區，那裏輪流商綱制度用了十四年才除去了舊引。

開中制依然繼續，商人仍須向邊商購買倉鈔，但是倉鈔可以即時製鹽，倉鈔的價值更加穩定。政府相應地宣布在揚州倉鈔的交易價值是0.55兩。

承認商人特權的激烈行動也非完全無先例可尋。在1591年山東都轉運鹽使司曾經列出超過一百名內商的姓名，作爲按時繳納餘銀的「上商」。大約五十商人作爲「下商」被列入黑名單，被永遠驅除出產區。內商們輪流每日向都轉運鹽使司官員報告[149]，很明顯，他們承應運司要求的各種差役。鹽運司規範鹽商行爲的嘗試有更早的淵源，例如早在1592年兩淮都轉運鹽使司就發佈了有關商人們的居室和服飾的一系列規定[150]。明朝晚期確立的商人獨佔貿易特權的制度，成爲清朝的廣東洋行提供了一個非常有用的先例。

第五節　失敗的責任

官員腐敗

雖然晚明的歷史著作充斥了官員腐敗的問題，但是進一步的調查是否能夠增加我們對於專賣制度失敗原因的瞭解卻是令人懷疑的。這項研究已經清楚地證明了食鹽專賣制度在十六世紀不能被看作是一項合理的制度，而不誠實的管理者更加惡化了其運作與實施。制度本身的不完善十分容易滋生不誠實。在十六世紀，一個人如果被任命爲鹽

---

149 《山東鹽法志》14/7-9.

150 朱廷立《鹽政志》10/20-1。

務官員，其名聲立即將受到玷污[151]。大約在1580年，一位貳守官被提升為長蘆鹽運司同知，他的一位朋友就送信給他，深表遺憾[152]。在1616年，有六位運司之長受到查處與挂議[153]。1623年，有人上奏皇帝說鹽務機構僅僅是「破甑疲老」的避難所[154]。換言之，腐敗不僅有證可察，而且也是在預料之中的事情。

失敗的根本原因

食鹽專賣失敗的根本原因必須追溯到帝國建立之初。明代鹽場的基層組織與前朝極為相似，但是管理風格迥然不同。正如前文所述，明朝的財政管理在各個方面從未有跳出「洪武型」模式，僵化不變。其中心的思路是抑制而不是發展。

全部財政機構深受帝國建立者經濟思想的影響，也就是受到節儉的意識和認為「利」本身是一種罪惡的觀念的影響。商業營利思想不可避免地與社會和國家的這種觀念發行衝突，而且必然受到壓制。同時，國家必須克制「國富」觀念，因為國富必然意味民窮。雖然這個正統的經濟認識受到前期的皇帝和政治家們的推崇，但似乎整個明朝並沒有忠實地加以遵守。洪武皇帝反復強調為了納稅者的利益應減少國家的開支，並譴責以前歷朝主張財政改革以增加國家收入的理財專家，如漢代的桑弘羊、唐代的楊炎、宋代的王安石[155]。明代沒有產生一位與上述諸人具有相同地位的改革家，這決非偶然。

雖然洪武皇帝的確真誠地關心他的臣民的幸福，但是很明顯，其政策在很多方面的長期效果與其本意截然相反。十六世紀的鹽務管理

---

151 《皇明經世文編》475/24。

152 《皇明經世文編》383/21。

153 《皇明經世文編》475/24。很有趣，袁世振奏報了所有這些不法之事後來他自己卻被指責為腐敗。見《熹宗實錄》0179。

154 《熹宗實錄》1569。

155 《太祖實錄》2141、2681-2。

仍然存留著十四世紀體制下的基本特點，諸如編審竈戶，徵收竈課，控制蕩地，確立行鹽疆界，開中制度，嚴格管理鹽引，等等。

有一個事實經常被歷史學家忽視，那就是國家從來不向鹽務官員提供必要的財力來從事這項工作。從每一朝代開始，政府都不去發展潛在的經濟力量，而是依賴於政治控制作爲其統治的基礎。他們長期忽視建立起最低限度的財力來維持其財政機器的運作，這可以稱之爲「白手起家」。在這種情況下，由民眾提供各種服務在所難免。因此鹽務機構從來沒有成爲一種公共服務機構，僅僅被看成是國家的一種收入來源。在帝國後期，徵用的無償差役甚至連稅收機構本身所需要的服務也無法滿足。

前文已經提及專賣制度缺乏足夠的資金投入和服務設施。儘管管理部門控制著巨大的自然資源和人力資源，在省際商業中擁有絕對的支配地位，但他們缺乏管理預算，而是按照通行的做法，從地方取得各項公費。從一開始，國家收入在徵收上來之前就已經預先分配，這些收入雖然從其內部產生，但永遠不允許做爲投資使用。唯一的例外是在1553年到1565年工本鹽的創立（第五章第三節），然而購買工本鹽的資金仍就無法從常規收入中得到，而是來自於批驗所對食鹽超載夾帶的罰款[156]。專賣制度強制要求低級的鹽務官員強制徵收所期望的數額，這就只能導致更加不規範。

管理部門自己沒有船隻，不能提供任何種類的運輸。爲了獲得賑恤災荒、疏浚河道所需資金，他們只能向商人施加壓力[157]。在十七世紀早期，袁世振奏報兩淮地區的一些鹽場不再贏利，因爲運河疏浚不力。商人們發現從這些鹽場運輸食鹽的花費實際上大大超出了支買食鹽的價格[158]。

無法確知國家收入水平低到什麼程度，才由食鹽專賣制度來承擔

---

156 《世宗實錄》6922。

157 《皇明經世文編》474/26、475/24。

158 同上，474/29。

赤字財政的任務。政府強行貸款並延遲執行國家義務，卻認識不到也增加了同樣多的公共債務。朝廷無力償還，只是把壓力推給鹽務管理者，後者又轉嫁給商人，而商人反過來擡高鹽價，將負擔轉嫁給消費者。管理不當的影響必然會越積越深。

受到忽視的改革建議

到1500年左右，鹽的專賣制度已經很明顯地表現出衰敗的跡象。根本問題是由於竈丁納鹽持續不足，一旦政府允許餘鹽自主出售，就應該放棄對竈丁的編審。與其保持食鹽專賣的虛像，還不如僅僅向所有食鹽徵收消費稅更好。大學士邱濬(1491-1495年在任)在他的《大學衍義補》這本據說弘治皇親都讀過的書中就提出了這樣的建議[159]。但是沒有證據表明在他任職期間曾經公開討論過這件事。

開中制也遇到了相似的困難。到十五世紀時，開中制明顯無利可言，難以維繼。葉淇曾經暫時中止開中之法，但他被譴責爲一個奸臣。一些批評他的人故意歪曲事實，目的是爲了是控告他提高了淮安商人利益[160]。在這些人的呼籲下，又恢復了開中制。75年後，龐尚鵬也認識到使用現金兌付食鹽比效率低下、浪費巨大的開中制更好些，但他是在一封私人信件中表露出這種觀點，並沒有寫入給皇帝的奏疏中[161]。

雖然明朝政府商業管理的無能容易導致批評，但必須承認在十六世紀進行財政改革並非易事。由明太祖建立的稅收管理和財政做法有強大的軍事和政治權力爲後盾，但是到了帝國中期這些力量已經式敗。任何激烈的財政改革都可能加速這一進程，導致完全失去控制，而不是提高效率。政府缺乏財力也就成爲進行大規模改革的自身阻

---

159 邱濬《大學衍義補》28/11。

160 藤井宏和王崇武都認爲這樣控告並不公平，參見前文註78。

161 《皇明經世文編》360/27。

礙。

邱浚的建議，雖然合理，但是完全免除鹽丁的差役也有很大的害處，普遍徵收餘銀也是紙上談兵。到十六世紀，有些地主作爲竈戶被登記，而許多實際生產食鹽的人卻沒有登記註冊，私鹽市場已經牢不可破，倉鈔僅僅代表一種商業投機的機會，南方鹽務機構管理者任意支配收入。在這時候，中央政府是否能夠推行大規模的改革是很令人懷疑的。同時，保持管理一致的需要也成爲一個限制性的因素。「丁」是一個通用的財政單位，適用於包括世襲軍戶在內的所有民眾。取消竈丁編審所導致的結果是多方面的，例如，很可能有許多人會爲得到免除身分的好處而聲言自己也是竈丁。

倉鈔除非變得毫無價值，否則仍然提供給邊鎮將領作爲其發放的特權。許多管理不善的報告顯示出邊鎮地區存在著非常大的既得利益者，他們對開中制的廢除無疑會感到非常不快。總而言之，政府不願意推行任何大規模的改革有很多動機，包括理性與非理性的，隱藏的與公開的原因。晚明的官員們唯一能夠達成共識的方面就是堅持「成法」，即洪武皇帝的最初規定。

第六章 雜色收入

　　本章及表15中所述的雜色稅收包括了除田賦和鹽課之外的全部稅收收入。雖然在描述其他財政制度時，也許把諸如番舶抽分、香稅、礦銀、光祿寺廚料這些項目列在一起有些荒謬，但這種奇怪的分類的確反映了明朝財政管理的特點。十六世紀的政府財政並沒有接受當時普遍的經濟趨勢。財政機構過於僵化，國家的主要的稅收來源並非來自於工商業，取而代之是徵收管理費用，這可稱之爲「小額消費品稅（nuisance taxes）」。因爲這些稅源與現存的政府組織緊密相聯，所以對其徵稅可以持久，又相對容易。當然，來自於這些稅源的收入是有限的，有的甚至是微不足道的，但可以確信，其在國家財政中處於很重要的地位，稅收收入也較更現代的經濟部門爲多。

　　這些不正常的事情使得財政史研究者們在研究這個問題時沒有太多的選擇餘地。儘管可以除去一些不重要的項目，並對餘項重新分類，這種簡化處理在理論上是可能的。但是其負面效果可能會超過得到的好處。這將使得每項收入的性質含糊不清，與財政術語的不相符合。更爲突出的是，它進一步模糊了管理工作。這樣作的結果，實際上使歷史學家承擔起財政改革者的角色。

　　明朝財政制度最基本的特點之一就是多爲小額收入，色目太多。這些帳目從來沒有統一到一起，實際上一些國家稅收收入在審核之前就已經進行分配。爲了保證準確，逐條引用各項收入是必要的，即使其中一些項目僅僅是簡單的描述。

　　這裏所列出的項目並不絕對完整，這是因爲缺乏統計的標準，使

得某些項目可能分列在不同名目之下，但是這包括了所有值得注意的收入。其中與田賦有關的幾個項目已經論及。因爲這幾項收入非常少，一些州縣已完全停止徵收，而將其合併到田賦之中（參見第三章第四節）。但這不是普遍的做法，它們從來沒有作爲單獨項目而完全消失，本章中有必要將其列出。

第一節 工商業收入

（a）鈔關稅

在明代，加徵於內陸商業交通水道的稅收有三種。船鈔向運輸者徵稅，由船主付給，由戶部徵收，它基於船的寬度進行評估。商稅向所有由陸路和水路運輸的商品徵收，由商人付給，由各省官員管理。竹木抽分僅向造船原料徵稅，由工部管理。起初是實物交納，僅僅加徵於竹、木，但是在王朝後期，項目不斷擴大，政府造船廠的所有可以想像到的項目，包括麻繩、釘子、石灰、炭和桐油都要課稅。當然，實際徵收都是折成白銀。

鈔關的淵源可以追溯到1429年設在大運河上徵收通行稅的四個船料稅關[1]。到了十六世紀，已經設立了七個鈔關，分別是杭州附近的北新關，蘇州附近的滸墅，揚州，淮安，臨清，河西務，九江。每個鈔關都由戶部派出的主事管理一年。

後來，鈔關開始逐漸接管碼頭地區商稅的管理。北新關在1511年開始徵收商稅[2]。臨清關也隨後徵收商稅。但是到1530年爲止，其他碼

1　關於船鈔課稅司局起源見《太宗實錄》2365；《憲宗實錄》1325。

2　《天下郡國利病書》21/53-4。

頭仍然只管理船鈔[3]。但到1569年，鈔關已經完全接管商稅，所有鈔關都在戶部和各省官員共同管理之下，戶部官員進行評估，並把稅收清單交給船主和商人，然後各省官員進行徵收和解運[4]。因爲徵稅物件包括船隻和貨物，所以各個鈔關實際上具有稅關的職能，這也得到正式的認可。當然，實際情況遠非這樣簡單。

表15：雜色收入，1570-1590左右

收入種類	戶部	工部	兵部	禮部
工商收入	(a)鈔關稅 (b)商稅 (c)番舶抽分 (d)門攤稅 (e)酒醋稅 (f)房地契稅	(g)竹木抽分 (h)礦銀 (i)漁課		
管理收入	(j)開納事例 (k)僧道度牒 (l)戶口食鹽鈔	(m)贓罰 (n)鑄錢利潤	(o)椿朋銀	(p)香稅
折色收入	(q)輕齎銀	(r)匠銀 (s)蘆課 (t)四司料價	(u)馬差 (v)班軍折銀 (w)皂隸折銀 (x)驛傳銀	(y)曆日 (z)光祿寺廚料
非現金收入：(aa)茶馬貿易收入；(bb)未列入的其他收入				

　　例如北新關在接管了商稅管理之後，本身實際上成爲一個稅收權

3　《世宗實錄》2494；參見《明史》81/854。

4　《穆宗實錄》0862。另一資料暗示合併工作開始於1529年，見《西園見聞錄》40/1-2。

力機關。它控制了一個由杭州周圍幾個縣水陸收費站組成的網路。其收入包括船鈔、商稅、船舶登記費,即使一些船隻並不經由這些收費站,他們甚至向在這些城市中的坐商徵收正稅。其監管範圍擴展到批發與零售貿易。十六世紀末,歲課總額為34,975兩白銀,其中僅有6,318兩得自船鈔5。其他鈔關的情況也與此相似。

這七個鈔關的總收入,再加上北京崇文門的稅收收入,為了統計的原因而形成了一個單獨的「體系」。由於這項收入通常都被認為來自於船鈔,從而產生了所有收入都是來自民陸關稅的錯誤印象。實際上,這只是戶部直接管理的一部分商業稅收。

崇文門稅關自然不在某個碼頭。在十六世紀晚期,一般的做法是北運京城的貨物在臨清和河西務兩個鈔關交納部分稅收,到達北京時,在崇文門補交餘額。儘管崇文門收入也包括對路過的騾車、手推車運輸的貨物徵收的可觀的小額現金收入,但將崇文門稅關納入這個體系中並不合理6。

這些鈔關徵收的稅額通常都很低,但公佈的則例並不包括管理者向商人索取的額外費用。而且其管理十分不統一。雖然腐敗現象比較普遍7,但還是有一些誠實的官員,他們在某些場合的正直給歐洲觀察家以非常深刻的印象8。管理不當的主要原因就是管理不協調。鈔關的工作包括公佈稅收則例和確定每個碼頭的稅收定額。前者意味著要將固定的稅率適用於多樣的商品,後者要求稅關官員保證定額稅收。這種不協調源於帝國早期的政策9。

5　《天下郡國利病書》21/51-3。

6　崇文門的徵收參見《大明會典》35/48。

7　九江關的一位通判曾經挪用了數萬兩白銀,可參見《西園見聞錄》40/6。另一個濫用職權的例證參見祁彪佳《祁忠敏公日記》卷5,日期為1643年陰曆九月初二。

8　他們的印象是「清朝官員是武斷但誠實」,Lach, *Asia in the Making of Europe*, I, p. 754. 相似的觀察參見Hucker, *Traditional Chinese State*, p. 82n.

9　定額最早確立於1377年。參見《太祖實錄》1848。

因爲沒有稅收則例得以保存下來，我們只能從幾種資料中零散的條目中得到一點官方稅率的資訊。一部清朝的地方誌顯示出明朝臨清鈔關的公佈的稅收項目寫滿105張雙面紙，有1,900條[10]。稅率也令人吃驚地合理。在十七世紀早期的淮安鈔關，將運輸船只分成兩個等級，以便徵收船料，但這些資料中並沒有清楚地定義等級，只是規定一個等級收銀0.058兩，另一個等級收銀0.029兩[11]。在另外的事例中，船的寬度是5尺，暗示著載重量不會超過15噸，稅額很低。然而似乎每通過一個鈔關時，通行費重覆徵收，未載貨的船隻也不能免除。在十六世紀晚期的北新關，鈔關稅實際上成爲商稅的一部分，稅率徘徊於0.2%至3%之間。草席和錫箔的稅率最低，黃銅的稅率最高[12]。

在商人看來，最不利之處就是遠距離運輸的貨物要重覆納稅。官員們也可以在「報獻」的名義下強徵不在規定範圍之內的稅收。1583年，一位御史指出，運往北方的貨物進入運河，臨清關抽稅60%，到河西務抽補40%。但至北京崇文門又要全部重徵一次，這裏的徵稅官員根本就不承認其他鈔關的票據[13]。在一些碼頭，貨物出店進店都要要納稅。這種作法逐漸成爲了一種習慣，最後在運輸中所有的貨物都被固定雙重的稅款，包括從未進行運輸的物品也在內[14]。在十六世紀晚期，從浙江運到北方的一船500石的白糧要在十二個不同地方繳納關稅、稅費。總額達70兩白銀，約爲價錢的20%。雖然這些物品主要是用來滿足皇帝的需要，但稅費也要交納[15]。

直到十六世紀中期，鈔關課額是比照以前的實際解額爲基礎來確定的，未必以最高額爲標準，但應該被認爲是最合理的。正常情況下，徵收者完成額度是沒有困難的。雖然理論上，官員如果超額完成徵收

10　《臨清直隸州志》9/2。

11　《天下郡國利病書》11/44。

12　《天下郡國利病書》21/51。

13　《神宗實錄》2529。

14　同上2589；孫承澤《夢餘錄》35/39-40。

15　《天下郡國利病書》22/16。

任務就有被提升的機會。實際上並非如此。在道德被認為比效率更為
重要的時代，過早打破稅收記錄的官員更可能被批評為自私自利，濫
用權力，還會給繼任者產生不必要的困難。有明一代，沒有哪位官員
因為試圖增加稅收而受公眾尊敬。從當時的資料來看，可以發現絕大
多數被分派到鈔關的官員僅僅滿足於完成定額。實際上，戶部尚書周
經（1496-1500年在任）在考核官員對於那些課額多者給予下考[16]。

在十六世紀晚期和十七世紀前期，國家支出急速上升，鈔關的課
額也相應增加，課額的確定也是非常主觀、武斷，這導致了混亂，加
劇了不法行為，徵收也現了虧空。

鈔關的效率低下並不讓人感到驚訝。鈔關的運作很不協調，從來
也沒有任命一個主管有系統地組織工作。沒有官員具有長期從事這項
工作的興趣。部裏的官員僅作為份內之事完成責任，而省級官員卻把
徵收工作看作本地區的財政負擔。普遍的反商業思想阻止官僚提高商
人的利益，拓展他們商業活動的空間。無論是對日常必需品還是奢侈
品，沒有人試圖使得貨物在內陸水運網中更加方便地流通。對於大宗
貨物和零星貨物運輸的稅收沒有進行區分，這僅僅是因為商稅的概念
還未拋棄。當時有關鈔關材料也反映出了同樣的態度。在他們關於運
輸的描述中，重點一直是短途運輸的農業產品，例如闌豬、草墊、豆
餅、蔬菜和儲運的水果等，很少關注絲綢和瓷器之類商品[17]。在1526
年，皇帝不得不發佈詔令禁止鈔關向船上儲運柴米課稅[18]。1693年戶
部尚書倪元璐上報說崇文門稅關公佈的則例中包括多達3,000項屬於
不同商人稅目，「每失報一紗一裙，通罰全單而又倍之」。但又說在南
方某處鈔關門前看見一塊石牌，警告隱瞞不報失報一件商品，就要沒
收船上貨物的一半歸公[19]。

16　《西園見聞錄》92/24。
17　《臨清直隸州志》9；杜琳《淮安三關統志》2；伊齡阿《淮關統志》7/1-29。
18　《續文獻通考》2933。
19　同上，2938。

鈔關的工作人員很多。按照清代的一個統計，晚明的淮安關，專職人員有12名官員和14名吏胥，加上11佐貳及其吏員，還有212名書辦[20]。這個機構的規模幾乎等同於戶部。但是從職責的分配上我們可以看出絕大多數人員是從事於各個款項的計算和記錄這些細枝末節的工作。同所有明朝機構一樣，鈔關也由地方徵用供給。北新關的記錄表明，許多書記人員不給工食，鈔關也要求鄉村提供不給工食的隸卒，也要委任鄉村代理人員對其轄區內1200艘船和3500名坐商按季度收稅[21]。總之，鈔關的工作由於農村經濟的性質而受到限制，並不適合執行更加複雜的財政任務。

表16：1599-1625年8個鈔關的徵收額

（單位：兩）

鈔關	1599年	1621年	1625年
北新關	40,000	60,000	80,000
滸墅	45,000	67,500	87,500
揚州	13,000	15,600	25,600
淮安	22,000	29,600	45,600
臨清	83,800	63,800	63,800
河西務	46,000	32,000	32,000
崇文門	68,929	68,929	88,929
九江	25,000	37,500	57,500
總計	343,729	374,929	480,929

十六世紀晚期和十七世紀早期的鈔關課額列於表16中[22]。從中我們

20　杜琳《淮安三關統志》8/9。

21　《天下郡國利病書》21/52-3、55-6；《西園見聞錄》40/1。

22　這個表以孫承澤《夢餘錄》35/42和《續文獻通考》2937中的數字為基礎。
　　吳兆梓《中國稅制史》，頁175-6中列出了1625年崇文門的徵收定額為

看不到關於運輸大宗貨物的資訊。

　　十六世紀晚期定額爲340,000兩左右，這僅是種指標。1600年北新關報告其課稅超過了42,000兩，到1611年其定額增加到了49,700兩[23]。有些時候徵收又低於指標。趙世卿（1602-1610年任戶部尚書）曾報告說在1597年八個鈔關原額每年共徵銀325,500兩。1601年，徵銀降至266,800兩，大約比定額少了76,900兩[24]。

　　鈔關的收入用於很多方面，例如供給鈔關附近的軍事衛所，鑄造銅錢，賑災備荒和營造宮殿。有時某個鈔關要將其徵收的稅款用於某個特定的機構，其他的則把稅收分送各處。有時朝廷命令鈔關以銅錢形式徵收一定量的稅收，然後上繳到皇城內的廣惠庫（參見第一章第一節）。在1570年代，規定所有收入都要解送到太倉庫，由戶部監管，供應給北方邊鎮。但此後，不定期的解送在一個特別的基礎上仍然繼續[25]。1580年大倉庫的帳簿表明當年從鈔關那裏僅收到162,299兩稅收，大約是定額的一半[26]。

（b）商稅

　　明朝商稅在許多方面是清朝厘金稅的前身，其具有稅率很低，徵收面廣和重覆徵收的特徵。然而，商稅的收入過於分散且數額較小，並不能被認爲是國家稅收的主要來源。在主要商業中心城市建立的徵收商船的稅課司局被合併入了鈔關之後，商稅的重要性更低了。在帝國早期有400多個徵收商稅站，但到了十七世紀早期只剩下了112個還

　　48,900兩。佐久間重男所作的表格顯示出更多變化，參見佐久間重男《商稅の財政》，頁61。

23　《天下郡國利病書》21/53-6。

24　《神宗實錄》7072。

25　《大明會典》35/7；朱國禎《湧幢小品》2/40。分配的事例參見《世宗實錄》1413；《神宗實錄》2579、4530。

26　孫承澤《夢餘錄》35/9-10。

在運作。其餘的因毫無利潤而被關閉[27]。1568年，戶部報告某個課稅司局的巡攔每年俸糧工食費不下400餘兩，而其折鈔銀僅爲110兩[28]。

十六世紀，剩下的稅課司局也由府或縣管理。我們可以從北新關運作的早期記述中看出當時稅率很低，通常在3%至1%之間。徵收面極廣，甚至小商販和農民運輸成袋的商品去城鎮集市出售也不能免除。通常每個徵收站只有一名官員，被檢派的隸卒和書記員不但沒有報酬，而且還被要求繳納一定數額的貢獻，因此他們被迫靠收入賄賂和勒索過往商人爲生[29]。一旦稅收定額增加，他們濫用職權便會容易失去控制。

除了在幾個地區進行過調整以外，商稅關額稅最初被固定爲寶鈔，後來轉變爲白銀，其實這是毫無意義的。例如山西汾陽鄉，1609年商稅是6,606兩白銀，這是很高的數額[30]。但是在浙江金華縣，一個更加繁榮的地區，1578年所列出的定額不足7兩，地方誌中坦率地承認商稅徵收已經停止了很長時間。這個數額更多是用來彌被隸卒折色[31]。其他地區則用田賦來完成商稅徵收的責任。

然而這並不意味著這些地區的商人根本就沒有被徵稅。南直隸徽州府因其富裕的商人而聞名。1482年，徽州全府的商稅固定爲鈔94,565貫，此後一直未有調整。到十六世紀晚期卻不超過30兩。因爲徽州商人幾乎沒有繳納多少商稅，他們經常被要求向北京的一些建築工程報獻[32]。

蕩平倭寇之後，各省當局，特別是福建和廣東，在已存商稅體系之外建立了新的稅課司局，主要座落於橋頭和渡口。這些稅課司局自己規定稅率。把收入作爲軍事供給直接交給當地的軍事防禦組織，中

27　吳兆梓《中國稅制史》，頁169。

28　《穆宗神錄》0555。

29　《西園見聞錄》40/1。

30　《汾州府志》5/12。

31　《金華府志》8/20。

32　《徽州府志》7/64、8/14-6。

央政府對此不能行使任何有效的控制[33]。北方邊境地區也建立了相似的稅課司局。1547年在長城以北的廣寧和1550年在山海關重建的稅課司局具有國際意義，因為他們控制著與滿洲、朝鮮間的貿易路線。他們最初由軍事將領管理，後來改為由太監管理，然而似乎沒有留下任何記錄[34]。所知道的只是山海關在1570年的年收入是4,000兩白銀[35]。

除了崇文門之外北京城門徵收的人頭稅也應該並歸入商稅種類之中。城門由太監控制，他們扮演徵稅者的角色。更大部分的人頭稅由那些攜帶農產品入城的農民繳納。太監完成定額，每年上繳5,000兩給光祿寺，餘下部分裝入了他們自己的腰包[36]。

總之，商稅在十六世紀逐漸瓦解。其中一部分廢止，一部分劃歸各省得以保存，還有一些則轉變為某種農業稅。很清楚，普遍的無差別的徵收導致了沒有效率。同時稅課司局運作預算的不充足也影響了商稅制度。1576年，江西巡撫報告樟樹鎮原設稅課司，額解商稅每年172兩白銀。在他重新調整那裏榷收工作之後，收入增加了十成[37]。很明顯，商稅中的許多稅收潛能被浪費掉了。

據《大明會典》記載，1578年商稅收入是150,000兩白銀，平均每縣略超過100兩[38]。這些資金同田賦合在一起，成為各自地區起運或存留稅收的一部分。

（C）番舶抽分

整個明代，國際貿易從未被認為是國家收入的主要來源，這個傳統確立於明初。海外諸國入貢之時，方許朝貢使團進行商品買賣。洪

33　《穆宗實錄》0441，《神宗實錄》0764-5。

34　《世宗實錄》5991、6474；《西園見聞錄》40/3-4。

35　《皇明經世文編》358/28-9。

36　《憲宗實錄》1827，《世宗實錄》1038。

37　《神宗實錄》1197。

38　《大明會典》35/32-7。

武和永樂時期,爲了顯示對外國的寬宏大量,不斷地朝貢使團帶來的
貨物免除課稅,例如1370年的高麗貢使和1403年淳泥國(Brunei)貢使
[39]。雖然明朝政府擁有購買朝貢使團60%商品的權利,但並不經常這樣
做。一當這樣做時,這些被稱爲「賞賜」,獲利五六倍之多,並包括對
朝貢使者個人慷慨大方的娛樂花費在內[40]。

　　儘管理論上是朝貢貿易,但在十五世紀晚期對外貿易繼續發展。
掌管海上貿易的太監、一些戶部官員和職掌沿海防禦的軍事將領從朝
貢使團那裏攫取了巨大利益,他們根本不去考慮貿易者是否是朝貢身
分。北京的宮廷很少知道他們的事情。1493年,兩廣總督就上奏說絡
繹不絕的朝貢使團成爲其所屬各縣沈重的負擔,戶部比對勘合,回覆
說在過去六年內只有暹羅和占城兩國各一朝貢使團來過[41]。

　　此後,禮部建議今後不再預先安排外國朝貢使團前來,這得到了
皇帝的同意。朝貢使團只能在廣東貿易,因爲他們除了貿易以外,別
無其他事務。1509年開始正式貿易,那時省級官員已經制定了一系列
規定以便於管理[42]。貿易特權被授與來自朝貢國家單個人,有時甚至
沒有朝貢使節。番舶抽分定爲30%,由省級官員在撫按官的監督之下
徵收。以此種渠道獲得的奢侈品,例如象牙和犀牛角被貢獻給皇帝,
而胡椒和蘇木等主要商品則在市場上出售。1510年,累計二年的各項
抽額值銀11,200兩,這些資金在皇帝的允許之下,存留地方用於兵餉
[43]。1517年以後,統一抽分降到20%,仍然納以實物[44]。

　　國際貿易的解禁,因十六世紀早期葡萄牙海員與明朝軍事力量在
中國沿海的衝突而中斷。1523年,從日本來的宗設和宋素卿在寧波發

39　《太宗實錄》1116;《太宗實錄》0447-8。

40　陳文石《海禁政策》,頁59-60。

41　《孝宗實錄》1367-8;《憲宗實錄》4590。

42　陳文石《海禁政策》,頁107;《天下郡國利病書》33/60。

43　《武宗實錄》1496、2911-2;陳文石《海禁政策》,頁107-8;梁方仲《國
　　際貿易》,頁292-3;《皇明經世文編》357/7-10。

44　梁方仲《國際貿易》,頁292;陳文石《海禁政策》,頁109。

行爭貢之役，他們都宣稱代表著足利幕府[45]。然而，1529年，廣東又一次開放貿易。「強盜」甚至也被允許進入這座城市。1556年，對外貿易被置於海道副使監督之下，其組織了大批廣東、福建、徽州商人擔任對外貿易者的官方代理人的角色其收入頗爲可觀[46]。1529年總督林富在請求重新開放貿易時，曾說過：「旬月可得銀兩數萬。」[47]但是以後的抽分額的確切價值無法確知。

　　從1557年始，葡萄牙人攫取了在澳門的居住權。1564年，龐尙鵬報告，有將近10,000名葡萄牙人居住在這裏，在貿易季節則超過二十艘商船停泊在這裏。每年葡萄牙人支付撫按衙門的船課達20,000兩白銀，又輸地租500兩於香山縣[48]。當時的一份資料揭示其關稅只是名義上的，他們「先達本縣，申達藩司，令市舶提舉司盤驗，各有長例，而額外隱漏，所得不貲。其報官納稅者，不過十之一二」[49]。甚至在十六世紀的最後十年，廣東市舶提舉司收的舶稅每年納餉銀40,000餘兩[50]。另一方面，葡萄牙人也獲利甚豐，H.B.Morse記述道：「至遲到1612年，每一次去澳門貿易一次，要向東阿的總督交納的執照費價值達25,000英鎊。」[51]

　　1567年，明王朝又授權在福建月港進行對外貿易，月港接近於今天的廈門。各種執照費、傭金和舶稅繼續保留下來[52]，雖然這裏討論的重點是收入的總水平，但還是可以引用一有說明性的事例。

45　《天下郡國利病書》29/105。

46　對於爭端期間的情況所知甚少，參見Lach, *Asia in the making*, I p. 737, 788.

47　《世宗實錄》2509；《天下郡國利病書》33/58-60。

48　《皇明經世文編》357/7-10；梁方仲《國際貿易》，頁298、305。

49　周玄暐《涇林續紀》48。

50　梁方仲《國際貿易》，頁305，他引自1601年版的《廣東通志》。

51　H. B. Morse, *The Chronicles of the East India Company*, I, p. 9.

52　張燮《東西洋考》7/95-8。梁方仲在《國際貿易》，頁292-3中已經將稅率列表。

中國商人出番貿易和進口也要納稅。每年船隻的總數目限定在八十八艘，以先到的先接待為原則。一艘十六尺寬的船，駛向淳泥或更遠的西洋，每尺徵水餉5兩，另加引稅3兩。象牙成器者繳納進口稅是每100斤1兩白銀，象牙不成器者為一半。胡椒每100斤繳納0.25兩白銀，大約是價值的1%[53]。從菲律賓返回的船通常不攜帶進口貨物，所每次航行追繳銀150兩，後來減少到120兩。

月港第一年徵餉6,000兩。到1594年，增加到每年29,000兩，當時日本豐臣秀吉入侵朝鮮促使明王朝關閉了這個港口。1615年，這個港口被重新開放時，計劃每年收入為27,087兩白銀。同年，開始降低稅率，通常約為15%。所有收益被福建留存，用作當地兵餉。陸餉分配給陸軍，水餉分配給水師[54]。

這就是十六世紀整個海關稅收的大概。戶部從未在這項工作中扮演積極的角色，只是在獲取軍事資金中減少了困難。對於來自於海關收入較少的原因從未有人解釋過，但很可能是當局擔心過高的稅率會使海員、船主和商人轉向走私貿易並加入海盜之列。官員們毫無疑問希望留下大量空間可以在他們自己的帳目中進行非正規的徵收[55]。

(d)門攤稅 (e)酒醋稅 (f)房地契稅

這些稅目與商稅一起由地方課稅司局徵收，在未設課稅司局的地方，由縣裏徵收。門攤稅向那些街道兩旁永久的店鋪徵收。酒醋稅從宋朝沿襲而來，是對國家專賣的釀酒業課稅。房地契稅被固定為實際購買價格或是抵押款的3%。

在明朝初期，上述每一稅目都定額到每個縣，並規定納以寶鈔。

53　1589年福建巡撫指出貨植一兩，稅銀二分。參見《神宗實錄》3939。

54　1597年港口部分開放。參見《神宗實錄》5899；《天下郡國利病書》26/33-4，99-104；也可參見《神宗實錄》4864-5。

55　片山誠一郎《月港廿四將の反亂》，頁389-419；周玄暐《涇林續紀》47。

在大多數地方，最初的定額被折成白銀，這些收入實際上消失了。地方誌通常列出每年三項收入總額爲3、4或者5兩白銀。然而實際徵收卻是另外一回事。酒醋稅通常被忽視，因爲明王朝從來沒有試圖對酒醋進行有效的控制，但是其他二項在大城市裏還是比較重要的。

對北京鋪行的徵稅，分別由大興縣和宛平縣管理，1579年兩縣實徵銀10,641兩[56]。對於契稅，由於京城地產價值較高，所以僅宛平縣爲每年就爲2,000兩[57]。在十六世紀晚期，根據宛平縣縣令記載，北京房舍典價一契有至六、七千兩者[58]。

在南直隸的淮安，七個主要鋪戶繳納大量的門攤稅。因爲磨坊、酒面等店沒有行業組織，縣官爲他們任命了鋪牙包納代徵，對於稅收總額暫時還無資料可尋。淮安的房地契稅管理也有變化。在十七世紀早期，典房文契免稅，契稅爲購買價格的1.16%[59]。

在南直隸的常州府，十六世紀晚期當地官員曾經試圖恢復徵收房地契稅時，可以知道這一稅收已經罷徵了很長一段時間。很明顯，沒有能實行有效地徵收是因爲「日偶課之，譁然而起」[60]。

這些零散的事例似乎顯示了十五世紀的寶鈔陷入了困境。中央政府從未明確企圖重新調整最初確定爲紙鈔的國家稅收。很顯然，在這些稅目收入不可或缺的地區，地方官員進行了一些調整，他們的專門整頓最終變成了慣例。在沒有進行調整的地區則放棄了這種稅目，這項收入由田賦來彌補。1602年之前的某個時候，戶部曾試圖恢復對地產徵收契稅，希望從中增加100,000兩白銀的收入，這一努力姍姍來遲[61]。

56　沈榜《宛署雜記》92-93。

57　同上，83-91；《神宗實錄》2355。

58　沈榜《宛署雜記》91。

59　《天下郡國利病書》14/43。

60　《天下郡國利病書》7/40。

61　《神宗實錄》6960。

(g)竹木抽分

《明史》中列出了十三個徵收竹木抽分廠。其中二個在南京附近，五個在北京附近，在北直隸真定、南直隸蕪湖(太平府)、湖廣省沙市(荆州府)、浙江杭州、陝西蘭州(今屬甘肅)、遼東的廣甯衛各設有一處[62]。其實這是不完成的，事實上，還有淮安附近的清江浦，北直隸的保定[63]。

這些抽分廠並不同樣重要。其中的幾個，包括北京郊區的那些，僅對修造宮殿設備和器皿用的松木、竹木收稅。蘭州和廣甯位於邊境，雖然其工作非常重要，遺憾的是沒有任何資料遺存下來。五個利益最大的稅課司爲蕪湖、沙市、杭州、淮安和龍江(後者在南京附近)位於主要的水道沿線，這裏商業運輸發達，竹木流動很大。到十六世紀，五個稅課司中僅有龍江還要爲帝國在南京的器具生產提供原材料而繼續徵收實物，其餘四個折收白銀。這些收入一般是用來爲政府造船廠提供資金，有時也又用於工部安排的其他項目開支。

竹木抽分及其稅課司始於洪武皇帝試圖讓工部自給自足之後出現的。其最基本的項目，即竹木抽分與一般稅收相分離。儘管1471年以前幾個竹木抽分廠的徵收工作並不在工部的管理之下，但在那一年，工部尙書王富獲得皇帝的允許，派遣工部屬官去沙市、蕪湖和杭州三處稅課使司，專理抽分，爲期一年[64]。這時的抽分工作是省級官員以工部的名義進行管理。淮安的抽分總是由管理那一地區河道的工部官員監管，龍江則由南京工部監管。

當稅收徵以實物時，松木稅額爲十分取二[65]。納銀則估算較爲合理，要考慮到松木的種類、原木尺寸和原產地等事項，抽分稅率在5%到10%之間變化[66]。但是淮安稅率通常低於其他幾處，主要是因爲松木

---

62 《明史》81/835。

63 《大明會典》204/1-8。

64 《憲宗實錄》1724；孫承澤《夢餘錄》46/54。

65 《大明會典》204/1。

66 《大明會典》204/7。

到此之前至少已經納過一次抽分。淮安廠要向大運河上所有商業運輸
抽稅，對竹木等造船材料徵收的統一稅率為3.33%[67]。

雖然稅率是合理的，但是重覆徵收導致了商人的更加不便。1608
年，產自四川的松木在到達長江下游時，要在三個不同省份納稅，另
外還要在沙市、蕪湖和南京納稅。從南方省份運到北京的杉木和松木，
沿途至少要抽分50%。龍江抽分廠因扣押松木船隻而臭名昭著，因為
它規定筏運一次隻許100根。對於木商而言另一個問題是政府部門的強
制性採買，他們拿走了最好的貨物[68]。運到北京的松木價格由於大運
河高昂的運費而進一步提高；有時，有時候費用過度高昂，以致於船
主到達大運河的北方終點時發現折除船隻的裝備要比維修更為有利。
船桅可以賣個好價錢[69]。

竹木抽分的徵收也是相當有彈性的。以白銀徵稅的稅課使司有年
課額，在有大量商品貿易的年份中，這個定額是很容易完成的。例如
何遜在1510年以後的十年中管理沙市稅課使司。一旦完成定額，他就
減少對木商抽稅[70]。在1520年代，邵經邦開始接管了沙市稅課使司，
他採取了一項更為驚人的改革，在三個月內完成定額之後，在本年度
餘下時間內啟關任木商往來[71]。1560年，楊時喬榷稅杭州，建立了一
個令人敬佩的制度，令木商自署所入進行稅收評估[72]。這三個官員贏
得了傳統歷史學家的高度讚揚。

淮安抽分廠則走到另一極端。它是清江浦造船場最主要的資金來
源。到十六世紀晚期，它已經不能完成額課。其所採取的解決辦法就
是擴大收稅的範圍，首先將所有的造船原料都包括在內，然後向船隻
收稅。3.33%的稅率也稅及民船，以船隻的原始成本計算，我們不知道

67　《天下郡國利病書》11/43；席書、朱家相《漕船志》4/10。

68　周之龍《漕河一覦》卷8；朱國禎《湧幢小品》4/79。

69　項夢原《冬宮記事》6-7、14。

70　《明史》189/2213；《西園見聞錄》92/24。

71　《明史》206/2397。

72　《明史》224/2591。

這種辦法是何時開始，又是如何獲得允許的。甚至在1600年以前，抽分時要記錄船篷、桅、錨和其他設備，這個過程進而發展爲一種對運輸的檢查和登記。無論何時，在淮安地區買賣船隻，買主要付給官方買船價格的3.33%款項[73]。這種做法在明亡後仍然留存下來，1778年編寫的《淮安通志》顯示，清代淮安的竹木抽分仍然由工部管理，仍如以前一樣對船隻徵稅。納稅之後，官員將船艙上的一個主要梁頭打上烙印並發給船主憑據[74]。「竹木抽分」因此開始具有更廣的含義，在同一碼頭，工部管理的抽分與戶部監管的船鈔相互爭競。

各種竹木抽分廠沒有統一的帳目，也沒有提到過實際的徵收定額。十六世紀晚期，北京連續不斷的宮殿建築工程及其大量松木採辦，使得竹木抽分更加複雜。這必然影響了抽分廠的運作。例如1596年一位戶部官員發現44,000根圓木被運往北京用於宮殿營造計劃時，他發佈命令，要求抽分廠沿途阻截這批木材，進行課稅。而且不止一次課納實物稅，還要從中購買[75]。因爲巨大的課稅額，許多木商離開了這個行業[76]。

從資料中獲得的有關收入的資訊是分散和片段的。1489年，清江浦造船場記錄了從四個稅課使司沙市、蕪湖、杭州和淮安得到稅款總款爲28,670兩[77]。1484年杭州稅課使司歲入23,000兩[78]，1525年蕪湖稅課使司收入超過20,000兩，有的年份榷取之課據說超過了39,000兩[79]。1608年淮安榷課據已經接近11,500兩[80]。當時的資料說明十六世紀晚期

73　《天下郡國利病書》11/43-44。

74　伊齡阿《淮關統志》5/7。

75　項夢原《冬宮記事》4。

76　周之龍《漕河一覕》卷7。

77　Ch'en Tzu-chuang《輕齎銀》3/42

78　《憲宗實錄》4319。

79　《世宗實錄》1232。後者數字引自人民大學《社會經濟》，頁94。

80　周之龍《漕河一覕》8/13-14。

絕大部分時間裏榷課額大體保持不變[81]。這四個課稅使司預計收入收為75,000兩白銀是可能的。龍江稅課使司每年收入也一定與其他稅課使司課額大略相等，大約為20,000兩白銀。

(h)礦銀

在帝國早期，採礦由國家嚴格壟斷。1370年代帝國鐵的產量平均每年為8百萬斤，約為5,300噸（short tons）。1395年，取消了政府專營，官治總額只保留25,000噸。民治每年輸稅三十分取二[82]。雖然沒有明證，但這個課稅則例卻在實際中起作用。

從十五世紀早期起，鐵治集中在北京東北部的一座小鎮遵化，它在長城邊上。1509年，其產量約為生鐵320噸，熟鐵140噸，鋼5噸。1529年以後，產量減少到2/3，但是這仍然能夠滿足工部的需要。1581年，這裏的鐵礦石已盡，生產被迫停止[83]。

十六世紀晚期和十七世紀早期，政府從浙江、福建和廣東歲課鐵300至450噸，其他省份則較少，政府也不時從民間購鐵[84]。

看起來，向政府供給的那三個省並沒有對鐵治進行控制。在廣東潮州府，大約有60多個鐵爐。其鐵課總額折以白銀僅為一千餘兩，是用來作為本省軍餉。福建生產的鐵絕大多數解運北京，其情況也非常相似[85]。在福建泉州府，鐵課作為作為額外徵收攤於田土。漳州府當地有民營鐵爐30所，每歲鐵課約銀290兩。這筆稅收仍然歸屬本省軍事

---

81 青州（本文中指沙市）在1587年的榷課額僅為14,000兩白銀，參見《神宗實錄》3544。

82 《太祖實錄》3518；《大明會典》194/16。

83 《大明會典》194/19-21；孫承澤《夢餘錄》46/59-60。

84 《大明會典》194/18；何士晉《廠庫須知》6/91、7B/1-8。（這部著作中有兩個七卷，這裏指第二個）

85 《天下郡國利病書》28/8。

當局[86]。毫無疑問，這三個省解運到北京的鐵是用其他渠道得到的資金收買而來的。

政府也不控制銅的供給。因為從雲南運銅到沿海地區是不經濟的，東南各省出賣的銅多是進口而來，主要來自日本[87]。另外，政府每年從漁課中獲得4噸銅（參見下面(i)），工部每年需要從市場中購買24噸銅[88]。

對於政府而言，最重要的是銀冶。在明朝後期，對於提高銀冶是否明智曾有過相當大的爭論，表面上的原因是與風水習慣有關。十七世紀，當耶穌會傳教士湯若望建議通過重開銀礦來改善政府不穩定的財政時，他的建議受到了包括戶部尚書倪元璐在內一批有影響官員的反對。他們認為開礦將會夷平民居、墳墓，「動傷地脈」[89]。

採礦的安全問題，明王朝從未加以解決，特別是對礦工的管理。從永樂時代起，官礦就從未以商業經營的性質而出現的。官府從不願意分配足夠的資金進行系統地開發，而是代之以「閘辦」，要求每個礦井的官員和工人都必須完成一個固定的生產定額[90]。政府對金屬的需求增加很快，甚至在礦井並未充分開發之前，也不允許以產出用於再投資。當產量不夠定額的情況下，沒有皇帝的允許也不能減少定額。通常，缺少的部分由地方官從其他渠道補足。這樣政府的礦冶導致了新的稅收。十七世紀，宋應星在其最有名的科技著作——《開工開物》一書注意到這些情況。

礦工是從流民中隨意招募的。因為這些流民在當地沒有根基，因此通過集體負責的原則來管理是相當困難的，集體負責也是政府唯一有效的控制地方人口的手段。農村大量勞動力離開總會對安全造成威

86　同上，26/73、104。

87　宋應星《天工開物》231；Sun, 'Mining Industries', p. 840.

88　何士晉《廠庫須知》7/3-4。

89　倪元璐《全集》〈奏疏〉10/11-12；倪會鼎《年譜》4/17。

90　「閘辦」一詞出現在《太宗實錄》2266、《仁宗實錄》0017、《英宗實錄》5372。

脅。甚至徵發役夫治水都會引起官府的某些擔憂。而礦工的危險性更大，他們收入低微，如果採礦失敗則分文不得。他們具有製造武器的能力，又居無定所，很容易成為強盜。明朝政府在遵化冶鐵取得成功的原因是因為礦工被置於軍事控制之下。

把採礦權下放給普通老百姓並不能解決這個問題。雖然有限數量的冶鐵工作可以在政府監督之下由私人企業完成，但是允許私人開採銀礦與禁止私人過多地開發自然資源的意識形態原則不能並立。而且，大多數銀礦坐落於邊遠地區，正如廣西和浙江省交界處。在如此偏遠荒涼之地組織工業勞動力，並提供充足的服務和供應，鑒於當時有限的運輸能力，此非明朝的企業家能力所及[91]。

十五世紀，銀礦有時也由那些既無資金又無適當生產能力的可疑人物承擔開採。結果常常會導致礦工暴動。明朝從未忘記的歷史教訓是十五世紀中期葉宗留起義。在作為銀礦業主失敗之後，他變成廣西和浙江邊界土匪的領導人。1444年至1449年，明朝用了整整五年的時間來鎮壓這次暴動[92]。此後禁步了當地的銀礦開採。受葉宗留起義影響，在廣西上饒縣的所有銀礦隨之被關閉，礦井被查封，居民被遣散，耕地拋荒。這裏缺失的小額田賦由其他地方額外徵收來補足。此地往來的道路悉甃石為障[93]。十六世紀，明朝政府在銀礦開採方面最大的障礙就是恐怕再次發生類似的不穩定情況[94]。

這期間曾有幾次試圖開採銀礦來增加國家收入，每一次都是曇花一現，且沒有得到預期的效果。1500年代，太監劉瑾指派福建、四川和雲南產銀配額。浙江抗辯其省白銀庫存用盡，這樣他們被要求從贓

91　宋應星《天工開物》229。

92　《明史》10/82-3；《天下郡國利病書》23/52-3。

93　《天下郡國利病書》23/54。

94　劉瑾的財政改革值得進一步研究。甚至《實錄》中零散且帶有偏見的記述也暗示其在表像之後的深遠的目的；參見《武宗實錄》0864、1318、1439、1440、1456、1482。

罰銀中轉繳20,000兩〔參見(m)〕[95]。1510年劉瑾下臺後所有配額被取消。僅有雲南銀礦繼續開採，一直到1521年，政府才下令關閉雲南礦場[96]。

在1550年代，嘉靖皇帝爲了給宮殿工程籌措資金，批准加大銀礦開採。除四川和雲南的銀礦外，還在山東、河南、山西和北直隸新開銀礦。早在1559年就決定民治要課稅40%[97]。在這項政策還沒有效果之前，浙江和廣西邊界的礦工又一次暴發大規模暴動。他們於1566年攻陷了南直隸婺源縣城[98]。因此朝廷於1568年重開禁令，並將整個礦場置於嚴密的監控之下。浙江、廣西和南直隸三省，發佈命令，立石刻諭，嚴禁任何人進入礦區。爲了幫助三省的治安力量維持封鎖，政府還特意印製了手冊，詳記小路、山路的細節和其他戰略資訊[99]。山東也印製了有關所有金礦、銀礦、銅礦和錫礦的類似手冊，註明所有礦場「封塞完固」，有些礦區由軍隊駐守[100]。這種情況一直到萬曆皇帝於1590年代允許重新開礦之前沒有大的改變(參見第七章第三節)。

雖然沒有足夠的統計資料可以顯示政府的礦業收入，但是其最高的收入可以估計的較爲準確。1548年，工部尙書文明(1547-1549年在任)奏報當年礦銀收爲62,030兩，這一數字可能就是一般的額度[101]。1557年，正值鼓勵採礦之時，山東、山西、四川、河南、雲南省和北直隸的保定府上繳的礦銀總額僅爲48,271兩[102]。雖然南方各省的數字無法確知，但不太可能超過這個數量。1601年，萬曆帝皇帝的稅監十

95　同上，0815、0847。

96　《世宗實錄》0072；《大明會典》37/33。

97　《世宗實錄》7867。

98　《明史》18/130。

99　《大明會典》37/25。

100　《天下郡國利病書》15/138-140。

101　《世宗實錄》6180。

102　同上，7692。

六次上繳「礦銀」，總額為110,210兩[103]。

政府開礦活動唯一顯示出不斷發展跡象的地區是雲南。雲南巡撫奏報說到1594年，礦銀為52,722兩，隨後又增加到83,600兩。十六世紀最後十年，在雲南同緬甸領導人瑞體（Nanda Bayin）進行邊境戰爭，銀礦收入被省存留用於軍餉[104]，只有少量解運到北京[105]。考慮到這些情況，十六世紀明帝國每年的礦銀收入可能不到150,000兩，許多年份還要低於這一數字。

礦銀上繳工部掌管的節慎庫。不受戶部審核。

(i)漁課

理論上來講，漁課應由漁民繳納。在那些漁業相當重要的地方，建立河泊所，並接受府州縣的管理[106]。其他地區則由府州縣官員進行徵收，稅課包括糧食、魚膠、造船原料或白銀。1382年首次建立這項制度時，一共設立了252個徵收站。到1578年，還剩139個，大約一半設在湖廣省，其餘的分佈於南直隸、浙江、廣西、福建、廣東和雲南[107]。

甚至在十四世紀，這項制度就已脫離實際。漁民飄泊不定，居無定所，很容易逃避這項稅收，地方政府也無能為力[108]。到十六世紀晚期，漁課的徵收方式多樣。例如湖廣的永州府，下轄6縣和1州。到1571

---

103 這些記錄參見《神宗實錄》6645、6663、6700、6718、6731、6732、6751、6782、6839、6863、6864。而且在1596和1598之間的兩年中，包括山東、河南、山西、浙江和北直隸五省據解送106,000兩白銀，參見《神宗實錄》6059-6060。

104 《天下郡國利病書》32/46。

105 《神宗實錄》4177。

106 《明史》75/804。

107 《大明會典》31/1-26中列舉這些條目。

108 《大誥》1/55。

年，僅有三個縣繼續向漁民徵收漁課。其餘四個縣則由田賦補足[109]。通常情況不，採用後一種方法徵稅的縣應該比前一處方法更多些。

河泊所徵收魚膠、麻、銅、鐵、翎毛、桐油和朱砂[110]。造船原料也包括在內，這些對漁民是非常重要的。河泊所的這一職能與建在較小內陸碼頭的鈔關很相似。當工部有大量儲備時，上述物品可以折色徵收。當官員奉命管理時，這些帳目有時讓人眼花繚亂。1578年的漁課配額在《大明會典》卷25、36和200。稅額如此瑣碎，繳納如此分散，地方官不得不被提醒要按《大明會典》的具體要求行事[111]。漁課全部收入及其分配參見表17。

表17：1578年的漁課徵收

徵收本色糧食，併入田賦，由戶部管理	31,966石
徵收白銀，解送南京戶部	11,000兩
徵收白銀，替代造船原料，解運工部	18,900兩
徵收寶鈔、銅錢，解送廣惠庫　價值	6,000兩
徵收工部所需物資，價值	7,000兩

我們假設輸納的糧食每石值銀0.5兩，那麼每年漁課總收入將超過了58,000兩。與海關稅相比，這是頗為可觀的收入。

第二節　管理收入

(j)開納事例

109　《永州府志》9/1；《天下郡國利病書》25/50。
110　《大明會典》200/26-38。

　　因爲管理收入的非道德性質，明朝資料通常對此諱莫如深。例如出售官銜稱爲「開納事例」，字面意思是「根據先例納捐」。實際上，這項非正規的收入比較穩定的，在十六世紀如果沒有此項收入政府幾乎難以維持。

　　雖然經常出售官銜，但是從未正式制度化。一般的做法是是授與捐獻者名譽頭銜，例如監生或者武職。這樣他就可以得到徭役優免，有時這種優免可以擴大到其家中一位以上成員。通常會被授予與所購買官銜相當的冠帶，但在正常情況之下他沒有無俸給，沒有實職。當然，也有一些例外，例如吏胥不經過考試而獲得提升，平民變成某些部門中不拿薪水的吏書，合格的學生能夠優先被任命，停職的官員有時能夠重新起用。所有這些都要一定費用[112]。開納事例由戶部或工部監督，有些由吏部協同管理。這筆收入由省級官員、邊鎮督撫以及各部官員使用，用於工程營造、救濟災荒以及緊急的軍事補給。到十六世紀晚期，它更常用於修建陵墓和宮殿。捐獻通常是現金，有時也有實物捐納，諸如馬匹、磚塊等。數額變動很大。最低的官銜，二十兩就足夠了。十六世紀一些富商的墓誌銘可以看出他們被強迫購買衛所軍官之銜[113]，其數目很大。徐貞明於1575年記述了監生的頭銜要費銀

111　《神宗實錄》1810。

112　1465年、1485年、1512年、1536年、1561年、1564年的出售情況分別見《憲宗實錄》0436、0552、4521，《武宗實錄》1883；《世宗實錄》3993、8512、8667。

　　購買的最常見形式是通過給予國子監監生身分，僅這頭銜就幾乎可以與文職的「候補」平起平坐。甚至他既未進入學校，也未進入官場，國子監生可以從政府得到冠帶並被允許穿戴，並享受一些低級官員的特權。一些購買者實際上沒有進入國子監，還有一些人僅僅利用這項頭銜而被任命為地方官員，這通常是在邊境省份。參見顧炎武《日知錄集釋》6/59-60；《大明會典》5/11-16，220/21；《憲宗實錄》1023；Ping-ti Ho（何炳棣），*The Ladder of Success*, p. 33, 46。

113　這是從歸有光的幾篇祭文得到印象。見歸有光《全集》18/241。

350兩[114]。1596年請求爲一個重要的宮殿工程進行開納，進銀在500至
1,000兩之間[115]。

現在沒有開納事例的官方記錄，事實上也不可能公佈。但是在官
方和私人著述中卻不時地透露出這樣收的水平。1508年開納事例銀爲
430,000兩[116]，1565年戶部尙書高耀（1560-1567年在任）報告當年事例銀
爲510,000兩[117]。張居正在一封私人信件中揭示出從1570年到1580年國
家由此每年得銀400,000兩。很明顯這一收入水平不斷得以保持，成爲
國家正規預算的一部分。雖然張居正個人憎惡這種做法，但他強調這
項收入不可或缺[118]。每年總計達400,000兩白銀的收入實際上比任何一
種工商業的收入都要多。

但是這項收益的獲得代價極高。所謂的國子監監生實際上很少進
入學校。他們利用這種官方身分妨礙司法，逃避當地稅收（參見第三章
第一節）。帝國滅亡之前，在一些富裕的縣裏監生多達1,000名，地方
管理很大程度上受到他們的束縛[119]。當時，許多不合格的人購買官職、
吏胥職位，這些人充斥地方政府。他們獲得掛名差事，諸如「知印」、
「承差」等，僅僅爲了獲得違法收入的機會。

（k）僧道度牒

帝國早期，對僧道度牒費用並不認爲是國家主要的收入收源。洪
武時期，三年登記一次，每次發放300至500個度牒。永樂時期，每五
年給度牒一次，每次多達10,000人。此後，一直到十五世紀中期，間

---

114 徐貞明《潞水客談》7。

115 項夢原《冬宮記事》5。

116 《武宗實錄》1005。

117 《世宗實錄》8887。

118 張居正《書牘》3/15。

119 《熹宗實錄》2316；劉宗周《劉子全書》415/5。

隔被確定爲十年[120]。但是1460年代以後，程序變得不正規，通常政府以此作爲籌措緊急賑災資金的手段，禮部準備的空白的度牒，分發到各省和各府。購買度牒的費用通常爲銀12兩。這樣登記作爲僧道就不必經過例行的宗教考試。1485年，據說僅當年就發放了70,000個度牒[121]。但是由此得到的收入還不清楚。當政府急需資金時，每個度牒減至7或8兩。另一方面，在這一交易中，購買者要付給中間人的錢數高達白銀100兩[122]。因爲他十分渴望獲得僧道地位以豁免徭役[123]。

沒有十六世紀出售僧道度牒的實際記錄，但是張居正1578年一段奏疏中證實了這種做法還在繼續[124]。1508年有兩次度牒，其中一次賣牒15,000張，得銀130,000兩[125]。如果這具有典型性，那麼這種做法每年可能爲財政提供至少200,000兩白銀。似乎只有1585年曾經停止過，當時是擔心佛教的影響過於強大。這一行動是由戶部尙書王遴（1583-1585年任職）奏請，並在核查宗教機構的擴張時得到了禮部的協助[126]。

度牒費用及其收入主要由戶部監管，當然，有時禮部也使用這筆收入用來支付管理開支[127]。

(l)戶口食鹽鈔

這在前章已經論述過（第三章第四節）。十六世紀，戶口食鹽已經

---

120 《憲宗實錄》2064。

121 《憲宗實錄》4550；孫承澤《夢餘錄》39/86。也參見《憲宗實錄》2301、2310。

122 同上，4406。

123 同上，3658。

124 孫承澤《夢餘錄》35/31；《皇明經世文編》325/18。

125 《武宗實錄》0931。

126 《神宗實錄》1818、2896-7。

127 《武宗實錄》1241。

被廢除，徵收變成了人頭稅或是田賦的附加稅。收入通常由中央政府和地方政府共同分享[128]。許多明朝官員認爲此項稅收有欠公平，但是1509年太監劉瑾將其完全廢除的建議卻遭到了戶部的否決[129]。1578年的統計顯示在理論上，帝國政府仍然從中得到80,555兩白銀的收入，但實際上輸納太倉庫的白銀收入不過一半[130]。餘下的以銅錢和寶鈔形式上納給廣惠庫。1580年太倉庫的帳目顯示當年的戶口鹽鈔銀爲46,897兩[131]。

考慮到其中一部分收入被省級政府挪用的事實，這項收入的總額在十六世紀晚期可能會達到160,000兩。

（m）贓罰

贓罰這一術語在十六世紀有很多含義，並觸及明朝行政和法律的許多方面。「贓」字面意思是贓物或是偷盜的東西，「罰」指罰金或是沒收的行爲。通過舉例我們可以更好地理解這個術語。十六世紀，當一個人被控告盜用公款時，他偷盜及必須補足的數額不是根據罪證來確定，而是行政決定，資金的追回很可能牽涉財產充公。這樣贓和罰的概念都被包括在內。又如一個掌管倉庫四、五年的庫子，某次偷盜了二十兩白銀，他被監禁無可非議。根據當時的法律習慣，強令他返回1,000兩白銀，這是因爲他在任職期間可能多次進行偷盜。如果沒收他的個人財產也不能補足數額，他的親戚及密友的財產也將被充公，因爲按照他們的理論，資用者會將偷盜的財物轉移給他的這些同夥。十六世紀的一個案例，即1565年大學士嚴嵩的財產被籍沒，正如二十年後一位左都御史所指出那樣，這件事「流毒江西一省」[132]。

---

128 《神宗實錄》0307。

129 《武宗實錄》1241。

130 這個數目出於《大明會典》26/1-59中未編輯的資料。

131 孫承澤《夢餘錄》35/9。

132 見《明史》308/3488；《世宗實錄》8848，《神宗實錄》2757-8。

　　甚至普通案件中的罰金也有很大的複雜性。罰金可以掩蓋刑罰的減輕，這與西方的習慣不同。還有一點應該引起注意，那就是政府很少區分民事與刑事案件。所有發生的案件都有捲入刑事訴訟的可能。私人衣物受到損害，持續下去，通常以對被告的公訴結束。而即使被認爲是很嚴重的刑事案件中，訴訟程度卻是由相當於現代公訴人角色的原告首告。如果他輸掉了這場官司，將反坐其罪。例如，一個人誣告另一個人罪當死，但不能成立，那麼誣告者將被流放3,000里[133]。

　　在這種制度之下，正式的申訴一旦提出就不得撤訴，理論上任何案件都不能庭外解決。原告停止訴訟的唯一辦法就是自己挺身而出，承認控告是錯誤的。不論懲罰是給與原告或是被告，絕大多數案件都折算成罰金[134]。對於較輕的犯罪，罰金非常輕微，看起來似類於西方體系中訴訟費用。其中最主要的目的就是勸阻任何形式的訴訟。嚴格地講，訴訟中的罰金應被稱爲「贖鍰」，但包含在一般意義的「贓罰」之中。

　　另一個在帝國早期確立的做法是政府機構要求的紙筆費用案件當事人提供。到十六世紀，紙筆實際上是來自於其他渠道，但是向罪犯、原告、被告徵收的這此費用並沒有完全停止。這項收入，被稱爲「紙贖」，變成了贓罰的另一部分。[135]

　　罰金也包括對行政瀆職處罰。黃冊的編纂經常導致這種處罰。雖然在人口資料上故意弄虛作假不容易被上級官員發現，但是統計數字的矛盾卻經常發現。府州縣的整套黃冊因爲這種技術上的錯誤而變得無效，提交新的黃冊要有可觀的花費(參見第二章第二節)。爲了得到額外費用，要對官員和地區的疏漏行爲要處以罰金，這樣徵收的資金實際上沒有用於第二次編纂黃冊的準備工作，而是解送給上級機關並

133　《大明會典》176/14。

134　見《大明會典》176/9-14、15-8所錄的〈在京納贖諸例圖〉和〈收贖鈔圖〉。

135　《大明會典》179/19-24。

添加到贓罰帳目中[136]。在十六世紀晚期，地方官員在徵收罰金時適用同樣的方法。在一些地區，罰金在宣布處罰之前提前徵收。對於一個里甲或一個稅收代理人而言，雖然沒有犯任何錯誤而被罰紙兩刀是非常普通的事情[137]。

簡而言之，財政意義上「贓罰」包含著許多不同類型的收入，有正規的和非正規的收入，有司法的和行政的收入，有個人繳納，也有群體繳納，數目有大有小。在十六世紀，有財政職責的官員，包括巡撫、知府、知縣、按察使以及一些武官都可以徵收這樣的罰金。1593年年，刑部尚書孫丕揚(1592-1593年在任)揭示有二十八種徵收罰金的方法，一些是合法的，另一些是不合法的，但每一項都有正當的先例[138]。因為不可能稽核所有的帳目，事情的合法性只能是相對的。而徵收是否過重還是適度才是實際的問題。

甚至在十六世紀早期，中央政府要求省級官員放棄從這個渠道得到的收入。1509年，由太監劉瑾[參見(h)]向浙江提出的要求就是一個明證。1564年，年帝國法律進一步規定所有部門都要向戶部和工部各解送40%的贓罰銀，餘下的20%地方政府存留備賑[139]。顯而易見這是一種定額制度。1567年，原來由刑部管理的贓罰銀轉由戶部管理[140]。1580年，太倉庫的帳目顯示出來自於各個機構的贓罰銀128,617兩[141]。這樣全國贓罰銀應該超過300,000兩。1569年，何良俊估計全部收入可以購買700,000石米[142]。這也可以折算成200,000至300,000兩之間。

存留地方的20%贓罰銀事實上並未用於賑災，這在1581年張居正與

136　《世宗實錄》5799；韋慶遠《明代黃冊制度》，頁124-127。

137　海瑞《海瑞集》49。

138　《神宗實錄》4904-4905；Lien-sheng Yang（楊聯陞），'Ming Local Administration, p. 20.

139　《大明會典》30/23。

140　《大明會典》179/18。

141　孫承澤《夢餘錄》35/10。

142　何良俊《四友齋》3/161。

萬曆皇帝一次談話中可以得到證實[143]。直到火耗成爲地方官員增加個
人收入的新渠道爲之前，贓罰銀一直是地方官員的重要資助。即使這
樣，並非所有的資金都裝入官員的腰包。有些人利用這個餘額彌補與
其相關的財政赤字，還有以此資助公益項目，例如刻印教育書籍[144]。

(n)鑄錢利潤

　　鑄錢問題已經進行過討論（第二章第四節）。十六世紀晚期，不斷
地宣稱這項工作的目的是獲得利潤，當無法實現時，計劃也就停止下
來。這方面的資料不很多，但是有幾種不同著述作爲基礎，我們能夠
概述出如下的一般情況：鑄造銅錢10,000文，估計費銀14.4至14.9兩。
這不包括勞動力成本在內，因爲工人不是專門雇傭而來的，而是固定
存在於差徭冊上，都是檢派而來的。在北京的市場上，銅錢波動於每
兩白銀450文到700文之間。後者的比率大概接近於銅錢的成本。官鑄
銅錢比價確定爲每兩白銀500或者550文，查數於原始投資20%和40%
的利潤。利潤沒有轉化爲白銀。而是銅錢馬上用於工匠和在就一些衙
門官吏折俸之用。這樣就直接減輕了政府的財政義務[145]。

　　對於這個部門1576年的運作情況我們知道不多，當年製造了1億文
銅錢，銅錢和白銀的兌換率還無法確知[146]。1596年的工作記錄更加完
善。鑄銅錢82,800,000文，利潤接近30,000兩白銀，但是此後兌換比率

143　《神宗實錄》2127-8。

144　海瑞《海瑞集》259、276；何良俊《四友齋》1/3。

145　《明史》81/851；《大明會典》31/14；《神宗實錄》1129-1131、1132、2944；
　　　《皇明經世文編》325/22-23；孫承澤《夢餘錄》38/1-16；項夢原《冬宮
　　　紀事》35；彭信威《貨幣史》，頁444-496。

146　《大明會典》31/14；《神宗實錄》1129-1131、2944。《實錄》中所記每兩
　　　白銀兌換銅錢1,000文的比率似乎是不可能的。彭信威認爲鑄造過兩文銅
　　　錢，實際上比率是500：1。見該書頁444-446。

不盡人意，沒有進行進一步鑄造[147]。

與首都相反，各個省的情況變化很大。鑄錢的利潤率由地方銅的價格和銅錢的市場接受能力所決定。南直隸淮安府的鑄廠在十七世紀早期的利潤率爲40%[148]。1620年代，山西省上報每年鑄錢利潤率爲100%，其十年之間陸續獲息銀117,090兩[149]。一些省份的鑄局的巨大利潤的獲得是通過壓迫商人得到的。1580年的一份奏摺揭示官員強迫鋪戶以低於成本價提供原材料，並強迫另一些商人以高於市場價格的競換率接受鑄造的銅錢[150]。

（O）椿朋銀

椿朋銀起源於軍士應當對借給他的武器裝備承擔的財政責任的原則。邊軍士兵必須在十五年時期內保持他們的馬匹適合服役：如果一匹馬在此之前死掉了，除非是在戰鬥中被射殺，否則騎手和他的軍官應該按照馬匹未有服役的剩餘年數進行賠償。因爲單個士兵不可能有足夠的資金賠償這種損失，軍衛就要事先扣除他們的部分餉錢以建立起償債基金，更像是徵收集體保險費。有時軍官們也向這個基金捐獻。在十五世紀逐步地發展爲一種稱爲椿朋銀的制度[151]。大約在1477年左右，這一制度得到官方承認，不久就規定了徵收的固定比率[152]。1492年，一位御史報告說按照舊例騎兵每人每半年要出銀0.3兩[153]。

到了十五世紀末，據說椿朋銀管理不善，成爲了高級軍官的額外

---

147 項夢原《冬宮記事》3。

148 《淮安府志》（1627）12/24。

149 孫承澤《夢餘錄》38/8。

150 《西園見聞錄》92/20。

151 《大明會典》152/18。對於細節可參見谷光隆《明代の椿朋銀についこ》，頁165-96。

152 《憲宗實錄》3046；《大明會典》152/23。

153 《憲宗實錄》1282-3。

資金。1506年兵部獲得皇帝允許，將其上繳常盈庫，改由朝廷太僕寺控制，用來孳生馬匹[154]。此後樁朋銀變成了一種固定收入[155]。

十六世紀，這項收入又有另外一個來源，即各個邊鎮推行的小規模團種計劃[156]。這樣中央政府向軍衛課稅，而其主要職能就是保證供給。

樁朋銀同兵部其他收入相混合，沒有形成爲獨立的帳目。1568年，山西司行太僕寺透露出其歲入爲19,060兩[157]。如果其他邊鎮也徵收相似的數額，總額應該在50,000兩範圍內。由於十六世紀晚期邊鎮管理腐敗日益嚴重，實際徵收不可能達到希望的水準。一個報告揭示了1595年在一些軍隊中騎兵仍然被要求賠付他們損失[158]。

（P）香稅

香稅經常記錄在中央政府的帳目之中，可能是因爲這筆收入雖然小卻是穩定，也就有其價值。在這一稅源中，經常提到的兩個聖地是山東的泰山和湖廣的太和山，名義是由禮部控制，由其負責那裏寺觀的維護與修繕。但實際上香稅由主持兩處聖地的太監徵收。在太和山，負責的太監授權駐守聖地的軍官代爲徵收。

從當時的描述看來，兩處每年來自於朝拜者的收益達到40,000兩白銀。太和山的徵收者，歸屬農業稅務系統，每年要解送白銀「數千兩」用於均州千戶所折色俸糧。據說這個數額僅占稅收總額的40%[159]。泰山香稅的徵收者，甚至解送布政司不定的額度外，還要每年解送一定額度給戶部的太倉庫。十六世紀晚期和十七世紀早期，太倉庫所入的

---

154 《武宗實錄》0470-1。

155 《世宗實錄》2337；楊時喬《馬政記》8/3。

156 王毓銓《明代的軍屯》，頁8-9。

157 《穆宗實錄》0716-17。

158 《神宗實錄》5241。

159 《西園見聞錄》40/9；《皇明經世文編》406/1-5。

泰山香稅銀高達20,000兩[160]。

第三節 徭役和供給折色的現金收益

(q)輕齎銀

徭役和供給的折算已經有所論及，這裏不需要再進行詳細闡述。從資金分配就可以看各個政府機構是怎樣存留他們最初稅源：最初以實物輸納，然後簡單地將其轉換成不同的現金帳目中。這種稅收管理制度一直貫穿於有明一代。

除了正賦和徭役折色部分外，戶部掌管另一個重要項目是「輕齎銀」。「輕齎」的字面意思是「容易地移交」。指定作爲漕糧的那部分田賦要加徵很重的路費米耗，部分是用來支運費。十五世紀早期，加耗與正賦一樣是徵收本色。從1477年起，部分耗米折銀交納，全部漕糧耗米折銀爲450,000兩，用來支付運輸者的薪餉[161]。這種安排的目的是使裝載移交容易，貨物也容易到達目的地。但是輕齎銀並不是由納稅者直接交給運軍，而是由各州縣徵收並一併解送淮安，由漕運總督將其分配給運軍，運糧船都要經過淮安。這種辦法可能有幾個原因。如果軍士直從納稅人手中接受銀兩，他們可能會對銀兩的重量與成色提出異議，也可能在需要之前受到誘惑而花掉銀錢。另一方面，在淮安移交銀錢也會促使糧船早到淮安。

但實際結果是這種方法僅僅方便了政府挪用這筆資金用於其他目

---

160 《明史》82/866；孫承澤《夢餘錄》35/10；《皇明經世文編》406/5；《武宗實錄》2733。

161 1578年的額度是445,257兩，1579年是450,900兩。見《大明會典》27/28；《神宗實錄》1871。

的，到十六世紀早期，這筆現金開始不再發給運軍。這是如何開始並
不清楚。官方的解釋是因為大運河那時已經得到巨大的改善，運輸糧
食通過洪閘的繁瑣程度已不必要，這樣節省下來的資金可以用於河道
的維護[162]。但實際上這筆資金很少用於河道修護。1511至1512年的一
份個人的記載顯示出許多管理船隊的高級軍官將輕齎銀裝入腰包而歸
罪於士兵，北京一些權要捲入了這一醜行。由於受到調查的威脅，其
中的一個犯罪的把總向政府交出了一些收入，宣稱這是羨餘。其他人
也加以效仿。不久移交現金給太倉庫變成正式的做法[163]。1522年，漕
運總兵代表士兵懇求像以前一樣分配輕齎銀，但因為政府將這筆資金
用作它處已經成為了一種常例，所以戶部拒絕了這個要求[164]。整個十
六世紀，一般的做法是將輕齎銀的70%上交給政府，餘額分配給士兵
[165]。1558年當軍事開支達到新高時，半數的輕齎銀上繳太倉庫[166]。

　　十六世紀晚期，局勢較穩定時，輕齎銀的大部分被分配用於北京
周圍倉場的管理開支。1579年，總督倉場尚書報告他管轄下的六個主
要倉庫所有開支預算為銀218,971兩。大部分錢是用於大運河終點以外
的短距離糧食運輸。在同一奏報中他說他期望年終盈餘的119,088兩輕
齎銀將上繳太倉庫[167]。

（r）匠銀

　　為宮殿內各個工廠、作坊工作的工匠包括木匠、鐵匠、裁縫、皮
革工，等等。根據帝國早期制定的規定，這些職責由登記為各個行業
的匠戶親自無償完成，這些人以此種方式來履行服役義務。其中一些

162　《大明會典》27/27-9。
163　孫承澤《夢餘錄》37/15。
164　《世宗實錄》0627-8。
165　《神宗實錄》3491。
166　《世宗實錄》7733。
167　《神宗實錄》1871-2。

人每年報到履行職責，其他人間隔期為二年、三年、四年或是五年。匠戶應役於南京或北京，時間一般持續三個月。盤費由工人自己提供。雖然政府不發給他們報酬，但卻提供食物津貼。

1562年以後，他們不必要親身服役，而將匠役義務折成白銀按年度交納。根據1578年統計，整個帝國有匠戶142,486名[168]。他們的匠役折銀稱為「匠銀」，由地方官員徵收並輸納由工部管理的節慎庫。全部收入固定為銀64,117兩。在有些地方，僅僅把這項稅銀併入到總的徭役帳目中，而不是從單個工匠那裏徵收，對於這一點，第三章已經論及（參見第三章第四節）。

兩京之外的其他政府工廠也適用同樣的辦法，例如在易州燒炭的山廠和清江浦的造船廠（第二章第一節），但那些稅銀直接解送各個工廠並不經由工部的情況則是例外[169]。理論上，政府工廠的雇傭工人薪水是同由同一行業登記的匠戶支付。

（S）蘆課

蘆課歲入25,500兩白銀。由南京工部管理，加徵於湖廣、江西和南直隸長江沿岸農業耕地之上。在十五世紀，這項稅收徵收實物，蘆葦用做燃料。到十六世紀，稅收折銀，擁有河灘和島嶼荒地的人成為蘆課納稅人。雖然蘆課是一種變形的田賦，但是其面積與收入並沒有與正賦合併。土地所有權含糊不清，既非私人土地，亦非公田。而且，由於地形變化，最初的畝數估量與十六世紀晚期的情況並不相符合。因為那時大片種植蘆葦的土地已經改種水稻，因此普遍認為蘆課納稅人的稅納很低[170]。1597年，萬曆皇帝曾武斷地命令其定額增加到

168　《大明會典》189/10；何士晉《廠庫須知》2/22-3。

169　《大明會典》206/4-5；席書、朱家相《漕船志》4/1-15、6/16、41、7/15。

170　《大明會典》208/18-9；《天下郡國利病書》8/70。

200,000兩[171]。每個土地所有者的稅納不可能突然間增加八倍,因此知縣很可能必須通過對現存稅收的重新分配來交納這筆資金[172]。

(t)四司料價

四司料價歲徵銀500,000兩,是工部管理的最大款項。徵收遍及除廣西、雲南、貴州之外的所有省和府(參見第三章第四節)。十六世紀晚期和十七世紀早期,工部被授權以「河工」和「助工」名義進一步徵稅。這兩項徵收最初被看作是非常規的。前者被認為是北方省份田賦的附外稅,而後者是向現存的收入再加徵一定的比例。

(u)馬差

這一項目已經進行過詳細論述(第三章第二節),是由兵部管理的最大款項。1588年的報告估計歲徵大約為370,000兩[173],而1629年歲徵429,537兩[174]。

(Ⅴ)班軍折銀 (Ｗ)皂隸折銀 (Ｘ)驛傳銀

這三項徵收,由兵部管理,在十六世紀沒有什麼意義。前二項有曾有增長的潛力。最後一項雖有一定的重要性,但卻從未納入總的帳目中。

京城防衛責任由來自山東和河南的士兵履行。在理論上,他們在

---

171 《神宗實錄》3556、3628。

172 《世宗實錄》3893;《神宗實錄》5383;孫承澤《夢餘錄》35/43。1609年的收入大約是1,500,000兩,見何士晉《廠庫須知》2/21。

173 《神宗實錄》3652、5916。5916中記載了1597年的收入大約是400,000兩。

174 孫承澤《夢餘錄》53/8-9,根據朱國楨的記述,1614年收入為980,000兩,見《湧幢小品》2/41。

正是蒙古最可能入侵秋季和春季加強北京的防禦。事實上,士兵們剛
履行職責就被分配去從事修建項目。有時也納銀代替親自服役。例如,
在1540年,有46,000名士兵沒有至京應職,他們被命令每人交納所述
工價銀1.2兩。因此工價銀總額爲55,200兩[175]。到十六世紀後期,紀律
有所加強,但是折納的工價銀仍作爲兵部帳目中一項常規項目得以保
留。皂隸從十五世紀以後就不再要求親身服役,而折色柴薪銀被用作
京城官員薪俸津貼(參見第二章第一節)。因爲1487年的皂隸總額爲
7,342人,所以很可能到十六世紀這一人數至少達到10,000人[176]。每人
每年以12兩計算,歲入應該不少於120,000兩。然而,其中的絕大部分
都是直接分配給了官員。這一類中唯一能夠確實增加兵部收入的空額
官員薪俸的節餘,但這一項目多變,而且數額不大。

另一方面,驛傳銀的羨餘則是非常穩定的。當1570年張居正主張
減少驛傳徵收時,絕大多數地方都遵照執行,奏報這項開支的節流將
導致他們減少驛傳的徵收(參見第七章第四節)[177]。所有證據都表明實
際沒有減少,但在大多數地方還在用先前的稅率。驛傳銀肯定構成了
省級銀庫主體。1598年,當中央政府命令各省將其儲備解送首都時,
驛傳銀被描述爲「自萬曆初年迄今」[178]節省之餘銀。但實際的數額卻
不能夠斷定。

(Y)曆目 (Z)光祿寺廚料

三個屬於禮部的特別機構保持著單獨的開支帳目,從未與其他收
入合併。他們是太醫院的藥材,欽天監的曆目和光祿寺廚料。這些項
目出現在正規的財政報告中,與各省、府的里甲款項排在一起。

---

175 《世宗實錄》4835、4957。

176 《憲宗實錄》4917;也可參見《大明會典》157/1-12。

177 《神宗實錄》1408、1448、1494、1558、1559、1581、1706。

178 《神宗實錄》5992;也可參見3473、5274。

在十六世紀，僅有少量的從平民徵收的藥材折成貨幣徵收。藥材總額約爲80噸。儘管許多地方帳目中列出了分攤的花費，但是其現金價值從未被計算過。甚至在十五世紀，帝國曆紙要印刷五十萬份，但相對於其他上供[179]，紙張的花費很小。而光祿寺廚料則是很大的項目。

十五世紀，光祿寺廚役有7,000至9,000名(參見第二章第一節)。因爲其必須能夠爲15,000人的日常宴會提供服務，同時也要分發大量的酒肉[180]。光祿寺的開支一直得到政府的關注。光祿寺從政府的倉庫中領取稻米、食鹽、酒和器皿，廚役薪水由戶部發給，通常給付糧食。另外，光祿寺還從掌管北京各城門的太監手中得到一小筆現金收入[參見前面(b)]。雖然如此，但光祿寺每年現金支出巨大，十六世紀晚期大約是260,000到400,000兩之間[181]。這筆費用由地方政府供應，一直是作爲一個單獨的項目。它比鑄錢利潤和番舶抽分總和還要高。

第四節 非現金收入

(aa)茶馬

儘管通過邊境的茶馬貿易，中國從遊牧民族得到馬匹，也獲得了可觀的利益，並且對其調查也無疑能夠獲得關於漢夷關係的有用資訊，但必須指出的是，邊境貿易的財政重要性卻是很小的。其對政府財政的貢獻，雖然也很重要，但決非至關重要。毫無疑問，在十六世紀邊境貿易的動因是獲得收入。正如最近Morris Rossabi指出的那樣，

---

179 陳詩啓記述了萬曆時期的折納情況，見《官手工業的研究》。

180 早期的徵收見《英宗實錄》0060；《憲宗實錄》4393。

181 廚役的數目見《宣宗實錄》0149；《孝宗實錄》0624；《大明會典》194/4。1574年光祿寺消費了160,000斤食鹽，這意味著廚房每天可以供應15,000人，見《神宗實錄》0659。

很難說明朝保持控制茶葉貿易是以此來安撫西邊的遊牧民族[182]。

茶馬貿易與明朝茶葉專賣有著密切關係。帝國建立之時,將茶葉與食鹽置於國家的嚴格控制之下,與食鹽專賣一樣,有「引」和圍繞產地所建立起來的「批驗所」。然而茶葉專賣較鹽的專賣影響較小,因為其產品過於分散而不能置於政府直接控制之下。

根據洪武時期創建的這項制度,茶葉被分為兩類。那種除在陝西和四川省之外其他省份生產的茶葉是在用於國內消費,但是必須有茶引。在陝西和四川,政府從三種渠道獲得茶葉。一定數量的茶園為政府所有,由軍隊士兵勞作。政府拿走80%的產品,剩餘20%用於給付士兵。私人生產的茶葉徵收20%實物稅收。政府也以寶鈔從私人種植者手中大量購買茶葉。餘下的茶葉可以如其它省份一樣購買茶引後在市場上出售。此外,任何家庭蓄茶不許過一月之用[183]。

通過這些方法,政府一年在四川獲得100萬斤的茶葉,在陝西可能獲得26,862斤茶葉。所有這樣用於與西部邊境的遊牧民族進行茶馬貿易,這也就是被明朝官員稱為「番部」的民族。在十六世紀,共列出有57個進行貿易的部落。他們似乎代表著不同的部族[184]。但是絕大多數可能是來自藏族諸部,或者是來自於浩罕和今天新疆的突厥語系部族。在王朝早期,他們進貢附屬於明朝,明朝政府發給他們金牌作為貿易憑證。理論上,從事貿易的部族首領即包括權利,也包括義務。明朝政府在陝西建立了四個茶馬所,在四川建立一個茶馬所,通過這種制度每年可以得到13,000餘匹馬[185]。

茶馬貿易制度早期最大的困難是運輸。絕大部分茶葉是由四川生產的,而貿易卻在陝西北部進行。1425年在成都210,000斤茶葉在等待

182 《世宗實錄》7863-4;《穆宗實錄》0148-50;《神宗實錄》0593-4、3632。

183 Rossabi, 'Tea and Horse Trade', p. 163.

184 早期制度見《太祖實錄》1300-1;《明史》80/843-4;《太明會典》37/3-5。

185 《天下郡國利病書》19/17-8、35-7。(譯按:該書原編19冊36記載「五司歲計一萬二千餘匹」。)

運往邊境時腐爛掉了[186]。1435年之後，政府試驗了所謂的「開中法」，即與食鹽專賣採用的開中相常相似（參見第五章第一節）。在這種情形中，除了運輸成本以外，商人不被要求投入任何資金。一個人在成都從政府倉庫中接受100斤茶葉並將其運到陝西的一個茶馬司，這樣會得到2,000斤食鹽的引由，在兩淮或兩浙地區兌換成現金[187]。這看起來沒有大的進步。有時茶葉也由軍隊運到北邊[188]。但是由於衛所制度的衰落，這一辦法沒有什麼效果。翻越群山峻嶺的運輸費用使得整個運作非常的不經濟。

十五世紀晚期，政府實際上失去了對茶馬貿易的控制，獲得的茶葉也不斷減少。在陝西。人口不斷增加，茶葉產量也有增加，但政府無意對茶葉徵稅，走私貿易繁榮[189]。然而到1490年，政府對茶馬貿易採取了一個不同的辦法。從那時起很少強調政府生產與收購，而力圖向邊境地區的茶商課稅。民商被鼓勵從生產者手中購買茶葉，政府發給他們通行證。在到達茶馬司時，商人上繳其貨物40%給政府，餘額進行民間貿易。這種辦法，也被混稱為「開中」，不過是偶而這樣做罷了。由於在陝西缺乏有能力的管理者和北京領導能力的下降，邊境貿易站至少又持續衰退十年[190]。

官方茶馬貿易的恢復據說是由於戶部尚書楊一清（1454-1530年，1510-1511年在任）的努力，他早在1503年作為督理馬政都御史到過陝西。他在此升為陝西巡撫，後為總督，他在陝西待了八年，1510年被召回北京。楊一清制止了走私貿易，增加了向當地茶園的課稅，要求各族番官一如以前進行貿易。然而1490年實行的基本政策仍舊向茶商徵稅。1504年在他給皇帝的奏報中，楊一清如下描述了他的計劃：召

186　《大明會典》37/1；Hucker, 'Governmental Organization', p. 46.

187　《宣宗實錄》0249。

188　《英宗實錄》0189；《大明會典》37/8。

189　《大明會典》37/13。

190　許多茶園不納稅，每年私販的茶葉甚至達到一百萬斤，見《皇明經世文編》115/1-10、12-3。

商買茶，然後解送給茶馬司。官貿其1/3付給商人，而其餘2/3歸屬茶馬司[191]。官方稅率66.7%爲有明一代最高的記錄，毫無疑問會受到商人的抵制。1506年以後這個稅率減少到50%，商人被允許在邊境地區自由出賣其餘50%[192]。高稅率的目的不僅是大量積聚茶葉，還正如楊一清在他的奏疏中承認的那樣，是爲提高商品的價值，這僅僅由降低出口量，人爲增加了商品的成本來得到。

他的解決方案本質上是放鬆國內市場的某些限制，加強對邊境的控制。茶馬司的運作作更像海關，50%的稅收事實是一種出口稅，它反過來就是一種保護性的關稅。對於茶商的民間貿易知之不多。可以猜測他們是中茶易馬，因爲資料表明除馬匹以外再沒有什麼有意義商品可以從遊牧民族獲得[193]。同時「賣放私馬」[194]也不斷被提到，因爲私馬不繳納進口稅，商人在上繳半數茶葉之後仍能從中獲利。楊一清制定規定，雖經幾次修訂，仍沿續到十六世紀末。1571年，又制定法規要求每名茶商將貨物分爲兩個部分，由茶馬司拈鬮對分。[195]

十六世紀茶馬貿易幾乎沒有需要政府的投資。1507年，楊一清提到他已經囤積了450,000斤茶葉，足夠二年貿易之用[196]。儘管向陝西的茶園徵收的總課額從1503年的26,289斤增加到1505年的37,195斤，1506年又達到50,965斤[197]，但這個數量還是很小的。很明顯，楊一清囤積的絕大部分來自對茶商的徵收。

同邊境部族每三年進行一次貿易。馬匹被估價爲三等，而平均交換比率保持在每匹馬兌換70斤茶，與洪武時期相常相近。十六世紀前

191 《明史》80/845；《大明會典》37/8；《孝宗實錄》0846。

192 《皇明經世文編》115/16-7。

193 《明史》80/845；《天下郡國利病書》18/98。

194 《大明會典》37/16；《天下郡國利病書》18/98；《皇明經世文編》386/12。

195 《皇明經世文編》386/7。

196 《武宗實錄》0683-4。

197 《大明會典》37/7；《皇明經世文編》115/12-13。

期，政府每年通過這種方法獲得3,000至4,000匹馬[198]。

　　儘管西北邊境局勢不穩，但在十六世紀晚期，茶馬貿易還是得到發展。1536年，廢除了三年一次的貿易周期，此後官方貿易每年一次，農曆六月開始，持續大約60天[199]。整個十六世紀，茶葉看起來不再短缺。而且官員們不斷抱怨有過多的茶葉需要儲存。民間貿易額也有所增加，興販私馬也從未消聲匿迹。1591年一篇奏疏提到茶司每年可得到馬6,500匹[200]。根據地方誌一條記載，從1588年開始每年爲12,000匹馬。1600左右，這一水平開始下降。十七世紀，銳減到每年3040匹馬[201]。這可能有許多原因。莫里斯(Rossabi)認爲這種衰退還要更早。他指出十六世紀早期納馬部族受到了蒙古首領易卜拉(I-Pu-La)和穆斯林首領曼蘇爾(Mansure)的欺凌，使他們的貿易活動長期受到影響[202]。1590年代，萬曆皇帝派遣的稅使對貿易活動也有影響，因爲稅使的過分徵索妨礙了各省之間的貿易。

　　毫無疑問，茶馬貿易的衰退造成了十七世紀早期陝西的經濟蕭條。這種貿易在全盛時期非常複雜，包括官員、商人、茶葉生產者、軍官和士兵都捲入其中，其重要性不能僅用官方記錄中的數字來衡量。1589年，陝西巡按強調茶馬貿易對陝西的地方經濟十分重要[203]。

　　縱觀十六世紀的貿易政策，可以發現主要問題是國內市場茶葉過剩，而邊境出口有限，稅率固定，各級官員又從中謀取私利。十六世紀的最後25年中，湖廣取代了陝西成爲茶葉的最主要供給地。1577年，俺答汗開放北方邊境易茶的要求被拒絕。明朝認爲一旦蒙古直接得到茶葉，他們將以此種方法對西方部族進行控制。北方和西方遊牧民族之間的這種關係對中國毫無利益。市場已經飽和，茶葉過剩，戶部被

198　《皇明經世文編》115/16-17。

199　《明史》80/845；《世宗實錄》3968。

200　《皇明經世文編》386/16。

201　《天下郡國利病書》19/36。

202　Rossabi, 'Tea and Horse Trade', pp. 159-163。

203　《神宗實錄》3773。

迫於1585年同意將茶司稅率降到30%[204]。至遲到1595年，陝西的御史
要求將湖廣茶葉全部排除於邊境貿易，藉口是茶葉劣質[205]。然而其真
正原因可能是由於地方日益增大的對於湖茶的憎惡情緒，湖茶以低廉
的價格在過分飽合的市場中取得優勢[206]。最終戶部採取一個折衷的方
案：湖茶不再被禁，但另設了一個檢驗部門以控制其質量。

　　1570年代和80年代，政府每年通過茶馬司可以得到大約10,000匹
馬。平均每匹馬值銀10兩，每年通過茶馬貿易可以得到10,000兩稅收
收入。雖然這一數目很大，但其財政上的重要性也不應被誇大。馬匹
被解送到寧夏、固原、延綏和甘肅四個軍鎮[207]，然而爲了孳生馬匹而
將一些種馬留在陝西苑馬寺[208]。十六世紀晚期，苑馬寺被奏告工作無
能，因爲其管理的馬匹數量沒有增加。其甚多也不過是馬匹被分配給
軍鎮之前的中間機構。其運作與北京太僕寺沒有聯繫在一起。茶馬貿
易也不應該同北邊和遼東的「馬市」相混淆。後者由太僕寺提供資金，
由邊境督撫管理。他們收購商品，吸引地方部族，同他們交換馬匹。
這同稅收無關[209]。在十六世紀晚期，這項事務每年花費政府300,000兩
白銀。1594年，爲了同入侵朝鮮的豐臣秀吉作戰，中央政府僅撥給遼
東的馬價銀就達550,000兩[210]。換言之，這僅僅是開支項目。

　　因爲產自四川的茶葉並不同西北邊境進行貿易，所以其對政府財

204　俺答汗的要求見《神宗實錄》1459-60。對於稅收的減少可見《神宗實錄》
　　2943、3405。

205　《神宗實錄》5207。

206　《明史》80/846。

207　這裏的甘肅爲北邊軍鎮之一，不要與現在的甘肅省混淆。同樣，山西鎮
　　也與現在的山西省並不一致

208　《皇明經世文編》385/7、9、19-20；《天下郡國利病書》18/86。

209　《神宗實錄》3699、4407；楊時喬《馬政記》8/4。又見侯仁之《馬市考》，
　　該文的英釋文在Sun and de Francis, *Chinese Social History,* pp. 309-332；王
　　士琦《三雲籌俎考》2/17。

210　《神宗實錄》5085。

政意義不大。1542年，根據官方的報告，在四川課稅的茶葉數量超過5,000,000斤，還不包括政府茶園生產的茶葉。然而1578年，省級官員徵收的茶葉收入總共還不超過20,000兩。其中14,367兩被解送南京戶部，1,500至2,000兩解送給陝西省。剩餘資金，連同徵收158,859斤茶葉，存留於本省，用於津貼地方管理[211]。十六世紀中期，四川巡撫也承認廣泛存在私販茶葉現象[212]。

其他省份的茶課名存實亡。絕大部分地區仍然延用寶鈔來評估地區稅額，當十六世紀折成白銀時，稅額減少到了可笑的程度；雲南17兩，浙江約爲6兩[213]。當時的一位學者對此作了如下的概述：「內地茶戶不知官茶、私茶之說久矣。天下之言生財者，亦罔聞知。」[214]

(bb)未被列出的其他項目

以實物形式解運首都商品的總價值，每年大約爲銀4百萬至5百萬兩之間，對此前文已有提及（第三章第三節）。這些項目本來代表著不同形式的稅收款項。例如數量很大的有棉布、緞匹和黃蠟，他們有不同的來源，其中一部分來田賦正額的折色，一部分來自里甲徵收，還有一部分是政府用現金購買而來。這些供給更應在列入倉庫清冊而不是稅收帳目中，因爲他們不是不斷上升的稅收單位，他們中一部分實際上要被消耗掉。它們應該被看成一種開支，但由於會計制度的不一致，它們有時被列爲收入項目。

第五節 雜色收入概覽

---

211 《明史》80/846；《大明會典》383/2-3。

212 《天下郡國利病書》19/104-5；《皇明經世文編》383/2-3。

213 《大明會典》37/3。

收入估計

估計的雜色收入列於表18中，數字精確到千兩。無法確知歲入的項目忽略不記，這對全局不會有太大的影響。

表18：雜色收入的年度估計，1570-90年左右

(單位：兩)

來自於工商業的收入		管理收入	
鈔關稅	340,000	開納事例	400,000
商稅	150,000	僧道度牒	200,000
番舶抽分	70,000	戶口食鹽鈔	160,000
房地契稅	100,000	贓罰銀	300,000
竹木抽分	75,000	椿朋銀	50,000
礦銀	150,000	香稅	40,000
漁課	58,000		
小計	943,000	小計	1,150,000
徭役和供給折色			
輕齎銀	338,000		
匠銀	64,000		
蘆課	25,000		
四司料價	500,000		
馬差	400,000		
光祿寺廚料	360,000		
小計	1,687,000	總計	3,780,000

註：田賦、徭役和食鹽的收入的各項未包括在內。

按照人口的實際稅收負擔，這樣的數字很可能估計較低。由於重

---

214 孫承澤《夢餘錄》35/54。

覆徵收，私派，以及在正式解運和審核之前徵收者對稅收資金的先期
支出，這些都會造成上報的收入數字和實際徵收之間有一定差異。另
一方面，按照國家的實際收入，這個數字可能被過高估計，特別是源
於工商業的收入。眾所周知，鈔關稅徵收有時達不到定額，礦銀實際
上中斷過一些年。對於地產交易中的房地契稅，只是在接近十六世紀
的幾年中，戶部曾力圖加強管理。這一表格也非統計意義上的一致，
因爲包括一般的估計和記錄下來的資料，包括各省存留與起運中央政
府的各項收入。然而，總計代表著收入的最大估計，那是政府希望通
過多種渠道獲得的。

對雜稅來源的批評性考察

當稅目增多時，稅收水平必定提高，但這種一般的看法卻不適用
於明朝的雜項收入的徵收。儘管稅目非常多，但是稅收總額卻比較小。
在最理想狀況下，所能徵收到的最大數額也不過是3,780,000兩白銀，
這相對於帝國的需要而言，則十分可憐。舉例來說，1570年至1590年
間，募兵每人年餉銀18兩[215]。來自於雜色的收入，即使全額徵收，也
僅夠支付210,000名募兵的基本薪餉，這還不包括他們的服裝、裝備以
及軍鎮的運作費用。考慮這種稅收徵收的範圍很廣，可以認爲其徵收
水平實際上是很少的。

稅收的激增，其本身並不是「落後」的標誌。明朝財政管理最落
後之處在於其缺乏組織和重點。雜色收入徵收的歷史顯示出其稅收制
度一貫的、長期的弱點。最初的錯誤是對工業和商業採用了統一的稅
收原則。向所有工業勞動和商業物資都適用同樣的稅率，沒有例外。
徵收商業稅時，管理者根本不去考慮商人的資本投資、利潤率以及他

---

215 這一餉銀在十六世紀是很普遍的事情。後來各條的日期分別是1585年、
    1587年、1589年和1598年：王一鶚《奏議》1/18；《神宗實錄》3401、4079、
    5941。

們店鋪的能力、經營的範圍和貿易路線[216]。在政府採礦業管理中,也是一種同樣的做法,那裏礦工被希望如生產食鹽的竈戶一樣完成他們個人的生產定額。定額制度導致所有各項收入的下降。由於從中獲取足夠的收入,從十五世紀開始政府力圖從其本身的管理運作中取得收入,諸如賣官鬻爵等。這只是簡單的權宜之計,但是最終的結果是非人所願,各種稅收優免起因於開納事例,隨後僧道度牒的徵收導致了財政管理的惡化。士兵薪餉的克扣降低了軍隊的戰鬥力,也成為十六世紀晚期軍事預算膨脹的部分原因。贓罰銀的徵收鼓勵了腐敗,降低了地方政府的領導能力。這裏所列出的過錯都是十六世紀開始新增的,特別是徭役和各種供給的折銀,導致了財政資源進一步的瓦解。

雖然許多學者批評明朝稅收過重,但是他們主要是從道德層面進行批評。他們主要關心的是揭露徵收者的貪婪和民眾的艱辛,而不是去探尋稅收制度本身所固有的原因。他們的描述給人們造成這樣的印象,那就是主要的問題都稅收過重造成的,而實際上這些困難的產生更可能是稅收過低的原因。應該指出,雜色收入的3,780,000兩白銀如果按照十六世紀晚期1億5千萬人口來平攤[217],則平均每人只有17個銅錢。當然,考慮到明朝官場一般的做法,也不能認為充足的稅收收入就自動保證誠實的管理,但是稅收不足的確使問題更加惡化。

儘管在某些領域稅收的確過重,但在其他領域卻並非如此。1607年河南巡撫對「市井賣漿者」被課以重稅、而當鋪卻被課以輕稅的事實提出了反對意見[218]。許多事例顯示出稅收潛力要麼被浪費,要麼被忽視了。總而言之,徵收較高稅收非管理體制能力所及,以此來指責管理者實際上是過分信任了管理者的能力。

依照通行的財政辦法,稅收總額的大部分應由各省政府和其他服

---

216 帝國最後一個戶部尚書倪元璐在曾在文中揭示過這種情況,見倪元璐《全集》〈奏疏〉6/2;倪會鼎《年譜》4/17、27。

217 Ping-ti Ho(何炳棣), *Studies on the Population*, pp. 23-277.

218 《神宗實錄》8200-1。

務機構存留。這非常必要，因爲對於戶部而言，先將所有收入徵納，然後再將其中一部分返回其起運地，是很不切實際的。但是，如果將帝國政府直接控制大量收入看成是其推行財政政策能力的標誌，那麼在十六世紀晚期它根本無力這樣去做。表19顯示了太倉庫實際的雜項收入。

表19：1570-90年太倉庫年度雜色收入估計

(單位：兩)

專　案	最　高	最　低
鈔關稅	340,000	160,000
房地契稅	100,000	——
漁課	11,000	11,000
戶口食鹽鈔	80,000	45,000
贓罰銀	170,000	128,000
香稅	20,000	20,000
輕齎銀	119,000	——
四川茶課	14,000	——
總計	854,000	364,000

　　其他各部的帳目也沒有什麼不同。1569年，工科給事中審核工部節慎庫帳目，奏報每歲收銀七、八十萬兩[219]。這個數字列在表18中，包括匠銀、部分漁課、部分贓罰銀、一些礦銀以及四司料價。僅僅最後一項就爲500,000兩白銀[220]。馬差是兵部唯一的重要雜色收入，實際上是田賦的變形，數量在370,000兩到430,000兩之間波動。所有其他項目則忽略不計。

219　《穆宗實錄》0746。

220　《熹宗實錄》0609。

第七章 財政管理

    Denis Twitchett在對唐朝財政管理的研究中描述了三個不同的發展時期。在第一個時期,管理機構仍是相當原始和簡單的,而第二個時期的特點就是財政機構職能的不斷專門化。在第三個時期,連續不斷的制度專門化在新的專門化了的權威機構與中央政府的常規組織引起緊張狀態[1]。相比較而言,十六世紀的財政管理一點也沒有顯示出這樣明顯的分期。總體看來,明代行政管理沒有足夠的動力來產生類似的制度變化。

    為方便起見,將這一百年間的財政管理作如下分期:

    第一時期:1501-1521年。這一時期北京完全不存在有力的領導力量,這是十五世紀晚期普遍狀況的延續。

    第二時期:1521-1541年。財政事務剛剛有一定起色,但接踵而來是更進一步的惡化。嘉靖皇帝的即位似乎開創了一個新的時代。這位來自皇室旁支的新皇帝與京城裏的既得利益者沒有一點聯繫。宮中多餘人員全部釋放,加強了對宦官的管理,遏制了貴族莊田的增長。然而,皇帝沒有推行任何真正意義上的制度性改革。嘉靖皇帝以自我為中心的行為記錄最終使他處於與他的前任者們同等的地位。

    第三時期:1541-1570年。一連串的長期財政危機發生了,只是由於地方官員們的並不協調的調整措施才得到緩解。這一連串的事件首先是由軍事失敗而引起的。軍事失敗始於1541年河套被吉囊佔領。政

---

1   Twitchett, *Financial Administration*, pp.97-123.

府已處於經常性的嚴重壓力之下，它被迫採取它能夠實行的任何非正式的措施。對武裝力量傾以數百萬之財已經證明是無效的。1550年代，俺答汗的騎兵已襲擊到北京的郊區，而倭寇也在東南沿海一帶劫掠。決定性的災難出現在1557年。這年北京的三大殿連同正門一燒而光。這些建築帶有如此巨大的象徵意義，以致於儘管有其他各種緊迫的財政問題，而三殿的重建不得不立即開始。

第四時期：1570-1587年。從政府的角度來看，這一時期是十六世紀最成功的時期，可以稱爲張居正時代。到1570年爲止，俺答汗已經受撫，海盜也不再是一個嚴重的問題。當1572年這個精明的政治家成爲北京的主要決策者的時候，他對財政事務也加強了管理，政府的倉庫開始充實起來。儘管張居正於1582年死去，然而他的管理的好處一直延續了好多年。

第五時期：1587-1600年。前一時期的成就再次被財政無能一掃而空。1590年代耗資巨大的三次軍事行動導致了國庫空虛。這種混亂的狀況因爲萬曆皇帝繞過文官系統派遣宦官到各省充當稅使而惡化了。

這個概括表現出一連串的管理循環，而不是累進的成長或發展。危機靠緊急措施應付過去，隨著周期性的財政壓力而來的是暫時性的緩解。儘管管理放鬆，收緊，然後再放鬆，但並沒有一絲改革的企圖。這個時期的歷史是由個人創造的，而不是由制度創造的。

不過，不可否認，在十六世紀的稅收中白銀使用量的增加是一個重要的發展。儘管理論上它應該使政府的財源更加靈活多變，並因而有利於財政預算，可是實際上這種情形並沒有發生。在前面的章節中已經相當詳細地證明了明王朝體制的僵化阻止了它認識到這種變化中的許多潛在的好處。一條鞭法沒有推進到它的邏輯終端即單一的土地稅。納稅人的勞役不能徹底廢除，稅收項目也不能合成一體。在下面的篇幅中將會顯示出這種與早期管理方式相連的趨勢在中央政府中更加明白無誤地表現出來了。

有鑒於此，詳細描述這個世紀的那些事件是沒有用處的。這種按年代順序的考察只會表現爲相同事實的重覆。在上面所給的分期基礎

上，管理的總特徵將首先會受到檢驗，焦點主要集中在戶部的運作上。因而要仔細關注兩個特殊的問題：1550年以後軍隊開支極大增長的後果和1572至1582年間張居正推行的財政改革的後果。戰爭與和平時期的這些財政措施應足夠說明這一世紀中的總體發展情況。這些調整不足以使制度合理化，但其臨時性特點也許能夠解釋上文簡要提及的小的管理循環的重覆發生。

第一節 十六世紀的戶部

戶部的運作

乍看之下，戶部的運作能力在十六世紀似乎已經大大膨脹了。戶部直接掌握下的太倉庫在1500年以前很少有一年管理過一百萬兩以上的白銀。到十六世紀中葉，存銀據說接近2百萬兩，但是到1550年代實際上已經突破4百萬兩。儘管隨後增加的速度減慢了，但也保持在大約4百萬兩的水平上。

其實，這種表面上的膨脹是個假象。太倉庫收入隨著稅收折銀的不斷增長而按成比例的增加，沒有任何證據表明戶部的職能真正地擴大了。十六世紀晚期，太倉庫增加後的歲入大約4百萬兩，只占了帝國全部稅收的百分之十二。況且，太倉庫實際上保留不住它的現銀收入。大部分的收入立即被運往北邊軍鎮。較少一些的收入用來支付朝官的薪俸、京營的軍餉和幾個宮廷機構——最重要的是御馬房和皇家苑囿——的維持費用。此外，太倉庫還充當了皇帝的接收代理機構。作為一項制度，金花銀和皇莊子粒銀要經由太倉庫收納。

戶部財力的有限揭示出這種體制不可避免的缺陷。一旦稅銀解到，朝廷就盡力防止資金不必要的流動。為了避免稅賦由南方數省運到北京然後又盡數送回南方，戶部一再被迫命令南方地方長官存留他

們自己徵收的稅賦，哪怕這已經地導致了失控[2]。由於戶部沒有在各省建立起地方上的分支機搆，它完全把自己推到了供給線的終端。

此外，每一項收入都由許多不同的支付機構來分享的這種財政做法也阻撓了戶部擴大它的運作能力。因爲在王朝早期戶部是作爲一個總的會計部門而不是作爲一個實施機構的，它已經錯過了將稅收中固定部分存留起來作爲自己的儲備的機會。到十六世紀，各級政府的運作都再現了預算赤字。每當需要額外的資金時，戶部不是從任何一收入機構中撥款專用，而通常是從種種稅源中抽出小額資金，這導致了所有現行的分配額普遍降低，節省下來的資金就轉用於新的財政需要了。明顯地，通過這些方法不易於積聚大筆資金。

同時，其他各部保有財政自主權。「馬差」由兵部徵收，「四司料價」由工部徵收，這就是明證。在這些情況下，戶部認爲自己的財政職責僅僅在於向官吏提供食物和衣服。甚至對於北邊軍鎮的供給，戶部也認爲它的角色主要是軍需官，而出錢購買戰馬、火器和盔甲則明顯超出了它的職權範圍。在另外一些事情上，戶部也試圖盡可能地逃避責任。1547年，當宣府和大同軍鎮要求資金來修築長城時，戶部認爲這種建築工程是兵部的責任，就由兵部來提供資金。只是在皇帝親自干預下才達成了一個妥協方案：兵部支付2/3的必要資金，而戶部支付1/3[3]。在十六世紀晚期，這個方法成爲普遍的做法。當1598年浙江的動員一支水軍時，兵部爲它的軍旗、裝備、雇船和募兵津貼提供資金，而戶部則提供口糧和行軍津貼。士兵的薪餉也由兩個部共同提供，戶部支付70%，其餘由兵部支付[4]。

太倉庫的收入

---

2 例如，1568年戶部責備廣東省的官員們濫用他們存留下來的資金。見《穆宗實錄》0440-1。

3 《世宗實錄》5961、5976-7。

4 《神宗實錄》5952-3。

太倉庫的主要來源看起來好像是矛盾的和模糊的。例如，《實錄》記載1549年它的歲入銀2,125,355兩[5]，而1558年它又寫作「接近於二百萬兩」。然而同一資料指出前7年太倉庫實際的支出數目如表20所示[6]。

表20：1551-1557年上報的太倉庫支出

(單位：兩)

1551年	5,950,000
1552年	5,310,000
1553年	5,730,000
1554年	4,550,000
1555年	4,290,000
1556年	3,860,000
1557年	3,020,000

這些支出數字看起來與記載的收入完全不成比例。十六世紀中葉，稅收無疑有所增長，但是赤字也常常發生。這些資料缺乏系統性的描述，一些年份的歲入數目分散在給皇帝的奏疏中，如表21所示[7]。

有關赤字的引述甚至更為稀少，僅僅在1580年代有一些奏疏中引用過。它們如表22所示[8]。

這些數字本身並不能揭示全部的真相。事實是明朝官員們從來沒有形成一致的統計方法。他們常常將應收的款項與實際收入搞混。在今年徵收上來的早年積逋也許被算入任何一年的帳目上，或者有時兩年帳目上都忽略不算。同樣，他們對預算赤字與實際赤字不作區分。

---

5 《世宗實錄》6405；《皇明經世文編》199/44。

6 《世宗實錄》7712-3。

7 　《穆宗實錄》0332，《神宗實錄》1831、2684、2852、3517、4084、4170、4333；孫承澤《夢餘錄》35/31；《皇明經世文編》325/18-19、389/2。

8 《神宗實錄》2684、2853、2921、3517、4084、4333。

表21：1567-1592年上報的太倉庫收入

(單位：兩)

1567年	2,014,200
1577年	4,359,400
1583年	4,224,700
1585年	3,676,000
1587年	3,890,000
1589年	3,270,000
1591年	3,740,500
1592年	4,723,000

上引的赤字是根據計劃性收入中計算出來，而不是依據實際收入。1584年的情形就是一個例子。當象徵性的赤字出現時，朝廷決定將將以實物徵收的150萬石漕糧、102,410匹棉布和45,522匹絹折銀[9]。根據當時通行的折算率，這些實物價值約爲銀170萬兩。結果並沒有發生如表22所示的118萬兩的赤字，因爲那年太倉庫實際上應該有500,000兩的盈餘。

表22：1583-1590年上報的太倉庫的虧空

1583年	2,301,000
1584年	1,180,000
1585年	548,000
1587年	2,030,000
1589年	190,000
1590年	324,500

爲了考察太倉庫實際掌握的收入，有必要考慮一下那個時代的慣

---

9 《神宗實錄》2920。

常做法。第一，從十六世紀早期以來太倉庫就已經掌握了一些稅目，這些稅目在適當的時候成爲其永久性的定額。這些稅目在理論上既不能減少，也不能轉移，形成了太倉庫收入的核心。它們包括表23中所列的稅目[10]。前引1549年、1558年和1567年大約200萬兩的收入就是指這些基本的稅目而言的。

第二，太倉庫的收入受增稅的影響甚小。整個十六世紀增加正賦的命令保有兩次，而且每次也只爲時一年。1514年爲了給乾清宮的建設提供資金，歲徵加賦100萬兩[11]。1551年，由於軍需緊缺，向南方數省緊急加派1,157,340兩白銀[12]。而發生在1592年、1598年和1599年的加派由南方數省存留（第七章第四節）。當稅收上升影響到徭役時，收入就不會分配給太倉庫。鹽課的任何加徵通常會引起下幾年的虧空（第五章第三節）。無論怎樣提高種種雜稅的定額，只不過稍微給太倉庫增加點收入罷了。

第三，官府對財政赤字毫無辦法。偶爾地，地方官府在遇到緊急情況時會被迫預徵賦稅，鹽政官員也要求提前納稅，但是這些措施決不會影響太倉庫的操作。

第四，太倉庫的任何預算赤字可能會由推遲交納的稅目收入來彌補，這些推遲的收入雖是本財政年度解運入庫，但爲以前額徵項目。預算赤字也可能由京運本色——主要是漕糧——的進一步的折銀來填補。通過這些辦法而沒有彌補起來的任何數額才構成了真正虧空。這個赤字只能由縮減太倉庫的儲量來消除，有時也由皇帝掏個人腰包來解決問題。

10　這些帳目在很長一段時間裏沒有多大改變。見《世宗實錄》7201；《皇明經世文編》198/14-15；孫承澤《夢餘錄》，35/8-10。

11　《武宗實錄》2408。

12　《明史》78/826。進行加派的詔書表明一時當前線形勢好轉，就停止加徵。見《世宗實錄》6604。

表23：太倉庫主要收入估計，1521-1590年左右

(單位：兩)

正賦折銀	250,000
田賦的附屬加派(見第三章第四節)：	
馬草	340,000
農桑絲絹	90,000
人丁絲絹	10,000
麻	38,000
鹽課(第五章第四節)	1,000,000
來自雜項的最低收入(第六章第四節)	364,000
總　計	2,092,000

　　根據這些做法來考察，太倉庫的帳目儘管複雜，但決不是不能理解的。它們的發展有以下幾個階段：

　　(a)到1541年左右，太倉庫實際歲入不超過200萬兩白銀，甚至還要少。收入只包括基本的稅目。

　　(b)除去這些基本稅目之外，太倉庫的收入後來由於另外的稅目而增加了。在楊廷和革除大量的宮廷額外花費之後，從400萬石的歲額漕糧中節餘了150萬石(第二章第一節)。1541年以後這項倉餘折銀，儘管也有中斷，但還是經常下令折納。1541年，有120萬石的漕糧折成銀兩。很明顯，折銀一直持續到1546年嘉靖皇帝決定改變停止折銀為止[13]。接下來的記錄儘管不完全，但表明折銀很少停止過。出現在《實錄》中的十六世紀中期三組重要的財政數字顯示：漕糧折銀1542年是1,385,884石，1552年是1,667,163石，1562年是1,367,389石[14]。

　　每年大約150萬石的漕糧盈餘折成銀兩，有望給太倉庫帶來100萬

13　《明史》202/2347；《世宗實錄》5908-9。

14　《世宗實錄》5315、6891、8482。亦見《皇明經世文編》259/9-10；唐順之《荊川文集》9/25；和田清，《明史食貨志譯注》323註。

餘兩的額外收入。看起來1541年以後太倉庫的實際收入要接近300萬兩，不會再低於這一水平。然而多數官方資料將折銀收入統計為不再重覆的稅目，上報收入時將其忽略。

（c）1543年，在吉囊佔領河套的壓力下，皇帝開始發內帑補助太倉庫。在一次廷議後，嘉靖皇帝同意在緊急時期讓出金花銀和皇莊子粒給戶部，預期持續五年[15]，但實際一直持續到1558年[16]。作為御馬房和皇家苑囿的田產很早就已由戶部接管，成為定例[17]。這些稅目一共為太倉庫增加了大約130萬兩的收入，使太倉庫的總收入突破了400萬兩白銀。然而，戶部接管這些稅目之後，也被要求支付在京武臣的薪俸，並要維持御馬房和苑囿的開支，因此這些稅目的價值實際上大打折扣。

（d）1560年代，資金需求大增。前面提到的1551年下令向田賦緊急加派，同時鹽課也被期望每年提供另外300,000兩（參見第五章第三節「工本鹽」）。開納事例、罰贖銀兩也都增加了。這些籌措資金的措施並不長久[18]，其原因可由表20作出部分說明。從1553年以來，南方數省不得不奏留經費用於地方備倭。1557年以後，又存留部分收入為宮殿營造採購材料。

最嚴重的財政危機出現在1558年。當時戶部尚書方鈍（1552-1558年在職）提出增加收入七點計劃[19]。一個都給事中提出了五點計劃[20]。而南京的戶部提出了另外的五點計劃[21]。一群京官聯合提議二十九項增收計劃，全部為皇帝認可[22]。這些建議和計劃並不高明，只是試圖從現存稅收中榨出一些小稅目來，或者試圖處理掉易於賣得現銀的官

15　《世宗實錄》5339；《大明會典》17/23。

16　《世宗實錄》7870-1。

17　《大明會典》17/26-30。

18　《明史》78/826；《世宗實錄》7712-13。

19　《世宗實錄》77/13-15。

20　《世宗實錄》7719-20。

21　《世宗實錄》7717-18。

22　《世宗實錄》7733-6。

田，或者試圖要求全體民眾額外捐獻。《明史》稱它們爲「益瑣屑，非國體。」[23]這些建議不過是一些無望的反映。

不過，有理由相信1550年代早期——可能直到1553年——太倉庫歲入銀兩實際上已經超過500萬。如果沒有這個數目的收入，它將會無法支出表20所示的那些錢數。朝廷不可能在發生危機時沒有任何儲備[24]。1554年，朝廷從庫房中拿出總額達889,000兩的白銀時，餘額已經不足120萬兩[25]。1553年以後支出較少並不表明危機已經結束，而是表明太倉庫已經沒有可用資金了。

這些觀察似乎有助於相信：1550年代太倉庫歲入銀兩曾達到500萬兩以上，然後又下降到不足400萬兩的水平。

(e)1570年以後，財政管理的主要目的是要恢復正常狀態。皇帝個人的收入已歸回宮廷，緊急籌措資金的措施大半已經停止。即便如此，平均歲入仍保持在大約400萬兩(表21)。這還不是國家收入擴大的標誌。從1573年起，原來由北方數省民戶直接解運邊鎮的稅收改由太倉庫經手其事。這項程序的變革使戶部在這些資金的年度分配上有一些發言權[26]。1580年的統計顯示來自於此項的白銀有523,800兩[27]。《明史》中一份沒有說明具體時間的概述中指出多年以後這個數額增加到853,000兩[28]。漕糧餘額的折銀不再年年進行，當然也決不是停折很久。

---

23 《明史》78/826。

24 《明史》聲稱早些時候太倉庫的存儲有800萬兩銀子(見《明史》78/826)，但無法證實。僅有的一個明顯證據是1543年從銀庫中取用了一個小得多的數字即400,000兩，見《世宗實錄》5338。1550年，戶部尚書潘璜也說早些年份太倉庫常有400萬兩之積：見《皇明經世文編》198/14。

25 《世宗實錄》7349，《神宗實錄》1027。

26 見《大明會典》28/26、29、30、33、34、36之薊州、永平、昌平、易州和遼東各條。

27 孫承澤《夢餘錄》35/9。

28 《明史》82/866。

1578年，江南漕糧全部數額折銀一年[29]。而1584年總計有150萬石的漕糧折納白銀[30]。催徵積逋也使總收入有所增加。因此基本收入雖爲200萬兩，但記錄在冊的歲入實際上達到了400萬兩，這還是可能的。

明代的地方財政管理僵化不變，而太倉庫作爲帝國的基本財政運作機構，其收入又源於地方，這也就是問題的實質。無論是戰爭時期，還是和平時期，十六世紀以來收入的性質改變不多，最高額實際上也保持不變。太倉庫收入增加的主要原因在於輸納程序的改變、折銀和向皇帝告借。機動的範圍總是有限的。儘管表面上太倉庫的歲入從100萬兩白銀增加到400萬兩，淨增額也不過300萬兩，相對於帝國巨大的財政需求而言還是一筆相當小的數額。

在前面章節中，曾估計田賦收入在併入許多雜項稅目後，總計約銀2,100萬兩（第四章第三節）。徭役銀約有1,000萬兩（第四章第三節）。據官方統計，鹽課的全部收入價值有200萬兩（第六章第五節）。此外，還有許多項目由於缺乏資料而沒有計算在內，比如，南方各省巡撫們徵收的「兵餉」和北方軍鎮自己生產出的收入。前文也不過是做了一個樂觀的估計，因爲這些數字包括許多不可代收和重覆性的稅目。維繫帝國的運作，3,700萬兩白銀並不很充足。同時，還有非生產性的禮儀開支也浪費大量的收入。對戶部而言，僅僅掌握400萬兩白銀實在太少了。

北京的開支

由於多種因素，北京的白銀開支數量變化不定。京官的部分俸祿和京營的全部開支應該由漕糧支付。但是在某些年份，由於白銀收入較多，祿米可能臨時被折成銀兩。1578年確定發生過這種事情，1567

29　《神宗實錄》1647。

30　《神宗實錄》2920。

年也可能發生過[31]。金花銀重新轉給皇帝後，又由皇帝負責支付北京
武臣的俸祿[32]。當這些資金來自於皇帝內庫時，並不會顯示在帳目上，
不會產生俸祿出自戶部的印象。從1578年開始，萬曆皇帝要求戶部以
「買辦費」名義每年額外增加20萬兩白銀以補充其個人收入[33]。這筆
錢通常由太倉庫解送，但不列入帳目。換句話說，總開支由於支付武
臣俸祿而擴大，又由於忽略買辦費而減小了。

除開這些變化，帳目還是簡單而又相當穩定的。《明史》概要記載
了歲出之數，時間可能是1580年左右[34]，如表24所示。它所記載的總
額和所列諸多細目都與其他材料所引用的1580年前後甚至到1600年以
後的數字十分相近[35]。在表24中，努力做到忠實於原來的記載。可以
認爲，武臣俸祿的支付與買辦費忽略互相抵消了。

這些帳目構成了一個薪水冊，而且是一個小薪水冊。除了幾個年
人均領銀600至1,000兩之間的貴族、公主等以外，所謂的俸銀對它們
的接受者而言只不過是零花錢罷了。平均每一位文官每年能領銀10兩
左右，武官不足5兩，軍士不足2兩。晚明仍然沿用十五世紀早期制定

31　關於1578年的薪俸折銀參見《神宗實錄》1647；《皇明經世文編》375/12。
　　1567年，戶部尚書馬深奏稱此年的俸祿和薪餉花去了國庫銀135萬兩，這
　　表明當時薪俸全部是折銀，而不是糧食：見《穆宗實錄》0414。

32　《大明會典》31/1；《世宗實錄》7871。

33　《神宗實錄》1611。

34　有關太倉庫運作的一本重要著作是劉斯潔（1545-1575）的《太倉考》，可能
　　成書於1580年左右（見《明史》97/1028），可惜未能獲見。在孫承澤《春
　　明夢餘錄》中，時間爲1580年的太倉庫帳目的概況就是取自這本著作（見
　　《春明夢餘錄》35/8）。在《明史》（82/866）中，其記載非常接近孫承澤
　　的記述，它們可能都是同一種來源。

35　1578年，戶部說北京歲出銀在700,000至800,000兩之間。1591年，這個數
　　量據說達630,000兩，但也許沒有包括由皇帝支付的武臣薪俸。1600年，
　　維持御馬房和苑圃的費用據稱是123,000兩。1623年的〈俸銀〉總數爲
　　526,633兩。見《神宗實錄》1590、4333、6594；陳仁錫《皇明世法錄》
　　36/8。

表24：1580年左右太倉庫在北京的現金支出

（單位：兩）

貴族祿米	16,000
文官俸米	44,000
武臣俸祿	268,000
軍匠折銀	206,000
京城巡捕、錦衣衛等	50,000
班軍補助	50,000
軍士冬衣折布銀	84,000
御馬三倉象馬等房	148,000
京軍馬草	16,000
服務機構吏員	13,000
總開支	895,000

的俸祿標準。儘管以漕糧來補充俸祿，但俸糧也不過是口糧而已，而且每人每月很少超過1石。儘管官吏可以得到皂隸折銀（皂隸，見第二章第一節和第六章第三節），不過，按照晚明的生活標準，一個大臣一年144兩的俸祿難以敷用，十六世紀許多朝臣的生活費用依靠地方官員的「饋送」。這點可以解釋爲什麼海瑞將地方官員三年考滿赴京朝覲那一年稱作「京官收租之年」了[36]。

　　戶部沒被要求提供各種衙門的行政費用。鑒於這一點，北京朝廷依賴於周圍地區提供行政費用，與地方州縣做法相同。順天府提供京城衙門使用的所有辦公用品[37]。承差役夫從河南、山東和北直隸徵調。1592年會試期間，宛平和大興地方官府不僅供應需用的所有物品和勞

36　海瑞《海瑞集》40。

37　見《順天府志》52/12-14。

力，而且還要他們還自己出錢租賃額外的器皿和用具[38]。京城使用的一些馬匹實際上由遠方的省提供。遲至1610年，江西省還供應會同館82匹馬[39]。當徭役折銀時，役銀是直接交納接收司局而不經由太倉庫。

扣除北京歲出的895,000兩白銀以後，太倉庫歲入餘額略超過300萬兩（假定十六世紀晚期歲入總額爲400萬兩），這個數額用於北方軍鎮兵餉，對於問題將在本章第三節軍隊費用中加以討論。

第二節 各省之間和各部之間的管理

省級指導與監督

因爲戶部主要是維持京城和北方軍鎮的費用，所以它對其他領域的控制僅僅是表面上的。到了十六世紀，僵化的財政管理方法在其他部門也難以爲繼。很難說淸各省的財政運作是否進行了預算。因爲有定額稅收、起運程序、薪俸費用以及許多慣例，所以每個衙門都受到某種半固定性預算的限制。儘管一些省級官員試圖繼續執行這一方針，但以前的各種做法並不完全符合十六世紀的情況，例如，許多地區預定的開支實際上早已超出它們的存留收入（第四章第四節），這就是明證。

這個問題部分原因在於朝廷。皇帝有時主觀地下達的蠲免稅收命令會給地方官員造成很大的困難。1534年，嘉靖皇帝下詔將當年田賦減半。當戶部認爲這個命令只會巨大的財政虧空時，仁慈的皇帝卻僅要求戶部找出補救辦法[40]。1582年，萬曆皇帝將北京的契稅減去一半。

38　見沈榜《宛署雜記》142-7。

39　《江西賦役全書》，省總，41。

40　《世宗實錄》3712。

數年之後，地方官員不斷奏請恢復先前稅率，卻未獲允准[41]。還有許多已經明確蠲免的賦稅實際上照收不誤的事例。在1502年的一份奏疏中，戶部自己承認發行過這種事情[42]。當1523年南直隸的松江遭受嚴重的水災時，地方官員奏請重災地區田賦蠲免一半。然而，隨後從北京來的命令解釋說先前的詔免僅僅應用於地方存留糧，而起運糧仍要全額輸納北京。因為松江的起運糧達到138萬石，而存留糧僅有6萬石，所以第二道命令事實上就取消了蠲免[43]。十六世紀晚期，相似的事例經常發生。

正如前面所提及的，從已分配他用的稅收中支取出小額資金來應付緊急財政需要對朝廷而言是簡便易行的方法。資金轉用經常發行，這不可避免地引起它處短缺。有時，朝廷隨意地命令地方官員彌補稅收虧空。實際上這就意味著現行預算沒有約束力，而那些不急之需的開支要麼是削減，要麼中止。例如，1530年代的鈔關收入已由一系列詔令分作多項用處，包括補貼附近軍衛。1536年從淮安和揚州徵收的船鈔轉往北京為皇陵供應資金[44]。這不過是挪用資金以應付新的開銷。

在對各省官員的指導中，戶部自然強調起運糧的解運，而絕少注意各省的存留糧。晚明的人事考核證實了這種傾向。一位及時、全額解運起運糧的官員會得到讚譽，而存留糧的管理則無足輕重。戶部尚書梁材(1528-1531年在任)力圖改變這種傾向，但是沒有成功，僅僅因為這將影響到戶部優先權。大約20年後，戶部尚書潘璜(1549-1550年在任)不得不承認他關心的重點仍是起運糧，而在他的奏疏中，只有一次用了不太明確的語氣提到過存留糧[45]。這種優先意識與收入短缺密切相關，這無疑導致許多長期預算款項空有其名(第四章第四節)。

有明一代從來也沒有放鬆過對財政帳目的稽核。因為預算並不統

41　沈榜《宛署雜記》84-5。

42　《孝宗實錄》3550。

43　顧清《傍秋亭雜記》1/8-9。

44　《世宗實錄》4046。

45　《世宗實錄》2374；《皇明經世文編》198/22-3。

一，所以謹慎管理十分重要。官員們自己徵稅，又自己支出資金。儘管有物質上的困難，稽核也不能因爲效用不高而被取消。十六世紀中葉，幾個位高權重的官員因爲濫用資金和盜用公款，一再受到監察官員的彈劾。他們包括前兩廣總督張經、三省總督胡宗憲和工部尚書兼欽差大臣趙文華[46]。巡按御史對財政記錄的定期核查有力、細緻，以致於引起了西方的觀察者們的注意，並在他們的日記作了專門的記錄[47]。

不過，期望通過這種有力的調查來保持政府工作人員財政廉潔是不現實的。充其量，也就查出一些明顯的盜用行爲。十六世紀一些財政管理方式，比如鹽專賣和宮廷供給徵收，根本無力核查。而且，官方的稽核僅僅那些登記在案的項目，而絕大多數的腐敗行爲都是與私派、對民間稅收代理人勒索和各種賄賂有關。監察官員們只揭露出一些當時被認爲十分過分的事情，他們決不會試圖依據法律條文來判斷每一種行爲。例如，在十六世紀，官員們「禮」尚往來不再被認爲是非法。相形之下，很少有人明確因被控賄賂而受到處罰。一般來說，當一位官員被控犯有受賄時，只是因爲行賄者或受賄者已經由於更嚴重的罪行而受到了指控。換言之，指控賄賂主要用於顯露政治上的問題，而不是經濟問題本身。

顯然，十六世紀結束之際，官場腐敗愈加嚴重。這不僅僅表現爲在暴露出來的案件涉及的數額較大，而且表現在案件涉及的範圍更廣，道德標準更是普遍下降。這些案件中提的到一些數額讓人震驚，前文曾提到十七世紀早期廣東的鹽務長官個人收入爲30,000兩（第四章第四節）。同時，北京的倉庫收納人員的職位——名義上不付薪水——變得如此有利可圖，以致於每個職位以4,000兩的價格進行買賣[48]。到王朝的晚期，這些職位的出賣已通過契據而正式化了。類似的

46　見《世宗實錄》5824、8092、8222。

47　Hucker, *Censorial System*, 86-7.

48　何士晉《廠庫須知》2/9。

職位油水稍差，但也可供出賣。據稱這種行為廣泛存在於各省和各個部門[49]。佔有這些位置的吏胥們在正式的行政系統內形成了次一級「官僚機構」。他們不可或缺，因為官員們依靠他們得到非法的收入。更為糟糕的是，當時具體行政管理辦法與通行的財政規章相互脫離，沒有這種非正規職役，政府機構將會癱瘓[50]。

大規模的水利計劃的實施

十六世紀，長城的修建是由前線總督實施完成的，其所用資金與軍事費用是合在一起的。長江三角洲的水利工程和浙江沿海的海堤則由地方官員們來主持完成[51]。朝廷關注的重點是黃河的故道的恢復和大運河的維護。通常，這兩者合為一項工程。十六世紀，工程幾乎一直進行，很少中斷過五年以上。為此投入大量的資金。但由於黃河的不可捉摸性，明顯導致了財政的不穩定。

1528、1565、1578、1587和1595年都進行過大規模的治河[52]。在大運河一再為淤泥充塞和被黃河淹沒之後，1593年決定在運河中段開挖一條新的河道以避開黃河。由於資金短缺，這項工程停工了好幾次。只是到1609年，也即工程開工後十六年，110英里長的水道通航了[53]。所有這些建設工程的管理有幾個共同的特點。首先是沒有編制過詳細的預算，雖然事前曾對成本做過一個粗略的估計，但這只含有中央政府提供的基本數額，其他要由地方捐納來完成。此類工程一般屬工部管理，但戶部也在資金方面也深深地卷了進去。資金的最後分配權掌握在工程指揮者手裏。按照規則，指揮者得到一項雙重的任命，都御

49　倪會鼎《年譜》4/13；倪元璐《全集》，〈奏疏〉，9/5。

50　孫承澤曾記述了一名州縣官的困難，見《夢餘錄》35/12、36/56。

51　《天下郡國利病書》4/32-35，32/5、44。

52　《明史》84/883-90。

53　《明史》85/849-902；《天下郡國利病書》15/43；《神宗實錄》0056、0845、1057。

史和專敕大臣。有時他也會加銜工部尚書、侍郎等銜，但這個頭銜僅僅是榮譽性的；它既不損害他作爲實地指揮者的自主位置，也不會使他對工部有更大的影響力。

　　相對其他事例，潘季馴主持的1578年工程的用銀記錄比較令人滿意。此處將加以概述以作說明。1578年夏天，潘的前任卒於任上，由潘季訓開始主持治河一直到1580年初爲止。開始時動員了50,000名勞力，一年多以後，勞力至少已達100,000人。總共塞過大小決口139處，興建了超過30英里的新堤，涵洞、攔河壩、減水石壩無不必備。另外還栽過低柳了830,000株。如果所有的物料和勞力付以全價，保守的估計也會使成本總額高達白銀250萬兩以上。然而，在潘季馴最後的上奏中，他指出統共用銀560,637兩[54]。

　　爲準備這項工程，南方各省的漕糧全部折銀一年。基本稅銀運往北京以供京師的正常開支。交給工程指揮者的僅是加耗和輕齎銀，其他資金來源於開納事例、鹽商助納金和南京馬價銀等小額收入[55]。潘季馴還將淮安府庫作爲他的會計署[56]。

　　雖然每個勞力的工價標準定爲每日給銀0.03兩，記載表明他們的工食銀實際上來源於地方官府徵收的徭役銀。那些不能繳納徭役銀的人則親身應役[57]。儘管沒有詳細資料留存下來，但是可以斷定：集中控制的資金實際上是一種補助金，而大部分的經濟重擔是由地方承擔。因此，從中央政府到鄉村里甲的所有財政機構全都捲進了這項建設工程，工程指揮者的財政權力成爲它們結成一體的唯一因素。在一封給皇帝的奏章中，潘季馴建議：在興工期間，所有的州縣正官都應留在官署中，躬親料理諸事。佐貳則押役夫親自赴工。如果有任何疏忽，該司道官即時參呈[58]。潘季馴自己也被任命爲右都御史。

54　《神宗實錄》1239；《皇明經世文編》375/21、376/31、378/30。

55　《神宗實錄》1559、1647；《皇明經世文編》375/12。

56　《皇明經世文編》375/9。

57　《神宗實錄》1188、1662；《皇明經世文編》375/11。

58　《神宗實錄》1651；《皇明經世文編》375/10。

這一計劃的另一個特點是來自中央的那一小筆補助又來自許多不同的稅源。早在1580年,當這項工程完工的時候,潘季馴建議進行幾年的防守工作和二期工程,其必需資金由設在湖州、淮安和揚州地區的鹽課司、鈔關和抽分場局提供。不過,他估計年需資金不超過30,000兩[59]。

儘管我們對其他年份的建設工程瞭解較少,但是無疑可以肯定為這些工程籌措資金和徵發徭役的方法是相似的。1582年的工程動用300,000名勞力,進行了兩年時間,朝廷總花費估計只有200,000兩[60]。1565年的工程再次徵發役夫300,000名,花費700,000兩[61]。實際成本肯定會超過所引數額的幾倍以上。1584年,總理河道官為一項小型工程提出了216,000兩的預算。一位禮部主事對此提出異議,理由是這項預算甚至連實際費用的十分之一也支付不了。他還以自己的親身經歷來說明工程影響所及的地區,一戶人家要被要求支付五個役夫的工食銀。徵發來的役夫還遭受工頭的勒索和苛待,一旦役夫逃亡,就要從他們的家鄉徵發新的勞力來替代他們[62]。可以理解,這樣的建設工程會給朝廷和地方官府帶來了沈重的額外負擔。同時,不僅巨大的開支是一個的嚴重的問題,而且是廷臣和地方官員都缺乏很好實施這些工程的組織才能。

宮殿營造

從永樂遷都北京到天啓末期,宮殿營造一直沒有中斷。十六世紀,所有的木質寢宮和正殿一再毀於火災。1514年、1525年、1541年、1557年、1584年、1596年和1597年都發生了火災。差不多每隔十年京師就

59　《皇明經世文編》376/10-13。

60　《世宗實錄》2106。

61　《明史》83/879;《神宗實錄》0845。

62　關於這份奏疏主要概要,見《神宗實錄》2862-3。

有必要重建這些宮殿。最具災難性的火災是1557年那一場。這場火災持續了廿四個小時以上，燒毀了兩座正門和三幢主建築。重建工作總共花費了五年時間，一直到1562年秋天才完成[63]。即使其他的工程也很難少於兩年時間。很明顯，建築營造開支數額很大，不可能僅視爲偶然性的項目而不予考慮。

營造工程屬工部監管，但其他各部也參預其中。例如，在1557年和1596年，戶部與兵部都受命從各自自金庫協濟銀300,000以助開工[64]。另外，工部有權從贓罰銀、開納事例和鑄錢中獲取資金，並有權截留一部分來自商稅、契稅和田賦的收入。因此，財政重擔影響到一切其他的政府機構和部分省份。

財政事務和供應程序的複雜性使人很難估計每項工程的實際費用。一些經常提到的數額明顯地誇大了。建造於1515年的太素殿據說花了2,000萬兩，儘管在十六世紀能否籌措這樣一筆巨大的資金是讓人懷疑的。不過楊聯陞已經指出：實際的費用是200,000兩，粗心的《實錄》抄寫者一定將「十」字寫成了「千」字，這兩個字僅有一筆之差[65]。

然而，官方數字也不能說明真實的費用。1515年修建太素殿花費200,000兩，1585年修建慈甯宮花費150,000兩[66]，1598年修建乾清宮和坤甯宮花費720,000兩[67]，這些數字都是根據北京的現銀開支計算出來的，在相當大的程度上忽略了各省供應的建築材料和勞力。

各項開支中花費最大的項目是木材，它們來自於陝西、四川、貴州和湖廣。1558年，僅貴州就宣稱已經提供了總價值138萬兩銀子的木材[68]。這個數目也許有一些誇大，因爲它是由省裏的官員們估計的，而他們有足夠的理由強調正是由於這些採辦引起了財政困難。1584

63　《世宗實錄》7604；孫承澤《夢餘錄》6/9；趙翼《廿二史劄記》32/687。

64　項夢原《冬官紀事》3。

65　Yang, *Economic Aspects of Public Works*, pp. 194-195.

66　《神宗實錄》2957。

67　項夢原《冬官紀事》3。

68　《世宗實錄》7708。

年，四川受權存留700,000兩白銀的稅收來支付木材和運輸的費用[69]。
這個數目可能接近實際開銷。1557年，北京下令非木材產地的南直隸
徽州府供應工木86,766根，價值銀129,314兩，另加上運費41,640兩。
這一估計由工部確定，可以從地區稅收中扣除。然而，在解運完這項
供應後，工部又催解各年欠解料價銀138,000兩，同時又新派大工銀
30,000兩。因此，採辦已經徹底變成徵索[70]。

借助於當時其他的記載，對木材的費用可以得出一個更為準確的
估計。一份十六世紀的記錄指出四川的木材每六百零四根就紮成一個
木排。每付木排的成本僅是148兩，但需要40個人花三年的時間將它運
到北京。運費又是2,160兩，這使得每根圓木在到京之前的平均價值大
約為4兩[71]。1596年的工程用去工木160,000根，那麼在南方工木每根的
價格估計略低於2兩白銀[72]。所以可以推斷，一項小的工程可能需要約
價值50,000兩的工木，而一項大工程的工木費用可能輕易地超出了300
萬兩。十六世紀大運河的旅行者常常提及水道上擠滿了朝廷的運木船
[73]。在1598年，利瑪竇記載，數千名人夫牽挽這些木排，他們一天跋
涉五六英里[74]。儘管官府對徵發來的役夫只給口糧，但運費也必定是
巨大的。

工程營造中使用的上釉磚瓦是在南直隸的蘇州府燒造的。那兒沒
有建立任何永久性的工廠，但是，長江下游的六府要提供勞力和製造
工具[75]。就1596至1598年的工程而言，生產磚瓦1,700,000塊。工部為

69　《神宗實錄》2787。

70　《徽州府志》8/15-16。

71　這一數額是基於孫承澤在《春明夢餘錄》46/63中記述，平均數是依據總
　　估計計算出來的。

72　項夢原《冬官紀事》4。

73　歸有光《全集》449；《別集》6/8。1562年，他抱怨交通實際上陷於停頓，
　　結果他的船隻幾乎走不出張家灣。

74　Ricci,*China in the Sixteenth Century*, pp. 306-7.

75　《大明會典》190/2-3；何士晉《工部廠庫須知》4/39。

此補助了20,000兩銀子,這僅是生產成本的零頭[76]。工部通過命令每只漕船捎帶一些磚瓦來節約運費,然而利瑪竇觀察到運河上還有一些特製的駁船被用來運送磚瓦[77]。

用在宮殿正面的大石每塊長3丈、闊1丈和厚5尺。1596年,製造了特殊的馬車——有十六個輪子,由1,800只騾拖拉,拖運石塊。儘管詳情並不清楚,但工程指揮者的報告表明大石要花22天、費銀7,000兩才可以到達建築工地[78]。無疑,費用的大部分來自於民眾。

在北京,役夫的工食是一件微不足道的事情。建築工人主要從京營和輪班匠中抽調。此外,還要從北京購買另外的建築材料,尤其是內府不能供造的東西。這些物品是指定商人以官定價格採買。1588年皇帝詔書中承認官定價格常常低於一般市場價格,而且還拖欠帳款。一位給事中估計官府其時拖欠商人的白銀高達50萬兩以上。即使皇帝曾命令戶部用太倉庫的資金來償還債務,也不能確定這道命令是否得到徹底地實施[79]。

令人遺憾的,由於許多不確定因素影響了資料的可信度,因此很難對總的建設費用做出準確的估計。如果拋開這些因素,《明史》中關於在1550年代末期至60年代早期這一建設高峰時期每年200至300萬兩銀子的總估計[80]還是值得一提的,它與其他可以證實的管理因素並不相悖。但毫無疑問,這個估計只包括了中央和地方上支出的可以計算出來的資金,而不包括物品和勞力的額外派徵。

要是認定這些加派表現為官府的淨收入,那將是錯誤的。晚明時官府的控制能力十分有限,稅收實際上已達到了飽和點,對任何一個方面進行額外的派徵定會引起其他方面稅收的不足。1592年,一位掌管太倉庫的戶部侍郎上奏說六年中各省的積逋數已經達到7,641,100兩

76 項夢原《冬官紀事》1-2。

77 Ricci, *China in the Sixteenth Century*, p. 307.

78 項夢原《冬官紀事》2;賀仲軾《兩宮鼎建記》12。

79 《世宗實錄》7737。

80 《明史》78/829。

[81]。而這一時期正是在重修慈甯宮，進行大規模水利工程建設，萬曆皇帝又另外下詔修建自己的陵墓（第七章，第四節）。

第三節 軍事撥款

軍事開支的不斷上升

傳統的史學家將晚明軍事預算的增加歸因於軍屯的衰落。而現在所知道的十六世紀發展情況，則清楚地表明這個觀點再也站不住腳了，必須要考慮到其他許多的因素。

直到十五世紀晚期，軍士的報酬僅僅由口糧和一些冬衣組成。服役是世襲軍戶的責任，軍士甚至被指望著要自己提供基本裝備。到十六世紀，這項制度變得越來越不切實際了。1500年前後，北方軍營裏以募兵來填補空額已經成為一個通行的做法[82]。開始時每個募兵可得津貼銀五兩，同時還為他們提供戰馬與服裝。當然也要給這些募兵固定的餉銀。十六世紀中期，每人每年可得白銀六兩，這並不算少。但是由於白銀更加廣泛的使用和倭難期間南方數省徵兵計劃的擴大，使這一數字不斷增長。當1570年代南方軍隊調到北方時，所有的北邊軍鎮都普遍提高了餉銀。到本世紀末，許多募兵年餉銀為18兩，這成為十七世紀早期的通行標準[83]。

北邊軍鎮的數目也不斷增加。十六世紀以前，這樣的軍鎮只有7個，但是在1507年火篩入侵寧夏導致了固原鎮的建立[84]。1541年，為

81　《神宗實錄》4933。

82　《孝宗實錄》3418；魏煥《皇明九邊考》1/18-19。

83　《大明會典》41/16、24；《神宗實錄》1986、5317、5941、6543、11266；《明史》222/2559；《明臣奏議》35/673-6；又見本書第六章註214。

84　關於固原鎮的建立，見魏煥著《皇明九邊考》10/1；孫承澤著《夢餘錄》

了阻擋來自於吉囊的威脅而設置了陝西鎮[85]。十六世紀晚期，對於財政事務，五個較低的軍鎮與九邊同等看待[86]。所有這一切都增加了管理成本(見圖五)。

修築長城也是開支巨大。1472年，延綏巡撫余子俊第一次組織了大規模的修築[87]。起初只不過是想建起堤岸和挖掘深溝，將現有的堡壘用夯實的土方連接起來，但是建築慢慢地變得更加複雜了。很快，它就包括了建造帶有垛牆和炮臺的磚石結構。這一過程持續了一個世紀以上，歷經成化、弘治、正德和嘉靖朝，一直至萬曆初年，也就是到1580年代才結束。到十六世紀中葉，這一工程的成本已經極其高昂。

1546年，宣府和大同地區——役夫都是無償徵發而來——每修築城牆一英里，政府要費銀約6,000兩[88]。1558年修築薊鎮城牆，雇募勞動力每英里就要費銀6,357兩。當徵發勞力時，當地人口實際上支付了七倍於此的金額，管理不當也會將勞力的成本提高到每英里44,500兩，人們已經對此提出了責難[89]。

軍隊預算膨脹的另一個原因是火器的使用。儘管人們已經知道明朝軍隊在十五世紀早期使用過火器，但是似乎只是到了更晚一些時候它們才得到廣泛使用，特別是到十六世紀晚期，開始大量仿製葡萄牙製造的火炮。1498年的一道規定試圖限定工部製造火器，邊鎮也不許擅

42/17、19。

85 魏煥《皇明九邊考》10/1。

86 九邊為遼東、薊州、宣府、大同、陝西、延綏、寧夏、固原和甘肅：見Hucker, 'Governmental Organization', p. 63. 另外五個軍鎮是永平、密雲、昌平、易州和井陘。在1576年財政帳目上將這十四個軍鎮放在同一位置：見《神宗實錄》，1162-82。

87 見焦竑《獻徵錄》38/69的余子俊傳。關於十五世紀的土木工程見《憲宗實錄》2110、3491，《孝宗實錄》0523。

88 這是從《世宗實錄》5800中的一份概述中計算出來的。

89 這是從《世宗實錄》7840中計算出來的。

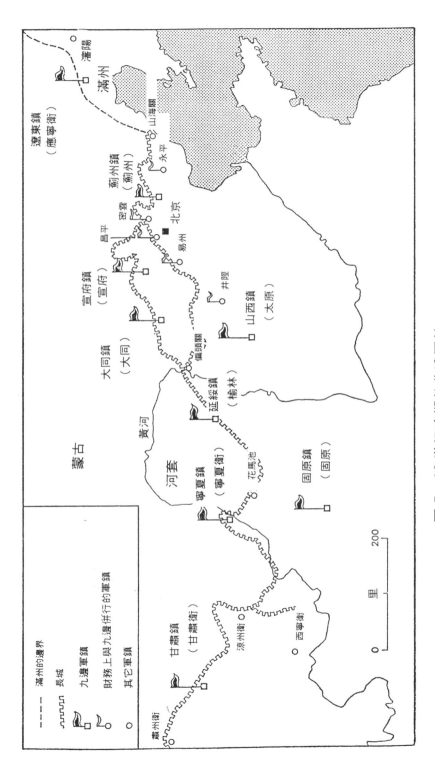

圖 5：16 世紀晚期的北邊軍鎮

造。嘉靖時期這項限制漸漸鬆弛[90]。遲至1560年代，北京的京營使用的標準炮彈仍是泥彈，從1564年起，製造鉛彈，自1568年起，改鑄鐵彈[91]。1586年，兵部要求陝西的四個邊鎮自查，在隨後的報告中列舉了它們儲存的所有物資和裝備，其中有一些與火器有關。遺憾的是，這個清冊將鐵、鉛、石塊一起列舉，使人不可能計算出它們的成本。不過，其中僅一個軍鎮就貯存有超過2,000噸的鐵和鉛。顯然，這些所謂的火器包括火箭和小彈丸，每個軍鎮擁有的數目達200萬或更多。很明顯，一種更為新式的戰爭已經開始要求重新看待花費[92]。十五世紀時採用了裝備有火器的戰車。到了十六世紀晚期，俞大猷（1503-1579年）和戚繼光（1528-1587年）極力主張大規模地使用火器進行防禦[93]。1609年工部的記載說每輛戰車的生產要費銀30兩[94]。這也是一項新的開支項目。

以上足以說明十六世紀的軍事後勤工作與一百年以前已有很大的不同。

十六世紀的軍屯

關於這個題目有許多的資料，但是少有可經證實的事實。軍屯面積和歲入子粒都列在《實錄》中。王毓銓曾經將這些數字列表[95]。摘要如下：

> 1487至1504年歲入子粒大約總在270萬石。
>
> 1505年至1518年的產量每年固定為1,040,158石整。

90　《大明會典》193/1、3-4。

91　《大明會典》193/5。

92　《神宗實錄》3249-53。

93　見《明史》212/2462、2466。

94　何士晉《工部廠庫須知》8/84。

95　王毓銓《明代的軍屯》，頁215-16。

1519年以後這些數字僅是偶爾地記錄下來。

從1522年到1571年的五十年時間，每年產量保持在370萬石左右（1567年是個例外，那年奏報的數字僅有180萬）。

奏報止於1571年。儘管王毓銓認為後期的數字有誇大的成分[96]。但實際上是少報了。1549年，戶部尚書潘璜指出十多年來沒有一個邊鎮曾經奏繳過屯田子粒[97]。1570年龐尚鵬被派往調查屯田時，他發現在許多地方冊籍上有生產定額，而田中卻無屯丁耕作[98]。儘管後來張居正加強了對軍屯的管理，但在1575年的私人信件中他承認整頓軍屯仍需以時日[99]。

軍屯的資料不像田賦資料那樣由地方定期公佈，而是完全建立在官員的奏報上。此外，根據高級官員們的記錄也可以得到一些資料，但是這些資料多是停留於表面層次，不具可比性。

很清楚，有明一代，軍屯從來沒有完全停止過，在原則上，每個軍衛至少應該生產出部分口糧。在邊境地區，有荒地和軍士可以利用，有作為的總督和他們的文職助手常常組織些屯墾計劃。不過，這些計劃並不一定完全遵循中央制定的總方針，每個軍鎮也沒有自己的長遠方針。軍屯的情況因而極端複雜不一。

十六世紀時宣府鎮將它的大部分土地出租給民戶，向他們收租，這些地租被計為軍屯子粒[100]。在遼東，旗軍要操備徵進，故以軍戶內的幫丁、餘丁進行屯種[101]。儘管軍屯原本是單個軍戶分到固定田土，

96　同上，頁217。

97　《皇明經世文編》198/19。

98　《皇明經世文編》358/21、24，359/3，360/10。

99　張居正《書牘》3/15。

100　地租從每畝0.0015兩銀子到每畝0.03兩銀子不等：見《萬曆會計錄》23/7、22。

101　《皇明經世文編》358/24。這種辦法也實行於甘肅、寧夏甚至南京附近。見王毓銓《明代的軍屯》，頁52-4。

按人頭交納部分子粒，這種方式在十六世紀仍然存在於一些地區，然而按畝收租漸漸通行，最終與正租或田賦沒有什麼不同。還有的軍鎮採用了一種集體耕作的方式（營田）。現役軍士在空閒時間集體耕種土地，衛所獲得全部的子粒[102]。一些軍鎮偶爾選擇協力耕種（團種），軍士在向他們的軍衛交納一個固定的子粒額之後就可以分享餘額[103]。

很難確知總督何時開始承認屯軍對其屯種土地的有永久所有權。但從十六世紀中期起，這種做法已變得廣泛了。龐尚鵬在他給皇帝的章奏中一再主張要更多地承認屯墾者的所有權，以鼓勵廣開荒地[104]。1585年，薊州總督將一支完整的運輸軍隊轉變成一支屯軍，分給每個軍士20畝土地和一張永久所有權的執照[105]。實際上，爲了擴大糧食供應，一支軍隊就此遣散。

簡而言之，軍屯在明初決不是有系統的（第二章第三節），在十六世紀更非如此。所有各種不同的計劃的唯一共同之處，就是它們使得每個軍衛有能力生產一部分自己的口糧。當一些軍鎮的財政機構保持在戶部的監督之下時，這些軍隊實際上同時扮演了地方政府、地主和收稅者三個角色。地方分權十分徹底，差異很大，以致國家統計中給出的總數字不過是一種粗略的估計。由不同的部門提交的原始資料即便很準確，但是沒有統一的統計標準。

1570年代，朝廷對十四個北方軍鎮的帳目進行了徹底的核查。調查團也經常派出。張居正曾親自下令總督應增加他們的屯田產量[106]。《大明會典》記載了的1578年至1579年的歲入子粒額。雖然這上數字可能估計過高，但是不可能再獲得更可靠的資料資料了。這些帳目表明14個軍鎮的歲入各類子粒爲140萬石，還有子粒銀180,000兩[107]。這

---

102 1591年在遼東、陝西和寧夏明確實施過營田。同上，頁4-5。

103 見《皇明經世文編》358/18；王毓銓，《明代的軍屯》，頁8-9。

104 《皇明經世文編》358/10、12、14、23，359/16，360/17。

105 王一鶚《總督四鎮奏議》1/15-16。

106 《神宗實錄》0379、0467、1162-82、2152；張居正《書牘》，2/3、9。

107 《大明會典》28/26-53。這些總數是從未經編輯的資料中計算出來的。

個水平大概只有在不多的和平時期,軍事長官能夠抽出更多的軍士屯田時才能達到。

內地各省的情形較爲簡單,因爲它呈現爲明顯的直線下降。到十六世紀晚期,當初指定爲軍屯的分散的小塊土地即使仍然存留下來,也只是生產出小額地租。地方官員一般徵收這種地租,並與正賦合併,用來供應當地的軍衞[108]。因爲這些帳目是零碎的,而且財政責任分散,所以由文官們進行徵收與分配。在一些事例中,軍營所在地轉變爲農業耕地,並且出租出去[109]。在另一些情形中,軍士成爲地主[110],他們或典或賣他們的屯地,還有人私下將土地出租民戶以擺脫應交子粒[111]。所有這些都使所謂的全國統計數字變得沒有意義。根據《會典》,1579年內地省份的軍屯總收入爲300萬石[112]。但是這些資料很可能是抄襲早期的記錄。

北邊軍鎮的供應

因爲有不同的供應體制,十五至十六世紀的明朝軍隊看起來是由三個部分組成。南京和北京的衞戍部隊是由中央政府直接供應(與北京通行的作法一樣,南京的衞戍部隊的費用由南京戶部支付,見第七章第一節)。內地省份的衞所由當地州縣供應。北邊軍鎮部分自給,但也從北方四省(山東、山西、河南和陝西)和北京得到補給。

---

108 數種地方誌暗示這是一種普遍的做法:例如《汾州府志》5/45-6;《漳州府志》28/18;《四川通志》2/6-13;《鄧州志》9/1。在某些情形下,軍官們從這種土地上徵收地租。

109 《金華府志》21/5。

110 《順德縣誌》3/12-14。這也是一種普遍的做法。嚴格地說來,世襲軍戶實際上就是土地的所有者。

111 十七世紀早期的一份文件很好地闡述了這一問題。見《熹宗實錄》1557-60。然而,所有這些一定是經歷了長時期的發展。

112 《大明會典》18/1-8。這是從未經編輯的資料中得出的粗略估計。

1569年，兵部侍郎譚綸記載軍隊定額通計為3,138,300名，而實際大約止可845,000名[113]。後一估計似乎應該比較合理。可以進一步推測北邊的服役軍士為500,000名，馬匹至少有100,000匹[114]。

1576年，戶部對北方十四個軍鎮年度開支項目進行了統計，包括四個關鍵項：銀兩、糧食、牲口糧和草料。這份統計在《實錄》中占了廿一頁[115]，但是儘管它列舉了每個軍鎮各項開支數量，但沒有估算出貨幣總價值，也沒有記下任何總的數字。因此在表25中，數字作了累加，物品也折成銀兩。

表25：1575年14個邊鎮軍需支出的主要項目

支出項目和數量（奏報）		貨幣價值（估計值）（兩）
歲額糧	2,998,918石	@0.80兩= 1,600,000
料	1,125,080石	@0.35兩= 390,000
草	14,314,822束	@0.03兩= 420,000
銀	5,908,562兩	大約 5,910,000
合　計		8,320,000

同一批軍鎮在1578年的收入也占了《會典》頁28[116]。簡略如表26。兩份帳目似乎只包括了軍需官供應的項目，而忽略了由工部和兵部解運來的物品。不過，每年800萬兩左右的總開支似乎是一個並不很充分的預算。1594年，在援朝戰爭相對平靜的期間，當一支20,000人的部隊移駐遼東的時候，一名軍士每月的基本生活費和薪餉為2兩白銀[117]。

113　《穆宗實錄》0902；《皇明經世文編》322/15。

114　Hucker以《大明會典》（卷129-130）為根據認為九邊地區的總兵力達553,363人，見 'Government Orgnization', 頁63的註143。與此不同，1620年戶部說邊軍達867,946人：見《光宗實錄》0047。

115　《神宗實錄》1162-82。

116　《大明會典》卷129-130。

117　《神宗實錄》5143。

因此，供養一支500,000人的軍隊一年要費銀120萬兩。在1570年代，邊境軍衛設法將預算控制在一定幅度內，由於軍隊在和平時期承擔國內防務，可以不全部按標準來支付薪餉。另外，軍事當局還可以從當地人口中徵發徭役和物資。這些情況，很可能不斷降低對軍鎮的補帖，遠非令人滿意。同時，300萬兩年金的輸送已經用盡了太倉庫的積蓄。

表26：1578年十四個邊鎮的收入

項目、數量和來源（奏報）	貨幣價值（估計值）（兩）
年例，來自太倉庫，折銀	3,180,000
津帖，北方數省解送，折銀	2,730,000
軍屯收入，折銀	180,000
鹽課，商人和鹽專賣機構解送，折銀	640,000
糧食，京運，350,000石	@0.80兩銀子= 280,000
糧食，北方數省解送，280,000石	@0.80兩銀子= 220,000
軍屯收入，包括口糧和牲口糧，1,450,000石	@0.50兩銀子= 730,000
馬草，北方數省解送及軍屯，6,830,000束	@0.03兩銀子= 210,000
合　計	8,170,000

在以後的十年中，前線總督一再請求北京增加他們的年金，因為他們的供應——包括他們自產的糧食，北方數省的補貼和來自鹽課的那些收入——很少全額解到。而戶部根本沒有可能動的資金，只好對這些請求置之不理。張居正甚至在一封私人信件中承認他頂了很大的壓力來削減軍隊開支[118]。

到1591年，撥給邊軍的大約300萬兩白銀成永久性預算。1582年出版的《萬曆會計錄》列出了由戶部送往十四個邊鎮的年例總額為3,105,000兩[119]。1584年，戶部宣稱以往八年中已額外增加300,000兩白

118 《張居正書牘》2/3。

119 孫承澤《夢餘錄》35/28。

銀。但是，1587年它又報稱總數再次降至3,159,400兩；1591年，總數爲3,435,000兩[120]。

內地軍事力量的供應

南方數省軍隊的供給方法是在抗倭鬥爭期間建立起來的。在1560年代，這些省份的籌措資金的計劃有以下特點：第一，所有的資金都是由地方籌措的，而不是由戶部來處理的。朝廷要麼允許巡撫和總督自行安排，要麼就是授權他們根據情況進行徵稅。第二，所有的額外派徵都與正賦分離，並且進行獨立核算。第三，收入的來源極爲多樣化。因爲這是省級官員和軍官們管理，所以徵收總額並不公開。第四，許多新的收入項目和額外費用，包括一些小的稅收項目，在戰爭結束仍舊保留。

南方軍隊的情況與於北方軍隊有很大不同。在1550年代，南方沒有一支完整的武裝力量，統一的指揮部是臨時建立的，甚至總督、兵備副使和總兵也是匆匆任命。大部分士兵是在戰地上徵募。當張經爲這個地區的總督時（1554-1555年），募兵包括了廣西山區的土著、南直隸的走私鹽販和山東的和尚。其後，募兵就以他們家鄉的名稱來辨別，諸如北兵、漳兵和義烏兵等等[121]。另一方面，衛所軍和民壯僅僅扮演了一個不重要的角色，浙江《紹興府志》總結這種情形如下：「今俗呼衛者爲軍，而募者爲兵。兵御敵而軍坐守。」[122]

在抗倭戰爭中，浙江徵募了100,000名這樣的兵士。甚至戰船也必須雇募。所有級別的軍官都來實行徵募。下級軍官和他們的上司都被鼓勵要徵募「樣兵」，將軍們被鼓勵要募集「家軍」以組成一支開支較

---

120 見《神宗實錄》2853、3484、4331。不過，《明史》224/2584 給出的總數是361萬兩。

121 見黎光明著《嘉靖禦倭主客軍考》各處。

122 《天下郡國利病書》22/27、33、35，33/109。

大的精兵。這種不系統的方法是由客觀環境決定的。

在抗倭戰爭的早期，必需的資金主要來自「提編」。「提編」沒有意思完全相同的英文單詞來表達，「提」的意思是「提起來」，「編」的意思是組織起來（第三章第四節）。「提編」最初的概念與美國聯邦政府的國民警衛隊的概念有相似之處，只是在明代中國，幾乎是僅在財政意義上使用這個詞的，它很少適用於人事組織上。1554年，朝廷詔令南直隸所有的州縣緩召40%的民壯服役，由每名應役民壯納銀7.2兩以供張經作為軍費。下一年，南直隸和浙江諸縣都要受命根據它的規模大小提供200或300名民壯以供總督指揮。後來，這項差役大都由每人每年納銀12兩了事。此外，在這兩個省份中，要向每個役夫徵收1兩白銀[123]。

因為這場抗倭戰爭久拖不決，「提編」就擴展到「里甲」和「均徭」。當時，絕大多數的縣仍要求里甲五年一輪供應原料和力役，提編就要求下一年應役之戶當年履行他們的職責。來年的差役依次由那些已經編排在第三年應役的里甲負擔。軍事當局當然對那些無關戰事的原料或力役的徵集不感興趣，所以非正式的徵派都是折成銀兩。儘管提編最初是一種臨時措施，但隨著戰爭的延長，這些額外徵派逐漸成為定例。它們被稱為「兵餉」，最初是加在差役冊上，後來間接地併入田賦（第三章第四節）。在戰爭最激烈的時候，南直隸和浙江兩省的田賦額外加徵每年約為500,000兩白銀[124]。正是這種情況迫使地方官員實施一條鞭法改革。

由於這次抗倭鬥爭，南方數省的雜稅數量增加巨大。在福建，以前免稅的寺院地產有一部分為國家沒收或者進行徵稅。在浙江會稽縣，倭難以前只徵輕稅的丘陵地要繳納更高稅款。在杭州城，同樣也在「間架稅」上加徵一筆額外的數目，這項收入充作兵餉。廣東在主要橋梁處徵收過橋稅，而在順德縣要徵集屠牛稅。沿江西南部邊界徵

---

123 《世宗實錄》3237-8，7241-2。

124 《金華府志》8/13；《天下郡國利病書》33/109。

收食鹽過境稅。沿海省份的漁民要求交納一項新稅，而且他們在獲准買鹽之前必須出示繳稅執照。如前所述，福建新生的番舶抽分和廣東的舊有海關稅，連同兩省的鐵課一起也都撥作兵餉了（第六章第一節）。一些已經存在的稅收，諸如地產轉讓契稅和雜項消費稅，都被省級官員存留以軍需。這種做法已推廣到內陸省份，雲南有權截留礦稅收入，而四川的兵餉來自於茶課和鹽課[125]。

當倭寇平定之後，南方諸省民壯被部分遣散。不過，仍有199,650名民壯應役[126]。隆慶、萬曆時期還多次要求將他們解散。文武官員們也試圖以衛所兵取代募兵，可是成績不大。在1590年代援朝戰爭期間，募兵再度增加。到王朝末期，募兵組成爲軍隊的主體[127]。

然而這種情形沒有導致衛所系統的徹底廢除。在整個十六世紀下半葉，浙江嘉興府有陸軍五總，其中募兵一總，軍兵和民壯各二總。該府還有一總1,500人的水軍，其中募兵爲「耆舵」，而軍兵則爲「貼架」。遲至1597年，所有的戰船都是租來的。這些軍隊多由巡道兼攝，而他們的兵餉則來自嘉興府庫[128]。要想詳細說明這些混合單位在帝國軍隊中的地位是不可能的。

在現存資料的基礎上，要想對十六世紀晚期內地省份的軍隊力量和防衛費用做一個準確的估計是非常困難的。對某些地區而言確實存在著有關資料，而軍事事務的地區差異又使得它們在對全國的研究中沒有多大用處。不過，1570年長江下游地區的三府即蘇州、松江和常州總共供養了10,565名募兵[129]。1573年，根據上報，南京京營額軍爲

125　《漳州府志》5/51-3；《會稽志》6/3-4；《杭州府志》31/16-17；《順德縣誌》3/22；《天下郡國利病書》22/36，23/62、76，26/94、28/8。

126　梁方仲《明代的民兵》，頁225、231。

127　關於援朝戰爭中的募兵，見《神宗實錄》4683、5791、5809、5825、5976、6332。

128　《天下郡國利病書》22/27-8。

129　《穆宗實錄》1250。

120,000人，實際上只由22,000人[130]。1575年，廣東省報稱該省實際上有30,000名衛所軍服役，而它的額軍120,000名[131]。據估計，在1570至1590年這廿年當中，包括招募的民壯在內，長江以南的省份應該有總數超過250,000人的武裝力量。為了保持這些軍隊的戰鬥力，一年將要費銀600萬兩，每名軍士月餉銀2兩。儘管這是一個臨時性的估計，不過也確實表明供養軍隊的費用成為朝廷最沈重的財政負擔。沒有任何證據表明這個問題曾經得到解決。單單要維持譚綸所估計的一支845,000人的軍隊一年就將花去兵餉銀2,000萬兩，也就是說，要超過估算的全國總收入的一半以上。

第四節 張居正的財政節流

張居正時期的記錄

從1572至1582年的張居正時代是明代後期財政史上是一個特別的階段。在他死去前不久，北京的倉庫儲存的糧食足支十年[132]。除緊急情況外並不動用分毫的太倉庫舊庫的儲積已達到600萬兩銀子以上[133]。太僕寺又存有400萬兩[134]。南京的倉庫同樣也存有250萬兩[135]。省

---

130 《神宗實錄》0509、2504。

131 《神宗實錄》0983。

132 參見張學顏向萬曆帝進呈《萬曆會計錄》草稿而上的奏疏（作為這本書的扉頁序言出版了）。

133 新庫亦有400萬兩的存儲，一些銀錠埋藏在地下。然而，由於處理的是現行帳目，故而不是所有的銀庫都被看作太倉庫的存儲：見《神宗實錄》3318、3329。太倉庫的收入是在1572-1582年這十年間穩步增長的，見《神宗實錄》0086、0195、0256、0308、0554、0891、1027、1396、1793、1831、2684、2884。

庫也儲滿了穀物和現銀。王士性（1546-1598年）根據他同地方官員的談話，記述了在1570年代至80年代，廣西、浙江與四川的省庫和府庫平均存有150,000至800,000兩的白銀[136]。這種情形與十六世紀政府財政的普遍狀況自相矛盾。

1572年，張居適時地掌握了政權。當時，同蒙古的俺答汗交好，倭寇劫掠活動也漸漸減少，使得他能夠實行節流的財政政策。在收入沒有減少的情況下，他把目標瞄準了大過撙節政府開支方面。在他的管理下，政府所有不必要的和不緊急的事務不是停止，就是推遲[137]。領取朝廷補助的學生的數目減少了，宮中宦官的採辦也受到嚴格的監督。各省的官員們受命減少力役，一般為現有水平的1/3。由帝國驛遞系統提供的館舍服務也同樣降到最低限度。這些並不伴隨著全國人口應納稅款的同步降低，節約只是增加了朝廷的財富[138]。來自罰沒的收入受到稽核。拖欠稅糧的人——他們大部分是富有的地主——受到告發，並且力圖向他們徵收欠稅。開納事例和出售僧道度牒沒有停止。節流的政策也擴展到軍隊中去。因為與蒙古暫時保持和平，邊兵和邊境巡邏部隊也要縮減開支。各個方面都節約開支，也解放了更多的軍士進行屯田[139]。邊鎮的總督受命削減他們的開支，以便能將中央政府

---

134 《神宗實錄》1503。

135 《神宗實錄》5312。

136 顧炎武引用了這份敘述，見《日知錄集釋》5/5-6。它也指出僅成都的省庫就積銀800萬兩，這似乎不大可能。所引用的較小數目似乎更為可能。應加以註明的是，作者的敘述完全是建立在偶然性的談話和記憶之上的。

137 見《明史》213/2479-82；《皇明經世文編》324/1-328/31；焦竑《國朝獻徵錄》17/60-108。張居正管理的許多方面只是被記錄在《實錄》和他的通信中。朱東潤的《張居正大傳》在財政事務上含有許多技術性的錯誤，最明顯的是有關1580-1581年土地清丈的報告。

138 削減由驛站提供的服務有時同樣也會允許人們減少納稅：見《神宗實錄》1408、1448。但是，通常來說，任何節約都會被省庫存留。見《神宗實錄》1558-9、1581、5243、5992。

139 前線巡邏部隊的減少，見王士琦著《三雲籌俎考》2/19-21，4/1。

提供的年例節約20%[140]。分牧民戶的戰馬賣掉，民戶的馬差——作爲田賦的替代——也折納銀兩（第三章第二節）。宗室的祿米也不予發放。只是到張居正死後，一些宗室才敢直接向皇帝奏請。在一些事例中顯出有些宗室祿米已經超過二十年沒有發放了[141]。

張居正力主嚴查財政帳目，這在十六世紀是空前的。張居正不再依靠監察官員，他對六部官員開始稽核。作爲第一個步驟，1572年戶部宣布二十八種帳目爲冗餘，將其廢棄。並另外二十二種帳目進行了簡化和合併[142]。因此這些帳目，特別是那些從邊境鎮軍送來的帳目被壓縮成了一種更爲簡短的格式[143]。就今天的標準而言，這些記錄仍然很麻煩，但至少易於檢驗核查。1579年，在一位給事中的建議下，張居正命令所有的府縣向北京提交它們的差役文冊以備評核[144]。山東和湖廣的文冊由首輔自己詳審，並以此而出名[145]。在這些文冊按要求訂正返回後，地方官員受命將之出版以作一種半永久性的預算。爲了收集財政資料，按照張居正的命令執行的最大工程是編纂《萬曆會計錄》。這項工程始於1572年，止於1582年，恰好是在張居正任職期間。這項工作被當成是《大明會典》中財政部分的基礎。參加這項工程的下級官員包括顧憲成、李三才和趙南星，他們後來全都以此成名[146]。

張居正的管理不包括任何革新，而是將重點放在行政紀律和稅法的嚴格執行上。1576年，還需要皇帝親自干預以使各省官員及時解運稅收到京。但是在1581年，首輔已經能夠奏稱，由於與強化了財政責

---

140 1579年，據稱這道命令沒能徹底實行：見《神宗實錄》1830-1；亦見《神宗實錄》0381、0794、1594、2152、2167。

141 《神宗實錄》2435、2668。

142 《神宗實錄》0176。

143 這些簡化的帳目見張居正《書牘》2/3。

144 《神宗實錄》1852-3。

145 張居正《書牘》2/8，6/2；《皇明經世文編》328/26。

146 關於《萬曆會計錄》的準備和完成，見《神宗實錄》1076、2132、2261以及這本著作的序言。

任與官員考成的關係，正賦不虧，徵解如期[147]。

張居正在消除官員腐敗方面的記錄比較複雜，有很大爭議。他的最成功行動是檢查北京倉庫收納人員的勒索問題。通常，這些收納人員向運送貨物入庫的民間稅收代理人索取額外之物。在這一行動中，他碰上了一個難以對付的對手，就是皇帝的外祖父武清伯李偉，收受稅收代理人的報酬，安排他們將解運來的劣等物資輸入庫中。張居正得到了這樣驗收的一匹明顯低於官方標準的棉布，力促年輕的皇帝向皇太后抱怨[148]。然後他利用公眾的義憤調換這些倉庫的宦官和其他一些人。1577年，在這次事件之後的一封信件中，他透露出一些臭名昭著的勒索者們被處死了，索求行為被有效地制止了[149]。

另一方面，張居正也無意強迫所有官員僅僅依靠薪俸生活。俸給如果沒有什麼沒有實質性提高，根本無法維持生活。進行這樣的改革非政府的能力所及，也不是公眾所期待的。張居正的主要目標似乎是防止濫用公共資金中可以說清的項目。像他的同時代人一樣，他顯然認為在官場中絕對的誠實是不必要的，或者是不可能的。他本人就生活講究，口味奢侈。他的傳記作者和批評者王世貞(1526-1590年)甚至指責他提升他的下級以回報他們的賄賂。因為王世貞同張居正有過爭論，所以在這個批評中含有敵意的成分[150]。然而張居正的幾個下屬，包括先為兩廣提督後為戶部尚書的殷正茂和先為山西總督後為刑部尚書的王崇古，當時他們都素有性貪之名[151]。在張居正現存的書牘中也常常提到各種「禮物」[152]。

---

147 《神宗實錄》1100、2128。

148 《明史》300/3367；《神宗實錄》1495。

149 張居正《書牘》4/18。

150 王世貞的敘述見於焦竑《國朝獻徵錄》17/96。

151 見《明史》213/2178，222/2563、2569。

152 見張居正《書牘》1/2、10，2/27，5/6。有一次他聲稱拒絕了廣東和廣西的三司官員們餽贈給他的超過10,000兩白銀的禮物。

張居正時代的背景

討論十六世紀晚期財政管理的政治背景對理解它來說是必不可少的，因爲明朝的政府財政對北京的權力結構甚至比對帝國的經濟情況更爲敏感。

張居正是通過與太監馮保的合作和他自己作爲萬曆皇帝老師的位置保持了他的顯赫地位。皇太后李氏對他的信任對他的工作而言同樣也是必不可少的[153]。但是，在明代體制下，他要公然獨攬大權是不可能的。而且，在這一時期，沒有一個官員敢於建議重組政府機構。進行激進改革只會招致彈劾。作爲首輔，張居正的正式職責限於爲皇帝擬旨。利用他自己的職權著手財政立法明顯是不妥當的。

這就是爲什麼張居正被迫主要通過操縱人事關係來保持他的位置達十年以上的原因。通過馮保，他與皇太后保持了密切的關係。通過皇太后的影響，他控制了皇帝。利用對皇帝詔旨的影響，他實際上操縱了任免官職的權力。他利用這種權力將他的副手安排在朝廷內外的關鍵位置上。特務的密報使他得知皇帝的一切主要事務。他的管理通過與高級官僚的私人通信而起到作用。在著手任何重要措施之前，他有必要敦促他信任的尚書和總督上奏提出所期望的變革。他在起草詔旨中贊同他自己的建議[154]。在一封給河漕總督王宗沐的信中，他寫道：

> 僕今事幼主，務兢兢守法，愛養小民，與天下休息。諸大舉畫必俟聖齡稍長，睿明益開，乃可從容敷奏，上請宸斷行之。[155]

---

153 Tao-chi Chou，《皇后李氏傳》，載 *Draft Ming Biography* 第11期，作爲〈明人傳記計劃〉之一即將出版。

154 關於他使用特務，可見《明史》213/2480。他的做法大都在他的私人通信中透露出來，這些書信被他的兒子張懋修在1610年後編輯出來了。

155 張居正《書牘》2/23。

　　鑒於明廷眾所周知的做法，這份表述也許真正反映了張居正的觀點，儘管它略帶過分誇大的謙卑。

　　要想猜測他所想像的「諸大擘畫」的性質是不可能的。他的現存信件僅僅表明了他的精力和對職責的獻身，這些本身並不會使張居正成爲一個有創見的思想家。他幫助安排在重要位置上的那些人是極爲能幹的，儘管他們並不都以經濟清白著名。他們包括了十六世紀晚期的重要名字，比如凌雲翼、王崇古、張學顏、梁夢龍、潘季馴、張佳允、殷正茂、戚繼光和李成樑。他寫給他們的信件混合有利誘、勸說、禮貌的申斥和官職升調的暗示。信件中討論的大部分論題與地區管理有關，比如稅法的實施、軍隊的部署、水利工程等等。儘管首輔顯示出博學廣識，而且他的指揮通常是合理的，對他而言，討論中問題的範圍還是太狹窄而不能證明他的真正偉大。

　　張居正從不提議創建或廢除一項官職。即使他曾經打算增加官員們的俸給，他也不會在他的信件中明白表述出來。他確實有一次表示，既然銀兩短缺，那麼鑄造銅錢會有利於人民[156]。但是他在職時根本沒有試圖進行過此事。相反地，他更進一步的存儲白銀的種種努力削減了貨幣的供應，導致緊縮通貨。明朝的最後一個戶部尚書倪雲璐曾試圖誘勸崇禎皇帝廢除衛所制度、實施財政分權和漕糧海運，並且要在中國中部苗南部建立一個工商業的基地以增加收入[157]。而張居正卻沒有提出任何此類有遠見的措施。不過，由於這些原因而責備他也是不公平的，任何評價必須考慮到他所在位置的困難與明朝的自大和腐朽[158]。

　　在稅法的實施上，張居正與同僚的意見不同。他堅持認爲富國強

156　《西園聞見錄》92/19。

157　參見拙文《倪元璐：新儒學政治家的「現實主義」》，載de Bary, *Self and Society in Ming Thought*, pp. 415-48.

158　張居正似乎絕少在文章中討論他的思想。Robert Crawford曾經詳細翻閱過其所收集的張居正的文章，也說「資料過少」，參見Crawford, 'Confucian Legalism'. 載於de Bary, *Self and Society in Ming Thought*, 頁367-411。

兵沒有錯誤[159]。而且在這方面，他的目標是恢復洪武帝和永樂帝的理想[160]。這不足以平息他的批評者們。儘管他們對張居正的專制權力和不斷增長的苛刻管理的關注也許是真誠的，但看起來有可能是在很大程度上爲個人因素所驅動。從不掩飾自己對張居正厭恨的王世貞作過一個客觀的觀察：首輔的嚴峻計劃爲官員們所憎恨（他們認爲利用驛站制度旅行是他們正當的權利），且爲國子監生們所痛恨（他們不得不爲進入行政機構而等上更長的時間），也不爲宦官們所喜（他們看到他們的來自採辦的收入被切斷了）。他對稅收帳目的嚴格稽核惹怒了長江下游地區的大地主們，這些人習慣於一直拖欠稅賦。除此之外，張居正還不能容忍批評[161]。因此他不知不覺地使自己成爲整個帝國的敵人。同時，現存的制度所依靠的是通行的理想與既得的利益集團之間微妙的平衡，並且受到祖訓的保護，明朝政府體制絕對不應改變，這一制度頑固到足以挫敗明代最能幹和最果斷的政治家。

大規模改革的開端

因爲張居正將絕大部分時間致力於收集更加準確的財政資料、實施現行的稅法和充實國庫方面，因此從來也沒有能進行任何基礎性的改革。儘管他的初步措施可能會導致一場真正的改革，但是這些措施本身不會導致任何制度性的變革。

在立法上，張居正實際完成的唯一變革是廢除由民戶充當馬差的做法。這項措施表現了對洪武和永樂時期財政結構的一種背離。因爲它沒有影響任何的既得利益集團，所以沒有引起任何指責。此外就別無其他的制度性改革。鑄造的銅錢仍然十分不足，鹽專賣也從來沒有整頓過。儘管《明史》聲稱1581年第一次下令全面推行一條鞭法，當

---

159 張居正《書牘》5/1；《皇明經世文編》327/2，328/14。

160 《皇明經世文編》326/6；Crawford，'Confucian Legalism'，pp. 373-393.

161 焦竑《國朝獻徵錄》17/71、75、94。

時是張居正掌權期間[162]。可這種表述顯然是錯誤的。只是到1588年，山西巡撫才在該省採用一條鞭法，那時張居正已經去世六年了[163]。

現存資料顯示張居正對可能會引起爭論的一條鞭法採取了謹慎的態度。也許還記得當時這項改革在中國北方首次推行時，它遇到當地人們和北方籍的官員們竭力反對（第三章第三節）。當1570年條鞭法在山東施行時，由於地方的反對，不得不很快廢止[164]。1577年，都給事中光懋（山東人）甚至上奏皇帝請求廢除遍及中國南方的這項改革，並要求懲罰在山東東阿縣實施一條鞭法改革的知縣白棟[165]。張居正起草的皇帝詔書寫道：「條便之法，前旨聽從民便，原未欲概通行，不必再議。」不朝廷已經宣布實行一條鞭法要完全依照當地人民的願望。朝廷從來沒有要求普遍推行它的意圖。此項事件就此打住。」[166]在一封給山東巡撫李世達的私信中，張居正承認白棟是一位能幹的官員，這項改革沒有什麼壞處，但是反對的情緒已經被煽起起來了，他自己也無能為力[167]。這些事件顯示他對許多事情也是無力左右，在京城中，既得利益集團與理想主義者的聯盟對政治的影響根深蒂固。

不過，張居正確實邁開了大規模改革的第一步，著手全國的土地清丈。在給一位地方官員的信中，他寫道：「清丈之議，在小民實被其惠，而於官豪之家殊為未便。」[168]

因為1572年以萬曆皇帝的名義宣布的一道詔旨明確宣布不可能進

162　《明史》78/827。參見和田清《明史食貨志譯注》，頁218；孫承澤《夢餘錄》35/37。

163　《神宗實錄》3755。

164　《穆宗實錄》1200-1。

165　光懋的奏疏和批答見《神宗實錄》1490。對一條鞭改革的攻擊亦見《神宗實錄》1095、1100、1112、1245、1338。

166　《神宗實錄》1490；張居正《書牘》4/5。

167　張居正《書牘》4/1。

168　同上，5/27。

行全國性的土地清丈[169]。他發現將這項措施推遲幾年是審慎的。朱東潤推測1577年以後張居正經歷了一個心理上的變化，也許由於對他的指責和不斷增長的反對力量而使他變得強硬起來[170]。1578年，清丈運動首先在福建試行。各縣被告知說，清丈的目的主要是均平內部賦役，不管結果如何，各地稅收定額將不會更定[171]。這項保證明顯是為防止州縣官在受到當地地主的壓力而少報清丈地畝。全省的清丈花了一年半時間，1580年夏天完成。1580年12月16日，皇帝下詔宣布整個帝國完成了清丈[172]。眾所周知，這是明代曾經討論此類事情的唯一詔令。當1582年7月9日張居正死去時，清丈實際還沒有完成。

清丈詳情並不明晰。皇帝下詔將清丈責任託付給布政使司、撫按、各分守兵道及府州縣官。宣布240方步的標準畝作測量的一般單位，這在山東沂州、河南懷慶府和陝西懷遠縣等地的地方誌裏有記載，先前使用測量標準明顯比這個單位更大[173]。根據《明史》的已經使用了小弓[174]，但無法證實這個說法。

這次清丈不能說是成功之舉。河南省花了一年半的時間提交的報告，後來卻發現它不過是重新提交了舊資料而已。儘管省級官員們受到申斥，並受命再次進行清丈，在第一次報告遭拒之後僅歷五個月第二次報告就匆匆完事[175]。山東汶上縣曾在1567年進行過一次地方性的清丈，它的官員們在收到全國土地清丈的通知時僅僅告知田主們新的測量單位，以便換算他們自己的田土[176]。浙江開化縣也逃避這次清丈，

---

169 《神宗實錄》0123。

170 朱東潤《張居正大傳》，頁279。

171 《神宗實錄》1732、2031；《寧德縣誌》2/4。

172 《神宗實錄》2050。

173 《沂州志》3/1、16；《懷遠縣誌》2/4；《天下郡國利病書》13/72。

174 《明史》77/819；和田清《明史食貨志譯注》，頁67-69。

175 《神宗實錄》2289、2371-2。

176 《汶上縣誌》4/2。

僅在以前登記的每畝土地增加0.27畝[177]。在進行過清丈的那些地區，
王士性做過如下的廣泛觀察。對接近城市的土地而言，清丈者使用了
碼尺[178]。離城市超過20里，他們用繩子丈量，但超過50里甚至連繩子
也拋開了。因此，測量報告只不過是一次粗略的估計而已[179]。

　　1580至1581年的全國土地清丈報告從來沒有正式公佈過，《實錄》
中各省統計的總數字並不完整(見附錄D)。張居正死後兩個月，清丈受
到嚴厲的批責。因此皇帝下令，在那些丈量均平、軍民稱便的地區，
官員應該使用新的土地丈冊作為稅收的基礎。在另一些地區，撫按官
要「准與更正」，但不許概行覆丈[180]。爭論仍在繼續。一些官員力主1581
年所有的清丈記錄應予以廢止，稅收應保留原樣[181]。而其他的官員們
實際上實行了第二次清丈。河南的臨漳縣1588年進行了一次地方性清
丈，而山東汶上縣1591年也這樣做了[182]。然而，考慮到所有的因素，
張居正的土地清丈也不是沒有效果。在一些州縣，1581年的報告用作
新稅收的基礎，順德縣就是這樣(第三章第一節)。失敗主要就全國的
意義而言的。其實，一直到本世紀，還沒有編纂出過一套完整的、全
國性的土地統計資料。

張居正之後的政府財政

　　當首輔的葬禮結束之後六個月，他的所有措施受到抨擊，張居正
所引用主要官員斥削殆盡。張居正身後遭受的指控的性質從來沒有明
白宣布過。不過十七世紀他的兒子出版了他的文集，增添在文集後面

177　《開化縣誌》3/3 。

178　做成弓形的尺子，每端飾有鈕釘，旋轉起來像一隻圓規

179　顧炎武在《日知錄集釋》3/64中進行過引用。

180　《神宗實錄》2378。

181　《神宗實錄》2530、2732。

182　《天下郡國利病書》13/64；《汶上縣誌》4/2。

的一條註釋表明對張居正的指控是懷疑他大逆不道[183]。反對他的情緒是如此強烈，以致在1580年代曾經無視土地清丈的地方官員們被盛讚爲正直之人[184]。在這種情況下，繼續他的政策是不可能的。

儘管張居正有整頓財政的努力與意向，但事實上他所做不多。不過，仍能相信他的節約政策延長了王朝半個世紀的壽命。如果沒有他積蓄起來的庫存，所謂的「萬曆三大征」即1592至1598年抵抗豐臣秀吉的援朝戰爭，1592年的平定哱拜之亂和1594至1600年的鎮壓楊應龍與他的苗族部落叛亂，是根本不能進行下去的。實際上，幾年前朝廷就已開始取用太倉庫的存銀了。到1587年爲止，太倉庫舊庫仍存銀600萬兩，在理論上這部分庫銀不能動用。另外，還有銀400萬兩埋藏於新庫。最初從新庫開始取用。1588和1589年動用了175萬兩，1590年又動用了106萬兩。三年之內，1,000萬兩白銀的總量減至700萬兩多一點[185]。1590年代，朝廷開始動用舊庫、太僕寺掌管的常盈庫以及南京的倉儲和地方府庫[186]。而亟須徹底改革的正稅體系根本無補於戰事。

1592年，政府授權浙江田賦每畝加徵0.003兩白銀，這些收入由省裏存留用於加強沿海防衛，以備倭寇[187]。1598年，向所有的差徭加徵，各縣被要求將20%到40%的民壯轉做朝廷正規軍的經費[188]。1599年，湖廣和四川巡撫獲准自行增加田賦，以便爲平定楊應龍之役提供經費

---

183 張懋修在他的父親給總督戚繼光的信件的註釋中說張居正被懷疑密謀奪位，顯然是因爲人們看到信使在晚上往來於張、戚二宅的之間的緣故。見《張居正書牘》5/19。根據王世貞的說法，實際上張居正的一些追隨者試圖勸說他奪權：見焦竑《國朝獻徵錄》17/92。

184 周玄暐《涇林續紀》30。

185 《神宗實錄》3318、3329、4084。

186 見《神宗實錄》4626、5312、5917、5918、6324、6349、6452；《日知錄集釋》5/6；朱國禎《湧幢小品》2/41。實際上，到十七世紀早期爲止，已經耗盡了所有的收入，見《神宗實錄》7217、8271。

187 《神宗實錄》4722。

188 《神宗實錄》5991。

189。在理論上講，儘管鈔關稅和鹽課額增加了[190]。可隨後據稱實際的收入甚至跌至以前的水平之下(第五章第四節、第六章第一節)。幸運的是，在庫藏殆盡和增賦無望的時候，一系列的軍事征討也結束了。但是，到1600年，政府的財政和稅收制度要明顯比1572年張居正開始執政的時期更糟，甚至也可能比十六世紀中期的情況更壞。

多數傳統的歷史學家和一些現代學者認爲萬曆皇帝要對國事惡化承擔唯一的責任。可以認爲玩世不恭和怠惰不堪的萬曆皇帝是不值得同情的。1584年當他二十一歲時，下詔修建他的陵墓，四年之後完工[191]。最近發掘了他的陵墓，發現裏面充滿了令人眼花繚亂的財寶[192]。皇帝對財富的貪婪是出了名的。從1596年起他開始派遣宦官和一些武臣到各省充當「礦監」。從理論上講，所有的地下礦藏都是開放供百姓們利用，朝廷不參加任何採礦，不過只是徵收半數的收入而已[193]。然而，實際上宦官向地方官發號施令，任意檢派丁夫，分派爪牙，騷擾鄉村。他們糾結無賴，藉口住宅或墳墓之下埋有礦藏而向民眾勒索錢財。當派出稅使在各地徵收商稅時，許多城市爆發了騷動。萬曆皇帝在位的後半期大量怠忽職守的記錄使人們對他的看法十分低下[194]。

然而，不應爲此分散對主要問題的注意力。應該強調的是，甚至在萬曆皇帝濫用權力之前，公共財政中就已形成了許多危險的問題。皇帝確實獨裁專制，但是超出了正常的財政結構和政府組織之外。整個十六世紀，後者從來沒有充分地動員起帝國的財政資源。張居正的

189　《神宗實錄》6331。

190　《神宗實錄》5883、6390。

191　陵墓的修建，見《神宗實錄》2841、2851、3795-7。

192　中國科學院考古研究所，《新中國考古的收穫》，頁cxxix-cxxx；*New York Times*,1971年5月21日。

193　《神宗實錄》5591、5646、6163。根據另一來源，官府徵取40%的收入，《皇明經世文編》441/21。

194　《明史》305/3429-32；谷應泰《明史紀事本末》65/699-712；《皇明經世文編》441/19-22。

節流政策不過是解決這個問題的消極方法。因爲他們沒有做出任何努力來加強財政機構，所以積累起來的庫藏的好處只能是暫時性的。

儘管不能爲萬曆皇帝的自我放縱辯護，不過指責他一手破壞了帝國的財政基礎也是不正確的。他的行爲反映了王朝的制度上的弱點。十五世紀中期以來，皇帝的位置越來越多地定位爲禮儀上的功能，很少是爲公衆服務。皇帝的奢汰用度激增，宦官和宮女達50,000人，這些人與文官們一樣，實際上是沒有什麼薪水，只不過是由國家提供衣食。仔細審查萬曆皇帝的個人開支帳目就會發現，一些對他的指責實際上被誇大了。

皇莊每年49,000兩子粒銀的收入用以供應幾位太后的開支[195]。李太后所得大半捐給了北京郊外的石橋建築和宗教寺院[196]。皇帝個人收入主要是金花銀，每年一百萬兩白銀，但其中大約有200,000兩要供應京城中武臣的薪俸。1578年以後，這項開支由戶部提供的「買辦費」得到補償，他個人收入再次接近一百萬兩。此外，雲南每年向宮廷供應黃金2,000兩。1592年，萬曆皇帝將這個定額增加到4,000兩[197]。皇帝除了對京郊的皇陵作過短暫的拜謁之外從不旅行，但是爲他的寵倖們在珠寶和禮物上花費了很多錢[198]。最近在他的陵墓裏發現了很多黃金和珠寶。另一個沈重的開支項目似乎是公主們的婚禮衣飾[199]。當他1620年駕崩時，紫禁城中的倉庫被發現存有大約700萬兩銀子，其中大部分被他的兩個繼承人——泰昌帝和天啓帝——轉移給各部[200]。萬曆皇帝

---

195 屬於慈寧宮、慈慶宮和乾清宮的地產的收入見於《明史》82/ 866。亦可參見附錄A。

196 《神宗實錄》0822、2911，亦見上註153，Chou文。

197 《神宗實錄》4663。

198 《神宗實錄》0520、1844。

199 《神宗實錄》2945。

200 積銀的準確數字和轉出的數字並不完全清楚。《實錄》中給出的一些轉讓命令似乎類同的或重覆：見《光宗實錄》0024、0032、0173；《熹宗實錄》0052、0211、0231、0242、0418、0767、0773、2415。

性以貪財，他的吝嗇同他的浪費相比毫不遜色。為了保持他自己的積蓄完整，他常常強迫國庫支付他的小額帳單。

明朝官員們在他們給皇帝的奏疏中常常引用多年來宮廷開支的各種項目來批評皇帝個人的鋪張浪費。一個常常引用的題目就是緞匹，它的費用常常達到幾百萬兩[201]。皇宮所需緞匹按特別的設計織成，顯示著穿者的品級，這些織物被作成各式禮服，用於宮廷。每年要以大約每匹12兩白銀的價格訂購8,000到28,000匹織物[202]。這些費用由生產這些物品的地區從其稅額中扣除。不過，有時帝國的配額無法應付總的開支，或者地方稅收少於解運額度，就會導致了資金的短缺。地方官員就不得不調整這個差額，或者一定程度上削減開支，或者向某些納稅人額外加徵。1575年，當國家事務仍然在張居正的控制之際，還定購了97,000匹織物，分數年輸納[203]。儘管這項採辦計劃導致了財政的紊亂，但它與王朝的一貫作法是一致的。

在萬曆皇帝的個人開支中，最容易誤解的事情是與他的兒子即後來的泰昌帝的婚禮有關。萬曆帝不希望他繼承帝位，但是官員認為長子繼承是王朝制度中的神聖準則，不斷諍諫皇帝應該正式確立太子，由翰林院官員對其進行教導，他的大婚日期應該迅速宣布。每一種努力都是盡可能地保護這個法定繼承人的繼承權。儘管皇帝以各種藉口進行拖延，但是他沒有任何合法的途徑來實施他個人的願望，甚至無法阻止這些奏請。1599年，作為最後一招，他責令戶部進銀2,400萬兩來籌辦三位皇子的婚禮。這不過一種巧妙的托詞罷了，因為皇帝和官員們都明白戶部絕對沒有能力籌措這樣一筆鉅款。不過，《實錄》和《明史》兩者都記錄了這個要求，而沒有解釋這些情況[204]。

201　《明史》235/2690有這樣的例子。

202　更為準確的帳目見《大明會典》201/7；何士晉《工部廠庫須知》6/66；《神宗實錄》0951、0956、2926。

203　《神宗實錄》0951。其他的命令和費用亦見《神宗實錄1111、2956、3165》。

204　《明史》21/143；《神宗實錄》6192。

　　儘管可能將這個故事包括在現在的研究中並不恰當，但它是值得
一提的，因為近年的幾個學者——包括對中國貨幣史素有研究的學
者——都想當然地認為，400萬兩白銀實際上已被輸送而且花銷掉了
[205]。

205　相關著作有：李光璧《明朝史略》，頁135；龔華倫(Kung Hua-lung)，《明
　　代採礦(Ts`ai-k`uang)的發達和流毒》，載包遵彭編輯的《明代經濟》，頁
　　127(該文重刊於《食貨》雙周刊，1：2，1954 年)；彭信威，《中國貨幣
　　史》，頁 463。

第八章 結語

　　明帝國缺乏與其他國家進行軍事和經濟競爭的意識，因此其並不關心行政效率。即使政治體制惡化，也不會立即導致危機，人民對行政管理不善有著相當大的忍耐力。這種不如意的局面可能持續數十年、甚至一個世紀也不會引起嚴重的警覺。而且逐個應付各種問題辦法並不能解決問題，反而會使這些問題蔓延到其他地區。由此可知，明朝的制度史是很非常難以分析的。早期的研究，諸如貨幣流通、食鹽專賣、衛所制度等許多事例就已經顯示出其複雜性了。軍隊後勤保障體系是最能夠說明這個問題的一個事例。自從十五世紀中期開始，就一直忽視這個問題，直到100年以後，它才真正得到關注。而這個時候所能提出的辦法除了增加田賦以外，根本不可能再對軍隊進行重新改組。

　　很明顯，大多數歷史性問題都已根深蒂固。我們知道，如果不參照都鐸王朝的改革就不能理解斯圖亞特王朝的憲法危機。最近已有歷史學家認為明治時代的日本事實上是與德川幕府時代密不可分。因此，對於明代財政的歷史必須作一個長時段的考察，這是非常重要的，特別是因為政府即要避免周期性的重組，又不能將各個部門截然分開，財政機構事實上像一個生命體一樣，是不斷變化生長的。

　　利用社會科學方法進行研究的歷史學家常常將他們的研究題目分成許多小的專題，這易於深入地、專門地進行考察。他們在沒有將每一個方面可利用的資料分析透徹之前，是不會進行最後的綜合分析。

這種方法，儘管符合邏輯，但對於研究明代政府的財政則意義有限。考察視點的狹窄會使調查者陷入了很大風險，無法進行通盤考慮。所以這樣得出的結論支離破碎，不能準確說明整個制度情況與特點。以同樣的方式去重新整理明代的財政資料也不是一件簡單的事情。努力將混亂的制度進行邏輯整理分析可能有利於讀者的理解，但同時也容易模糊了其所希望表達的主題，敍述者的角色不知不覺地成為一位財政改革家，而不是一位財政史學家。

由於可信資料的缺乏，現在對這個題目還做不到詳盡每個細節。然而，管理的總的特色還是清晰可查的，所有各個方面分散的資料顯示出一致的形式特點。

下文中討論的主旨就是關於管理的一般特點。首先是利用幾種有關中國歷史發展的理論進行檢驗，然後分析其在中國歷史上所產生的長期後果。

第一節 過度簡化的危險

皇朝周期循環理論

傳統的歷史學家和現代的學者都持有這種觀點。前者關注的是道德問題，將皇朝的衰落歸結於統治者的個人品格，他們認爲大多數王朝的開國之君多是道德楷模，而末帝則是腐朽無能的暴君。而現代的學者在理論上基本是以經濟的要素取代倫理和個人的因素。

在現代，最早提出皇朝循環理論的人是王毓銓，他在其最有影響的文章《中國歷史上田賦的上升和王朝的衰落》(*The Rise of Land Tax and the Fall of Dynasties in Chinese History*)中特別強調了明清兩朝。按照他的觀點，明朝的崩潰是因爲「向農民徵收過重的田賦榨乾了中國

的農業經濟」[1]。

在描述清代時，王甚至更加直率。他寫道：

> 腐敗可以簡單地歸結為這樣的過程：中央政府被剝奪了實際
> 的財富與權力，它們流入了控制政府的統治階級個人手中。這
> 些人無法無天，他們作為官員、作為一個階級，負有保護國家
> 利益的責任，但作為個人，他們是腐敗的唯一受益人。雖然他
> 們中的一些人，作為官員，知道這是錯誤的，他們中的大多數
> 人作為一個階級也懂得保護政府的利益和本階級的利益，他們
> 為了能夠達到這個目標，總是向貧民和庶民階層加徵稅收以補
> 償他們逃避的稅收。[2]

就明代的稅率而言，這種指責得不到證實。十七世紀早期政府加
徵「遼餉」和「剿餉」等，一年最多可有2,100百兩[3]，這種額外收入並
不是全部來自於田賦。例如，在1623年，國家籌集的額外軍費為白銀
6,668,677兩，其中有4,491,481兩攤入土地，其餘部分則來自於財政節
流、官產出賣及雜色稅收，還包括當輔稅[4]。即使將2,100百萬兩白銀全
部攤入土地，對於納稅人來說當然是很高的負擔，但也不像王毓銓所
斷言的是絕對無法忍受的事情。十七世紀初期通貨膨脹導致物價水平
上升了40%[5]，這就意味著稅收的增長在很大程度上是一種虛假現象。

1　王毓銓（Yü-ch'üan Wang），'The Rise of Land Tax', p. 201.

2　同上，頁202。

3　1641年，每年戰爭加派額是21,330,735兩。見孫承澤《夢餘錄》35/17。他
　　是從戶部得到這一數字。

4　這些數字是根據陳仁錫的《世法錄》中記錄的數字計算出來的。見該書
　　34/1-78。

5　關於十七世紀的物價水平可見於：葉夢珠《閱世編》；彭信威《中國貨幣
　　史》，頁459-61。也參見全漢昇《明代北邊米糧價格的變動》，頁49-87，
　　該書中提到的過高價格是並非正常時期的價格。

而後的清朝繼續沿用明代的稅率，這一事實也更加確證了這一點。儘管王毓銓認為清代一直聲言減稅[6]，但清朝初期的並沒有這方面的財政記錄[7]。新朝稅收水平一如前朝，稅率接近，這一稅率也就是王毓銓所斷言的「榨乾了中國的農業經濟」的稅率。

雖然如此，上文所引的王毓銓對晚清情況的描述也非完全失實。這裏應當注意的是豪強地主逃避稅收並且將其轉嫁給中下階層僅僅是制度崩潰的幾種表現形式之一，而主要原因要更深刻。在明代後期，儘管有人提議增加稅收，但當時正稅定額也從未完額交納。1632年，據340個縣的上報，稅收拖欠達到了50%，甚至更多。這340個縣占到了整個帝國財政稅區四分之一以上。而且，其中的134個縣事實上沒有向中央政府上納任何稅收[8]。這種情況可以證明這樣的觀點：明朝的稅收徵納由於歷史的原因，有一個明確的最高限度，一旦收入的要求明顯地超過了這個限度，將會導致整個財政體系的崩潰。所有這些不能完全歸結於稅率過重和稅收規避。問題更可能是在於定額稅收制度。從十四世紀或更早開始，來源於農業土地的收入在扣除正稅和很少一部分付給直接生產者的工錢以後，餘額將被許多利益集團所瓜分，這是由於特殊的土地所有、土地租佃、土地典當、永佃權、分成以及私下轉移公共義務等原因造成的（見第四章第二節）。此外，地方官員、吏胥、里甲也有許多常例和饋贈（見第四章第四節）。因為稅率普遍低下，貨幣匱乏，這些諸多情況情況合在一起可能會為各個層次、各種規模的農業剝削提供了便利條件。在兩百年中，人們的納稅能力受到嚴重削弱。有時甚至剝削者的收益亦是很少以至於他本人的生活也降到最低水平。農業產量的上升大都被人口的增長所抵消。儘管稅收的輕微增長有時可能會極大地影響到農業利潤率，但任何稅收激增行為

6　王毓銓，'The Rise of Land Tax', p. 202.

7　見《清聖祖實錄》4/9；《清世祖實錄》61/6-7，70/31-2，79/23-4；《長沙縣誌》7/2；葉夢珠《閱世編》6/2。

8　《崇禎存實疏抄》2/72-89。

必定會遭到抵制。除了富戶以外，許多不同的集團也捲入其中，逃避稅收只有當一般的徵收受到阻礙時才會真正變成一個嚴重的問題。

所以，王朝周期性循環的理論不能充分地說明制度上的弱點。明代的財政管理實際上有很大的缺陷，組織管理無力，方法僵化。堅持王朝循環理論的人僅僅自以為皇朝建立之初的制度完美無缺，而後來由於腐敗而背離了這種理想的狀態。他們的研究無助於我們更好地理解這些問題。

作為一個封建國家的明朝

大多數現代的學者接受了西方的教育，他們自然按照西方的經驗來看待中國歷史。儘管比較的方法有它的好處，但是容易歪曲歷史，特別是與西方同時期的中國歷史的發展階段常常相應地被看成是西方世界的各個歷史發展階段。

明朝可能即不被看成是完全是「落後的」，但也非完全「現代的」。Herrlee G. Creel在他關於中國官僚機構起源的研究中就認為：「早在西元之初，中華帝國就已經顯示出很多類似於廿世紀超級大國的特徵」，他將其概括為「現代的、中央集權的、官僚政治的」特徵[9]。明朝，秉承了這一傳統，當然保留這些所謂「現代」性的特徵。上文提到早在十四世紀戶部就已經控制著大約2,400個部門的帳目（見第一章第一節），商業交易中「勘合」的使用據說要比現代的電腦卡早很多。但是像鞭樸稅收失職者致死、分配走私定額給巡捕以及任意罰沒私人財產這類習慣又表明代中國類似於「中世紀」。而萬曆皇帝徵用成千上萬名士兵為自己建立起了巨大的地下宮殿（見第七章第四節），這事實上更是一種「遠古時代」的行為。

在過去的20年間中，許多中國學者認定明代是封建社會，這風行一時。當然，也的確能夠從明代歷史中找到許多與中世紀的歐洲表面

9　Creel, 'The Beginning of Bureaucracy', p. 155.

上相類似的事情。但就制度和組織而論，這種定性明顯的歪曲了歷史。在明朝，除皇帝以外，沒有任何負有實際職責的世襲職位。永樂皇帝以後，甚至皇后也有意選自於較低身分的家庭，而不來自於有貴族頭銜的家族[10]。從十五世紀開始，武職的威望可能降到中國歷史上的最低程度。在十六世紀，包括中央政府和各省當局都不能保證軍隊供應，甚至戰船也是租借來的（見第七章第三節）。皇莊和貴族封地地租實際上是由文官來徵收而不是那些世襲者，他們僅僅定期領受祿廩，大大地削弱了他們的特權（見第三章第二節）。

很具有諷刺意味的是，一些現代的學者認爲稅收管理不善是由於封建性做法殘存。顧炎武早在十七世紀就提出這是由於在政府結構中缺乏封建精神，顧認爲解決的辦法是恢復本來意義上的「封建」制度，這包括放鬆中央控制，賦予地方官員以更大的權力、更多的財政職能[11]。儘管討論顧炎武改革建議的可行性是沒有意義的，但應該強調的是他的目的是試圖去解決這些實際的問題。在明代晚期，儘管理論上帝國政府權力無限，但實際上它常常無所作爲。地方官員雖然作了許多工作，但他們缺乏必要的職權。這就陷入了僵局。田賦管理不能應對農村地區的實際情況，管理不善廣泛存在各個地區以及各個層次上。如前文所示，沒有強迫便無法徵稅，而強迫卻只直接加諸於無力抵制之人身上。徵稅者任意的、過分的徵求需索被現代的學者認定爲封建性的特點，這其實部分地反映了管理的不力，也部分地代表官僚們企圖彌補制度性缺陷的企圖。所以鎮壓並不是有有力量的標誌，而是缺乏力量的體現。這些決不能被認爲是任何社會制度的基本特點。

如果現代的學者在討論「封建制度」時，將其限定爲傳統中國政治體制中的那些習慣性作法，這樣就可能減少混亂。這種已經逝去的「封建」體制的起源可以追溯到中國遠古時期。例如，西元前一千多

10　Hucker, *Traditional Chinese State*, p. 202.

11　顧炎武的觀點譯文可見於de Bary, ed. *Sources of Chinese Tradition*, pp. 611-12。也見於Yang, 'Ming local administration', p. 4.

年前的封建國家就已經採取了集體負責的原則，以此力圖建立起官僚
政治，而後就從來沒有被摒棄。又如，強調帝國國民要承擔各種徭役
則是歷史上納貢習慣的殘存。但是一般來說，這些馬克思主義歷史學
家對歷史的具體細節缺乏耐心，他們研究的出發點是認定明代為封建
社會，然後推定階級鬥爭具有「歷史必然性」，進而認為明代後期已經
出現了「資本主義萌芽」。對於最後一種觀點的意義在後文還將論及。

歷史的道德性解釋

中國傳統的歷史學家總是願意用道德來解釋歷史，這不是很奇怪
的事情。當德才兼備之人掌握政權時，政府的資金自然殷實充足。與
此相反，腐敗總是與領導者無能相伴而生。這是因為按照中國的傳統
理論，行政管理更多的是依靠官員個人的能力，而不是建立起一套專
門的制度，這種辦法在處理地方性的、短期的情況還有一定實用之處。
然而，它完全忽視了情況的變化和管理技術的困難，有著明顯的局限
性。

在上一章中所提到的張居正，儘管它性格剛毅、為人正直、勇於
任事，但是他所進行的財政改革也只取得了有限的成功（見第七章第四
節）。雖然他的節流政策無疑在短期內增加了國家的財政實力，但是由
於增加銀儲的政策所導致的通貨緊縮也使公眾陷入困境。而且他的方
法是以政權強制為條件，國家的財政機器被迫高速運轉，從不進行大
的檢修。這樣做必然會受到抵制，他自己也是禍發身後，蒙受恥辱。
最後的結果就是不僅他的政策被廢除，而且官僚集團也開始發行分裂
12 。

儘管現在有人可能認為以道德來解釋歷史是不足信的，但這樣也

12　見Hucker, 'The Tung-lin（東林）movement of the Late Ming Period', 見於
　　John K. Fairbank, ed. *Chinese Thought and Institutions*, p. 133; 也見Hucker,
　　Censorial System, p. 153.

非實情。一些現代的歷史學家用他們自己的社會價值觀來看待某些個人的儒家道德。例如，吳晗盛讚海瑞是「占在農民一邊」與地主進行鬥爭[13]。他還認為海瑞是「為建成社會主義社會而進行百折不撓鬥爭」[14]。

事實上，海瑞不過是一個正統的、嚴格的儒教信徒，他要求其下屬像他一樣厲行儉樸。他出任南直隸的巡撫，對官員腐敗和稅收陋習發動一場無情的鬥爭。這確實證明了他的個人勇氣和耿直。但他還算不上一個社會改革家，更不是一個革命者。在他給嘉靖皇帝的奏疏中總是稱君主為「天下臣民萬物之主也」[15]。他認為小民「鬥狠趨利，未有息訟之期」[16]。而且，他致仕以後，他也降低了自己的標準，如其信中所言，他曾接受一位地方知府、一位巡按、兩位總兵以及兩位總督的饋贈。最後的兩個人是凌雲翼和殷正茂，而他們素有貪名[17]。其中至少一次饋贈之重足可以購買一片墓田。

這裏即非貶低一個正直之士，亦非寬免官員腐敗，而是強調制度的缺陷在明代後期已經變得日益嚴重，道德重建已無力回天。然而吳晗還認為海瑞「一生反對壞人惡事，從沒有反對過好人好事」[18]，並且譴責任何一個批評他的英雄的人，包括那些儘管贊同海瑞的目標，但認為在執行時要採取一定策略的人[19]。這種態度已經擴散到制度史的研究中，上文中批判一條鞭法的學者們就遭到如此的境遇（見第三章

13　海瑞《海瑞集》24。

14　同上，25。

15　《明史》226/2602。

16　海瑞《海瑞集》50。

17　這些信可見於《海瑞集》441、447、448、449、467、469、541。信文中沒有全部透露出這些禮物的具體數量，但是提到了一位總兵曾經惠贈給他一條船用來旅行。另一位總兵的饋贈之重足以置「墓田數畝」。《海瑞集》417、465、474提到了返還饋贈之事。

18　同上，25。

19　何良俊因此受到批評，見《海瑞集》中吳晗的序言。見該書頁9-10。

第三節)。這種陳舊的歷史觀在實踐上是很危險的[20]。

按照現在的「自由」和「進步」、「保守」和「反動」標準對十六世紀的人物進行分類,是很令人懷疑的。對他們中許多人很難進行定性歸類,有的人可以同時分屬幾類。儘管實際上他們中的所有人的目標都是爲了保存傳統的社會價值,但他們也不缺乏平等的思想。雖然他們要依靠國家來保護他們自己的個人利益,但他們也知道大多數民眾的生計對國家也是至關重要的。因此標籤某人「好」或「壞」只會造成混亂。

第二節 明代的財政管理及其在中國歷史上的地位

中央集權優先於技術能力

這本書中所討論各個不同主題可以很容易地概括爲如下的觀點:明代力圖在一個廣大的帝國內強制推行其野心勃勃的中國集權的財政制度,而這已超出達到這種程度的技術水平。這種技術水平包括實際的技術手段和專門的經濟知識。表現爲交通運輸、資訊交流以及其他服務性事業,貨幣和銀行規則,會計統計和資料保存的技巧,甚至官員的心態。

財政制度始創於洪武時代,當時沒有將皇帝個人的收入與國家收入分割開來,帝國的收入與省級地方收入也區分不清,強制對全國的財源進行統一的管理。這樣的計劃甚至在現代社會也未免過於艱巨,這自然從一開始就面臨著實現的技術手段問題。

如果這樣的計劃實行於種植穀類作物的乾旱地區,例如像西北的

---

20 關於海瑞評價問題,吳晗進行的辨白使問題更加複雜化。

黃土高原，其所引起的困難也不會如此劇烈敏感。中國地理條件的多
樣性使得問題更加複雜化。有明一代，田賦是收入的主要來源，但在
其276年的歷史中卻從未編制過一套完整的土地資料（見第二章第二
節；第三章第二節；第七章第四節）。在我們對各地方的報告進行核查
時，就會理解其中緣由。因爲包括低收入群體在內的所有各戶都要納
稅。每一類土地都要統計入內，包括河流沿岸葦塘的延伸地區以及山
林（見第六章第三節）。在海南島，爲了給各種差役提供資金，甚至將
檳榔樹也被計算進去21。漁塘常常因爲出產豐富而從不會忽視，同樣
栽種桑樹要比種植稻米收益更大而更受到注目。所以常常會造成這種
現象：在同一地區，種植單季作物的土地產量要高於種植雙季作物的
土地產量；一些的稅則不高的田土，但卻有很好的產量。而那些高產
的土地卻收成不好。其中緣由太多，無法一一年言明，但很明顯這種
差異與廣泛而詳細稅收結構明顯背道而馳。管理也十分缺乏技巧。甚
至在十六世紀晚期的土地清丈工作也不是由專門訓練的人員來進行
的，政府從農村徵召人役進行清丈，這些人甚至連土地分類的地方標
準也不能理解，更不用說全國性的標準。缺乏控制標準最容易導致各
種弊端，清丈之前更是如此22。

　　與此相對照，德川幕府時代的日本，土地稅通常集體地予每一村
莊，而不是確定到每個單個的納稅人23。儘管看起來日本的方法簡陋、
落後，而明代的制度先進、平等，但在具體實踐中，由於明政府缺乏
有效的控制手段，這種方法未必更有效。或許日本的封建主們對其村
落情況的瞭解程度要比明朝的知縣對當地的情況的瞭解好的多。

　　明代中國的中央集權體製造成了許多自相矛盾的後果。儘管期望
中央集權能夠刺激技術手段的進步和經濟理論的發展，但事實上卻沒
有產生這樣的結果。有一點必須記住，就是集中僅僅是財政職權的集

21　同上， 279-80。

22　同上，190、195、280、284、289、408。

23　Smith, 'The land Tax in the Tokugawa（德川）Period', pp. 204.

中，而不是財政責任的集中。實際的物資、商品及人力的管理還是處
於最低層次(見第二章第一節)。財政統計資料，從一開始就沒有統一
的標準。由於這些資料與實際的工作沒有有直接的關係，所以非常容
易背離實際情況。定額稅收制度的確立使得許多技術性細節問題變得
無關緊要。財政邏輯逐漸受到了歪曲。整個的稅收水平和地方稅額應
當是有彈性的，但卻變成鐵板一塊，不可更改。而像「一丁」、「一畝
田」、「一石糧」，這些具體的計量單位都有很大的彈性。明代的財政管
理變得越來越缺乏條理，更加藝術化了，它不是解決問題，而是在逃
避問題。

理論同實踐相分離

明朝制度另一個特點是其管理能力有限，這是開國者有意的設
計。洪武皇帝生性多疑，他將財政職權集中於中央，但只是泛泛地集
中，缺乏深度。他無意改善財政運作，他所關注的問題是如何在大一
統的結構中阻止任何次一級的體系的形成。因此，從一開始，財政管
理就顯示出簡單、生硬的特點。當時的許多作法就證明了這些特點，
例如直接依據人丁分攤稅收，不去將稅收收入進行再投資，也沒有建
立中間層次的後勤保障能力。但低水平的稅收僅僅在開國之君對外和
平、對內厲行儉樸的情況下才或許成為可能。當時，軍隊要自己生產
糧食，村落要實行自治以減少政府的職能，通過減少人手以節約管理
經費。然而，定額稅收制度的建立卻從未考慮過可能出現的後果。

儘管降低了民眾的稅收負擔，但隨之應該配套一系列的保護性措
施。建立起健全的貨幣體系是非常重要的，它能夠確保國家控制信用
和利率，也能夠很好對控制財產交易、監督土地的典當和租佃。要使
農民永久地享受低稅的好處，這些措施是非常必要的。然而，不消多
說，任何措施也沒有採取。

到十五世紀，情況已經開始惡化。穩定健全的貨幣體系一直未有
建立起來，軍隊的自給成為神話。人口普查和定期的財產登記嚴重失

實，大片的官田的消失就很說明這個問題（見第三章第二節）。作為政府，從一開始就沒有在農村建立起一套有效機制，此後更是失去了對農村的控制。

結果，實際的財政作法同理想日漸脫離。稅收不斷加重，或以調整額外費用為由，或以坐辦為名。官員以各種例外的徵收來添補其微薄的俸祿。指定用於正常開支的資金被挪用其他財政需要。儘管法規一成不變，但在行政管理中已很少再受其限制。這種情況一直持續到十六世紀。

與一般的看法不同，本書認為管理不善不僅僅是稅收過重的一個原因。我們的注意力不應該只關注宮廷用度過多方面，它只是濫用的一種形式。我們應該注意公共服務的缺乏、地方政府的預算不足以及軍事後勤保障不力等方面的情況。當我們仔細地考察明代的財政史時，政府過分強調儉省的惡果就清楚地顯示出來了。制度的管理控制能力有限，對於收入與開支都控制不力，這也導致了皇帝自我放任。由於國家財政總是混亂無序，皇帝沒有自我克制的理由。當萬曆皇帝分遣中官出任稅監（見第七章第四節）之時，他甚至有理由認為他與官僚們的作法是一致的[24]。

朱元璋所創立的組織機構不切實際、運轉不力，而且流毒之深，回天乏術，只能有待於一個新的王朝的建立。這種制度明顯地不能處理當時所面臨的各種問題。在明代財政管理中，思想偏見，責任感僵化，行動範圍分割，官吏俸給過低、政府工作人員不足，對於實際情況缺乏瞭解，中層後勤保障能力不力，公共投入不足（這些情況都是與最初低稅政策有密切關係），所有這些原因使得國家根本無力動員帝國的全部財力，其所能控制只是其中的一部分。對於鹽課、海關稅（番舶抽分）、內陸關稅（鈔關）、林木出產稅（竹木抽分）以及礦銀等都面臨這樣的情況。最終，納稅人不得不交納更多，特別是那些無法抵制的額

---

24 王世貞認為萬曆皇帝的貪欲是因為嫉妒朝臣和中官的奢侈生活。見焦竑《獻徵錄》17/104；《明史》213/2482。

外派徵更是如此。當時絕大多數的學者都從來未認識到正是官定的稅率的低下造成了民眾稅負的不斷上升，能夠認識到低稅政策危害的人寥寥無幾（見第四章第四節）。

十六世紀，明朝政府也進行一些改進，但是其影響也很有限。而且這些改進即不系統也不徹底，大部分的內容也不合適宜。改革從積極方面來講，表現爲南方各省的兵餉徵收，一條鞭法的推行以及稅收折銀帳目的編定，這至少使得財政制度略微接近實際情況，也意味著一部分財力可合理使用。但在另一方面，這些改革措施也耗盡了人民的納稅能力，民眾稅負已到了極點。

衰落和遲滯

毫無疑問，明代的財政管理不如前朝。即使在宋代，財政官員就已經發現要不斷調整政策以利經濟增長，這樣可以在不增加人民稅負的前提下增加國家的收入。王安石的財政改革早於一條鞭法500年，就已經將民眾徭役折成貨幣來徵收。國家反過來逐步提高銅錢的生產，這樣稅收中不斷增加的對貨幣要求抵消了潛在的通貨膨脹的影響。宋朝不斷地利用它的財經手段來達到它的目標。即使在元朝，田賦最初也是按銅錢來徵收。當國家需要糧食時，就依據銅錢反向進行折算。這也有助於保證財政帳目的完整統一[25]。然而，明代幾乎全部拋棄了這些策略與手段。在唐宋兩代，財政管理中趨向於專業化[26]，在明代，鹽務官員名聲不佳（見第五章第五節）。在許多財政部門，包括戶部，實際工作都是由吏曹諸人經手操作（見第一章第一節），甚至在十七世紀早期，這些低級辦事人員也雇請他人來代行職責[27]。顯然，財政管

25　Liu,. *Reform in Sung China*, pp. 4, 6, 49, 56-7; Hartwell, 'Financial Expertise', p. 298.

26　同上，頁298；Twitchett, 'Salt Commissioners', pp. 60-89.

27　孫承澤《夢餘錄》25/29。

理水平已經嚴重下降。

　　明代財政管理缺乏活力產生了許多社會經濟影響。一是經濟的服務部門嚴重滯後，我們已經多次提到明朝疏於制定貨幣政策，在其276年間中，政府鑄錢僅僅40次，年平均產量不超過2億文（見第二章第四節）。所以粗略估計有明一代銅錢產量80億文，這僅相當於北宋兩年的鑄錢總數。許多明錢要比十一世紀鑄造的宋錢低劣，這種情況導致未被鑄造成銀錢的白銀在官方和民間交易中廣泛應用，引起了很多麻煩和混亂。更爲糟糕的是，即使政府錢幣面臨困境，但也不允許民間機構插手這一領域。一直到十六世紀末，也很少有人提到私人的金融機構[28]。當時貨幣市場中唯一存在的民間機構是當鋪。

　　在交通運輸方面，明代的大多數時間裏是確保大運河的暢通。爲了維持其運營，不得不投入了大量的人力和物力（見第七章第二節）。這一水道並不如一些現代學者所認爲的那樣對於中國的經濟有很大的刺激作用[29]。儘管運河管理有很大的成績，但大運河要包括許多湖泊、急流、險灘，在北段還要橫穿兩條大河，冬天還要封凍。在與長江和黃河交彙之處，只有官船允許通過水閘，所有其他的船隻都要先卸掉貨物，然後由車絞船隻以出江河[30]。1548年，一個日本朝貢使團在運河進口花費了16天才使其船隊從長江進入運河，而這個小船隊只有5只船[31]。在這條水路的中段，有38個水閘，間隔不到200英里。這些水閘只有12尺寬，必須重覆地關合以保證水位。按照晚明和清初的旅行日記可以知道水深要低於四尺[32]。我們必須想到航行在運河之上僅運

28　楊聯陞（Yang, Lien-sheng）寫道：「儘管匯票在十七世紀已經存在了，但最早的『山西票號』也不會早於1800年。」見Yang, *Money and Credit*, p. 82.

29　參見我的博士論文 "The Crand Canal During the Ming Dynasty"（University of Michigan, 1964; also available in University Microfilm）, pp. 21-37.

30　《天下郡國利病書》，11/16，12/64，68，71，73，74，79。

31　牧田諦亮：《策彥入明記の研究》，I，頁244-7。

32　Prévost, *Historire Générale de voyages*, v, pp. 347-9. 祁彪佳在運河上旅行時，他注意到水深僅為1尺。見祁彪佳《日記》卷5，1643年陰曆九月四

輸漕糧的船隻就有12,000艘左右，他們往返一次要花費一整年時間，其中包括運河北段冬天封凍的時間。這些船隻如果首尾相連，其長度將為運河全長(從長江到北方終點)的十分之一。此外，朝廷還要動用1,800艘船從南京運送宮廷用的物資補給[33]。這些運送的貨物包括宮廷用具、龍袍及新鮮水果、蔬菜等，很難說具有經濟上意義[34]。

現在還沒有證據顯示明朝政府投資用於道路保養和建設，只是在北京之外修建了一些石橋。而這些工作也不是為了提高帝國的驛遞系統的效率，其最初的功能只是為了傳遞官方文件，並不是為公眾服務。明朝的供應補給方式實際上也阻礙了地方的道路修建計劃，因為路況好只會鼓勵更多的官員巡行當地，這樣，館舍招待等費用都必須出自於地方民眾，這種負擔的增加非其所願。1560年，由於同倭寇作戰，浙江淳安縣成為內地的交通中心，使額往來增多，負擔大增，地方無法忍受，知縣最後決定暫停陸行，使客被要求繞行水路，雖然這樣可能會花費更多的時間[35]。明代在工程建設方面的成就不過就是長城、宮殿、闕門和皇帝陵寢。

公共服務事業極度缺乏資金，這一因素不可避免地妨礙技術的進步和經濟制度的全面改善。白銀的開採實際上被封閉起來(見第六章第一節)，鹽業生產工藝退化，大鐵盤最終被小鐵鍋取代，竹盤也是用紙和城粘而成(見第五章第一節)。在十六世紀晚期和十七世紀初期，許多士兵頭盔是用竹子做的，而鎧甲用紙糊成[36]。

實際生活中的各種證據與中國人民大學歷史教研室所極力推崇的理論截然不同，他們論證說，明末清初中國已經出現了「資本主義萌芽」[37]。當然，在這一時期，政治穩定，人口增長，上層階級的生活

日、五日。

33　見於祁承㸁《南京車駕司職掌》。.

34　參見Ricci, *China in the sixteenth Century*, p. 307, 358.

35　海瑞:《海瑞集》155、167-8。

36　同上，112;《世宗實錄》0705、0761。

37　Feuerwerker, 'From "Feudalism" to" "Capitalism"', pp. 107-15.

水平提高，這導致在中國的一定區域內經濟開始多元化和專業化，特別是東南各省尤為明顯。但是在本質上，這些現象並不一定是出現資本主義初始化的標誌，資本主義初始化的特點是工商業有不斷進行資本積累的趨向。迄今為止，理論家們僅僅拿出的僅僅是一些獨立的事例，諸如某人通過種植經濟作物致富，或者某人經營手工業作坊發家。正如Albert Feuerwerker所指出的那樣，他們還應該拿出更有說服力的資料來證明他們的理論。我們必須清楚地看到，明代後期缺乏各種有助於資本主義發展的因素與條件，當時沒有保護商人的法律，貨幣匱乏，利率高昂，銀行業也不發達，這些情況不利於工業生產的發展和物資交流的擴大。同時，商人和作坊主也面臨著各種障礙。當時，道路關卡林立，政府推行硬性採購、強行報獻，並壟斷了大運河的使用，官方也插手工業生產。從另外一方面來講，擁有土地比較穩妥且有名聲，同時又可以通過捐得官身而免除賦役，田賦的非進步性增強了農業生產的吸引力，損害了商業投資。

馬克思主義的「階級鬥爭理論」常常是被從字面意義上理解、運用。實際上有許多事例表明在資本主義發展的早期階段，企業家們是常常和封建勢力合夥投資。例如，在德川時代的日本，大名特許商人擁有專賣權，甚至委託他們作為自己的商業代理人。而商人則向領主提供各種服務和商業建議，有時還提供無償貸款。換句話說就是他們事業上進行合作，封建領主控制農業生產，商人管理市場[38]。在這種情形下，農業盈餘能夠逐漸地投資於工商業。由於封建領主本身就是商業合夥人，他們為發展商業不得下放鬆對貿易的控制，使商業貿易法規逐漸符合商業習慣。

十六世紀的明朝，政府幾乎沒有任何可以用來支配的節餘。實際掌握的財政資源零碎分散，無法用於大規模的商業運作。官員僅僅滿足於任意支配各種服務，一旦不足，他們則進行徵用，而不簽訂契約

---

38 Crawcour, 'Changes in Japanese Commerce in the Tokugawa Period', pp. 169-202.

以獲得額外的服務。唯一例外的部門是鹽業專賣，但它的經營還是依靠其他部門的管理經驗。他們最關心的問題是完成其定額，他們即沒有成本意識，也不懂得長遠計劃，這種經營方式充其量它也不過類似於早期官僚資本主義的經營方式，也就是清代的「官督商辦」形式。

鑒於其他工業社會中城市無產階級的經歷，資本主義是否能夠爲十六世紀的中國創造出一個更合理的社會秩序是很令人懷疑的。然而，資本主義確實能夠增加生產，提高物資流通效率，同時也能夠推動法律的革新和技術的進步。值得注意的是，當時中國在許多方面的落後卻是更爲顯著的，例如人均收入低下，交通運輸落後，法律陳舊，缺乏制度化的措施。明代的財政管理部門根本無力去改變這些情況。

官營工業是進一步說明管理不力的一個很好的例子。這也是另一個爭論的焦點。許多大陸的中國史研究者，認爲明代是封建社會，同時也相信工匠輪流到官辦工場應役「提高了生產力」[見第六章第三節(r)]，他們認爲官辦企業勞動分工導致了技術的進步，其影響也擴展到了私營經濟部門[39]。但實際上從十五世紀中期開始就已經很少有工匠親自應役，而是以銀代役。實際勞作的工人是雇募而來的。1562年，甚至還保留下來的勞役也被強制折成白銀。政府雇用的工匠逐漸分成兩類，一類是在皇城內工作的銀匠和寶石匠，他們只生產奢侈性用具，這些產品實際上很少能夠進行入市場。另一類工匠則在官辦工廠中從事大規模生產，但通常都是分散管理。一個工廠常常被分成好幾部分，每一部分有一監工，他負有財政責任。比如，政府的造幣廠中的一個爐頭，要管理一組工人，煉出固定數量的銅，鑄造出固定額度的銅幣，一有缺額，必須由他來賠補（見第二章第四章）。在這種情況下是不可能進行流水線生產。儘管表面上看，造幣廠的生產額度很大，但卻很少願意引進節約勞動的設備。同樣，淮安附近的清江浦造船廠分成82個分廠，每一部分分開居住，分散管理（見第二章第一節）。儘管這個

39　陳詩啓《官手工業》多處提到這種情況；吳晗《社會生產力》，頁70-1；
　　Feuerwerker, 'From "Feudalism" to" "Capitalism"', p. 108.

造船廠在其全盛時期生產了746條運米船，但每一分廠造船不超過10條。這種所謂的專業化分工實際也就是其行業區分，由木工來造船身，鐵匠鑄造船錨，竹工做帆。充其量有一兩個專業技工做一些填塞防漏之類工作[40]。明朝管理這些工作的官員不但不滿意他們技術的進步，而且對他們的工人的技術水平總是有很多抱怨，認為他們的技術要比私人企業的工匠的技術低劣[41]。

在北京的兵器工廠也為一些現代的學者所推崇，這些工廠集中生產用於宮廷防衛用的裝飾性武器。因為供給的問題，野戰部隊的武器大多由地方提供。在1570年代，戚繼光在進行軍事訓練時，他發現武器製造不精，他多次提到槍、銃彈頭與彈管不符，容易引起爆炸[42]。實際上，明代官辦工廠要比其批評者所想像的更加落後。

很清楚，明朝與以前各代的制度的相似其實是一種誤解。唐、宋、元各代的財政結構從來也沒有像明代這樣僵化，它們的高層政府部門也不像明代那樣承擔很少實施責任。明代的財政管理具有收斂性（self-denying），它將其運作能力降到最低限度，忽視了通過工商業發展來增加收入的策略，拒絕考慮民間、私人方面的幫助。財政管理總的來說是倒退，而不是進步。

財政管理的目標

總的看來，明代財政管理具有消極性。在傳統中國，最主要關心的問題是政府的穩定。明代的財政制度就很好地貫徹了這一點。

這個制度值得注意的一個好處就是防止了某些地區因為財政實力的增強而與中央政府相對抗。在帝國的每一個財政部門的財政收入都

40　席書、朱家相《漕船志》6/44-8。

41　《漕船志》一書多處提到這種事情。也可見於《武宗實錄》0081、《皇明經世文編》244/16-18。

42　戚繼光《練兵實紀》175、176、182、199、210；《皇明經世文編》347/17、21。

是有無數個來源。這就意味著地方官員根本不可能去改善他們的管理水平，他們也同樣不能維護自已的獨立性。這一制度，配之以官員的輪換制度和回避制度，取得了很好的效果。有明一代並無文武官員企圖造反之情事。明代絕大多數的叛亂、起義是由藩王、不滿的農民或者部族首領發動的。而失敗原因多是因為他們不能建立一個穩固的財政基地，以維持起義之初的消耗。唯一的例外是楊應龍叛亂，因為它從苗族部落得到補充供給，因此這一叛亂從1594年一直持續到1600年。明朝的財政管理零星雜碎，叛亂者根本無法得到補給，正是這一因素有時也足以消彌潛在的不穩定因素。1555年，總督江南、江北、浙江、山東、福建、湖廣諸軍的張經突然被皇帝下詔逮捕，雖然對張經的指控並不足信，但隨後卻繫獄論死[43]。試想漢唐兩代最有權力的皇帝恐怕也很難這樣輕鬆、任意行事。

皇朝的安全建立在思想教化、輿論控制以及監察官員和特務的監視基礎之上。相比而言，武力並不顯得很重要。1553年，一隊不超過100人的倭寇和海盜，突襲了長江以南的一些地區，深入內地達幾百英里。他們實際上沒有遭到任何抵抗[44]。儘管這部分是由於衛所制度的廢馳造成的，但也顯示出明朝國家，看起來似乎很強大，便通常時期只是憑藉很少的幾支部隊來維持安全，而這些軍隊還有一部分駐紮內陸省份。這種情況顯然鼓勵了皇帝挪用軍費進行奢侈性生活。這種情況在十六世紀之後有所改變，但力度不夠。由南方總督存留作為供給的資金也都是些小項目的零碎收入（見第七章第三節）。

長期的後果

十七世紀滿族入主中原確實是中國的倒退。但是這種倒退也並非一些馬克思主義歷史學家所認為的那樣是由於入侵者代表著一種新的

43　《明史》205/2378-9。

44　歸有光《全集》95；谷應泰《紀事本末》55/597。

封建反動力量，他們在初期壓制了中國本土的資本主義發展[45]。其實，新王朝最大的過錯是過分承襲前朝，完全漠視了黃宗羲、顧炎武等思想家對明朝的批判[46]。

作爲外來的征服者，滿族人缺乏管理經驗。他們期望有效地控制局勢，迅速恢復正常狀態。他們力圖強化管理，1661年，清朝政府對拖欠稅收之人進行了嚴厲的懲治[47]。但一般而言，他們沒有進行全面的制度性變革，財政做法尤其如此。在中國歷史上還沒有其他王朝像清朝這樣幾乎完全承襲前朝制度。在十九世紀之前，清朝對明朝制度的一次重要的改革徵收統一的地丁銀，以1711年丁數爲准，永爲定額，以後滋生人丁，不再多徵丁銀，而後又實行攤丁入畝。同時，首領官的俸祿補貼——火耗也制度化，稱之爲「養廉」銀[48]。

大一統的結構是明代財政制度最主要特點之一。在上層，皇帝擁有不可分割的財政權力，而留給下層只是財政責任。稅收定額制度，交叉補給，又沒有中央國庫，所有這些一直殘存到本世紀[49]。清代田賦制度的頑固性，正如王業鍵（Yeh-chien Wang）所描述的那樣，是從明代繼承下來的，國家收入的上升事實上是通貨膨脹的結果。如果考慮到這些情況，們可以看出到王朝末期，稅收實際上已經下降了[50]。

儘管由明朝確立的財政制度有許多與眾不同的特點，但是在明清兩代接近五百年的時間裏只進行過很少的修改。它的許多特徵已經視爲當然，其社會經濟影響已經被接受，可以認爲這就是傳統中國的典

45　Feuerwerker, 'From "Feudalism" to" "Capitalism"', p. 111.

46　這些話的譯文可見於de Bary, Sources of Chinese Tradition, Ⅰ, pp. 530-42、556-7.

47　《清聖祖實錄》3/3；葉夢珠《閱世篇》

48　Hummel, *Eminent Chinese of the Ch'ing Period*, p. 917; Ch'，*Local Government*, pp. 556-7.

49　對這些特點見Sun, 'The Board of Revenue', pp. 175-228; 陳恭祿《中國近代史》，頁238-9、665-6、678-9。

50　Wang, 'Fiscal Importance of the Land Tax', p. 842.

型特點。很難認爲明代制度在中國財政史中具有很大的突破性。從那時開始，政府財政的主要目標是維持政治的現狀，再沒有任何活力可言。

可能最值得注意的特點是財政體制的被動性，它幾乎沒有中央計劃。當危機來臨時，才採取一些防範性措施或進行一些調整。這種自我滿足的態度也可通過鴉片戰爭時海關稅管理不善爲例進行說明。

貫穿這一研究的中心點是將其放在各個層次的制度性的缺陷方面，而不是官僚個人的瀆職和腐敗。對於後一方面，儘管資料豐富，但卻第二位的、表面上的，它容易使人們轉移了對財政管理的主要問題的關注。

這一制度的延續是依靠不斷地強化文化上、政治上的統治來實現的。的確，在一個自給自足的龐大國家裏是能夠漠視外部的商業壓力和競爭。然而，十六世紀是世紀歷史的一個重要的轉捩點，當時西歐已經開始向近代轉化，越來越多的歐洲人開始到達東亞。雖然中國的面積和遙遠的距離使中國人與西方人的衝突延遲了三個世紀。但在十六世紀，歐洲人就已經開始向中國的孤立與自給自足發起了第一次挑戰。1524年，克里斯托旺‧維 勒拉（Cristavao Vierira）一度被關押在廣州，就曾說過用不上15艘葡萄牙戰船和3,000人，他就可以控制這座城市[51]。

本書中的許多證據，儘管還不完整，但也說明了中國新近的一些經濟問題，諸如在將農業盈餘投資於工業生產的困難，這是有歷史根源的，一些事例可以追溯到十六世紀。任何一種財政政策，實施了很長一段時間就將不可避免地影響國家的歷史。因此，並不應該因爲其不合情理，就認爲明代建立起來的財政制度是微不足道的，這是不明智的。一個制度缺乏積極的因素並不表明其整個影響的喪失。

51　Lach, *Asia in the Making of Europe*, Ⅰ, pp. 734-7.

附錄

附錄A：不納正稅的田土

類 別	位 置	畝數估計	歲入估計	支 配
皇莊	順天，河間，真定，保定	370萬畝（到1522年爲止）;200萬畝（此後）	50,000兩（十六世紀晚期）	用於太后開支
王府莊田	山東、河南大部，湖廣一部。邊緣的陝西和四川兩省的面積無法確知	100萬畝（1500年左右）;300萬畝（十七世紀早期）	未知。但任何時候都不可能超過100,000兩	1505年以前徽、興、岐、衡受封700,000畝。十六世紀中葉德王受封13,000畝，十七世紀初福王受封2,000,000畝
其他貴族莊田	主要集中於北直隸。雲南沐氏土地無法確知	440萬畝（到1530年爲止）;280萬畝（此後）	50,000兩到90,000兩	理論上，地方官員要將收入解給勳戚重臣。有他們也要還田於國家
京營草場	北直隸	未知	11,000兩（到1580年爲止），30,000兩（1596年）	這些收入解給太僕寺，有時也部分解運給戶部
太僕寺草場	北直隸、南直隸、山東、河南	300萬畝（1569年）	92,400兩（1576年左右）	1576年統計顯示解運到北京太僕寺爲85,000兩，解運南京爲7,400兩。1580年的統計顯示戶部接收了65,000兩
皇帝御馬、象房和苑囿土地	北直隸，山東和河南	超過300萬畝（1580-90左右）	50,000兩	34,000解運給戶部；中官徵收16,000兩。

註：

1. 資料來源：《明史》77／821；《憲宗實錄》頁3678、3708；《世宗實錄》頁0151、0258、0651、1516、1842、5884；《神宗實錄》頁5152、9193；《大明會典》17／22-4、27-30，23／1-11、251／2-9；《皇明經世文編》207／7-14；孫承

澤《夢餘錄》35／9；楊時喬《馬政紀》8／2-3；清水泰次《明代土地制度史研究》頁15-155。

2. 除了屬於太僕寺的草場地以外，上面各類土地一般比較貧瘠，每畝租銀為0.03兩，或者更低。在一些事例中，儘管有禁令，藩王與勳戚貴族還是直接指派人來管理土地，徵收地租。他們有時也鼓勵「投獻」。投獻就是私人土地所有者將自己的土地投獻給官豪勢要，向這些貴族交納名義上的地租，成為其佃戶，以此來逃避國家稅收。然而，當時的很多學者過分誇大了這種惡習的程度。他們的一些觀點有很多矛盾之處。可參見清水泰次《土地制度史》頁404。

附錄B：1561年浙江淳安縣的常例和額外役銀

1. 正賦附加
   所有銀納上升了5%。
   夏稅折絹；由納戶額外承擔，折銀174兩，外加絹12匹。
   秋糧長銀：農村徵收者額外稅納，20兩。
   鹽糧長銀：徵收者的額外稅納，10兩。
   稅收解運：每個解運者的額外負擔，0.5兩。

2. 特殊場合的費用，分攤給全縣80個里。
   清軍匠：每里銀1兩。
   審里甲丁田：每里銀1兩。
   審均徭：每里銀1兩。
   造黃冊(每10年1次)：每里銀2兩。

3. 縣級官員的俸給和津貼
   知縣，正七品：名義上俸祿每年糧食90石；實際從納戶中徵收了180兩。
   皂隸銀，等等(初無定額，通常縣級是30-50兩)，實際徵收上升了200%。

4. 里長之役
   80個里長輪流到縣衙應役
   每個里長初次應役，要送給知縣一些禮物：白米1石或者5斗；鵝、雞、魚、
     蠟燭、水果，還要有一桶酒。
   知縣出外，由值日里長供應店錢人情禮物。

5. 對鹽商的額外徵納
   經過鹽：每100引銀0.1兩。每年約有50,000引，可得銀50兩。(這一比率大約
     是鹽本身價值的1/5,000)
   住賣鹽：每100引銀0.1兩。每年約有7,000餘引，可得銀70兩。(這一比率約
     爲鹽本身價值的0.5%)

註：

1. 資料來源：海瑞《海瑞集》頁48-9。所列項目稍微進行了一些變動和解釋
2. 同樣的常例要提供給知縣的下屬和知府。
3. 上級官員出巡總是給當地帶來額外的財政負擔。巡鹽察院經過，費銀200兩。
   巡撫經過，用銀三四百兩。這些花費因　沒有專門的補助，所以最終都要由
   一般民眾承擔。見《海瑞集》頁62。

附錄C：每引鹽的開中則例和餘鹽銀（1535年）

產地	正鹽		餘鹽		全包	
	重量 （斤）	正價 (a)（兩）	重量 （斤）	餘鹽銀 (b)（兩）	重量 （斤）	收入估計 (a+b)（兩）
兩淮						
淮安	285*	0.50	265	0.65	550*	1.15
淮北	285*	0.50	265	0.50	550*	1.00
兩浙						
嘉興	250*	0.35	200	0.50	450*	0.85
杭州	250*	0.35	200	0.45	450*	0.80
紹興	250*	0.35	200	0.40	450*	0.75
溫州	250*	0.35	200	0.20	450*	0.55
長蘆						
北部	205	0.20	225*	0.35	430*	0.55
南部	205	0.20	225*	0.30	430*	0.50
山東						
全省	205	0.15	225*	0.31	430*	0.46

* =包括「包索」費用

註

1. 資料來源：《大明會典》34／12。這與《世宗實錄》的記載略有不同，據估計包括正引價和餘鹽銀在內的總收入可達1,166,734兩，見《世宗實錄》3794。
2. 藤井宏在《明代鹽商の一考察》一文也作出了一個類似的表格。見（日）《史學雜誌》, 54:7(1943)，頁734。

附錄D：
《明實錄》所記錄1581年土地清丈的部分上報情況

　　《實錄》登錄的各省統計數字有兩種方法。一些省給出實際上報
畝數，下表中在上報的田土總額後附以*標記，在這樣情況下，我計算
了新增田土面積。然而，大多數情況下，《實錄》僅僅給出了清丈後的
田土總數，而沒有記錄實際的丈量結果。因此我們在新增土地面積後
加上*標記。這時，我只計算上報的田土總數。

省（地區）	上報田土總數（畝）	1578年原額（b）（畝）	新增面積（a-b）（畝）	上升百分比（%）
浙江	48,308,192	46,696,982	1,611,210*	3.5
江西	46,261,081	40,115,127	6,145,954*	15.3
山東	112,734,500*	61,749,899	50,984,601	82.5
山西	37,313,922	36,803,922	510,000*	1.5
河南	94,949,374*	74,157,951	20,791,423	28.0
陝西	50,299,925*	29,292,385	20,937,540	71.4
四川	40,934,767	13,482,767	27,452,000*	203.6
廣東	32,960,030*	25,686,513	7,273,517	28.3
廣西	9,478,961	9,402,074	76,887*	0.8
北直隸保定府	11,467,550	9,709,550	1,758,000*	18.0
南直隸江南11府州	45,158,050*	36,853,886	8,304,164	22.6
南直隸江北4府	29,553,047	27,227,047	2,326,000*	8.6
總計	559,349,399	411,178,103	148,171,296	36.1

註：
1. 資料來源：《神宗實錄》頁2190、2225、2237、2283、2343、2346、2356、2361、2371、2436、2449、2712；《大明會典》17／8-12。
2. 下面的統計數字也記錄在《實錄》中，但因　缺乏對較的依據，所以沒有列

在上表之中。

大同（軍鎮）：民地3,153,979畝；軍屯田地4,781,104畝。

遼東（軍鎮）：軍屯，890,350畝，其他2,418,870畝。

宣府（軍鎮）：總計6,310,036畝

貴州：新增田土面積159,495畝（田土類別不清）

湖廣：田土實際面積83,852,546畝（記錄沒有說明上報是全部各項，還是部分項目。而且上面的數字也將湖蕩作為一類田土）

甘肅（軍鎮）：田土總額4,599,335畝。

對於這些項目，依次見《神宗實錄》頁2238、2276、2341、2344、2412、2482。

3. 福建先於全國進行了土地丈量，《實錄》中未有記錄其上報數字。雲南也沒有提及。

4. 土地清丈的資料有缺失。《神宗實錄》的編纂者僅僅是根據一些清丈資料簡要地記錄了上面提到的這些數字，這些編纂者是否看到親自看到了清丈記錄是令人懷疑的。儘管戶部尚書張學顏說他有意出版全部的上報資料（見《萬曆會計錄》序），但從來也沒有人發現這樣一本出版物。在張居正死後，他的整個改革計劃遭到嚴厲的抨擊，不可能有人能夠敢於提議保存下來這些記錄。

5. 上面的表格本身就已經顯示出要麼是1578年的面積統計有誤，要麼是1580-1581年的清丈沒有按統一的標準執行。四川的田土面積增加了200%，而廣西卻不到1%。也許兩者都有錯誤。對此更進一步的論述可見清水泰次《明代土地制度史研究》頁563-92。清水泰次頁583、592的註釋是因為他沒有看到《萬曆會計錄》。

參 考 書 目

對於歷史學家來說，有關這個專題的資料堆積如山，這也成爲的麻煩的問題。《明史》列舉了明代學者寫的1,525種有關的史學論著，另外還有1,328種作品被分類作爲個人文集收藏。這些作品中的大多數都要超過一卷。很明顯，即使最勤奮的歷史學家也僅僅能夠閱讀可以利用的著作中很小的一部分。

這裏所用的最基本的資料已經列舉於書名略語和地方誌中。編年體系以《明實錄》爲依據。這本現代重印的書包括133卷。十三個皇帝的編年史並不是以同一風格編寫。從研究財政史的學者角度來看，後代皇帝的實錄要比前代皇帝的實錄編寫的更好一些。《實錄》並不注意所有事情的財政意義，其主要目的是爲道德政府提供歷史經驗。國家的檔案很少完整地引述，一篇重要的上疏有時會被縮略爲一條描述性句子。這種記述，脫離了上下文，很容易造成誤解。因此，無論什麼時候，都要盡可能地對原始材料進行查對，與其他記述相對照，找出一致性。

包括《大明會典》和《明史》都是部分地根據《實錄》編纂而成。《大明會典》中的許多統計數字來源於1582年編纂的《萬曆會計錄》。儘管《明史》的有關財政部分引用了許多其他早期的著作，但它從未說明哪一段話是直接引用。一般來說都是進行了刪節，許多細節性問題被略去了。和田清對〈食貨志〉的註釋性翻譯在很大程度上消除了這種混亂，應該說，《明史食貨志譯注》在細節和註釋參照方面要比〈食貨志〉本身更爲豐富。

《皇明經世文編》共30冊，收集了425位元明人作品，以經世致用爲主旨。他們中的絕大多數人都政府官員，又有三分之二的人生活在十六世紀，他們的奏疏和信件都是全文引述。

《天下郡國利病書》取材於地方誌書及其它各類著作，輯錄而成。

其中摘錄原文短則1段，長則達10頁。反映了十六、十七世紀的社會情況。雖然這部著作內容與體例蕪雜零亂，但其選錄的內容令人稱頌。

明代的地方誌書長度與內容有很大差異。經濟發達的縣編寫志書是很容易的事情，其內容也很豐富。凡涉及地方形勢、風俗以及與地方政府有關的資料，都會包括在內。經濟不發達地區編寫的地方誌則很簡單，其中只記錄了一些重要的財政數字，沒有相關註釋，實際上是沒有研究意義的。

現在還無法編出一部完整、全面的明代財政史研究的參考書目。絕大多數的明代的學者們並不將財政管理作爲一個專題來看待，而是與其他問題放在一起進行討論，這些問題雖然稱之爲「經濟」，其實都是「管理」。這樣的結果就造成了資料過度分散，因此現在這個參考書目，從理論上來講是擴大了範圍。然而，爲了節約篇幅，所選書僅限於直接引述的原文和註釋的作品。所列的參考書都盡可能給出了現代重印的版本。

應該提醒讀者的是好幾種可用的明代歷史資料書目索引。傅吾康（Wolfgang Franke）的《明史資料介紹》（*An Introduction to the Sources of Ming History*）（紐約，1969）是非常有用的著作，它包括了800個條目，作者同時進行了評價，並有互見式註釋。山根幸夫編輯《明代史研究文獻目錄》所列的參考書目包括5,128種中文和日文論著，它同時也編列了680種當代有關明代社會經濟史研究方面的中文和日文文獻論著目錄，該文收入《清水博士追悼紀念明代史論叢》一書中。Francis D. M. Dow也有《明代江蘇和浙江地方誌研究》（*A Study of Chiang-su and Che-chiang Gazetteers of the Ming Dynasty*）（坎培拉，澳大利亞，1969）一書。《明人傳記資料索引》（臺北，1965）也列出了593種明代和清初的著作。

地方誌

安化縣誌，1543年。

漳州府志，1573年。

長沙府志，1747年。

常熟縣誌，1534年。

金華府志，1578年。

中牟縣誌，1626年。

汾州府志，1606年。

杭州府志，1579年。

河南通志，1678年。

香河縣誌，1620年。

淮安府志，1573年、1627年。

懷柔縣誌，1625年。

懷遠縣誌，1605年。

徽州府志，1566年。

沂州志，1608年。

固安縣誌，1633年。

姑蘇志，1506年。

開化縣誌，1585年。

昆山縣誌，1576年。

會稽志，1572年手抄本。

臨清直隸州志，1782年。

臨汾縣誌，1591年。

潞城縣誌，1625年。

南畿志，1540年，內閣文庫影印本。

寧德縣誌，1591年。

彭澤縣誌，1582年。

上海縣誌，1590年。

順德縣誌，1585年。

順天府志，1885年。

遂安縣誌，1612年。

松江府志，1818年。

四川總志，1580年。

鄧州志，1644年。

東昌府志，1600年。

汶上縣誌，1609年。

吳縣誌，1643年。

吳江縣誌，1561年。

岳州府志，1570年。

永州府志，1571年。

（註：以上只列出了本書所引用的地方誌。其出版的日期一般是以最後
　　　的序言為準。）

其他的明代和清初的資料

張居正：《張江陵書牘》，群學書社重印，上海，1917年。

張　燮：《東西洋考》，叢書集成本。

張學顏編輯：《萬曆會計錄》，芝加哥大學縮微膠卷，根據序言可知出
　　　　　　版於1582年。

張　雨：《邊政考》，國立北平圖書館重印，1936年。

《長蘆鹽法志》，1726年出版。

趙　翼：《廿二史劄記》，叢書集成本。

陳仁錫：《皇明世法錄》，學生書局重印，1965年。

鄭　曉：《鄭端簡公今言類篇》，叢書集成本。

程開祜：《籌遼碩畫》，1620年。

戚繼光：《練兵實紀》，商務印書館重印，1937年。

祁彪佳：《祁忠敏公日記》，浙江紹興，1937年。

蔣平階：《畢少保公傳》，清初本。

焦　竑：《國朝獻徵錄》，學生書局重印，1965年。

《清聖祖實錄》，滿洲國務院本，1937年。

《清世祖實錄》，滿洲國務院本，1937年。

邱　浚：《大學衍義補》，普林斯頓大學珍藏版。

周之龍：《漕河一覕》，1609年。國會圖書館1609年初版的縮微膠卷。

周玄暐：《涇林續紀》，涵芬樓秘笈本。

朱國禎：《湧幢小品》，中華書局1959年重印。

朱廷立：《鹽政志》，1529年版。

《崇禎存實疏抄》，北京重印，1934年。

馮　琦：《馮宗伯集》，1607版。

海　瑞：《海瑞集》，北京，1962年。

賀仲軾：《兩宮鼎建記》，叢書集成本。

何良俊：《四友齋叢說摘抄》，叢書集成本。

何士晉：《工部廠庫須知》，玄覽堂叢書本。

《河東鹽法志》，1727年版。

席　書、朱家相：《漕船志》，玄覽堂叢書本。

項夢原：《冬官紀事》，叢書集成本。

薛尚質：《常熟水論》，叢書集成本。

徐貞明：《潞水客談》，叢書集成本。

《續文獻通考》，商務印書館，1936年

黃　訓：《皇明名臣經濟錄》，1551版。

《皇明祖訓》，收於《明朝開國文獻》，臺北學生書局重印，1966年。

《徽州賦役全書》，國會圖書館1620年版縮微膠卷。

伊齡阿：《淮關統志》，1778年版。

《江西賦役全書》。國會圖書館1610年版縮微膠卷。

葛守禮：《葛瑞蕭公集》，1802版。

《古今圖書集成》，1934年版。

顧　清：《傍秋亭雜記》，涵芬樓秘笈本。

顧炎武：《亭林文集》、《餘集》，四部叢刊本。

谷應泰：《明史紀事本末》，三民書局重印，1956年。

歸有光：《震川先生別集》，四部從刊本；《三吳水利錄》，叢書集成本。

《歸有光全集》，自力出版社重印，臺北，1959年。

李昭祥：《龍江船廠志》，玄覽堂叢書本。

李化龍：《平播全書》，叢書集成。

《兩浙鹽法志》，1801年版。

《兩淮鹽法志》，1748年版。

《兩廣鹽法志》，1835年版。

劉若愚：《酌中志》，叢書集成本。

劉宗周：《劉子全書》，乾坤正氣集本。

陸　容：《菽園雜記》，叢書集成本。

鹿善繼：《認真草》，叢書集成本。

龍文彬：《明會要》，重印，臺北，1956年。

《明臣奏議》，叢書集成本。

倪會鼎：《倪文正公年譜》，粵雅堂叢書本。

倪元璐：《倪文貞公全集》，1772年版。

畢自嚴：《留計疏草》，國會圖書館縮微膠卷。

《山東鹽法志》，1725年版。

沈　榜：《宛署雜記》，北京重印。

沈德符：《野獲篇》、《補遺》，1870年版。

孫承澤：《春明夢餘錄》，龍門書局晚清版影印，1965年。

宋應星：《天工開物》，商務印書館「人人文庫」，1966年。根據原序，
　　　　日期當為1637年。

《大誥》、《續編》、《三篇》、《武臣》，均收於《明朝開國文獻》。

《大明官制》，收於《明朝開國文獻》。

唐順之：《荊川文集》，四部叢刊本。

杜　琳：《淮安三關統志》，1686年版。

王　鏊：《震澤長語》，1748年版。

王　瓊：《戶部奏議》，國會圖書館縮微膠卷。

王一鶚：《總督四鎮奏議》，玄覽堂叢書本。

王士琦：《三雲籌俎考》，國立北平國書館重印，1936年。

汪應蛟：《汪清簡公奏疏》，國會圖書館縮微膠卷。

魏　煥：《皇明九邊考》，國立北平圖書館重印，1936年。

楊時喬：《皇明馬政記》，玄覽堂叢書本。

葉夢珠：《閱世篇》，重印收於「明清史料彙編」，臺北，1969年。

葉　盛：《水東日記》，1680年版影印，臺北，1965年。

嚴從簡：《殊域周咨錄》，中華文史叢書本。

余繼登：《典故紀聞》，叢書集成本。

當代中文和日文資料

安野省三：《明末清初揚子江中流域大土地所有に關する一考察》，《東洋學報》44:3(1961)。

張其昀等著：《清史》（臺北，1961年）。

陳恭祿：《中國近代史》修訂版(臺北，1965年)。

陳詩啓：《明代官手工業的研究》（武漢，1958年）。

陳文石：《明洪武嘉靖間的海禁政策》（臺北，1966年）。

周良霄：《明代蘇松地區的官田與重賦問題》，《歷史研究》第10期(1957年)。

朱　契：《中國信用貨幣發展史》（重慶，1943年）。

《中國運河資料選集》（北京，1962年）。

朱東潤：《張居正大傳》（武漢，1957年）。

全漢昇：《明代北邊米糧價格變動》，《新亞學報》9:2(1970年)。

中國科學院考古研究所：《新中國考古的收穫》（北京，1962年）。

傅衣凌：《明清農村社會經濟》（北京，1961年）。

《明代江南市民經濟試探》（上海，1963年）。

藤井宏：《明代鹽商の一考察》，《史學雜誌》54:4-6(1943年)。

《明代田土統計に關する一考察》，《東洋學報》，30:3(1943年),30:4(1944年), 31:1(1947年)。

堀井一雄：《金花銀の展開》，《東洋史研究》5:2(1939年)。

星斌夫：《明代漕運の研究》（東京，1963年）。

侯仁之：《明代宣大山西三鎮馬市考》，《燕京學報》23(1938年)，又重
　　　印收於包遵彭編輯的《明代經濟》（臺北，1968年）。

謝國楨：《明清之際黨社運動考》（上海，1935年）。

容肇祖：《李贄年譜》（北京，1957年）。

片岡芝子：《華北の土地所有と一條鞭法》，《清水博士追悼紀念明代史
　　　論叢》（東京，1962年）。

片山誠一郎：《月港廿四將の反亂》，載於《清水博士追悼紀念明代史
　　　論叢》。

小山正明：《明末清初の大土地所有…──特に江南delta地帶を中心と
　　　して》，《史學雜誌》66:12(1957年)、67:1(1958年)。

栗林宣夫：《一條鞭法の形成について》，載於《清水博士追悼紀念明
　　　代史論叢》。

李劍農：《宋元明經濟史稿》（北京，1957年）。

黎光明：《嘉靖禦倭江浙主客軍考》（北京，1933年）。

李光璧：《明朝史略》（武漢，1957年）。

《明清史論叢》（武漢，1957）

梁方仲：《明代國際貿易與銀的輸出入》，載《中國社會經濟史集刊》
　　　6:2(1939年)。

　　　《明代糧長制度》（上海，1957年）。

　　　《明代戶口田地及田賦統計》，載《中國近代經濟史研究集刊》
　　　3:1(1935年)。

　　　《一條鞭法》，載《中國近代經濟史研究集刊》4:1(1936年)。

　　　《明代兩稅稅目》，載《中國控經濟史研究集刊》3:1(1935年)。

　　　《明代十段錦法》，載《中國社會經濟史集刊》7:1(1944年)。

　　　《明代的民兵》，載《中國社會經濟史集刊》5:2(1937年)。

牧田諦亮：《策彥入明記の研究》（上、下），（京都，1955年）。

孟　森：《明代史》（臺北，1957年）。

宮崎市定：《明清時代の蘇州と輕工業の發達》，《東方學》2(1951年)

西島定生：《明代に於ける木棉の普及について》，《史學雜誌》57:
　　　　4-6(1948年)。

　　　　　《支那初期棉業市場の考察》，《東洋學報》31:2(1947年)。

潘光旦：《明清兩代嘉興的望族》(上海，1947年)。

彭信威：《中國貨幣史》(上海，1954年)。

人民大學：《明清社會經濟形態研究》(上海，1957年)。

　　　　　《中國資本主義萌芽問題討論集》(上、下)，(北京，1957
　　　　年)。

佐久間重男：《明代海外私貿易の歷史的背景》，《史學雜誌》，62:1(1953
　　　　年)。

　　　　　《明代景德鎮窯業の一考察》，載《清水博士追悼紀念明代
　　　　史論叢》。

　　　　　《明代における商稅と財政との關係》，《史學雜誌》，
　　　　65:1-2(1956年)。

清水泰次：《中國近世社會經濟史》(東京，1950年)。

　　　　　《明代軍屯的崩壞》，方紀生譯，載於《明代經濟》。

　　　　　《明代福建の農家經濟》，《史學雜誌》，63:7(1954年)。

　　　　　《明代土地制度史研究》(東京，1968年)。

蘇同炳：《明代驛遞制度》(臺北，1969年)。

谷光隆：《明代の椿朋銀について》，《清水博士追悼紀念明代史論叢》。

寺田隆信：《明代における邊餉問題の一側面》，載《清水博士追悼紀
　　　　念明代史論叢》。

丁　易：《明代特務政治》(北京，1950年)。

和田清：《明史食貨志譯注》(上、下)，(東京，1957年)。

王志瑞：《宋元經濟史》(臺北，1964年)。

王崇武：《明代戶口的消長》，《燕京學報》20(1936年)。

王毓銓：《明代的軍屯》(北京，1965年)。

韋慶遠：《明代黃冊制度》(北京，1961年)。

吳兆梓：《中國稅制史》(上海，1937年)。

吳承洛：《中國度量衡史》（上海，1937年）。

吳緝華：《明代海運及運河的研究》（臺北，1961年）。

吳　晗：《朱元璋傳》（上海，1949年）。

　　　　《明代的軍兵》，載《中國社會經濟史集刊》，5:2(1937年)。

　　　　《明初社會生產力的發展》，載《歷史研究》第3期(1953)。

　　　　《讀書劄記》（北京，1956年）。

亞東學社：《中國歷代人口問題討論集》（香港，1965年）。

山根幸夫：《明代徭役制度の展開》（東京，1961年）。

　　　　《明代華北における役法の特質》，載《清水博士追悼紀念明代史論叢》。亦收入《明代徭役制度　展開》一書中。

　　　　《明代史研究文獻目錄》（東京，1960年）。

楊端六：《清代貨幣金融史稿》（北京，1962年）。

楊予六：《中國歷代地方行政區劃》第二版(臺北，1957年)。

英文資料

Chang, T'ien-tse. *Sino-Portuguese* Trade from 1514 to 1644(Leiden, 1934).

Chou, Tao-chi, 'Li Shih, Imperial Consort', *Draft Ming Biography*, no. 11(Ming Biographical History Project, New York,1969).

Ch'ü, T'ung-tsu. *Local Government in China under the Ch'ing*(Cambridge, Mass,, 1962).

Crawcour,E.S. 'Changes in Japanese Commerce in the Tokugawa Period', *Journal of Asian Studies*,22:4(1963). Reprinted in Studies in the Institutional History of Early Modern Japan,ed. John W. Hall and Marius B.Janen(Princeton, N,J. 1968)

Crawford, Robert B. 'Eunuch Power in the Ming Dynasty', *T'oung Pao*,49 (1961).

Creel, H.G. 'The Beginnings of Bureaucracy in China: The origin of the

Hsien', Journal of Asian Studies, 23:2(1964).

de Bary, W.T. ed. *Self and Society in Ming Thought*(New York,1971).

de Bary, W.T. et al. eds. *Sources of Chinese Tradition*. Text edition, 2 vols. (1964).

Fairbank, John K. ed. *Chinese Thought and Institutions*(Chicago 1957).

Fairbank, John K. and Reischauer, Edwin O. *East Asia: The Great Tradition* (Boston, 1958).

Feuerwerker, Albert 'From "Feudalism" to "Capitalism" in Recent Historical Writing from Mainland China', *Journal of Asian Studies*, 18:1(1958).

Friese, Heinz. *Das Dienstleistlungs-System der Ming-Zeit, 1368-1644* (Hamburg, 1959).

Grimm,Tilemann. 'Das Neiko der Ming-Zeit, von Anfangen bis 1506', *Oriens Extremus*, 1:1(1954).

——*Erziehung und Politik im Konfuzianischen China der Ming-Zeit* (Hamburg, 1954).

Hartwell, Robert M. 'Financial Expertise,Examinations, and the Formulation of Economic Policy in Northern Sung China', *Journal of Asian Studies*, 30:2(1971).

Ho, Ping-ti, T*he Ladder of Success in Imperial China*(New York,1962).

——'The Salt Merchants of Yangchou: A Study of Commercial Capitalism in Eighteenth-Century China', *Harvard Journal of Asiatic Studies*, 17:1-2(1954).

——*Studies on the Population of China, 1368-1953*(Cambridge, Mass. 1959).

Hoshi, Ayao. *The Ming Tribute Grain System*, trans. Mark Elvin(Ann Arbor, 1969).

Huang, Ray, 'Fiscal Administration During the Ming Dynasty', in *Chinese Government in Ming Times: Seven Studies*,ed.Charles O. Hucker(New

York,1969).

——'Military Expenditures in Sixteenth-Century Ming China', *Oriens Extremus*, 17:1-2(1970).

Hucker,Charles O. 'Governmental Organization of the Ming Dynasty', *Harvard Journal of Asiatic Studies,* 21(1958).Reprinted in '*Studies of Governmental Institutions in Chinese History*, ed. J.L. Bishop (Cambridge, Mass. 1968).

——*The Censorial System of Ming China*(Stanford, Calif. 1966).

——*The Traditional Chinese State in Ming Times: 1368-1644*(Tucson, 1961).

Hummel, A. W. ed. *Eminent Chinese of the Ch'ing Period.* 2 vols. (Washington, D. C 1943-4).

Lach, Donald F. *Asia in the Making of Europe*, 2 vols.(Chicago, 1965).The sections concerning Ming China are reprinted in a separate volume entitled *China in the Eyes of Europe: The Sixteenth Century*(Chicago, 1965).

Liang, Fang-chung. *The Single-whip Method of Taxation in China*, trans. Wang Yü-ch'üan (Cambridge, Mass. 1956).

Liu, James T.C. *Reform in Sung China: Wang An-shih and his New Policies* (Cambrdge,Mass. 1959).

Lo, Jung-pang. 'The Decline of the Early Ming Navy', *Oriens Extremus*, 5: 2 (1958). 'Policy Formulation and Decision-Making on Issues Respecting Peace and War', in *Chinese Government in Ming Times: Seven Studies.*

Morse, H.B. *The Chronicles of the East India Company Trading to China*: 1635-1843. 4 vols.(Boston, 1931).

Mote, F. W. 'The Growth of Chinese Despotism', *Oriens Extremus*, 8:1 (1961).

Parsons, James B. *The Peasant Rebellions of the Late Ming Dynasty*

(Tucson, 1970). 'The Ming Bureaucracy: Aspects of Background Forces', in *Chinese Government in Ming Times: Seven Studies*.

Prévost, Antoine Francois. *Histoire Générale de Voyages*, vol. 5(Paris and Amsterdam, 1776 et ser.).

Ricci, Matthew. *China in the Sixteenth Century: The Journals of Matthew Ricci, 1583-1610*, trans. L. J. Gallagher(New York, 1953).

Rieger, Marianne, 'Zur Finanz und Agrargeschichte der Ming-Dynastie: 1368-1643', *Sinica*, 12(1937).

Rossabi, Morris. 'The Tea and Horse Trade with Inner Asia During the Ming Dynasty', *Journal of Asian History*, 4:2(1970).

Smith, Thomas C. 'The Land Tax in the Tokugawa Period', *Journal of Asian Studies,* 18:1(1958).Reprinted in *Studies in the Institutional History of Early Modern Japan*.

Sun, E-tu Zen. 'The Board of Revenue in Nineteenth Century China', *Harvard Journal of Asiatic Studies*, 24(1962-63).

——'Ch'ing Government and Mining Industries Before 1800', *Journal of Asian Studies*, 27:4(1968).

Sun, E-tu Zen and Francis, John de, trans. and eds. *Chinese Social History* (Washington, D.C.1956).

Twitchett,D.C. *Financial Administration under the T'ang Dynasty* (Cambridge,1963).

——'The Salt Commissioners after the Rebellion of An Lu-shan', *Asia Major*, 4:1(1954).

Wang, Yeh-chien. 'The Fiscal Importance of the Land Tax During the Ch'ing Period', *Journal of Asian Studies*, 30:4(1971).

Wang, Yü-ch'üan. 'The Rise of Land Tax and the Fall of Dynasties in Chinese History', *Pacific Affairs*, 9(1936).

Yang, Lien-sheng. 'Economic Aspects of Public Works in Imperial China', in the collection of articles by the author entitled *Excursion in Sinology*

（Cambridge, Mass. 1969）.

——'Ming Local Administration', in *Chinese Governmert in Ming Times: Seven Studies.*

——*Money and Credit in China*（Cambridge,Mass. 1952）.

——'Numbers and Units in Chinese Economic History', in the collection of articles by the author entitled *Studies in Chinese Institutional History* （Cambridge, Mass. 1963）.

譯者後記

黃仁宇在這本書中對於明代的財政和稅收進行了詳盡的分析與討論，他以《明實錄》、明人文集和明代地方誌等史料為基礎，充分地吸收地七十年代以前中國大陸和臺灣以及歐美、日本的研究成果，提出了許多有意義的見解，不失為明代財政史研究的力作。

在翻譯過程，為了更好地適應中國的習慣，譯者也進行了一些技術處理，現將主要幾項列出。

（1）"provincial and local government" 通常都譯作「地方政府」。

（2）"husked rice" 一詞在文中多次出現，意為去皮稻米，這裏統譯成「米」，與稻穀相對。

（3）"feet" 譯作「尺」。

（4）"service levy" 根據情況譯成「役」、「徭役」、「差役」、「役銀」等。

（5）"land tax" 譯做「田賦」。

原文中也有一些史料徵引方面的錯誤。對於可以明確認定的錯誤，譯者進行了註釋，並加以修正。還有部分徵引的史料暫時無法找出其正確出處，譯者也加以置疑。

本書的前言部分、第一章、第二章、第四章、第八章、附錄、參考書目由阿風翻譯。第三章由倪玉平翻譯，第五章、第六章由許文繼翻譯，第七章由徐衞東翻譯。全書最後由阿風統一定稿。王風承擔了本書的部分英文校訂工作。

本書在翻譯過程中，不斷得到中國社會科學院歷史研究所欒成顯、張雪慧、許敏、萬明、吳豔紅諸位師友的幫助。在本書翻譯完成之際，承蒙中國社會科學院歷史研究所周紹泉研究員、南京大學歷史系范金民教授審閱部分書稿，並提出很多批評性意見，在此深表感謝。當然，譯文中的錯誤概由譯者本人負責，與他人無涉。

　　該書從翻譯到統稿，大半時間是用來查閱引用的資料與論著。歷史研究所的圖書館為了這一工作提供了很方便的條件，但由於時間、精力有限，能力不足，譯文中必然有許多錯誤不當之處，敬請讀者批評指正。

譯者

2000年11月25日於北京

索引

401

五劃

六劃

十二劃

十三劃

十四劃

十六世紀明代中國之財政與稅收

2001年1月初版　　　　　　　　　　　　　　　　定價：新臺幣480元
2018年9月初版第四刷
有著作權・翻印必究
Printed in Taiwan.

著　者	黃　仁　宇	
譯　者	阿　風　等	
責任編輯	李　國　維	
特約編輯	張　怡　菁	
封面設計	王　振　宇	

出　版　者　聯經出版事業股份有限公司　　總編輯　胡　金　倫
地　　　址　新北市汐止區大同路一段369號1樓　總經理　陳　芝　宇
台北新生門市　台北市新生南路三段94號　　社　長　羅　國　俊
　　電話　（02）23620308　　發行人　林　載　爵
台中分公司　台中市北區崇德路一段198號
暨門市電話　（04）22312023
郵政劃撥帳戶第0100559-3號
郵撥電話（02）23620308
印　刷　者　世和印製企業有限公司
總　經　銷　聯合發行股份有限公司
發　行　所　新北市新店區寶橋路235巷6弄6號2F
　　電話　（02）29178022

行政院新聞局出版事業登記證局版臺業字第0130號

本書如有缺頁，破損，倒裝請寄回台北聯經書房更換。　　ISBN　978-957-08-2192-5 (平裝)
聯經網址 http://www.linkingbooks.com.tw
電子信箱 e-mail:linking@udngroup.com

英文原著：Taxation and Governmental Finance in
Sixteenty-Century Ming China
劍橋大學出版社1974年版

國家圖書館出版品預行編目資料

十六世紀明代中國之財政與稅收 /

黃仁宇著;阿風等譯 . --初版 . --新北市:
聯經,2001年;410面;14.8×21公分 .
參考書目:14面　　含索引
譯自:Taxation and governmental finance in
　　　sixteenth-century Ming China
ISBN　978-957-08-2192-5 (平裝)
[2018年9月初版第四刷]

1.財政-中國-明(1368-1644)-歷史
2.田賦-中國-明(1368-1644)-歷史

565.2　　　　　　　　　　　　　89020300

臺灣研究叢刊

現代名著譯叢

企業名著